MARKUS MILLER

KRYPTO₿
NOMICS

MARKUS MILLER

KRYPTO₿ NOMICS

Von der Digitalisierung
zur Tokenisierung der Welt.
So investieren Sie in Bitcoin,
Ethereum, FinTechs und Co.

FBV

Bibliografische Information der Deutschen Nationalbibliothek
Die Deutsche Nationalbibliothek verzeichnet diese Publikation in der Deutschen Nationalbibliografie; detaillierte bibliografische Daten sind im Internet über http://d-nb.de abrufbar.

Für Fragen und Anregungen:
info@finanzbuchverlag.de

4. Auflage 2022

© 2021 by FinanzBuch Verlag, ein Imprint der Münchner Verlagsgruppe GmbH,
Türkenstraße 89
80799 München
Tel.: 089 651285-0
Fax: 089 652096

Alle Rechte, insbesondere das Recht der Vervielfältigung und Verbreitung sowie der Übersetzung, vorbehalten. Kein Teil des Werkes darf in irgendeiner Form (durch Fotokopie, Mikrofilm oder ein anderes Verfahren) ohne schriftliche Genehmigung des Verlages reproduziert oder unter Verwendung elektronischer Systeme gespeichert, verarbeitet, vervielfältigt oder verbreitet werden.

Die im Buch veröffentlichten Ratschläge wurden von Verfasser und Verlag sorgfältig erarbeitet und geprüft. Eine Garantie kann dennoch nicht übernommen werden. Ebenso ist die Haftung des Verfassers beziehungsweise des Verlages und seiner Beauftragten für Personen-, Sach- und Vermögensschäden ausgeschlossen.

Redaktion: Ulrich Wille
Korrektorat: Manuela Kahle
Umschlaggestaltung: Karina Braun
Satz: Müjde Puzziferri, MP Medien, München
Druck: GGP Media GmbH, Pößneck
Printed in Germany

ISBN Print 978-3-95972-471-5
ISBN E-Book (PDF) 978-3-96092-890-4
ISBN E-Book (EPUB, Mobi) 978-3-96092-891-1

Weitere Informationen zum Verlag finden Sie unter

www.finanzbuchverlag.de

Beachten Sie auch unsere weiteren Verlage unter www.m-vg.de.

Inhalt

I. Vorwort 11

I. Kryptonomics: Das neue Digitalzeitalter 15
1. Keine Angst vor Krypto-Werten 15
2. Die Zukunft der Banken: Digitale Identitäten und Krypto-Strategien ... 37
3. Der globale Währungskrieg stärkt den Bitcoin 42
4. Der Bitcoin ist ein schützendes Ausgleichssystem für Ihr Geld 45
5. Digitale Ökonomie: Corona sorgt für einen Digitalisierungsschub 56
6. Fintechs und Bigtechs sind die Banken der Zukunft 59
7. Faktencheck: Der Bitcoin ist nicht teurer als Gold! 64
8. Den Bitcoin zu ignorieren wird zum Risiko 67
9. Kryptowährungen sind Wertspeicher und optimieren Ihr Portfolio! ... 68
10. Der Blick auf das grundlegende Krypto-Ökosystem 75
11. Die digitale Transformation ist keine Blase, sondern ein Megatrend .. 77
12. Kryptowährungen als Altersvorsorge? 79
13. Studie der BayernLB: Der Bitcoin ist als ultrahartes Geld konzipiert .. 82
14. Das Zeitalter des Digitalen Krieges 84
15. Von digitalen Analphabeten über Super-Apps bis
    Smartphone-Implantaten 87

II. Schaffen Sie sich mehrere Krypto-Standbeine! 91
1. Setzen Sie auf diese neun echten Kryptobörsen 91
2. BEST und BNB: Nutzen Sie die Ökosystem-Cryptocoins
   von Bitpanda und Binance 97
3. DEX: Setzen Sie – auch – auf dezentrale Kryptobörsen
   wie Uniswap oder WAVES 98
4. DeFi: Dezentralen Finanzdienstleistungen wie Staking
   und Lending gehört die Zukunft 100
5. Finger weg von Krypto-Trading: I am Hodling! 102
6. CBDC-Coins: Die staatlichen Geld-Token kommen 104
7. Achtung! Die YuanPay Group und der digitale Yuan sind
   keine sinnvollen Krypto-Investments 105
8. Dogecoin: Hier liegt der Hund begraben 106
9. NFTs: Krypto-Boommarkt Non-Fungible Token 107

III. Attraktive Cryptocoins: Der detaillierte Blick auf
     die Welt von Bitcoin, Ethereum und Co. 111
1. Bitcoin (BTC): Die Krypto-Weltleitwährung 111
2. Bitcoin Cash (BCH): Der kleine Bruder des Bitcoin 115
3. Ethereum (ETH): Das Krypto-Apple 116

4. Cardano (ADA): Die Ethereum-Alternative 118
5. XRP (Ripple): Der Payment Coin für das digitale
   Bankensystem der Zukunft 119
6. IOTA (MIOTA): Die Kryptowährung für das
   Internet der Dinge 120
7. NEO (NEO): Chinas Ethereum ist technologisch und
   regulatorisch vorteilhaft konzipiert 121
8. NEM (NEM): Der Cryptocoin für die Digitalwirtschaft der Zukunft . . 122
9. Vechain (VET): Die Kryptowährung für Industrieanwendungen 123
10. DASH (DASH): Das alternative Krypto-Bargeld 124
11. Monero (XMR): Monero basiert nicht auf dem Bitcoin,
    sondern auf dem Bytecoin! 125
12. Gulden (NLG): Im niederländischen Bitcoin liegt großes Potenzial! . 126
13. Basic Attention Token (BAT): Der Cryptocoin für die
    boomende Branche der Digitalwerbung 127
14. Komodo (KMD): Das Multi-Blockchain-Projekt 129
15. Chainlink (LINK): Google und Oracle bauen auf diesen
    Ethereum-Token 129
16. Litecoin (LTC): Bitcoin ist digitales Gold – Litecoin
    ist virtuelles Silber 130
17. Qtum (QTUM): Die Verbindung der Vorteile von
    Bitcoin und Ethereum! 132
18. WAVES (WAVES): Die Tokenisierungs-Plattform für jegliche Werte 132
19. Tron (TRX): Die Blockchain für Entertainment und Social Media . . . 133
20. Zcash (ZEC): Der Privacy Coin für Datenschutzanwendungen 134
21. Digix Gold Token (DGX): Ein Gramm Gold auf der Blockchain
    mit Verwahrung in Singapur 135
22. Stellar (XLM): Die potenzielle Blockchain für Wirtschafts-
    unternehmen und Staaten 136
23. Tezoz (XTZ): Die selbstkorrigierende Blockchain 136
24. Polkadot (DOT): Das Multi-Blockchain Projekt 137
25. The Internet Computer (ICP): Die Revolution für das WWW . . 138

IV. Praxistipps zu Blockchain-Anwendungen und
Krypto-Anbietern 139

1. Meine grundlegenden Empfehlungen für JEDEN
   Cryptocoin-Investor! 139
2. Kryptobank made in Germany: Das Blockchain-Girokonto von Nuri . . 140
3. Krypto-Portfolio: CryptoCompare bietet Ihnen kostenlose
   Top-Services 141
4. Schweizer Qualität: Mit Relai kaufen Sie Bitcoins anonym,
   sicher und einfach 143
5. Krypto-Geldautomaten boomen 144

5. Card- und Paper-Wallets: So übertragen Sie Ihre Coins 147
6. Krypto-Absicherung: Die drei wichtigsten Wertsicherungsstrategien . 148
7. Steuer-Check: Realisieren Sie stets unterjährige Verluste 149
8. Die private und betriebliche Besteuerung von Kryptowährungen
auf einen Blick 151
9. Wie sichere ich den Zugriff auf meine Krypto-Assets für den
Krankheits- oder Todesfall? 152
10. Franck Muller Encrypto: Die wertvolle Kombination aus zwei
Investment-Welten! 153
11. So einfach machen Sie Ihre Hardware-Wallet zum Tresor für
Bitcoin-Sparpläne 155
12. Wie übertrage ich den Google Authenticator (2FA-Codes) auf mein neues
Smartphone? 156
13. Fiat, Edelmetalle und Krypto: Die Bitpanda Card kombiniert
drei Geldsysteme! 157
14. Blockexplorer: So überprüfen Sie einfach Ihre
Transaktionen und Wallets 158
15. WISE bietet Ihnen jetzt zehn internationale Kontonummern plus
Multiwährungskarte 160
16. Goldmoney: Das digitale Edelmetall-Geldsystem 162
17. Swissquote: Die Bank für Krypto- und Fintech-Investoren 164
18. FlowBank: Die junge Digitalbank aus der Schweiz 165
19. Dukascopy aus der Schweiz bietet Ihnen ein mit Bitcoin
aufladbares Konto 169
20. So einfach sparen Sie bei Auslandsüberweisungen bares Geld 170

V. Blockchain ist mehr als nur Bitcoin: Von der Digitalisierung
zur Tokenisierung 175
 1. Die Tokenisierung wird zum Megatrend im sechsten Kondratiew der
Digitalisierung! 175
 2. Die Blockchain wird zum digitalen Tresor für Sachwerte 176
 3. Token sind die nächste Generation digitaler Finanzprodukte 179
 4. Bereit für die Blockchain: Die gefragtesten Alternativ-Investments . . . 180
 5. Digitalisierte Sammlerstücke: So investieren Sie in eine Rolex über
die Blockchain 182
 6. Achtung: Nicht überall, wo Blockchain draufsteht, ist auch
Blockchain drin 185
 7. Die Aktien von Coinbase (COIN): Das offene Finanzsystem
für die Welt 186

VI. So schützen Sie Ihre digitalen Werte rund um Bitcoin und Co. 187
 1. Digitale Selbstverteidigung und Cyberresilienz 187
 2. Vorsicht vor den Krypto-Börsenräubern 189

3. Mittels externer Wallets werden Sie zu Ihrer eigenen Bank! 190
4. Die fünf wichtigsten Wallet-Arten auf einen Blick 191
5. Der BIP39-Code: Die wichtigste Formel in der Kryptowelt 193
6. Ledger: Der Ledger Nano X ist meine Nummer eins unter
   den Hardware-Wallets 194
7. Trezor Model T: Die Hardware-Wallet mit integriertem Passwort-Tresor 198
8. Ellipal: Diese Hardware-Wallet aus Titan ist so einfach zu bedienen wie ein
   Smartphone 199
9. Card-Wallet und Ballet Crypto: Kryptokarten ohne technischen
   Schnickschnack 200
10. Billfodl und Cryptosteel: Diese Wallets aus Edelstahl sichern
    Ihre Wiederherstellungscodes 202
11. Hardware-Wallets: Hier erhalten Sie hilfreiche Informationen
    und sichere Bestellmöglichkeiten 204
12. Die Ledger-Falle mittels gefälschter E-Mails 205
13. Die Trezor-Falle im Apple Store! 207

VII. Digitale Selbstverteidigung: Datenschutz und Privatsphäre ... 211

1. Die besten Passwort-Manager und Passwort-Tresore 211
2. Mit dem Kryptonizer erstellen Sie ganz einfach sichere Passwörter .. 215
3. Einfach und sicher: Der mobile Datentresor mit Zahlenkombination 217
4. Die besten Anonymisierungs-Strategien zum Schutz Ihrer Daten ... 219
5. Sicherheits-Check: Überprüfen Sie jetzt Ihre Internet-
   Identitätsdaten 222
6. So schützen Sie Ihre persönlichen Daten effektiv selbst
   im Darknet! 224
7. DarkSide als Warnung: Nutzen Sie Sicherheitsprogramme -
   auch - für Ihr Smartphone! 228

VIII. Banking ohne Banken: Alternative Zinssysteme 231

1. auxmoney: Europas größter Kreditmarktplatz mit Sitz
   in Deutschland 232
2. Mintos: Algorithmen diversifizieren Ihr Kreditportfolio
   automatisch 235
3. Bondora: Mit einem einfachen Schieberegler bestimmen Sie
   Ihre Zinserträge 237
4. Twino: Diese Investitionsplattform übernimmt für Sie die
   Darlehensbewertung 239
5. Swaper: Bis zu 16 Prozent Zinsen mit kurzfristigen
   Verbraucherkrediten 241
6. EstateGuru: Grundbuch statt Sparbuch: Attraktive Zinseinnahmen mit Immobilienkrediten 244
7. Robocash: Der Turbo-Anlageroboter zur schnellen Steigerung
   Ihrer Zinseinnahmen 246

8. *Digital Health:* So investieren Sie außerbörslich in zukunftsträchtige
   Gesundheitsdienstleistungen 248

IX. Die Digitalisierung ist die neue Globalisierung 253
   1. Digitales Wirtschaftswunder voraus! 253
   2. Die Geldmaschinen der vier Digital-Giganten 255
   3. Das Imperium von Microsoft 258
   4. Die Plattform-Ökonomie boomt – ohne Europa 259

X. Zehn Zukunftsaktien und Megatrend-ETFs 261
   1. Artificial-Intelligence-ETF: Keine Angst vor Künstlicher Intelligenz .. 262
   2. Automatisierungs- und Robotik-ETF: Die Nachfrage nach
      Robotertechnik boomt 265
   3. Biotechnologie-ETF: Investieren Sie in eine der wichtigsten
      Schlüsseltechnologien der Zukunft 268
   4. Blockchain-ETF: Diese Technologie wird unser 271
      Geld- und Wirtschaftssystem revolutionieren 271
   5. China-Technologieaktien-ETF: China zu ignorieren wäre
      das größte Risiko 273
   6. *Cloud-Computing-*ETF: Daten in der Wolke als Motor
      der Digitalisierung 279
   7. *Cybersecurity-*ETF: Die Internet-Kriminalität hat immer
      Hochkonjunktur 283
   8. Digitalisierungs-ETF: Das Internet der Dinge ist DER
      Multimilliarden-Zukunftsmarkt 288
   9. Fintech-ETF: Basis für das Digitalgeldsystem der Zukunft 292
   10. Gaming- und eSports-ETF: Profitieren von der Digitalisierung
       bei Spiel und Sport 294
   11. Nutzen Sie den kostenlosen Röntgenbericht für Ihre
       Aktienfonds und ETFs 297

XI. Anlegerschutz und Kryptorecht: Vorsicht vor
Online-Kriminellen 301
   1. Krypto- und Bankenrecht: Was tun, wenn der Bitcoin-Gewinn
      blockiert wird? 301
   2. Krypto-Steuerrecht: Konflikte mit dem Finanzamt voraus 303
   3. Unerlaubte Geschäfte: BaFin-Warnung vor Online-Plattformen .. 304
   4. FMA Österreich: Der Krypto-Betrug boomt 305
   5. Krypto-Betrug: FMA Österreich setzt auf Whistleblower 309
   6. Das müssen Sie über Hacker wissen 311
   7. *Cybercrime* und Betrug: Digitalkompetenz bei Polizei und
      Staatsanwaltschaft 318
   8. Silkroad und PlusToken: Behörden und Staaten werden
      zu Bitcoin-Walen 320

9. Bitcoin Superstar: Betrug mit dem Namen Dieter Bohlen 320
10. Krypto-*Trading*: Der Betrug mit dem Namen *Die Höhle der Löwen* 324
11. *Krypto-Jacking:* Vorsicht vor den digitalen Piraten und Parasiten! ... 325
12. Ponzi und *Scam*: Acht Punkte, wie Sie Betrugssysteme erkennen .. 326
13. *Krypto-Arbitrage:* Sind 10,8 bis 45 Prozent pro Jahr mit ArbiSmart empfehlenswert? 329
14. *Cybercrime:* Warnung vor der Abzocke mit dem Steuertrick 330
15. Achtung: Werden Sie nicht zum Krypto-Geldesel 332
16. Krypto-Betrug: Senden Sie 0,5 Bitcoin und Sie erhalten 1 Bitcoin zurück 333
17. Der Erste-Hilfe-Service aus unserem Experten-Netzwerk bei Kapitalanlagebetrug 336
18. Kryptorecht: Geld zurück bei Verlusten aus Initial Coin Offerings .. 340

X. Schlusswort 345
Bildung ist das beste Investment – Lebensqualität die höchste Rendite! 345
Über den Autor Markus Miller 346

I. Vorwort

Kryptonomics: Das neue Digitalzeitalter der Tokenisierung

In den 8oer-Jahren wurde die expansive Wirtschaftspolitik unter dem damaligen US-Präsidenten Ronald Reagan als »Reaganomics« bezeichnet. In Großbritannien gab es, diesem Vorbild folgend, den »Thatcherismus« und in Japan die »Abenomics«. In den kommenden Jahren wird ein neuer politischer Treiber große Veränderungen in der Weltwirtschaft herbeiführen. Dabei handelt es sich allerdings nicht um einen einzelnen Politiker oder Staat, sondern um die Entwicklungen und Maßnahmen, die auf dem Coronavirus aufbauen. Weltweit werden Regierungen, Unternehmen und ganze Gesellschaften mittlerweile von der Corona-Pandemie in ihrem Handeln getrieben. Diese wirtschaftliche Ära wird vermutlich als »Coronanomics« in die Geschichtsbücher eingehen. »Coronanomics« wird zu massiven staatlichen Eingriffen führen, zu einer weiteren Explosion der Schulden, auf denen unser derzeitiges Geldsystem basiert, und ebenso zu dynamischen Entwicklungen und großen Chancen im Bereich der Digitalisierung. Ich bin davon überzeugt, dass wir derzeit am Beginn des Zeitalters einer neuen Krypto-Ökonomie stehen, die ich als »*Kryptonomics*« bezeichne.

Jede Bank wird eine Krypto-Strategie benötigen!

Wir leben in einem Zeitalter der digitalen Disruption, die sich im letzten Jahr beschleunigt hat. Die Zentralbanken setzen rekordverdächtige geldpolitische Stimuli frei, während die Technik unsere globale Wirtschaft immer schneller umgestaltet. Es hat uns gezeigt, dass konventionelles Denken nicht die Antworten auf das bringt, was vor uns liegt. Inmitten dieses Wandels entwickeln sich Krypto-Assets zu einem »sicheren Hafen« für institutionelle Investoren, die nach alternativen Wertaufbewahrungsmitteln für ihre Anlageportfolios suchen. In diesem Zusammenhang entstehen auch zahlreiche junge Unternehmen (Fintechs), die sich zu vielversprechenden Krypto-Playern entwickeln.

I. Vorwort

Krypto-Assets: Es entsteht eine neue Anlageklasse rund um Bitcoin und Co.

Es entsteht derzeit eine neue Anlageklasse namens »Krypto-Assets«. Es ist eine Anlageklasse, die für das neue digitale Zeitalter konzipiert wurde, in das wir jetzt eintreten. Bitcoin und andere Krypto-Assets haben die Aufmerksamkeit von Privatanlegern und nun auch von institutionellen Anlegern auf sich gezogen, die von der Unabhängigkeit dieser Assets von der Politik der Zentralbanken und Regierungen und der Blockchain-Technologie, die die Zukunft des Finanzwesens gestaltet, angezogen werden. Banken müssen sowohl die Infrastruktur für Krypto-Assets schaffen als auch als vertrauenswürdige Berater für Kunden agieren, die an Investitionen in diese Anlageklasse interessiert sind. Dies führt zu einer herausfordernden Dualität und Koexistenz: Das aktuelle Finanzsystem bleibt bestehen, und ein neuer Finanzsektor im Bereich der Krypto-Ökonomie entsteht für digitale Werte und Vermögenswerte auf Basis der Blockchain-Technologie.

Bislang wurden Kryptowährungen eher als Ersatz für den globalen Geldbestand eingesetzt. Das wird sich im Laufe der kommenden Jahre nachhaltig verändern. Die Überwindung regulatorischer Hürden wird ihre Attraktivität steigern und das Potenzial erhöhen, Bargeld zu ersetzen. Wir stehen nicht nur inmitten des Zeitalters der Digitalisierung, sondern auch der Tokenisierung der unterschiedlichsten Werte und Anlageklassen. Doch nicht nur im Finanzbereich und im Zahlungsverkehr, sondern auch im Bereich des Internets der Dinge (IoT = *Internet of Things*), der Künstlichen Intelligenz und der Cloud-Anwendungen wie auch bei der Cybersecurity spielen Kryptowährungen eine Rolle.

Das neue Krypto-Ökosystem wird in Koexistenz mit unserem konventionellen Geldsystem existieren

Ich bin davon überzeugt, dass es ein mehrdimensionales Krypto-Geldsystem in der digitalisierten Welt der Zukunft geben wird. Dezentrale Kryptowährungen wie der Bitcoin werden zu einer Art digitalem Gold. Zentrale Stablecoins von Privatunternehmen – wie beispielsweise Facebooks Diem – werden in Koexistenz neben zentralen Kryptowährungen von Notenbanken existieren.

Securitytoken werden darüber hinaus zahlreiche Vermögenswerte digitalisieren und fungibel handelbar machen. *Utility Token* (funktionale Kryptowährungen) werden zusätzlich Einzug halten in die Industrie und den Handel der Realwirtschaft wie als digitale Währungen in die Finanzwirtschaft. Kryptowährungen – allen voran der Bitcoin – sind für mich somit eine ganz wichtige Säule, ein Grundbaustein für jeden vorausschauenden, zukunftsorientierten Kapitalanleger. Zumindest als Beimischung für sein Gesamtportfolio.

In den letzten Jahren habe ich bereits zwei Bücher geschrieben, die sich mit der erodierenden Kaufkraft unseres Geldes befassen. In meinem Buch *Die Welt vor dem Geldinfarkt* belegte ich im Jahr 2017 die damals schon besorgniserregenden Risiken unseres schuldenbasierten und ungedeckten Geldsystems. Mein Praxis-Ratgeber *Finanzielle Selbstverteidigung* baute im Jahr 2019 auf diesen sich weiter verschärfenden politischen und rechtlichen Rahmenbedingungen auf.

Bitcoin-Publikationen oder Bücher zu Kryptowährungen gibt es bereits zahlreiche. Mir ist es sehr wichtig, mit *Kryptonomics* nicht nur ein weiteres »Krypto- oder Bitcoin-Erklärbuch« zu schreiben mit angeblichen Geheimtipps für Kryptowährungen, sondern den Blick auf das große Ganze der Digitalisierung und Tokenisierung zu richten. Dabei geht es mir bei Weitem nicht nur um die scheinbar so hochspekulativen Kryptowährungen wie den Bitcoin, sondern um die Megatrends der Digitalisierung und der Tokenisierung. Ich bin davon überzeugt, dass klassische Wertpapierbörsen die Tokenisierung, also die digitale Verbriefung von Wertpapieren wie Aktien, Anleihen oder Derivaten auf Basis der Blockchain-Technologie, in naher Zukunft massiv vorantreiben werden. Wichtig ist mir ebenso der Praxisnutzen.

Mein Anspruch an *Kryptonomics:* Wissensvermittlung mit Praxisnutzen!

Auch physische Vermögenswerte wie Edelmetalle oder Immobilien werden in Form von Token zukünftig verstärkt digitalisiert und fungibel in kleinen Stückelungen handelbar. Es gibt mittlerweile zahlreiche Konzepte und Plattformen in diesen Zukunftsbereichen, über die Sie beispielsweise Anteile an realen Werten als gedeckte Blockchain-Token *(Securitytoken)* bereits ab wenigen Euro erwerben können.

I. Vorwort

Ich gebe Ihnen mit *Kryptonomics* eine Vielzahl an Empfehlungen an die Hand, die Sie direkt umsetzen oder zumindest auch mit kleinen Anlagesummen einmal testen können. Ich verzichte dabei aber ganz bewusst auf seitenfüllende Trivialitäten, über die Sie sich auch ganz einfach und kostenlos über eine Google-Abfrage informieren können, wie beispielsweise: Was ist der Bitcoin, oder: Was ist eine Blockchain?

Weitere Megatrends und Zukunfts-Investments sowie die sich massiv verändernde Welt unseres Geldes und die damit verbundenen Gefahren und Digitalschutz- beziehungsweise Cybersecurity-Strategien sind ebenfalls Themenbereiche von *Kryptonomics*, denen ich mich ebenso intensiv wie praxisbezogen widme. Jetzt wünsche ich Ihnen viel Spaß und Mehrwert bei der Lektüre und freue mich über Ihre positive Rezension von *Kryptonomics* auf Amazon!

Mit den besten Grüßen
Ihr
Markus Miller

PS: Meine Maxime der Stunde: Positionieren Sie sich jetzt für die digitale Zukunft und bleiben Sie auch weiterhin am Ball und am Puls der digitalisierenden Zeit. Über meine regelmäßigen Blogs auf meinen beiden Online-Portalen *www.geopolitical.biz* und *www.krypto-x.biz* bleiben Sie ergänzend und weiterführend zu *Kryptonomics* auch in der Zukunft über aktuelle Entwicklungen, Chancen und Risiken in unserer sich dynamisch verändernden Welt bestens informiert. Nutzen Sie diese kostenlosen Möglichkeiten!

I. Kryptonomics: Das neue Digitalzeitalter

1. Keine Angst vor Krypto-Werten

Krypto-Investments sind kein Sprint, sondern ein Marathon!

Ich habe den großen Vorteil, dass ich nicht nur öffentlich zugängliche Zahlen und Informationen in meine Analysen einfließen lassen kann, sondern auch eine Vielzahl von Zuschriften, die mich täglich erreichen. Diese sind für mich sehr wertvoll, weil sie reale Entwicklungen aus der Praxis widerspiegeln. Zusätzlich lese ich täglich mindestens eine Stunde Diskussionen in Internetforen, auch hier erhalte ich fortlaufend wichtige Anregungen und Erkenntnisse. Dabei musste ich zuletzt verstärkt feststellen, dass viele Neueinsteiger die Krypto-Welt ganz offensichtlich nicht als strategischen Baustein bewerten, der die Risiken unseres konventionellen Geldsystems reduziert und die Chancen in der Welt der Digitalisierung optimiert, sondern als eine Art »Lottoschein« oder ein »Spielcasino«.

Die Jagd nach dem nächsten Cryptocoin, der innerhalb weniger Tage 100 Prozent plus x macht, überlagert dabei häufig nicht nur den gesunden Menschenverstand, sondern führt nicht selten zu großen psychischen Belastungen und finanziellen Risiken. Wenn Sie Leser meiner Publikationen auf *KRYPTO-X* sind oder meine YouTube-Interviews für *Börse Stuttgart TV* verfolgen, kennen Sie mich und meine strategische Herangehensweise, bei der Werte wie Besonnenheit und Geduld sehr wichtig sind. Das gilt nicht nur für die Phasen massiver Markteinbrüche, die wir auch in Zukunft immer wieder sehen werden, sondern auch für die Zeiten der starken Kursanstiege, die keine Einbahnstraßen sind. Für mich ist es Lebensqualität und Luxus, nicht wie ein hektischer Trader fortlaufend auf Charts und Handelssignale blicken zu müssen, die sich an den Kryptomärkten mehrheitlich – bei kurzfristigem Anlagehorizont – als Fehlsignale erweisen.

Warnung vor den Dauerwarnern!

So sicher wie das Amen in der Kirche gibt es täglich pauschale Warnungen vor Kryptowährungen. Von Präsidenten von Notenbanken wie der Bank of England über Aufsichtsbehörden wie der deutschen BaFin oder der Finanzmarktaufsicht FMA in Österreich bis hin zu Verbraucherzentralen. Ebenso von den zahlreichen destruktiven Dauerwarnern, die seit Jahren den Fortschritt und die Transformation unserer Wirtschaft hin zu einer Digital- und Plattform-Ökonomie verschlafen haben.

Hierzu zählt auch der als »Mister Dax« öffentlich sehr bekannt gewordene Dirk Müller, der sich nach meiner Einschätzung längst zu einem fragwürdigen Crashpropheten und Verschwörungstheoretiker entwickelt hat. Zu Jahresbeginn 2021 gab es ein Interview von Dirk Müller bei *Focus Online*, auf das ich sehr häufig angesprochen wurde. Dirk Müller vertrat hier unter anderem die Hypothese, dass hinter dem Bitcoin kein Wert stehe und die führende Kryptowährung innerhalb von 24 Stunden auf null fallen könne, wenn Justizbehörden wegen Geldwäsche dagegen vorgehen. Das ist schlicht eine unqualifizierte Angstmacherei!

Ein weiterer Aspekt, der immer wieder als Kritikpunkt an Kryptowährungen angeführt wird, ist der angeblich so hohe Stromverbrauch, als wenn das konventionelle Geld- und Bankensystem oder die Förderung von Gold energielos funktionieren würde.

Fakt ist: In Bezug auf den Stromverbrauch liegt der Bitcoin auf Rang 39 zwischen Bangladesch und Chile, Ethereum lediglich auf Rang 81, zwischen Syrien und Turkmenistan. Die Energieeffizienz von Bitcoin und Ethereum wird durch technologische Verbesserungen – Lightning Network, Ethereum 2.0 – immer besser, nicht schlechter!

Informationen: www.digiconomist.net

Der Bitcoin ist bereits in 132 von 257 Ländern beziehungsweise Regionen legal

In vielen Medien ist immer wieder zu lesen, dass der Bitcoin in zahlreichen Ländern verboten sei. Gegen Ende des Jahres 2017 schlug beispielsweise ein Bitcoin-Verbot in China hohe Wellen. Längst sind der Bitcoin und andere Kryptowährungen jedoch in China als Zahlungsmittel anerkannt, auch wenn es – wie auch in Indien – Einschränkungen gibt. Ich kann somit klar feststellen, dass tendenziell negative Medienberichte zu Verboten von Kryptowährungen die Mär von der angeblichen Illegalität des Bitcoin nach wie vor sehr häufig befeuern und zu Ängsten führen. Ein rationaler Faktencheck führt allerdings zu einem ganz anderen Ergebnis.

In 132 von 257 Ländern ist der Bitcoin heute bereits absolut legal und als Zahlungsmittel beziehungsweise Vermögenswert anerkannt. Lediglich in zehn Ländern ist der Bitcoin verboten. Dabei handelt es sich um Afghanistan, Algerien, Bangladesch, Bolivien, Katar, Pakistan, die Republik Mazedonien, Saudi-Arabien, Vanuatu und Vietnam. Diese Staaten bewerte ich als vollkommen unbedeutend im Hinblick auf die zukünftige Adaption von Kryptowährungen in der weltweiten Finanz- und Realwirtschaft, wenn der Bitcoin in großen Volkswirtschaften wie Japan, Deutschland, Großbritannien, Russland, Brasilien oder allen voran in den USA legal ist.

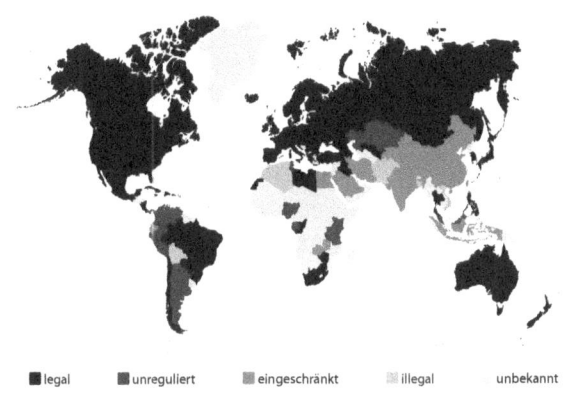

■ legal ■ unreguliert ■ eingeschränkt ■ illegal unbekannt

Quelle: coin.dance

Informationen: *www.coin.dance*

Die regulatorischen Rahmenbedingungen sind besser als die Medienberichterstattung

Wenn ich aktuell und in den letzten Jahren in zahlreichen Medien immer sehr oberflächliche und undifferenzierte Berichte zur angeblich so unsicheren Rechtslage von Kryptowährungen in Deutschland – oder auch anderen Ländern – lese, die meist verbunden sind mit der Forderung nach einer klaren Regulierung, dann frage ich mich, ob die jeweiligen Journalisten beziehungsweise Autoren überhaupt die realen Entwicklungen und Fakten kennen.

Die Regulierung ist beispielsweise in den USA, aber auch in Europa in der Praxis sehr weit fortgeschritten. Zum einen durch die mächtige US-Wertpapieraufsichtsbehörde United States Securities and Exchange Commission (SEC). Zum anderen im Mekka der Hochfinanz, dem Bundesstaat New York, durch die Regierungsbehörde des New York State Department of Financial Services (NYSDFS). Bereits im Jahr 2015 wurde dem ersten US-Unternehmen (Circle) durch die US-Behörde eine BitLicense erteilt, um als Bitcoin-Börse aktiv zu werden beziehungsweise Krypto-Dienstleistungen reguliert anzubieten. Mittlerweile verfügen auch börsennotierte US-Techkonzerne wie Square, die sich auf Zahlungsverkehrsdienstleistungen spezialisiert haben, über eine BitLicense.

Securitytoken sind in Deutschland eine eigene Wertpapiergattung

Auch in Deutschland ist die Regulierung längst viel weiter, als der überwiegend negative Tenor in den Medien vermuten lässt. Am 15. April 2019 hat die Bundesanstalt für Finanzdienstleistungsaufsicht (BaFin) eine umfassende Stellungnahme zur »Tokenisierung« veröffentlicht. Bei der Tokenisierung handelt es sich um die digitalisierte Abbildung eines (Vermögens-)Wertes inklusive der in diesem Wert enthaltenen Rechte und Pflichten sowie dessen hierdurch ermöglichte Übertragbarkeit.

Bereits zu Jahresbeginn 2019 hat die BaFin den ersten Wertpapierprospekt zu einem Security Token Offering (STO) in Deutschland genehmigt. Das war der erste Schritt eines rechtlichen Paradigmenwechsels in der Praxis. Durchgeführt wurde das STO durch das Unternehmen Bitbond mit Sitz in Berlin. Seither sind eine Vielzahl an liberalen Regulierungsschritten weltweit erfolgt, die die Rechtssicherheit fördern und somit zu einer weiter steigenden Marktakzeptanz und Marktdurchdringung von Kryptowährungen führen werden.

Zentralbankgeld: Bundesbank setzt auf Blockchain[1]

»Die Deutsche Börse, die Deutsche Bundesbank und die Finanzagentur des Bundes haben gemeinsam mit weiteren Marktteilnehmern eine Abwicklungsschnittstelle für elektronische Wertpapiere entwickelt und erfolgreich getestet. Die auf der *Distributed-Ledger*-Technologie (DLT) basierenden Wertpapiere können mithilfe einer sogenannten Trigger-Lösung und eines Transaktionskoordinators in TARGET2, dem Zahlungsverkehrssystem des Euro-Systems für Großbeträge, abgewickelt werden.

Damit bewiesen die Teilnehmer, dass eine technische Brücke zwischen der Blockchain-Technologie und dem konventionellen Zahlungsverkehr grundsätzlich zur Wertpapierabwicklung in Zentralbankgeld genutzt werden kann, ohne dass digitales Zentralbankgeld geschaffen werden muss. Im Verlauf des Tests emittierte die Finanzagentur des Bundes eine Bundesanleihe mit zehnjähriger Laufzeit im DLT-System, deren Primär- und Sekundärmarkt-Transaktionen auch auf DLT abgewickelt wurden. Die getätigten Geschäfte des Tests sind rechtlich nicht bindend.« [...] »Bei der Durchführung des Experiments waren Barclays, die Citibank, die Commerzbank, die DZ Bank, Goldman Sachs und die Société Générale beteiligt.

Die Grundlagen für tokenisiertes Zentralbankgeld sind gelegt

DLT wie Blockchain gewinnen seit einigen Jahren zunehmend an Bedeutung. Im Projekt wurde eine Schnittstelle zwischen dem konventionellen Zahlungsverkehr und einem DLT-basierten Wertpapiersystem geschaffen. Zwei Softwaremodule, eine *Trigger Chain* der Bundesbank und ein Transaktionskoordinator der Deutschen Börse, verbinden TARGET2 und ein DLT-Wertpapiersystem. Wertpapiere und Zentralbankgeld wechseln erst bei erfolgreicher Bestätigung aller Parteien den Besitzer. Diese Zug-um-Zug-Abwicklung minimiert das Ausfallrisiko für Käufer und Verkäufer.

Bei DLT-basierter Abwicklung werden üblicherweise entsprechende Werte und Geld in Form von Token dargestellt, also als Abbildung in der DLT-Umgebung. Mit der vorgestellten Lösung kommt es nicht zum Einsatz von tokenisiertem Geld. Stattdessen wurde eine Schnittstelle geschaffen, die zwischen der DLT und dem konventionellen Zahlungsverkehr vermittelt und die Zahlung auslöst (›triggern‹). Da die im Projekt getestete Lösung in verschiedenen DLT-basierten Abwicklungssystemen eingesetzt werden kann, ist sie ein wichtiger Schritt für die weitere Verwendung der DLT im Finanzsektor und in der Realwirtschaft.

Zentralbanken werden auch mit Krypto-Projekten kooperieren

Burkhard Balz, der im Vorstand der Bundesbank für die Bereiche Zahlungsverkehr und Abwicklungssysteme zuständig ist, sagte: ›Nach dem erfolgreichen Test dürfte die Implementierung einer entsprechenden Lösung durch das Euro-System in relativ kurzer Zeit möglich sein, zumindest deutlich schneller als etwa die Emission von digitalem Zentralbankgeld.‹«

Es gibt mittlerweile auch Staaten beziehungsweise Notenbanken, die bereits bestehende Blockchains mit ihren Kryptowährungen für derartige Anwendungen nutzen beziehungsweise testen. Hierzu zählt beispielsweise die Kryptowährung Stellar. Kryptowährungen beziehungsweise Blockchain-Anwendungen vermitteln in den Medien häufig den Eindruck einer schnelllebigen Zockerei. Besinnen Sie sich darauf, dass Ihre Krypto-Investments kein Sprint, sondern ein Marathon sind, bei dem es auf Ihre Ausdauer ankommt!

Musa al-Chwarizmi: Der unbekannte Krypto-Urvater der Kryptowährungen

Kennen Sie den Urvater aller Kryptowährungen? Nein, ich spreche nicht von Satoshi Nakamoto, der das Bitcoin-Konzept als Whitepaper im Jahr 2008 in das Internet gestellt hat und der nicht wirklich »Satoshi Nakamoto« heißt, sondern eine unbekannte Einzelperson oder eine Entwicklergruppe mit diesem Pseudonym ist. Ich spreche von der Person mit dem echten Namen »Musa al-Chwarizmi«, die zu einer Zeit lebte, in der die Digitalisierung noch eine reine Zukunftsmusik war.

Wir alle kennen die großen griechischen Mathematiker der Antike wie Pythagoras von Samos, Euklid von Alexandria, Archimedes von Syrakus, Eudoxos von Knidos, Diophant von Alexandria oder Thales von Milet. Ich bin mir sicher, jeder unter Ihnen hat sich in der Schule mit dem Satz des Pythagoras befasst und Begriffe wie »Hypotenuse« oder »Kathete« heute noch in Erinnerung.

Der Name »Musa al-Chwarizmi« ist nach meiner Einschätzung hingegen leider weitgehend unbekannt. Ich habe einige meiner Bekannten und Freunde gefragt – die teilweise Mathematik studiert haben –, ob Sie Musa al-Chwarizmi kennen. Kein Einziger konnte den Namen zuordnen. Von »Fußballspieler« über »Musikproduzent« und »Notenbankchef« bis hin zu »Terrorist« war unter den Antworten so ziemlich alles dabei. Musa al-Chwarizmi (circa 780 bis 850 nach Christus) war ein iranischer Mathematiker, auf den die weltbekannten Begriffe »Algebra« und »Algorithmus« zurückzuführen sind.

Algebra und Algorithmen sind die Grundpfeiler der Kryptowelt

Ein Algorithmus bezeichnet ein Bearbeitungsschema eines Problems in Einzelschritten, das meistens auf mathematischen Strukturen beruht und deshalb von Computern gelöst werden kann. Jede Kryptowährung basiert auf diesem Prinzip. Algorithmen bestimmen zunehmend unser aller Leben.

Selbst wer es schafft, sich – noch – vom Internet fernzuhalten, wird unweigerlich von Algorithmen beeinflusst. Das ist den meisten Bürgern allerdings überhaupt nicht bewusst. Auch diese Unwissenheit birgt gleichzeitig weiteres Potenzial für Cryptocoins. Werden Sie sich bewusst: Algorithmen sind Assets!

Digitalbildung: Wissenslücke Algorithmen

Unser Leben ist längst geprägt von Algorithmen. Hinter dem Bitcoin steht ein mächtiger und wertvoller Algorithmus, der immer mehr Anerkennung, Anwendung und Vertrauen findet. Das fehlende Verständnis für den Bitcoin liegt nach meiner Überzeugung auch darin begründet, dass viele Bürger viel zu wenig über Algorithmen wissen. Diese mathematische wie digitale Bildungslücke gilt es zu schließen.

I. Kryptonomics: Das neue Digitalzeitalter

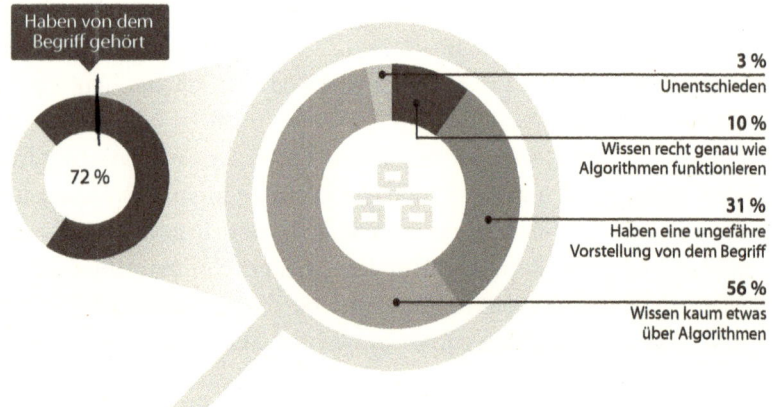

Quelle: statista, Bertelsmann Stiftung

Krypto-Algorithmen: Sie investieren in SHA-256, Dagger-Hashimoto und ECDSA!

Wenn Sie eine Schufa-Auskunft benötigen oder einfach nur mit einem öffentlichen Verkehrsmittel wie der Bahn fahren, folgen Sie zwangsläufig einem Algorithmus. Umso verwunderlicher ist das Ergebnis einer aktuellen Studie der Bertelsmann Stiftung, aus der hervorgeht, dass die Mehrheit der Deutschen wenig bis nichts mit dem Begriff »Algorithmus« anfangen kann. 72 Prozent der befragten Bürger geben an, zumindest schon von dem Wort »Algorithmus« gehört zu haben. Wie die obige Grafik eindrucksvoll verdeutlicht, musste davon im Anschluss aber mehr als die Hälfte zugeben, kaum Fachwissen zu haben.

Der Bitcoin basiert beispielsweise auf dem Algorithmus SHA-256, Ethereum auf Dagger-Hashimoto, Ripple auf ECDSA, Litecoin auf Scrypt. Unser Leben basiert immer mehr auf Algorithmen, die Menschen sind sich dieser Entwicklung aber gar nicht bewusst! Krypto-Algorithmen und die entsprechenden Coins haben daher das Potenzial, Prozesse in den unterschiedlichsten Bereichen signifikant zu verbessern. Das wiederum wird zu steigenden Werten von Cryptocoins führen, weil Algorithmen Anerkennung und Marktakzeptanz gewinnen, wertvolle Funktionalitäten und somit Werte darstellen.

Sechs Konsensalgorithmen: Von Burnern bis Validatoren

Für die Funktionalität und Sicherheit einer Blockchain werden Regeln benötigt. In dezentralen Netzwerken gibt es dabei – im Gegensatz zu einem Konto bei einer Bank – nicht eine einzige Autorität, die für Recht und Ordnung sorgt, sondern Konsensmechanismen, die auf mathematischen Berechnungen basieren. Ein Konsensmechanismus definiert die Vorgehensweise, durch die eine bestimmte Gruppe beziehungsweise Beteiligte eines Netzwerks eine Entscheidung herbeiführen.

Dadurch wird es einander vollkommen fremden Teilnehmern möglich, sich auf bestimmte Abläufe zu einigen. Beispielsweise die Übertragung einer Kryptowährung. In der Welt der Cryptocoins gibt es zwei grundlegende Konsensprotokolle, auf denen die Blockchain-Technologie der wichtigsten Kryptowährungen aufbaut. Proof-of-Work (PoW) und Proof-of-Stake (PoS). Darüber hinaus gibt es zahlreiche weitere Konsensalgorithmen und Abwandlungen. Nachfolgend finden Sie sechs wichtige Konsensalgorithmen, beginnend mit den beiden wichtigsten, PoW und PoS:

1. Proof-of-Work (PoW)

Proof-of-Work (PoW) bedeutet, dass derjenige Rechner einen neuen Block an eine Blockchain anhängen kann, der ein vorgegebenes kryptografisches Rätsel als Erster gelöst hat und damit die Belohnung in Form von Cryptocoins beziehungsweise Token erhält. PoW ist ein Arbeitsnachweis. Beim Proof-of-Work findet somit eine Auswahl nach der Rechenleistung der Miner statt, was wiederum zu einem exorbitant hohen und deswegen häufig kritisierten Energieverbrauch führt, beispielsweise beim Bitcoin-Mining.

2. Proof-of-Stake (PoS)

Die Idee hinter dem Konsensalgorithmus von Proof-of-Stake (PoS) ist es, das energieraubende Lösen kryptografischer Rätsel durch den PoW-Ansatz massiv zu reduzieren und gleichzeitig die Geschwindigkeit der Transaktionen zu erhöhen. Beim PoS-Mechanismus ist die Wahrscheinlichkeit, dass ein Miner für die Erzeugung eines neuen Blocks den Zuschlag erhält, proportional zum wertmäßigen Anteil aller seiner Coins an der ausstehenden

Gesamtmenge der bereits existierenden Cryptocoins. PoS ist somit nicht wie PoW ein Arbeitsnachweis, sondern ein Anteilsnachweis. Die dadurch generierten Kryptowährungen und einbehaltenen Transaktionsgebühren aus der Blockchain-Aktivität werden nach dem Zufallsprinzip an die Coin-Inhaber (Anteilseigner) ausgeschüttet. Die Wahrscheinlichkeit, »Ausschüttungen« zu erhalten, steigt mit der Höhe der Bestände wie auch mit der Haltedauer.

3. Proof-of-Activity (PoA)

Bei diesem Konsensalgorithmus wird sowohl PoW als auch PoS verwendet, so dass man von einem »Hybridverfahren« spricht. Dadurch wird die Arbeit der Miner belohnt und gleichzeitig wird auch eine Art Verzinsung (Staking) der gehaltenen Cryptocoins möglich.

4. Proof-of-Authority (PoA)

Bei der Abkürzung »PoA« kommt es immer wieder zu Unstimmigkeiten und Missverständnissen, weil das Kürzel »PoA« sowohl für den Konsensalgorithmus Proof-of-Activity verwendet wird als auch für den Blockchain-Mechanismus Proof-of-Authority. In Proof-of-Authority-Blockchains werden neue Blöcke von sogenannten Validatoren erstellt. Diese haben auf Basis von Mehrheitsentscheidungen ein Stimmrecht, dass ihnen aber auch wieder entzogen werden kann, falls das Vertrauen missbraucht wird, beispielsweise durch die Verifizierung falscher Blöcke.

5. Proof-of-Capacity (PoC)

Bei Proof-of-Capacity generieren Miner für die Erzeugung von Blöcken große Datensegmente, die sich »Plots« nennen und die auf Datenträgern (Festplatten) gespeichert werden. Dadurch ist PoC energieeffizienter als PoW und PoC-Blockchains sind äußerst resistent gegen externe Angriffe wie beispielsweise automatisierte Schadprogramme (Bots).

6. Proof-of-Burn (PoB)

Proof-of-Burn ist eine weitere energiesparende Alternative beziehungsweise Optimierung von Proof-of-Work. Dabei werden Kryptowährungen absichtlich verbrannt durch Übertragung auf eine tote Walletadresse, die öffentlich nachprüfbar ist mit dem Ziel, Ressourcen in die Blockchain zu investieren, so dass die Miner keine physischen Ressourcen unterhalten müssen.

Grundsätzlich sind auch Kryptowährungen attraktiv, die interessante beziehungsweise auf Nachfrage treffende Anwendungen bieten und die regelmäßig sogenannte Token-Burns durchführen. Denn dadurch reduziert sich das Angebot fortlaufend.

Krypto-Ökonomie: Ist die Art des Konsensmechanismus sinnvoll für die Kaufentscheidung von Cryptocoins?

Zu den wichtigsten Säulen der gesamten Krypto-Ökonomie zählen die Konsensmechanismen. Bei der Proof-of-Work-Methode wird den Teilnehmern für die Lösung von komplizierten kryptografischen Aufgaben eine Belohnung in der jeweiligen Kryptowährung ausgezahlt. Die Lösung dieser Aufgaben wird in der Blockchain durch die Generierung eines neuen Blocks markiert. Diesen Prozess bezeichnet man als »Mining«. Zahlreiche große Kryptowährungen wie der Bitcoin mit seinem Algorithmus SHA-256, Ethereum mit Ethash, Litecoin mit Script oder Monero mit CryptoNight basieren auf dem Proof-of-Work-Mechanismus. Der immer wieder auftretende Hauptkritikpunkt an der Proof-of-Work-Methode ist der sehr hohe Energieverbrauch zur Lösung der komplexen Rechenaufgaben des Mining-Prozesses.

Dieser Problematik wird längst auf unterschiedliche Art und Weise begegnet. Zum einen durch den Einsatz immer modernerer Grafikkarten in neuen Mining-Servern oder Weiterentwicklungen wie dem sogenannten Lightning-Network des Bitcoin. Dahinter verbirgt sich ein Protokoll zur Skalierung und somit Optimierung der Blockchain-Technologie beziehungsweise des Konsensalgorithmus des Bitcoin im Hinblick auf die Schnelligkeit, die Kosten und somit auch den Stromverbrauch. Zum anderen durch die Adaption oder den Wechsel des Konsensmechanismus.

Fazit: Konsensmechanismen sind keine Basis für Kaufentscheidungen

Ein Leser hat mir vor Kurzem zum Thema Proof-of-Work und Energieverbrauch beim Mining im Wesentlichen Folgendes geschrieben:
»*Dass diverse von Ihnen empfohlene Coins auf Proof-of-Work basieren, scheint mir langfristig problematisch. Ich will Investments in POW-Coins zukünftig vermeiden.*« Macht das Sinn?

Nein! Eine derartige Strategie beziehungsweise Auswahl würde bedeuten, dass in den Marktführer Bitcoin – mit einem extrem hohen Marktanteil – gar nicht investiert wird. Das wäre aus meiner Sicht für jeden Krypto-Investor grob fahrlässig, der Bitcoin muss Ihr Basis-Investment sein. Ebenso würden Fortschritte und Adaptionen bei den Konsensalgorithmen oder mögliche Wechsel hin zu Proof of Stake, wie sie bei Ethereum erfolgt sind, vollkommen außen vor gelassen.

Die kryokonservierte Krypto-Legende Hal Finney

Die Geschichte von Kryptowährungen beginnt im Jahr 2007. In der Öffentlichkeit sind Cyberwährungen jedoch erst seit 2008 ein Thema. Während die globale Finanzkrise wütet, erscheint ein *White Paper* mit dem Titel »Bitcoin: A Peer to Peer Electronic Cash System«. Der Autor verwendet das Pseudonym »Satoshi Nakamoto«. Bis heute ist der Öffentlichkeit nicht bekannt, wer Satoshi Nakamoto wirklich ist. Aufgrund der hochmathematischen Abhandlungen und des Schreibstils des *White Papers* wird vermutet, dass es sich um eine oder mehrere Personen aus dem Universitätsbereich handelt.

Am Anfang gehörten zum Bitcoin-Netzwerk nicht mehr als eine Gruppe äußerst intelligenter Personen, die eine Alternative zum 2007/08 kollabierten Geldsystem suchten, sowie einige IT-Freaks, Hacker und Programmierer, die damit die Macht und Kontrolle der Regierungen und der Banken untergraben wollten. Denn unter den Mitgliedern der Programmierer- und Hacker-Szene herrschen eine tief verwurzelte Ablehnung staatlicher Kontrolle sowie der Glaube an das Recht eines jeden Menschen auf Selbstkontrolle.

Hal Finney war ein Pionier der Bitcoin-Entwicklung

Im Gegensatz zum Namen »Sathoshi Nakamoto« kennen Hal Finney nach meiner Einschätzung bislang nur wenige Krypto-Anleger. Harold Thomas Finney (1956–2014) war ein US-Softwarentwickler und Krypto-Aktivist. Neben Satoshi Nakamoto war er ein Pionier der Entwicklung des Bitcoin im Hinblick auf den Quellcode und die Sicherheitsprotokolle. Häufig wurde sogar die Vermutung aufgestellt, dass Hal Finney hinter dem Pseudonym »Sathoshi Nakamoto« steht. Finney hat dies zu Lebzeiten aber stets bestritten.

Hal Finney war der erste Empfänger einer Bitcoin-Transaktion. Bereits 2009 wurde bei ihm die Nervenkrankheit ALS diagnostiziert. Im März 2013 postete Finney im Bitcoin-Forum, dass er praktisch gelähmt sei. Am 28. August 2014 starb Hal Finney in Arizona. Er ließ sich kryokonservieren, also einfrieren. Wer weiß, vielleicht wird er eines Tages in einer neuen Krypto-Welt wieder aufgetaut. Hal Finney ist jedenfalls in der Krypto-Szene unvergessen. Mittlerweile gibt es eine hochinteressante Blockchain-Entwicklung, die auf ihn zurückgeht, das Finney Phone.

Rattengift Bitcoin? Natürlich nicht!

Ich bin ein gelernter Bankkaufmann und habe einst viele Jahre meines angestellten Berufslebens bei renommierten Genossenschafts- und Privatbanken in Deutschland, Österreich, der Schweiz und im Fürstentum Liechtenstein gearbeitet. Zu Beginn meiner Lehrjahre rund um die Börsen und Kapitalmärkte habe ich damals auch die Bücher von André Kostolany gelesen und aufgeschaut zu Investment-Legenden wie Warren Buffett. Daran hat sich grundlegend auch nichts verändert. Kostolanys Empfehlung »Aktien kaufen, Schlaftabletten kaufen und liegen lassen« heißt heute in der Krypto-Sprache eben »HODL« (siehe unten Teil II., Kapitel 5.). Also Kryptowährungen grundlegend langfristig zu halten und nicht zu traden, genau die Strategie, die ich seit Jahren geradezu »predige«.

Auch sein Ratschlag »Kaufen, wenn die Kanonen donnern« hat nichts an seiner Gültigkeit verloren. In der heutigen Krypto-Sprache lautet diese Strategie: »Buy the Dip«, »Kaufen am Tiefpunkt«. Also bei massiven Kurseinbrüchen, wie wir sie zuletzt wieder einmal hatten, nicht in Panik zu verfallen und zu verkaufen, sondern mutig zuzukaufen. Weit weniger bekannt als die so häufig zitierte, aber zu wenig praktizierte Strategie »Kaufen, wenn die Kanonen donnern« ist der Nachsatz von André Kostolany, der lautet: »Verkaufen, wenn die Violinen spielen«.

Vor Jahren hat Warren Buffett den Bitcoin als »Rattengift« bezeichnet. Auf der letzten Hauptversammlung seines Unternehmens Berkshire Hathaway ist er Fragen zum Bitcoin ausgewichen. Sein Partner Charlie Munger hingegen sagte: »Natürlich hasse ich den Bitcoin-Erfolg, ich begrüße keine Währung, die Entführern und Erpressern nützt. Die ganze Entwicklung ist widerlich und widerspricht den Interessen der Zivilisation.« Diese polemischen Aussagen sind schlicht irrational und nicht belastbar. Buffett ist 90 Jahre alt, Munger 97, es sei ihnen verziehen!

Die größte Blase der Geschichte?

Bereits zum Ende des Jahres 2017 wurde der Bitcoin als »die größte Blase der Geschichte« bezeichnet. Verantwortlich dafür waren zahlreiche Medienberichte, die als Grundlage statistische Analysen anführten, die auf dem international in der Finanzbranche sehr bekannten englischsprachigen Informationsportal *Zerohedge* aufbauten. Die Bitcoin-Blase (2014 bis 2017) hatte auf Basis der damaligen Analysen bei Bitcoin-Kursen um die 20 000 US-Dollar die Tulpenzwiebel-Blase in den Jahren 1634 bis 1637 als bis dahin angeblich größte Spekulationsblase in der Geschichte abgelöst.

Die Finanzkrise des Jahres 2008 rangiert erst auf Rang sechs nach den Blasen: Bitcoin, Tulpenzwiebel, Mississippi (1718 bis 1720), Südsee (1719 bis 1721) und der Technologieblase aus den Jahren 1994 bis 2002. Das Platzen der Aktienblase in der großen Depression 1923 bis 1932 liegt sogar nur auf Rang neun. Nun mag die Bitcoin-Blase des Jahres 2017 in der Tat bei rund 20 000 US-Dollar »geplatzt« sein, allerdings gibt es den Bitcoin nach wie vor und der Kurs steht heute annähernd doppelt so hoch.

Ist also der Bitcoin jetzt nach wie vor die größte Blase in der Geschichte? Nein! Der Bitcoin ist ein Gamechanger, ein Regelbrecher und eine neue Technologie, die einen revolutionären Einfluss auf die Welt haben wird und heute schon hat. Die größte Blase der Geschichte liegt in den aufgeblähten Bilanzen der großen Notenbanken, auf denen unser Geld basiert.

1. Keine Angst vor Krypto-Werten

Der Unsinn von der Tulpenzwiebel-Blase

Im Zuge meiner Recherchen habe ich einmal bei Google die beiden Wörter »Bitcoin« und »Tulpenzwiebel« eingegeben. Eigentlich eine vollkommen unsinnige Suchkombination. Dennoch liefert Google aktuell rund 20 000 Ergebnisse. Der Bitcoin ist die führende Kryptowährung. Alle anderen Kryptowährungen werden als »alternative Cryptocoins« bezeichnet – die sogenannten »Altcoins«, von denen es mittlerweile mehr als 10 000 gibt.

Die Tulpenzwiebel hingegen ist eine Pflanzengattung aus der Familie der Liliengewächse, von der es ungefähr 150 Arten gibt. Einer anderen Quelle habe ich entnommen, dass es aufgrund der Vielzahl an Züchtungen bereits rund 3000 Tulpenarten gibt. Ich bin kein Botaniker und will jetzt auch keine Tulpenmärkte analysieren, deswegen lasse ich das einmal so stehen. Tulpen haben auch keinen Wert als Nahrungsmittel, sondern sie werden rein als Zierpflanzen in Parks und Gärten sowie als Schnittblumen in Vasen verwendet. Sie haben unterschiedliche Farben und duften, manche mehr und manche weniger.

Sehen Sie die großen Gemeinsamkeiten mit dem Bitcoin? Ich nicht!

Ulrich Kater, der Chefvolkswirt der DekaBank, wird zitiert mit der Aussage: »Bitcoin ist die Tulpenzwiebel der Finanzmärkte im 21. Jahrhundert.« JPMorgan-Chef Jamie Dimon behauptete vor nicht allzu langer Zeit: »Bitcoins sind schlimmer als die Tulpenzwiebeln.« Obwohl JPMorgan zahlreiche Blockchain-Patente hält und heute an den Kryptomärkten immer aktiver wird. Hans-Jörg Naumer, der Leiter der Kapitalmarktanalyse bei Allianz Global Investors (AGI) wird zitiert mit den Worten: »Selbst die Tulpenzwiebeln waren dagegen (Bitcoin) nur eine kleine Blase.«

Ich könnte derartige »Experten-Zitate« hier seitenlang weiterschreiben. Ebenso Berichte von zahlreichen Journalisten, die ebenfalls den »Tulpenzwiebelvergleich« immer wieder herangezogen haben. Wenn ich manche Berichte lese, stelle ich fest, dass teilweise genau die identischen Textpassagen aus Wikipedia verwendet wurden, die dort unter dem Schlagwort »Tulpenmanie« stehen.

Der Bitcoin kann massiv fallen oder scheitern – der Vergleich mit Tulpenzwiebeln ist aber schlicht Nonsens

Ich habe vor Jahren in Kanada erstmalig mit Bitcoins bezahlt. Ich habe im Internet mit Bitcoins in Asien bezahlt, an Bitcoin-Geldautomaten Bargeld abgehoben, zahlreiche Altcoins gegen Bitcoins auf den unterschiedlichsten Kryptobörsen weltweit gehandelt, mit Bitcoin-Kreditkarten bezahlt und selbst Zahlungen in Bitcoin entgegengenommen. Hätte ich all diese realwirtschaftlichen Funktionalitäten mit einer Tulpenzwiebel auch vornehmen können? Nein!

Die angebliche Tulpenzwiebelblase ist ein geschichtlicher Mythos

Bei allem Respekt und aller Toleranz kann ich einen Experten oder Journalisten, der heute noch mit dem »Tulpenzwiebel-Argument« als »Warnung vor dem Bitcoin« um die Ecke kommt, rein sachlich und fachlich einfach nicht mehr ernst nehmen. Natürlich kann der Bitcoin fallen. Er kann auch scheitern und ein Totalverlust ist möglich. Das gilt aber für den Euro, jede Währung und jede Aktie und vor allem all die Anleihen, die rein auf Schulden basieren, ganz genauso! Selbst bei Gold kann ein Totalverlust eintreten in Form eines Goldverbotes beziehungsweise im Falle einer Enteignung.

Unabhängig davon: Anne Goldgar, Professorin für Europäische Geschichte der Frühen Neuzeit am King's College in London, hat bereits im Jahr 2008 viele Berichte zur angeblichen Tulpenzwiebelblase im 17. Jahrhundert als nicht belastbar entlarvt. Das Ergebnis ihrer Forschungen ist: »Die Geschichte zur Tulpenmanie ist zweifellos spannend, aber falsch.« Die Blase gab es lediglich bei einem ganz kleinen Teil der sehr vermögenden Holländer. Eine massenhafte Vermögensvernichtung, die auch breite Bevölkerungsschichten in den Ruin gestürzt hat, gab es überhaupt nicht. Das ist ein weiterer Punkt, warum alle Tulpenzwiebel-Bitcoin-Vergleiche ein fachlicher, aber auch geschichtlicher Unsinn sind.

Zahlreiche Cryptocoins werden wie Tulpen verwelken

Dennoch gibt es unter den 1.500 Kryptowährungen zahlreiche Cryptocoins, die ungefähr den gleichen Wert wie eine Tulpenzwiebel haben. So wie der Wert einer Tulpe auf null fällt, wenn sie verwelkt, werden auch zahlreiche Cryptocoins verwelken und wertlos werden. Ich zeige Ihnen hingegen aussichtsreiche Cryptocoins, die das Potenzial haben, unsere digitale Zukunft zu verändern.

Kryptowährungen sind Kryptowerte

Die Privatbank Donner & Reuschel hat aktuell unter dem Titel »Währungen und Werte« in Zusammenarbeit mit dem Hamburgischen WeltWirtschaftsInstitut (HWWI) eine sehr interessante Studie zu digitalen beziehungsweise kryptografischen Währungen erstellt. Nach den Themen »Vermögen« und »Wachstum« komplettiert sich damit die Trilogie der Studienreihe »Mensch, Gesellschaft, Ökonomie – Gemeinsam für eine bessere Zukunft«. Nachfolgend die Zusammenfassung der wichtigsten Ergebnisse:

Eines der derzeit zukunftsträchtigsten Themen im Zusammenhang mit Geld sind digitale Währungen – nicht zu verwechseln mit elektronischem, also bargeldlosem Bezahlen. In Schweden etwa wird kaum noch mit Bargeld bezahlt, während es in Deutschland immer noch die wichtigste Bezahlform im Alltag ist. Befürworter des Bargelds argumentieren vor allem, dass sie vor der Nachverfolgung von Finanztransaktionen geschützt sind und keine Negativzinsen befürchten müssen. Durch digitales Bezahlen allein, etwa über das Smartphone, entsteht aber noch keine andere Währung.

Sind Kryptowährungen tatsächlich Währungen?

Anders verhält es sich mit den sogenannten Kryptowährungen. Finanzielle Transaktionen können über die Blockchain-Technologie verschlüsselt zwischen zwei Personen abgewickelt werden (»peer to peer«). Diese Form der monetären Transaktion ist rein privat, weshalb zum Beispiel Zentralbanken darin eine Bedrohung der staatlich legitimierten Währungen sehen. Jenseits der technischen Details stellt sich die Frage, ob Kryptowährungen tatsächlich Währungen sind.

Die Frage ist mit nein zu beantworten, denn sie erfüllen nicht die Funktionen von Geld und entsprechen somit nicht dessen Definition. Kryptowährungen sind heute noch kein gängiges Zahlungsmittel, sie sind aufgrund der hohen Volatilität kein Wertaufbewahrungsmittel und noch keine gängige Recheneinheit.

Kryptowährungen unterliegen keiner Geldordnung

Zudem haben sie keine Geldordnung. Niemand kann verpflichtet werden, Kryptowährungen zu akzeptieren. Es fehlt ihnen also die wichtigste Grundlage einer stabilen Währung: das institutionalisierte Vertrauen. Bitcoin und andere Kryptowährungen haben trotzdem in den letzten Monaten deutlich an Wert gewonnen und werden zum Zweck der Vermögensdiversifikation immer stärker nachgefragt. Sie fungieren folglich eher als »Krypto-Assets«. Dennoch sind digitale Währungen technologisch und geldpolitisch betrachtet für Zentralbanken relevant. Daher beschäftigen sie sich immer intensiver mit den Möglichkeiten digitalen Zentralbankgeldes, den *Central Bank Digital Currencies* (CBDCs).

Digitale Währungen befinden sich aktuell – noch – im Anfangsstadium. Es ist gleichwohl zu erwarten, dass sie technologisch ausreifen und künftig wirtschaftlich eine immer größere Rolle spielen werden. Auch wenn die sogenannten Kryptowährungen sich als ganzheitliche Alternative zu den bestehenden Währungen wohl nicht durchsetzen werden, wird sich »Geld« weiter privatisieren. Zudem werden sich Banken durch die Digitalisierung stark verändern.

Banking ohne Banken ist heute schon Realität

»*Banking without banks*« ist schon lange keine abstrakte Zukunftsvision mehr. Währungen hingegen bleiben vermutlich in den Händen von Zentralbanken. Diese werden in den nächsten Jahren zu diesem Zweck das digitale Zentralbankgeld zügig weiterentwickeln. Dagegen haben Krypto-Assets eine gute Chance, eine neue Anlageklasse zu werden, wenn sie als Mittel zur Wertaufbewahrung akzeptiert werden.

Im Bereich der industriellen Anwendung, etwa in der Industrie 4.0, spielen die Blockchain-Technologie und darauf basierende Token künftig eine wichtige Rolle. Und wie steht es um das Bargeld? Es wird wohl noch eine Weile bleiben, aber mehr und mehr zur Seite gedrängt.

Klassischen Volkswirten fehlt das Verständnis für die neue Krypto-Ökonomie

Für mich ist es immer wieder hochinteressant zu beobachten, wie schnell die Stimmungen an den Kryptomärkten umschlagen. Von Endzeitstimmung und Angst zu totaler Euphorie und Gier oder umgekehrt. Aus den fallenden oder steigenden Kursen erzeugen die Medien dann im Anschluss die entsprechenden Nachrichten. Für mich steht einmal mehr außer Frage: Die Kurse machen die Nachrichten und eben nicht die Nachrichten die Kurse.

Paradox: Drei bekannte US-Ökonomen sehen das Scheitern der Kryptowährungen durch staatliche Regulierungen voraus!

Vor einiger Zeit hat das britische Wirtschaftsjournal *Financial News* einen in deutschen wie in internationalen Medien häufig zitierten Bericht veröffentlicht. Drei bekannte Ökonomen vertreten darin die Ansicht, dass der Bitcoin und andere Cryptocoins vor allem deswegen scheitern werden, weil Regierungen die anonymen Kryptowährungen in Zukunft stärker regulieren werden. Joseph E. Stiglitz (78) war einst Chefökonom der Weltbank. Kenneth Rogoff (68) war Chefökonom des Internationalen Währungsfonds IWF. Nouriel Roubini (63) ist ein ehemaliger Berater des Finanzministeriums der Vereinigten Staaten.

Ich will mir wahrlich nicht anmaßen, schlauer zu sein als diese klassischen Ökonomen. Ich stelle dennoch fest, dass die Begründungen schlicht nicht qualifiziert sind. Cryptocoins wie der Bitcoin sind nicht anonym. Wird eine Wallet-Adresse einer Person zugeordnet, was auf den großen Kryptobörsen längst der Fall ist, sind alle Transaktionen – die in der Blockchain unveränderlich dokumentiert sind – absolut transparent nachvollziehbar. Regierungen werden deswegen die Entwicklung der Krypto-Ökonomie durch eine entsprechende Regulierung fördern. Sie haben weder Anlass noch Interesse, diese Zukunftstechnologie zu zerstören.

> Die Krypto-Formel:
> Regulierung = Rechtssicherheit = Marktakzeptanz = positiv!

Unter den Weltwährungen liegt der Bitcoin bereits unter den Top 20

Krypto-Investoren blicken regelmäßig auf *Coinmarketcap.com*, die führende Informationsseite für Kryptowährungen. Interessanterweise gibt es auch eine Schwesterseite namens *Fiatmarketcap.com*. Als »Fiatwährung« wird unser konventionelles (Zentralbank) Geld bezeichnet. Die Bilanzsummen der G10-Notenbanken sind mittlerweile auf über 25 Billionen US-Dollar explodiert und haben den Wert von 50 Prozent des G10-Bruttoinlandsprodukts überschritten.

Nicht der US-Dollar, sondern der chinesische Yuan ist mittlerweile die bedeutendste Fiatwährung mit der höchsten Marktkapitalisierung. Obwohl der Bitcoin streng limitiert ist und nicht wie alle Fiatwährungen beliebig gedruckt werden kann, liegt er mittlerweile an 14. Stelle, was dennoch lediglich einen Marktanteil von 0,90 Prozent bedeutet. Hier liegt weiter großes Potenzial!

Informationen: *www.fiatmarketcap.com*

Chef der Bank of England: Historiker oder Komiker?

Bei all meiner rationalen Euphorie blende ich allerdings auch die Risiken oder Fehlentwicklungen bei Cryptocoins nicht aus. Ich habe keine rosarote Krypto-Brille auf. Es kann und wird immer wieder zu massiven Rückschlägen und Verwerfungen kommen. Hier gilt es wie immer für Sie: Bewahren Sie die Ruhe! Sorgen bereiten mir die vollkommen irrationalen Entwicklungen bei gehypten und gepushten Kryptowährungen wie dem Dogecoin oder dem Shiba Inu.

Hier stelle auch ich mich auf die Seite der Krypto-Kritiker, weil hinter diesen Projekten keine Substanz mit real- oder finanzwirtschaftlichen Anwendungen steht, wie das Altcoins aus meinen Krypto-X-Musterdepots bieten. Die Aussagen von Kritikern wie Andrew Bailey bewerte ich hingegen als vollkommen absurd. Der Gouverneur der Bank of England warf den Bitcoin und den Dogecoin vollkommen undifferenziert in einen angeblich hochspekulativen Topf.

1. Keine Angst vor Krypto-Werten

Kryptowährungen können scheitern – Fiat-Währungen werden scheitern

Anfang Mai 2021 wurde Andrew Bailey im Rahmen einer Pressekonferenz in London auf den massiv steigenden Wert der Kryptowährungen angesprochen. Der Chef der Bank of England sagte daraufhin, dass Kryptowährungen keinen inneren Wert hätten. Menschen, die in Kryptowährungen investieren, sollten bereit sein, ihr gesamtes Geld zu verlieren. Andrew Bailey hat eine ausgezeichnete Vita. An der legendären Universität Cambridge hat er an der Fakultät für Geschichte studiert und seinen Abschluss gemacht. Deswegen müssen ihm Ökonomie und Historie geläufig sein. Der nachfolgende Chart basiert auf Daten der Bank of England und zeigt den fortlaufenden Kaufkraftverlust des Britischen Pfundes.

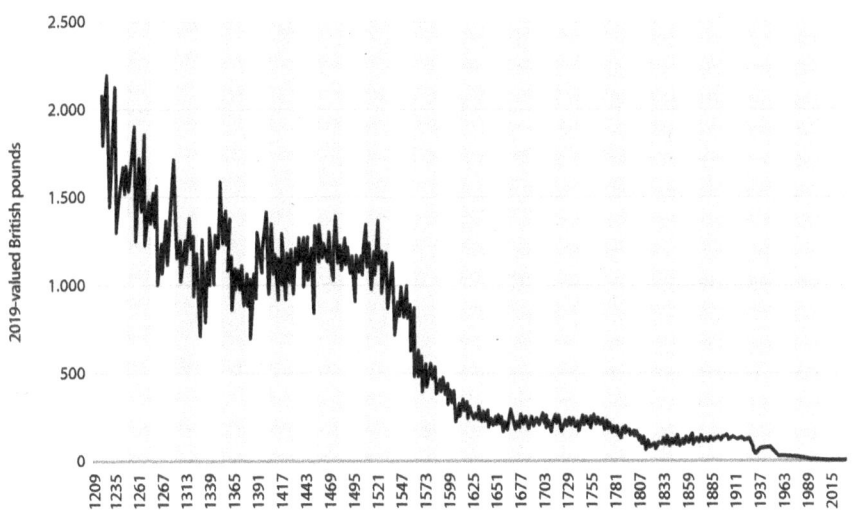

Quelle: Bank of England

Fazit: Der Bitcoin kann scheitern, Fiat-Währungen scheitern mit Sicherheit!

Der Faktencheck zu den wichtigsten Aussagen der BIZ

Die Aussagen in einem der letzten Jahresberichte der Bank für Internationalen Zahlungsausgleich (BIZ) sind fachlich ebenso nicht belastbar. Leider publizieren immer wieder zahlreiche Medien die angeblichen »Horrornachrichten« aus dem Tower Building, dem Sitz der BIZ in Genf, einfach ungeprüft und undifferenziert. Die *FAZ* beispielsweise mit der Schlagzeile: »Kryptowährungen nicht zukunftsfähig«, die *Welt* und der *Focus* mit dem identischen Aufhänger: »BIZ warnt vor komplettem Wertverlust bei Kryptowährungen«.

BIZ und Kryptos oder: Wenn der Teufel vor dem Weihwasser warnt

1. **Warnung vor Totalverlust bei Kryptowährungen:** Bis auf den Tod ist in unserer Welt nichts zu 100 Prozent sicher. Jede Aktie, jedes Bankkonto und Sparbuch und jeder Geldschein impliziert ein Totalverlustrisiko. Selbst eine Immobilie kann einen Totalverlust erleiden, beispielsweise bei einem Haftungsereignis (Scheidung, Insolvenz, Zwangshypothek). Die Geschichte hat gezeigt, dass Papiergeld mit der Zeit immer in den Totalverlust geführt hat. Bei führenden Kryptowährungen wie dem Bitcoin gibt es dafür noch keinen empirischen Beleg. Der Bitcoin kann scheitern, keine Frage. Der Euro wird aber mit Sicherheit scheitern!
2. **Umweltschädlich durch hohen Energieverbrauch:** Ja, wenn alles immer so bleiben würde, wie es heute ist. Technologische Adaptionen und Evolutionen werden hier wirken!
3. **Kryptowährungen sind anfällig für einen Vertrauensverlust:** Gilt das für Politik, Notenbanken, Papiergeld oder Geschäftsbanken (Lehman Brothers, Deutsche Bank) etwa nicht?
4. **Kein Ersatz für konventionelle Währungen oder digitales Geld:** Falsch! Kryptowährungen wie der Bitcoin erfüllen heute bereits alle Funktionen des Geldes (Wertaufbewahrung, Zahlungsmittel, Recheneinheit). Die realen Akzeptanzstellen nehmen immer weiter zu.
5. **Transaktionen mit Kryptowährungen sind zu langsam und zu teuer:** Falsch! Durch technologische Adaptionen wie das Lightning Network werden BTC-Transaktionen günstiger und in Bezug auf Zahlungs-Coins wie XRP (Ripple) ist diese Aussage heute schon Nonsens!

6. Bedrohung für die Finanzmarktstabilität: Falsch! Die Marktkapitalisierung der Kryptowährungen beträgt aktuell circa 1,6 Billionen US-Dollar. Der Anteil am Welt-BIP liegt bei rund einem Prozent. Finanzderivate liegen bei weit über 100 Prozent. Allein die ungedeckten TARGET2-Forderungen Deutschlands liegen bei umgerechnet über 1 Milliarde US-Dollar.

2. Die Zukunft der Banken: Digitale Identitäten und Krypto-Strategien

Nun von der Zentralbank der Zentralbanken (BIZ) einmal zu den Geschäftsbanken. Wo liegt eigentlich deren Zukunft? Die deutschen Banken können bei der Bereitstellung digitaler Identitäten eine führende Rolle einnehmen. In der aktuellen »Bankenstudie 2021 – Spannungsfeld Digitalisierung« spricht sich die Mehrheit der Branchenexperten dafür aus, dass die Finanzinstitute künftig auf bankeigenen Plattformen digitale Identifizierungs-Services anbieten. Damit könnten die Unternehmen auch den Angriff bankfremder Wettbewerber abwehren. Für die Studie hat der Digitalisierungs- und Innovationsexperte ti&m mehr als 200 Experten aus der Finanzbranche befragt.[2]

»Finanzinstitute haben einen riesigen Erfahrungsschatz hinsichtlich der Erfüllung geltender Identifikations- und Ausweispflichten aufgebaut. Keine andere Branche wird vom Regulierer so stark beaufsichtigt. Nicht zuletzt deshalb hat sich der Bankenverband (BdB) in einem Positionspapier dafür ausgesprochen, dass die Banken bei der Verifizierung und Nutzung digitaler Identitäten eine zentrale Rolle einnehmen sollten.

Diese Überzeugung teilen auch die in der ti&m-Bankenstudie befragten Experten, die in Identifikationsdiensten eine sinnvolle Erweiterung des Leistungsportfolios der Banken sehen. Im Zuge des härter werdenden Wettbewerbs sind die Banken heute eher gewillt, ihr Produktangebot auszuweiten und verschiedene Services über Plattformen zur Verfügung zu stellen. Die Identifizierung durch Bereitstellung einer digitalen Identität wird dabei von 61 Prozent der befragten Experten befürwortet.

Banken als ideale Schnittstelle zwischen analoger und digitaler Identität

Dabei müsse auf ein pragmatisches und reibungslos funktionierendes Miteinander von öffentlicher und privater Seite geachtet werden. Schon heute verfügten die Banken – nicht zuletzt aufgrund der authentifizierten Girokonten-Inhaber – über einen umfassenden Pool an verifizierten Identitäten von Bürgern mit einer Bankverbindung. In skandinavischen Ländern wie Dänemark oder Schweden zeigt sich, dass diese Daten für neue Identitätslösungen im E-Commerce, aber auch in behördlichen Prozessen genutzt werden können.

Die Banken profitieren dabei von ihrer besonderen Marktstellung: Die Branche genießt immer noch ein sehr hohes Ansehen, was die Vertraulichkeit betrifft. Dies belegt auch eine repräsentative Umfrage unter Bankkunden, die ti&m im vergangenen Jahr durchgeführt hat. Demnach vertrauen 90 Prozent der Deutschen ihrer Bank in puncto Datensicherheit. Das ist eine ideale Grundlage, um als Dienstleister die Schnittstelle zwischen analoger und digitaler Identität zu bedienen.« Digitale Identitäten, die wiederum mit der Blockchain-Technologie abgesichert werden können, sind somit ein Zukunftsgeschäftsfeld der Banken im Bereich der derzeit neu entstehenden Krypto-Ökonomie.

Deutsche Banken verschlafen die Künstliche Intelligenz[3]

Auch in der Künstlichen Intelligenz liegt eine Zukunft für die Banken. Leider wird diese derzeit noch verschlafen. »Die Kunden deutscher Banken kriegen von Künstlicher Intelligenz kaum etwas mit. Der Grund: Den Instituten fällt es schwer, sich vorzustellen, was sich die Verbraucher wünschen. Sie setzen KI vor allem dafür ein, interne Abläufe zu verbessern, statt mit ihren Kunden auch über diesen Weg zu interagieren. Sie trauen sich zu wenig, stellt eine aktuelle Studie fest, die der IT-Dienstleister Senacor gemeinsam mit der Universität Luxemburg und dem Fraunhofer-Institut erstellt hat.

Wer heute auf die Webseite einer Bank geht und sich einloggt, merkt so gut wie nie, ob eine Künstliche Intelligenz am Werk ist oder nicht. Die Institute nutzen KI vielmehr dazu, Muster zu erkennen. Beispielsweise, ob Betrug im Spiel ist, wenn ein Kunde Geld überweist oder an einem ungewöhnlichen Ort mit der Kreditkarte bezahlt. Die Systeme erkennen auch schon, wenn jemand versucht, Geld zu waschen. Mit der KI interagieren dürfen die Kunden dagegen praktisch gar nicht. Nach einem intelligenten Chatbot oder einem Sprachassistenten, der dabei hilft, das Konto zu führen oder Umsätze zu analysieren, suchen die Kunden meist vergebens.

KI-Defizite: Deutschen Banken entgehen Gewinne

Kaum ein Verbraucher weiß, was sich mit Künstlicher Intelligenz machen lässt, weil gerade die Unternehmen in der Finanzbranche zu zaghaft vorgehen. Die Institute sitzen wie ein Kaninchen vor der Schlange, weil sie befürchten, mit falschen Angeboten ihre Kunden zu verärgern. Niemand will das Gefühl bekommen, dass die Bank sich durch einen Chatbot das persönliche Gespräch spart.

Gefahren lauern auch bei den gesetzlichen Vorschriften. Die Banken müssen beispielsweise erklären können, warum sie einen Kredit ablehnen, den jemand beantragt. Auch eine KI darf niemanden diskriminieren. Wie die Maschine entscheidet, muss deshalb nachvollziehbar sein und regelmäßig überwacht werden. Nichts zu tun ist dennoch der falsche Weg. So entgehen den Banken beziehungsweise den Unternehmen allgemein bis zu 25 Prozent mehr Gewinn, wie das Bundesministerium für Wirtschaft und Energie (BMWi) in einer Studie hat ermitteln lassen. Zudem habe heute schon jeder zehnte Euro Umsatz, den deutsche Unternehmen mit einer Weltmarktneuheit verdienen, mit KI zu tun.

Banken müssen KI-Experimente in die Tat umsetzen

Mit Künstlicher Intelligenz lassen sich Aha-Effekte erzeugen und Kunden überraschen. Menschen lassen sich leicht von etwas begeistern, das sie vorher noch nie gesehen haben. Viele Kunden wissen nicht, was sie wollen, bis es ihnen jemand zeigt. Wer dagegen nur erfüllt, was ohnehin gefordert wird, landet nie an der Spitze, sondern immer im Verfolgerfeld. Wie Banken auf diese neuen Ideen kommen, die KI erst ermöglicht, lässt sich in drei Worten zusammenfassen: entdecken, verstehen, entwerfen. Dabei gehen die Banken zuerst von ersten Ideen aus, wie sie Künstliche Intelligenz einsetzen wollen.

Anschließend starten sie ein KI-Experiment, um zu verstehen, wo sich Chancen und Gefahren ergeben und was sie tun müssen, damit auch Kunden etwas davon haben. Daraus folgen die zu entwerfenden Dienste, die sich erneut überprüfen lassen. So setzt sich der Zyklus fort, bis ein marktreifes Produkt entsteht. Wer in agilen Teams arbeitet, profitiert davon in KI-Projekten besonders, weil IT- und Fachkollegen intensiv zusammenarbeiten müssen.

Banken kooperieren zunehmend mit Fintechs

Statt bei null anzufangen, kooperieren immer mehr Banken inzwischen mit Fintechs, die oft schon konkrete Ideen mit einer KI umgesetzt haben. Startups aus den USA lassen etwa Noten während des Studiums, den SAT-Score (Scholastic Assessment Test) oder Zahlungsdaten von Online-Marktplätzen von einer KI auswerten, um zu entscheiden, wer einen Kredit bekommt und wer nicht. Banken stellt sich somit auch die Frage, wie sie an die Daten herankommen, die sie für ihre Vorhaben brauchen.

Kooperationen wie die der Deutschen Bank mit der App Finanzguru zeigen, wohin die Reise gehen kann. Der Zug ist noch lange nicht abgefahren, weil das Feld noch nicht so reif ist. Tatsächlich setzen deutsche Unternehmen derzeit noch kaum auf KI, obwohl die Verbraucher davon bereits ausgehen. Das zeigt eine Umfrage des Digitalverbands Bitkom. Zudem begreift eine deutliche Mehrheit von 68 Prozent KI eher als Chance denn als Gefahr. Vor drei Jahren lagen diese beiden Lager noch gleichauf.«

Fazit: »Die Zeit ist jetzt gekommen, mehr mit Künstlicher Intelligenz zu machen.« Das gilt auch für Sie als Kapitalanleger: Investieren Sie jetzt in die Künstliche Intelligenz! Mehr dazu weiter unten.

Jede Bank wird eine Krypto-Strategie benötigen[4]

»Wir leben in einem Zeitalter der digitalen Disruption, das sich im letzten Jahr beschleunigt hat. Die Zentralbanken setzen rekordverdächtige geldpolitische Stimuli frei, während die Technologie unsere globale Wirtschaft immer schneller umgestaltet. Es hat uns gezeigt, dass konventionelles Denken nicht die Antworten auf das bringt, was vor uns liegt. Inmitten dieses Wandels entwickeln sich Krypto-Assets zu einem »sicheren Hafen« für institutionelle Investoren, die nach alternativen Wertaufbewahrungsmitteln für ihre Anlageportfolios suchen.«

2. Die Zukunft der Banken: Digitale Identitäten und Krypto-Strategien

In diesem Zusammenhang entstehen zahlreiche junge Unternehmen, die sich zu vielversprechenden Krypto-Playern entwickeln. Beispielsweise die Crypto Broker AG, die aktuell die sogenannte Wertpapierhauslizenz seitens der Schweizer Regulierungsbehörde FINMA erhalten hat.

Es entsteht eine neue Anlageklasse: Krypto-Assets[5]

»Es entsteht derzeit eine neue Anlageklasse – Krypto-Assets. Es ist eine Anlageklasse, die für das neue digitale Zeitalter konzipiert wurde, in das wir jetzt eintreten. Bitcoin und andere Krypto-Assets haben die Aufmerksamkeit von Privatanlegern und nun auch von institutionellen Anlegern auf sich gezogen, die von der Unabhängigkeit dieser Assets von der Politik der Zentralbanken und Regierungen und der Blockchain-Technologie, die die Zukunft des Finanzwesens gestaltet, angezogen werden.

Banken müssen sowohl die Infrastruktur für Krypto-Assets schaffen als auch als vertrauenswürdige Berater für Kunden agieren, die an Investitionen in diese Anlageklasse interessiert sind. Dies führt zu einer herausfordernden Dualität: Das aktuelle Finanzsystem bleibt bestehen und dieser neue Finanzsektor für digitale Vermögenswerte entsteht. Die Sicherung der Expertise eines spezialisierten Partners für den Handel und die Investition in Krypto-Assets und die Entwicklung einer Digital-Asset-Strategie ist ein effizienter Weg, um diesen Innovationsbedarf schrittweise zu decken.

Zunehmende regulatorische Klarheit über Krypto-Assets

Mit einem neuen DLT-Gesetz für Krypto-Assets (DLT = *Distributed Ledger Technology*), das im Februar 2021 in Kraft trat, ist die Schweiz eines der wenigen Länder mit dieser regulatorischen Klarheit. Die von der FINMA erteilte Effektenhausbewilligung für die Crypto Broker AG – das Brokerage-Unternehmen der Crypto Finance Group – ist ein weiterer Schritt, um der Finanzbranche einen sicheren und zuverlässigen Zugang zu Krypto-Assets zu ermöglichen.«

Fazit: Banken und Bankkunden müssen jetzt Strukturen für digitale Krypto-Assets aufbauen.

»Es ist jetzt für Banken möglich, eine Krypto-Asset-Strategie innerhalb des regulierten Finanzsektors zu gestalten.« Sie als Privatkunde oder auch als Geschäftskunde können diese innovativen neuen Möglichkeiten heute schon auf vielfältigen Zugangswegen in Anspruch nehmen, um Ihre digitalen Vermögenswerte in Form von Bitcoin oder Ethereum intelligent zu gestalten.

3. Der globale Währungskrieg stärkt den Bitcoin

Der schottische Ökonom Adam Smith (1723–1790) ist im Gegensatz zu anderen Vertretern seiner Zunft wie John Maynard Keynes, Karl Marx, Milton Friedman oder Friedrich August von Hayek hierzulande relativ unbekannt. Das bedeutendste Werk von Adam Smith trägt den Titel *Der Wohlstand der Nationen*. Smith gehört mit Jean-Baptiste Say, Thomas Malthus und John Stuart Mill sowie dem sehr bekannten David Ricardo zu den Begründern der klassischen Nationalökonomie, die auch als »Politische Ökonomie« bezeichnet wird. Adam Smith hat für die Beschreibung von ökonomischen Eingriffen durch den Staat den Ausdruck »beggar thy neighbour« (Ruiniere deinen Nächsten) geprägt. Genau das erleben wir derzeit!

Die USA und China befinden sich in einem Abwertungswettlauf ihrer Währungen

Die Politische Ökonomie erfährt aktuell durch die massiven staatlichen Eingriffe im Zuge des mittlerweile offen ausgebrochenen Wirtschafts- und Währungskrieges zwischen den USA und China eine Renaissance. Neben Handelsverboten und der Einführung von Strafzöllen ist die Abwertung der eigenen Währung eine der wichtigsten Maßnahmen der Politischen Ökonomie. Donald Trump verlangte von der US-Notenbank Fed ganz offen Zinssenkungen und damit die Schwächung der eigenen Währung. Genau das hat China jetzt gemacht. Als Reaktion auf neue US-Strafzölle hat die chinesische Regierung den Yuan auf den niedrigsten Stand seit dem Jahr 2008 abgewertet, um die Folgen der US-Zölle abzufedern. Dieser Abwertungswettlauf von Währungen großer Volkswirtschaften wirkt positiv auf den Bitcoin.

Zins-Geldsystem versus Bitcoin-Geldsystem

Die globale Staatsverschuldung ist im Jahr 2020 um 17,4 Prozent beziehungsweise 9,3 Billionen US-Dollar auf einen neuen Rekordwert von 62,5 Billionen US-Dollar angestiegen. In Deutschland ist die Staatsverschuldung mit Bezug auf das Bruttoinlandsprodukt (BIP) im vergangenen Jahr von 57 Prozent auf 73 Prozent angestiegen. Im Jahr 2021 werden die staatlichen Corona-Rettungsmaßnahmen und Steuerausfälle weitere massive Löcher in die globalen Staatshaushalte reißen. Die weltweite Pro-Kopf-Verschuldung beträgt mittlerweile 13 050 US-Dollar.

Auf Datenbasis des »Janus Henderson Sovereign Debt Index« nahmen 2020 Staaten weltweit Schulden auf, die einem Volumen von acht Jahren entsprechen, um die globale Pandemie zu bekämpfen. Gleichzeitig erhöhten sie ihre Schulden um mehr als ein Sechstel. Da acht von zehn Staaten im Index in eine Rezession rutschten, stockten die Regierungen ihre Haushaltskassen um 9,3 Billionen US-Dollar auf, was wiederum einem Siebtel des weltweiten Bruttoinlandsprodukts entspricht. Dieser Wert ist deutlich höher als jener, der zur Stützung der Weltwirtschaft nach der Finanzkrise des Jahres 2008 erforderlich war.

Krypto-Vorteil: Der Bitcoin ist frei von Schulden

Bereits seit Monaten ist mein Eindruck, dass die Pandemie das perfekte Alibi für die Politik ist, um viele Probleme einfach pauschal damit zu begründen: Corona ist schuld! Bereits vor der Pandemie hatten die Staaten der Welt in jedem der letzten 25 Jahre ein Defizit, da die Ausgaben höher waren als die Steuereinnahmen. In Deutschland haben sich die Schulden zwischen 1995 und 2020 verdoppelt: Von 1,4 Billionen auf 2,8 Billionen US-Dollar. Trotz der stark gestiegenen Verschuldung hat sich die Zinslast nicht erhöht.

2020 mussten die Staaten weltweit nur noch 2 Prozent für ihre Kredite zahlen, 1995 waren es noch 7,6 Prozent. Nachhaltig steigende Zinsen würden somit zu einem Kollaps der Staatshaushalte und Währungen führen. Die Welt versinkt in Schulden! Vor diesen Rahmenbedingungen werden alternative und limitierte Werte, die frei von Schulden sind, weiter attraktiv bleiben. Ebenso schuldenfreie Währungen, die limitiert sind und zusätzlich unabhängig von der Zentralinstanz einer Notenbank sind, wie allen voran der Bitcoin!

Der Bitcoin ist ein Gamechanger

Ein sogenannter »Gamechanger« ist eine Idee, Person bzw. Technologie und Anwendung, die einen sehr starken Einfluss auf ein Spiel, eine Branche oder einen Markt hat. Als deutsche Entsprechung passt der Begriff »Veränderung« beziehungsweise »Veränderer« am besten. Gamechanger sorgen dafür, dass bisher geltende Regeln und Mechanismen außer Kraft gesetzt und durch neue ersetzt werden. Dies sorgt für revolutionäre wie evolutionäre Veränderungen. Gamechanger müssen Regeln brechen, deswegen passt auch der Begriff »Regelbrecher« sehr gut.

Der Bitcoin ist für mich ein derartiger Gamechanger, der einen revolutionären Einfluss auf die Welt haben wird, auch wenn zahlreiche Medienberichte oder »Expertenmeinungen« genau das Gegenteil aussagen.

Das Bitcoin-System ist stabiler als der Euro!

Im Oktober 2020 kam es zu einem beängstigenden Vorfall, der die mangelhafte Stabilität des Euro-Zahlungsverkehrssystems TARGET2, des Rückgrats der europäischen Wirtschaft und unseres Geldwesens, in erschreckender Deutlichkeit offenlegte. Leider fand dieser gravierende Vorfall in den breiten Medien kaum Beachtung. Hinter dem Begriff »TARGET2« (Trans-European Automated Real-time Gross Settlement Express Transfer System) steht das Zahlungsverkehrssystem der nationalen Notenbanken innerhalb der Europäischen Union.

Über TARGET2 werden nationale und grenzüberschreitende Zahlungen in Zentralbankgeld abgewickelt. Pro Tag werden dabei im Durchschnitt rund 350 000 Aufträge im Wert von rund 1,7 Billionen Euro durchgeführt. Während eines ganzen Jahres werden über TARGET2 knapp 90 Millionen Zahlungen mit einem Gesamtwert von rund 430 Billionen Euro abgewickelt. Das sind gigantische Summen.

Am 23. Oktober 2020 kam es dabei gegen 15:00 Uhr zu einer gravierenden Störung, die zu einem elfstündigen Totalausfall des TARGET2-Systems führte. Für derartige Fälle stehen ein Ausfallsystem und ein Notfallmodul bereit. Aber auch diese beiden Systeme sind ausgefallen. Die EZB schrieb in einer anschließenden Pressemitteilung, dass der Grund im Ausfall eines »Netzteils« bei einem Drittanbieter liegt. Das ist eine Farce für die Stabilität unseres Euro-Geldsystems und verdeutlicht in einer erschreckenden Art und Weise die große Abhängigkeit der Euro-Gemeinschaftswährung von einer Zentralinstanz.

Beim – laut vielen Medienberichten angeblich so spekulativen – Bitcoin gibt es derartige Systemrisiken nicht. Der Bitcoin basiert nicht auf einem »Netzteil« eines Drittanbieters, sondern auf mehr als 10 000 Knotenpunkten (Nodes/Servern), die weltweit verteilt sind. Die Systemstabilität des Bitcoin lässt sich jederzeit vollkommen transparent ablesen durch einen Blick auf die Hashrate. Durch diese dezentrale Konzeption ist das Bitcoin-System weit stabiler als das Euro-System!

4. Der Bitcoin ist ein schützendes Ausgleichssystem für Ihr Geld

Auf Basis einer Morningstar-Analyse gehören in jedes ordentliche Depot neben 2,5 Prozent Anteilen an Gold auch mindestens 2,5 Prozent Anteile an Bitcoin. Zum identischen Ergebnis kommt eine Untersuchung des niederländischen Vermögensverwalters Robeco. Jeder negativ eingestellte Journalist, Analyst oder sonstige »Experte«, der den Bitcoin nach wie vor als »Tulpenzwiebel« oder »Zockerwährung« bezeichnet, sollte sich nachfolgende Korrelationsstatistik betrachten. Optimal ist mit Bezug auf den Gleichlauf der Anlageklassen (Korrelation) ein Wert um null. Die Grafik verdeutlicht Ihnen somit die positiven Portfolio-Effekte Ihrer Bitcoin-Investments.

	BTC	GC1	Global Bonds	SI1	U.S. Bonds	Commodities	CL1	HSI	TPX	RTY	CCMP	SX5E	UKX	SPX
Bitcoin	×													
Gold	0.06	×												
Global Bonds	0.12	0.67	×											
Silver	-0.05	0.80	0.51	×										
U.S. Bonds	-0.05	0.41	0.74	0.35	×									
Commodities	0.12	0.16	-0.06	0.18	-0,15	×								
Oil	0.12	0.17	0.08	0.24	-0.03	0.71	×							
Hang Seng	0.04	0.18	0.03	0.28	-0,15	0.35	0.31	×						
TOPIX	0.09	0.02	-0.08	0.12	-0,29	0.47	0.41	0.65	×					
Russel 2000	0.01	-0.07	-0.14	0.02	-0,29	0.29	0.49	0.52	0.61	×				
NASDAQ	-0.02	-0.09	-0.12	0.04	-0,20	0.33	0.56	0.53	0.65	0.92	×			
EuroStoxx 50	0.22	0.08	0.04	0.16	-0,28	0.37	0.51	0.63	0.64	0.68	0.69	×		
FTSE 100	0.16	0.04	-0.02	0.20	-0,29	0.30	0.45	0.68	0.70	0.71	0.71	0.89	×	
S&P 500	0.00	-0.14	-0.19	-0.03	-0,31	0.37	0.52	0.47	0.68	0.90	0.96	0.72	0.73	×
Average	0.08	0.22	0.22	0.23	0.27	0.30	0.35	0.37	0.42	0.43	0.45	0.45	0.45	0.46

Quelle: PanteraCapital

Institutionelle Anleger erkennen zunehmend die positiven Portfolio-Effekte von Krypto-Investments

Al Kelly ist Chef des Zahlungsverkehrskarten-Giganten VISA. Im Rahmen der Bilanzpressekonferenz für das erste Quartal 2021 verglich Al Kelly den Bitcoin mit Gold, er nannte die führende Kryptowährung »digitales Gold«. Er betonte dabei, dass er den Bitcoin eher als Vermögenswert denn als Währung bewertet. Al Kelly kündigte gleichzeitig an, dass VISA beabsichtigt, Blockchain-Wallets in seine Produkte und Dienstleistungen zu integrieren und verstärkt mit Krypto-Börsen zusammenzuarbeiten.

Börsennotierte Firmen aus den USA wie Square, Tesla oder MicroStrategy haben mittlerweile wesentliche Teile ihrer Firmengelder in den Bitcoin investiert und sind zu Bitcoin-Walen aufgestiegen. Diesem Vorbild werden in Zukunft zahlreiche weitere Unternehmen aus der Realwirtschaft, aber auch aus der Finanzwirtschaft folgen. Ebenso ist auf Basis von Umfragen – bei Familienunternehmen und institutionellen Anlegern wie Vermögensverwaltern – festzustellen, dass das Interesse vermögender Privatinvestoren massiv angestiegen ist. Auch hier sind weitere Krypto-Investitionen – auch in Altcoins, allen voran Ethereum – zu erwarten. Von diesen Entwicklungen profitieren auch Kryptobörsen, die alle regulatorischen Anforderungen erfüllen, um nicht nur Privatanleger bedienen zu können, sondern gerade auch institutionellen Investoren einen Zugang zur Welt der Kryptowährungen zu bieten.

Der Bitcoin wird von institutionellen Investoren zunehmend als digitales Gold bewertet

Von Juni bis September 2020 wurde unter Leitung von Prof. Dr. Philipp Sandner vom Blockchain Center der Frankfurt School of Finance & Management, dem Leiter des Austrian Blockchain Center Prof. Dr. Alfred Taudes von der Wirtschaftsuniversität Wien und der Forschungsleiterin des Krypto-Nachrichtenportals *Cointelegraph* Demelza Hays eine äußerst interessante Umfrage unter 55 wohlhabenden beziehungsweise institutionellen Investoren aus Europa durchgeführt, die ein Gesamtvermögen von rund 720 Milliarden Euro ihr Eigen nennen. Allein das Vermögen dieser 55 befragten und ausgewerteten Investoren war ungefähr doppelt so hoch wie die damalige Marktkapitalisierung aller Kryptowährungen.

Die Analyse der erhobenen Daten zeigt, dass 61 Prozent der befragten Investoren bereits Kryptowährungen besitzen oder planen, in diese zu investieren. Auffallend ist dabei, dass Investoren, die digitale Vermögenswerte besitzen, gleichzeitig deutlich weniger Anleihen, mehr Rohstoffe und einen höheren Anteil an Bargeldreserven aufweisen als Anleger, die nicht in Kryptowährungen investieren. 38 Prozent der befragten Krypto-Investoren haben bislang lediglich bis zu 1 Prozent ihres Vermögens in digitalen Vermögenswerten platziert.

Weitere 19 Prozent haben 2 bis 5 Prozent ihres Gesamtvermögens in Kryptowährungen veranlagt. Immerhin 13 Prozent haben hingegen mit über 50 Prozent ihres Vermögens in Cryptocoins wie den Bitcoin investiert. Mit einem Anteil von 88 Prozent unter den befragten Investoren ist der Bitcoin die klare Nummer eins, vor Ethereum mit einer Investitionsquote von 75 Prozent. Diese Analyse ist ein weiterer Beleg dafür, dass verstärkt große Investoren in die Kryptomärkte einsteigen. Der Bitcoin wird dabei zunehmend als digitales Gold bewertet.

Die ablehnende Krypto-Haltung von professionellen Vermögensverwaltern wandelt sich

Mit *Institutional Money* gibt es auch im deutschsprachigen Raum ein Fachmagazin für institutionelle Investoren aus den Bereichen Banken, Versicherungen, Pensionskassen, Vermögensverwalter, Investmentfonds und Familienunternehmen. Ich verfolge die dortigen Publikationen seit vielen Jahren, da ich selbst ein gelernter Banker bin und hier viele wichtige Anregungen erhalte. Die Meinungen beziehungsweise Berichte zu Kryptowährungen waren dabei unter den institutionellen Investoren in den letzten Jahren überwiegend kritisch bis negativ und ablehnend. Das hat sich mittlerweile deutlich verändert, wie eine aktuelle Umfrage von *Institutional Money* aus dem März 2021 belegt. 26,7 Prozent der befragten institutionellen Investoren planen, zukünftig erstmals in Kryptowährungen wie den Bitcoin zu investieren.

Weitere 20,9 Prozent planen, ihre bereits getätigten Krypto-Investments weiter zu erhöhen, und weitere 11,6 Prozent, diese konstant zu halten, also zu HODLN (siehe unten Teil II., Kapitel 5.). Lediglich 7 Prozent planen, ihre Investments zu reduzieren, wobei das einfach in vollkommen legitimen Gewinnmitnahmen begründet liegt, wie ich diese heute in meinem Chancen-Depot auch umsetze. Rund ein Drittel aller institutionellen Investoren bleibt nach wie vor kritisch gegenüber Kryptowährungen. Auch hier liegt für mich ein weiteres Potenzial für die Zukunft, da ich der Überzeugung bin, dass diese ablehnende Einstellung nicht zukunftsfähig sein wird!

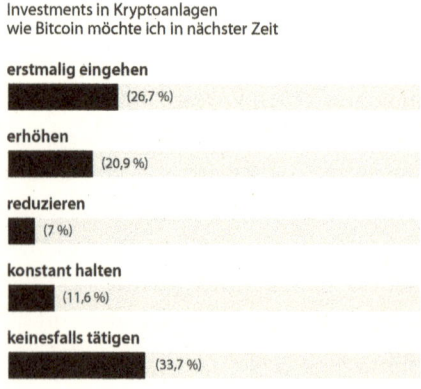

Quelle: Institutional Money

Erst 2 bis 6 Prozent der Deutschen besitzen Kryptowährungen

Kryptowährungen wie der Bitcoin sind gerade erst dabei, ihre Nischenrolle im Finanzwesen zu verlassen. Deutlich wurde das zuletzt durch die Integration von Kryptowährungen durch große Zahlungsdienstleister wie PayPal. Parallel dazu investieren auch immer mehr Unternehmen in den Bitcoin als wertspeichernde Kapitalreserve. Allerdings steht die große Mehrheit der Privatanleger bei all diesen Entwicklungen nach wie vor lediglich passiv an der Seitenlinie.

Wenn Sie bereits vor einigen Jahren in den Bitcoin investiert haben, dürfen Sie sich mit hoher Wahrscheinlichkeit über massive Kursgewinne freuen. Gleichzeitig zählen Sie zu einer sehr kleinen Minderheit von Bürgern, die bereits frühzeitig den Wandel erkannt haben und in Kryptowährungen investieren. Zahlen des Digitalverbandes Bitkom aus dem Jahr 2020 zeigen nämlich, dass gerade einmal 2 Prozent der über 16-Jährigen in Deutschland in Bitcoin und weitere Kryptowährungen investiert haben. Mittlerweile dürfte diese Zahl zwar deutlich gestiegen sein, dennoch ist hier noch ein gigantisches Adaptions- und somit Wachstumspotenzial vorhanden.

Eine jüngere Umfrage aus dem März 2021 kommt bereits zu deutlich höheren Zahlen. Der Anteil der befragten Deutschen, die bereits Kryptowährungen besitzen beziehungsweise nutzen, liegt hier immerhin schon bei 6 Prozent. Für Europa ist das kein ungewöhnlicher Wert. Lediglich in der Schweiz haben mehr als 13 Prozent der Befragten in Währungen wie Bitcoin oder weitere Kryptowährungen investiert. Die Bürger aus den Ländern mit Krypto-Spitzenplatzierungen haben hingegen weit höhere Werte.

Bei einer Befragung im Rahmen des Statista Global Consumer Survey haben 42 Prozent der Bürger aus Nigeria angegeben, Kryptogeld zu nutzen oder zu besitzen. Dass digitale Währungen in dem westafrikanischen Land so populär sind, liegt auch an der wachsenden Bedeutung von Peer-to-Peer-Zahlungen über das Smartphone. Ferner ermöglichen Online-Währungen schnelle, zuverlässige und kostenfreie In- und Auslands-Überweisungen. Auch in anderen Ländern des globalen Südens ist das ein starkes Argument, wie die nachfolgende Grafik verdeutlicht.

I. Kryptonomics: Das neue Digitalzeitalter

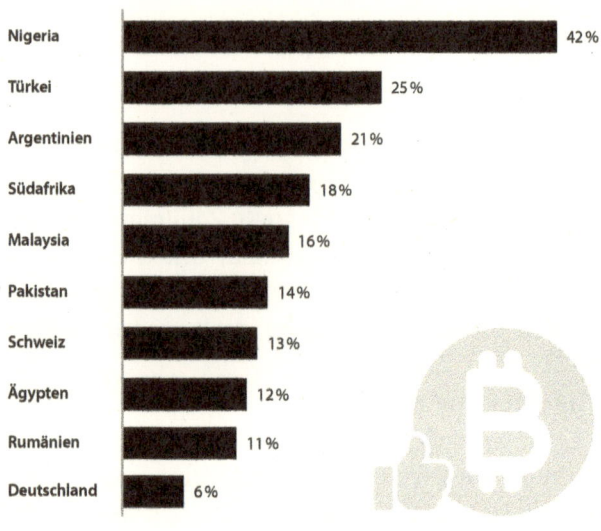

Basis: 14.117 Befragte (18-64 Jahre); erhoben in 3 Wellen von Feb 2020 - Mär 2021

Quelle: Statista Global Consumer Service

Fazit: Die hohe Skepsis der Bürger liegt an mangelndem Wissen und Sicherheitsbedenken!

Auf Basis der Bitkom-Umfrage konnten sich lediglich 18 Prozent der Bürger in Deutschland in Zukunft zumindest vorstellen, in Cryptocoins zu investieren. Mit rund 80 Prozent steht die Mehrheit der Bundesbürger Kryptowährungen noch skeptisch gegenüber. 66 Prozent nennen dabei als Grund die hohe Kompliziertheit und die Sorge im Hinblick auf die Sicherheit. Das überrascht mich nicht. Deswegen müssen Sie der Sicherung Ihrer wertvollen Kryptowährungen eine große Bedeutung zukommen lassen.

Afrika bietet ein gigantisches Marktpotenzial für Kryptowährungen!

Neben dem kurzfristigen beziehungsweise zeitpunktbezogenen Blick auf die stets sehr großen Kursschwankungen an den Kryptomärkten gilt mein strategischer und langfristiger Fokus hauptsächlich dem großen Ganzen: der Entwicklung einer Krypto-Ökonomie, an deren Anfang wir derzeit erst stehen.

4. Der Bitcoin ist ein schützendes Ausgleichssystem für Ihr Geld

Eine aktuelle, hochinteressante Analyse des Marktforschungsinstituts Arcane Research (www.research.arcane.no) mit dem Titel »The State of Crypto Africa« verdeutlicht hier ein gigantisches Krypto-Marktpotenzial. Genau hier setzt auch die geplante Kryptowährung Diem von Facebook an. Der Blick auf die dazugehörige Website www.diem.com zeigt, dass das soziale Netzwerk sich auch als Alternative zu klassischen Banken positionieren will. So wird dort beispielsweise darauf hingewiesen, dass 1,7 Milliarden Menschen kein Bankkonto haben. Aus deutscher Perspektive ist das nur schwer vorstellbar. Laut Angaben der Weltbank verfügen hierzulande 99 Prozent der Erwachsenen über ein Bankkonto. Dass das in anderen Ländern alles andere als selbstverständlich ist, zeigt eine Statista-Grafik. Demnach haben im Südsudan 91 Prozent der volljährigen Bevölkerung kein Bankkonto. Ähnlich sieht es in der Zentralafrikanischen Republik oder in Afghanistan aus.

Quelle: Arcane Research

Fazit: Vor dem Hintergrund von wirtschaftlichen und demografischen Zukunftstrends ist Afrika eine der vielversprechendsten Regionen für die Einführung von Kryptowährungen. Nicht Krypto-Verbote bergen große Risiken, sondern Krypto-Legalisierungen in Indien, China und Afrika bieten gigantische Adaptionschancen und somit weiteres, langfristiges Kurspotenzial für Cryptocoins.

Die »Bargeld-Branche« kämpft mittlerweile um ihre Existenz

Vor Kurzem habe ich eine sehr interessante Pressemitteilung gelesen mit der Überschrift »War on Cash 2.0 – Anbieter elektronischer Zahlungsmittel nutzen die Corona-Krise aus«. Herausgeber dieser Medieninformation war bezeichnenderweise die Bundesvereinigung Deutscher Geld- und Wertdienste. Die Lobbyisten der BDGW haben sogar eine Initiative mit dem Namen »Stoppt die Bargeldverdrängung!« ins Leben gerufen. Darin verweisen sie beispielsweise auf Studien, die besagen, dass vom Bargeld kein erhöhtes Infektionsrisiko ausgeht und dass bargeldloses Bezahlen nicht vor der Infektion beim Einkaufen schützt.

Ebenso wird die Hypothese aufgestellt, dass die Abkehr vom Bargeld die gesundheitlich gefährdeten Bevölkerungsgruppen besonders hart treffen würde, da ärmere und ältere Menschen (fast) ausschließlich auf Bargeld angewiesen seien. Das kontaktlose und bargeldlose Bezahlen würde die Bevölkerung auch einem höheren Betrugsrisiko aussetzen. Abschließend behauptet die BDGW, dass das Bargeld das krisensicherste Zahlungsmittel ist und bleibt. **Fazit:** Was für ein irrationaler, rückständiger Unsinn!

Positive Renditen statt straf- und negativ verzinste Bankkonten!

Von den Banken in Deutschland kommt aktuell eine Vielzahl an negativen Meldungen. Es steht außer Frage, dass die EZB-Negativzinspolitik die Banken vor große Probleme stellt. Verstärkt werden diese noch zusätzlich durch neue Anbieter, die im Zuge der voranschreitenden Digitalisierung in die Märkte eintreten, und durch massiv ansteigende Kreditrisiken aufgrund der Corona-Maßnahmen für die Wirtschaft. Privat- und Unternehmensinsolvenzen werden explodieren!

Jede fünfte deutsche Bank verlangt bereits Strafzinsen, die meist beschönigend als »Verwahrentgelte« umschrieben werden. Banken nehmen also eine Gebühr für die Verwahrung von Giralgeld. Die Situation verschärft sich dabei weiter: Laut aktuellen EZB-Daten ist der durchschnittliche Zinssatz für Sparer mit minus 0,01 Prozent jetzt erstmals ins Negative gefallen. Die Situation für Unternehmen hat sich sogar noch weit mehr verschlechtert, mit minus 0,42 Prozent Durchschnittszinsen.

Fazit: Kontrollieren Sie Ihre bestehenden Banken – integrieren Sie neue Challenger-Banken!

Meine Erfahrung ist, dass Banken ihre Kunden über Gebührenerhöhungen oder die Einführung neuer Zusatzgebühren teilweise sehr intransparent und somit unzureichend informieren. Ich empfehle Ihnen, dass Sie Ihre Kontoauszüge verstärkt einer Kontrolle mit Bezug auf ansteigende oder neue Bankgebühren unterziehen, so dass Sie frühzeitig eingreifen können. Ich selbst nutze kaum noch Bargeld und bin ein großer Freund bargeldloser Zahlungsmethoden. Ich setze überwiegend auf *Mobile Payments*, das heißt, meine Bank und mein Geldautomat ist längst mein Smartphone oder auch meine Smartwatch, in die ich all meine Kreditkarten integriert habe.

Ich setzte dabei überwiegend auf innovative Challenger-Banken aus dem In- und Ausland. Dazu zählen beispielsweise auch meine Kryptowährungskarten oder Karten, über die ich Zugriff auf meine Edelmetalle habe, so dass ich auch diese Werte für Zahlungen im Alltag verwenden kann.

Meine Empfehlung: Kombinieren Sie das Beste aus zwei Welten!

Positionieren auch Sie sich jetzt in diesen Bereichen der Geldsysteme der Zukunft und kombinieren Sie die Welt der innovativen Digitalisierung (www.krypto-x.biz) mit der Welt des konservativen Kapitalschutzes (www.kapitalschutz.at).

Knapp die Hälfte der Deutschen bevorzugt auch in Krisenzeiten die Verwendung von Bargeld

Für mich steht außer Frage: Bargeld wird technologisch und regulatorisch verschwinden. 46 Prozent der deutschen Befragten geben laut einer Studie aktuell an, Bargeld als Zahlungsmittel zu bevorzugen. Nur die Mexikaner treffen diese Aussage noch häufiger (52 Prozent). Unter Chinesen sagen dies hingegen nur 10 Prozent, unter Dänen 13 Prozent. Jene Deutschen, die Bargeld bevorzugen, entsprechen einer älteren Zielgruppe: Ein Drittel (33 Prozent) ist über 60 Jahre alt, 25 Prozent sind zwischen 50 und 59 Jahre alt. Nur 12 Prozent sind 18 bis 29 Jahre alt (unter denen, die Bargeld nicht als bevorzugtes Zahlungsmittel verwenden, befinden sich dagegen 25 Prozent in dieser Altersgruppe).

I. Kryptonomics: Das neue Digitalzeitalter

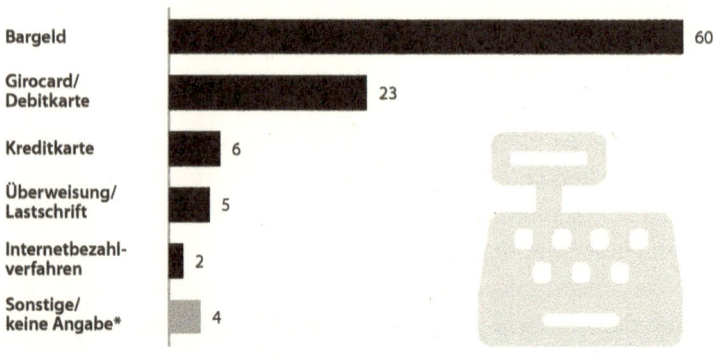

Bargeld	60
Girocard/Debitkarte	23
Kreditkarte	6
Überweisung/Lastschrift	5
Internetbezahlverfahren	2
Sonstige/keine Angabe*	4

* inkl. Kunden-/ Mensa-/ Standortkarte, Bezahlen mit Smartphone
Basis: 12.996 untersuchte Transaktionen; 18.08.–19.10.2020

Quelle: statista, Deutsche Bundesbank

Bargeldzahler sind mit digitalen Banking-Services skeptischer

Jene, die Bargeldzahlung bevorzugen, stehen auch anderen digitalen Banking-Services skeptischer gegenüber: Unter ihnen sagen zwei von fünf (40 Prozent), dass sie ihr Smartphone nicht für Online-Banking benutzen (unter denen, die Barzahlung nicht bevorzugen, sind es 16 Prozent). Die Gruppe der Barzahler gibt auch häufiger an, bei Online-Banking stets Sicherheitsbedenken zu haben (50 Prozent gegenüber 29 Prozent der Nicht-Barzahler).

Die international vergleichenden Daten zeigen unter anderem, dass Deutschland beim bargeldlosen Bezahlen nicht nur auf dem europäischen, sondern auch auf dem weltweiten Markt einen hinteren Platz einnimmt. Andere Länder wie China, Dänemark oder auch Polen sind uns hierbei deutlich voraus.

Die Studie gibt auch Aufschluss über die Einstellungen zu finanziellen Ausgaben während der Covid-Krise und zeigt, wie sich das Zahlungsverhalten in den letzten Monaten weltweit verändert hat. Die Ergebnisse des Reports können Finanzdienstleistern als Grundlage dafür dienen, die Bedürfnisse von Verbrauchern und Kunden besser zu verstehen und geeignete Strategien für das Durchschiffen der Pandemie zu entwickeln.

5. Digitale Ökonomie: Corona sorgt für einen Digitalisierungsschub

Deutsche werden von Barzahlern zu Kartenzahlern!

Die Bevölkerung ist durch die anhaltende Tiefzinsphase frustriert, wie die jüngste EZB-Umfrage zeigt. Dieser Banken-Frust wird weiter zunehmen, nicht nur wegen der Negativzinsen. Zahlreiche Banken halten mittlerweile in immer mehr Bereichen gegenüber ihren Kunden die Hand auf, selbst für Adressänderungen berechnen manche Banken schon Gebühren. Eine Auswertung des Verbraucherportals *Biallo* zeigt, dass Hunderte Volksbanken und Sparkassen jetzt auf einmal eine Gebühr für die Bezahlung mit Giro- oder Kreditkarte verlangen.

Das hat massive Auswirkungen, weil immer mehr Kunden Kartenzahlungen nutzen. Im Dezember 2020 wurden laut aktuellen Zahlen der Deutschen Kreditwirtschaft über 60 Prozent aller Girocard-Transaktionen kontaktlos getätigt. Über das ganze Jahr hinweg betrachtet lag der Anteil bei knapp über 50 Prozent – das entspricht im Vergleich zu 2019 einer Verdopplung. Verantwortlich für diesen Nutzungsschub ist die Corona-Krise.

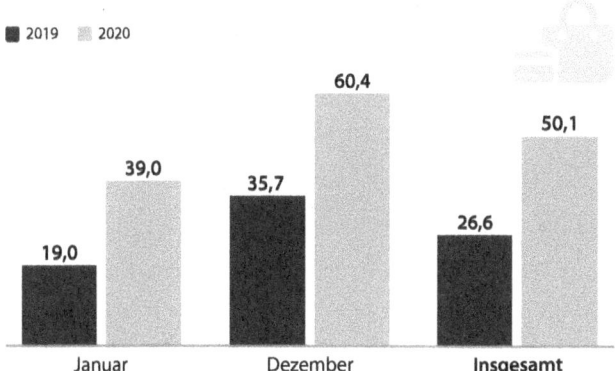

Quelle: statista, girocard.eu

5. Digitale Ökonomie: Corona sorgt für einen Digitalisierungsschub

Corona sorgt in der deutschen Wirtschaft für einen Digtalisierungsschub, wie eine aktuelle Umfrage des Leibniz-Zentrums für Europäische Wirtschaftsforschung (ZEW) zeigt. Vor allem die Arbeit der Beschäftigten gestaltet sich in vielen Unternehmen sichtbar digitaler als vor der Krise. Rund jedes dritte Unternehmen in der Informationswirtschaft und jedes vierte Unternehmen im verarbeitenden Gewerbe hat hier den eigenen Digitalisierungsgrad erhöhen können. Das ist das Ergebnis einer Studie von Dr. Daniel Erdsiek, Wissenschaftler im ZEW-Forschungsbereich Digitale Ökonomie.

Aber auch bei Geschäftsprozessen und in der Angebotspalette tut sich einiges, wie der Blick auf die nachfolgende Grafik zeigt. Auch nach der Umsatzentwicklung haben die Analysten gefragt. Im Vergleich zur Lage vor der Krise ist der Umsatz bei fast der Hälfte der Unternehmen in der Informationswirtschaft und bei rund 70 Prozent der Unternehmen im verarbeitenden Gewerbe gesunken. Aber es gibt auch Krisengewinner: Etwa jedes siebte der befragten Unternehmen konnte seinen Umsatz steigern.

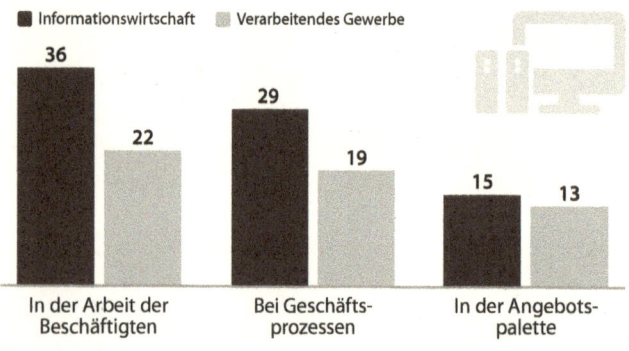

Quelle: statista, ZEW

Die Coronavirus-Pandemie hat sich längst zu einem globalen Megaturbo der Digitalisierung entwickelt. Das Thema Homeoffice wird für immer mehr Arbeitnehmer zur nachhaltigen Realität. Der Trend der Internet-Nutzung und die Verknüpfung des Internets mit den unterschiedlichsten elektronischen

5. Digitale Ökonomie: Corona sorgt für einen Digitalisierungsschub

Geräten hin zum Internet der Dinge (IoT = *Internet of Things*) wird in Meilenschritten weitergehen.

Deswegen nachfolgend ein anschaulicher Blick auf diese Dynamik anhand von beeindruckenden Zahlen: 60 Sekunden vergehen schnell – aber in dieser Zeitspanne passiert im Internet eine Menge. Auf Basis von Schätzungen, die auf dem Informationsportal *Visual Capitalist* veröffentlicht worden sind, werden bei Instagram rund 347 000 neue Stories veröffentlicht, mit dem Messenger WhatsApp verschicken Nutzer 41,6 Millionen Nachrichten und per E-Commerce wird 1 Million US-Dollar Umsatz generiert. Alle Anzeichen deuten darauf hin, dass die Internetaktivität der Menschheit weiter zunehmen wird. Dafür werden nicht zuletzt der schnelle Mobilfunkstandard 5G und der stetige Anstieg der Menschen, die Zugang zum Internet haben, sorgen.

Laut einer Schätzung haben im Jahr 2018 rund 3,9 Milliarden Personen weltweit das Internet genutzt. Für das Jahr 2021 wurde prognostiziert, dass die Zahl der Internetnutzer bis auf rund 4,14 Milliarden steigen wird. Die Region mit den meisten Internetnutzern weltweit war Ende 2018 Asien mit geschätzt 2,16 Milliarden Onlinern. Allein in China lag die Zahl der Internetnutzer im Jahr 2017 bei rund 772 Millionen. Die Region mit den zweitmeisten Internetnutzern war Europa mit geschätzt rund 705 Millionen Onlinern. Die Anzahl der Internetnutzer in Nordamerika war mit geschätzt rund 346 Millionen in etwa halb so groß.

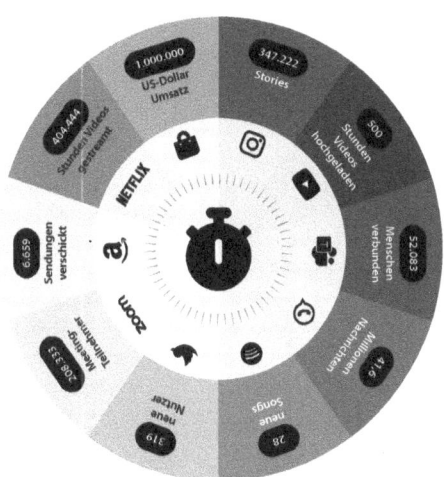

Quelle: statista, Visual Capitalist

Smart Home: Auch Häuser auf der ganzen Welt werden digital vernetzt

Große Chancen sehe ich gerade im Internet der Dinge (IoT = *Internet of Things*) und der Vernetzung von Gegenständen mit dem Internet. Hier werden nicht nur mobile Dinge eine Rolle spielen, sondern selbst Immobilien. Rund 44 Millionen Haushalte in Europa sind bereits *Smart Homes*. Ihre Bewohner sind also in der Lage, Haushaltsgeräte und -systeme per Smartphone oder anderen internetfähigen Endgeräten zu steuern. Das Eigenheim »intelligenter« zu machen, liegt im Trend – die Analysten von Statista prognostizieren, dass die Anzahl der europäischen *Smart Homes* bis 2025 auf etwa 97 Millionen ansteigen wird. Der *Statista Digital Market Outlook* zeigt für andere Teile der Welt ein ähnliches Bild – in den USA wird es in fünf Jahren rund 77 Millionen und in China über 122 Millionen smarte Wohnungen und Häuser geben.

Vor allem durch digitale Sprachassistenten wie Amazon Alexa und Siri von Apple geht die Bedienung von beispielsweise Home-Entertainment-Systemen leicht von der Hand und ist intuitiv. Besonders für körperlich beeinträchtigte Menschen ist die Aufrüstung der Haushalte zu *Smart Homes* daher eine durchaus positive Entwicklung.

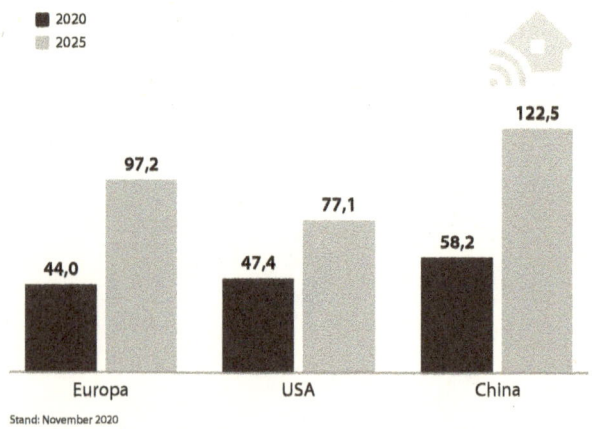

Quelle: Statista Digital Market Outlook

6. Fintechs und Bigtechs sind die Banken der Zukunft

Mit dem Begriff »Bigtech« werden grundsätzlich sehr große, multinational tätige Technologieunternehmen bezeichnet. Allen voran die US-Giganten Alphabet (Google), Apple, Facebook und Amazon, die in wenigen Jahrzehnten von kleinen Start-up-Firmen zu milliardenschweren Weltkonzernen herangewachsen sind. Aber auch altbewährte High-Tech-Unternehmen, die sich über all die Jahre erfolgreich an die technischen Entwicklungen und die dynamischen Fortschritte im Bereich des Internets und der Digitalisierung anpassen konnten.

Microsoft, IBM, Western Union, American Express, Mastercard oder Visa zählen beispielsweise zu den Bigtechs. Daneben sind innovative Fintechs wie PayPal oder Worldpay – die mit ihren alternativen Onlinezahlungen Banken ersetzen – längst auf dem Weg, sich zu zukünftigen Bigtechs zu entwickeln und zu etablieren.

Quelle: David Finley/shutterstock.com

Apple dringt immer stärker in den Markt für Bankdienstleistungen vor

Vom Bigtech Apple kommen beispielsweise fortlaufend interessante Entwicklungen, wie die Einführung einer eigenen Apple-Kreditkarte aus edlem Titan (Bild), die mit dem iPhone verbunden ist. Bei der Entwicklung hat Apple mit Goldman Sachs und Mastercard kooperiert. Das ist eine digitale Finanzmarkt-evolution, die Apples Bezahldienst Apple Pay um ein notwendiges Werkzeug ergänzt, um zur größten Bank der Welt zu werden. Die Karte kann weltweit eingesetzt werden und ist mit allen Apple-Geräten kompatibel.

Über eine App sind alle Umsätze direkt einsehbar. Die Kreditkarten werden direkt in der Hardware verschlüsselt gespeichert. Mit Face ID und Touch

ID werden die Transaktionen abgesichert. Apple erfährt dabei nicht, was Sie als Nutzer gekauft haben und wie viel Sie bezahlt haben! Das ist somit ein digitaler Bargeldersatz, selbst für Kritiker der Digitalisierung. Für die Apple Card fallen keine Gebühren an. Sie selbst können entscheiden, wann und wie viel Geld Sie zurückzahlen. Eingeführt wurde die neue Apple Card in den USA bereits im Sommer 2019.

Amazon startet Krypto-Währungsdienst in Mexiko

Die Tesla-Ankündigung, den Bitcoin als Zahlungsmittel zu akzeptieren, ist ebenso wegweisend wie die Integration von Kryptowährungen bei den großen US-Zahlungsdienstleistern PayPal, VISA und zuletzt auch Mastercard. Viel zu wenig Beachtung fand hingegen eine Entwicklung beim Online-Giganten Amazon.

Stellenanzeigen bieten interessantere Informationen als Presse- und Medienberichte

Hochinteressante Informationen liefern mir im Zuge meiner Recherchen nicht nur offizielle Unternehmensmeldungen oder Presseberichte, sondern vor allem Stellenanzeigen. BlackRock veröffentlichte beispielsweise eine Stellenanzeige für einen »Leiter Blockchain« für den Standort New York. Der größte Vermögensverwalter der Welt wird also seine Krypto-Aktivitäten weiter forcieren. Auch von Amazon kommen positive Signale: die Stellenanzeige für den Start eines Krypto-Projekts in Mexiko sowie die Meldung, dass der kryptoaffine Andy Jassy neuer Amazon-Chef wird und Jeff Bezos nachfolgt.

Diese Nachricht ist nicht besorgniserregend, derartige Schritte haben auch große US-Unternehmenslenker wie Bill Gates von Microsoft oder Steve Jobs von Apple einst vollzogen, ohne dass die Unternehmen dadurch in ihrer weiteren Entwicklung gelitten haben, im Gegenteil. Für die Krypto-Branche bewerte ich die aktuellen Entwicklungen bei Amazon in mehrfacher Hinsicht als sehr positiv. Dem kommenden Amazon-Chef Andy Jassy wird eine hohe Krypto-Affinität zugeschrieben. Als erfolgreicher Chef der Cloud-Sparte Amazon Web Services (AWS) ist Jassy heute bereits verantwortlich für rund zwei Drittel des gesamten Amazon-Gewinns. Unter Leitung von Andy Jassy führte AWS vor Kurzem die Amazon Managed Blockchain ein, einen Service

6. Fintechs und Bigtechs sind die Banken der Zukunft

für Entwickler, die Projekte auf Basis von Hyperledger Fabric oder Ethereum umsetzen möchten.

Bereits 2018 wurde die Amazon Quantum Ledger Database (QLDB) lanciert. Aktuell sucht Amazon weitere Mitarbeiter für ein neues Technologie-Team zum Aufbau eines digitalen Währungsdienstes mit dem Namen »Digital and Emerging Payments (DEP)«. Dabei sollen Kryptowährungen mit Bargeld gekauft werden können. Dieses wegweisende Projekt wird zunächst in Mexiko starten.

Gamestop für die Finanzelite?

Seit Jahresbeginn 2021 gibt es an den internationalen Finanzmärkten eine Entwicklung, die ich als Zäsur bewerte. Ein regelrechter Kampf zwischen David und Goliath ist entbrannt. Als David fungieren dabei Tausende von Kleinanlegern, die sich über Internetforen wie Reddit organisieren und absprechen, um Aktien gezielt zu kaufen, die von mächtigen Hedgefonds durch Leerverkäufe unter Druck gesetzt wurden. Dadurch steigen die Kurse massiv an, die Hedgefonds sind gezwungen, ihre leerverkauften Aktien zurückzukaufen, um ihre Verluste zu begrenzen, und durch diesen Effekt *(Short Squeeze)* explodieren Kurse weiter, zu Lasten der institutionellen Investoren. Die Internetgruppe auf der Plattform Reddit, über die Aktien wie GameStop massiv befeuert wurden, heißt »Wall Street Bets«. In diesem Zusammenhang hat sich ein weiteres Forum auf Reddit unter dem Namen »Satoshi Street Bets« gebildet, das sich auf Kryptowährungen konzentriert.

Nun kann man diese Entwicklungen sozialromantisch mit dem Grundprinzip von Robin Hood vergleichen, den Reichen zu nehmen und den Armen zu geben. Es steht aber auch die Stabilität unseres gesamten Finanzsystems zur Disposition, weil Pleiten von Hedgefonds massive Dominoeffekte und Verwerfungen zur Folge haben werden. Auslöser der Aktionen war die US-Aktie GameStop, deren Aktienkurs von 40 auf rund 500 US-Dollar gepusht wurde, um anschließend dennoch regelrecht wieder zusammenzubrechen. Der Name »GameStop« steht dabei sinnbildlich für das, was die Aktionen bewirken sollen: den Stopp der globalen Geldspekulationen, die die Finanzeliten der Hedgefonds betreiben. Die Langzeitfolgen sind derzeit noch nicht klar, ich bewerte diese Entwicklung allerdings als grundlegend positiv für Kryptowährungen als dezentrale Digitalwerte.

Adoptionskurven zeigen das Krypto-Chancenpotenzial

Everett Rogers (1931–2004) war ein Soziologe und Kommunikationswissenschaftler aus den USA. Er hat die Diffusionstheorie entwickelt in Bezug auf die Verbreitung (Diffusion) von Innovationen auf dem Markt. Eine Innovation setzt sich in der Praxis der Realwirtschaft durch, wenn viele Anwender sie nachfragen und kaufen. Für einen Anwender eines bestimmten Produkts oder einer Dienstleistung wird im Englischen der Begriff »Adopter« verwendet. Rogers unterscheidet dabei zwischen fünf verschiedenen Adoptionsverhaltenskategorien in der Adoptionszeit, also der Anwendungsentwicklung einer Innovation:

1. Innovatoren beziehungsweise sehr frühe Käufer,
2. frühe Übernehmer oder Folgekäufer,
3. frühe Mehrheitskäufer,
4. späte Mehrheitskäufer,
5. Nachzügler oder Zauderer.

Bei einer Adoptionskurve handelt es sich um eine grafische Darstellung, die verdeutlicht, zu welchem Zeitpunkt und in welchen Zeiträumen neue Käufer als Anwender für ein bestimmtes Produkt gewonnen wurden. Die Unterschiede bei der Adoptionszeit ergeben die fünf verschiedenen Adopterkategorien. In der nachfolgenden Grafik sehen Sie eine sehr beeindruckende Visualisierung der Adoption des Bitcoin in Relation zu historischen Adoptionskurven aus den unterschiedlichsten Bereichen in den USA.

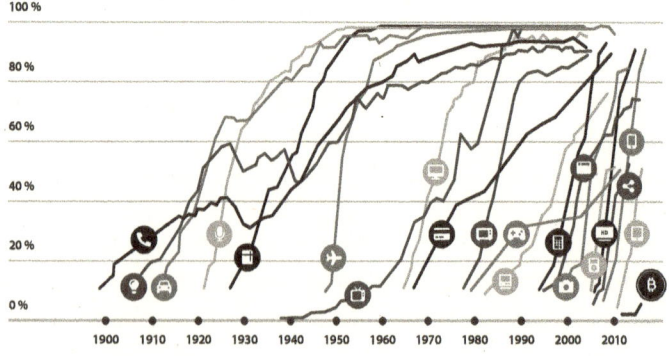

Quelle: Market Realist / Black Rock

6. Fintechs und Bigtechs sind die Banken der Zukunft

Vom Telefon bis zum Tablet: Der Bitcoin als Begründer der Blockchain-Technologie ist zweifelsohne eine technologische Innovation, die in ihrem Entwicklungsprozess und Chancenpotenzial nach wie vor am Anfang steht. Gleiches gilt für zahlreiche Altcoins, allen voran Ethereum!

Die Blockchain-Technologie bietet Finanz- und realwirtschaftliches Adaptionspotenzial[6]

Die Blockchain-Technologie bietet weit mehr als nur den, häufig viel zu isolierten beziehungsweise spekulativen, Blick auf die Kryptomärkte rund um Bitcoin, Ethereum und Co.»Eurapco, eine strategische Allianz von acht europäischen Versicherern, hauptsächlich Gegenseitigkeitsversicherern, und die B3i Services AG, eine weltweit tätige, branchenführende Blockchain-Initiative, haben aktuell die Markteinführung von Eurapco Unity angekündigt, der ersten globalen Betriebslösung auf der Grundlage einer Blockchain-Infrastruktur, die den Transfer fakultativer Risiken innerhalb eines Unternehmensnetzwerks ermöglicht.

Die Blockchain als Risikomanager für Versicherungen!

Blockchain wird seit Langem als revolutionäre Technologie angepriesen, die das Potenzial hat, die Versicherungsbranche durch die Automatisierung von Prozessen, Steigerung der Effizienz, Sicherheit, Datengenauigkeit, Betrugserkennung und Kostensenkung nachhaltig zu verändern. Deswegen hat Eurapco jetzt ein innovatives Projekt ins Leben gerufen, um die Möglichkeiten der Blockchain dahingehend zu prüfen, ob eine Verbesserung bestehender Prozesse erreicht werden kann und Innovationen gefördert werden können.

Erster Einsatz der Blockchain in den Bereichen See- und Rückversicherung

Nach eingehenden Recherchen in den Bereichen Markt und Technologie entschied Eurapco, dass die Blockchain-Technologie in den Bereichen Seeversicherung und Rückversicherung durch erhöhte Transparenz und Sicherheit für konkrete Vorteile sorgen und gleichzeitig den Verwaltungsaufwand erheblich reduzieren kann. Im Dezember 2020 präsentierte Eurapco zusammen mit seinen Partnern Achmea, Schweizerische Mobiliar, Reale Group und B3i die MVP-Version, das heißt die erste minimal funktionsfähige Iteration von Unity, die den Transfer fakultativer Risiken in ein Netzwerk von in der Seeversicherung tätigen Unternehmen ermöglicht, auf Basis der Blockchain-Technologie.

Dadurch hat sich nach Angaben der beteiligten Unternehmen eine neue Welt der Digitalisierung geöffnet. Der Zugriff auf Dokumente erfolgt schnell und die Transaktion wird an alle Partner übertragen. Alle Daten verbleiben in der Blockchain und können nicht geändert werden. Dadurch können erhebliche Zeiteinsparungen erzielt werden. Zukünftig werden auch alle Konten und Schadensabwicklungen in Unity bearbeitet, was zusätzliche Zeit und Ressourcen spart. Das Unity-Projekt ist nur ein Beispiel für eine gängige Integration von Blockchain-Anwendungen und ein großartiges Schaufenster für andere Risikopools.

Investieren Sie auch gezielt in Cryptocoins mit Industriebezug!

Ich erachte die Blockchain-Technologie im Bereich der Industrie- und Logistikanwendungen als revolutionär in den Bereichen Herkunftsdokumentation und Lieferkettennachverfolgung.« Eine Cryptocoin, die hier zu meinen Favoriten zählt und auf die ich in späterer Folge eingehe, ist VeChain.

7. Faktencheck: Der Bitcoin ist nicht teurer als Gold!

Quelle: Igor Shikov/shutterstock.com, Krasowit/shutterstock.com

7. Faktencheck: Der Bitcoin ist nicht teurer als Gold!

Die immer wieder aufkeimende Verunsicherung bei Krypto-Investoren oder der steigenden Zahl der Krypto-Interessierten wird wiederholt verstärkt durch negativ wirkende Meldungen. Ich möchte Ihnen hierzu ein weiteres Beispiel an die Hand geben, das wieder einmal belegt, wie wichtig es ist, pauschal negative Medienberichte zu hinterfragen und nachzurechnen.

Einer meiner Leser auf *KRYPTO-X* hat mir einmal die Frage gestellt, ob es jetzt nicht besser sei, von Bitcoin in Gold umzuschichten, weil er gelesen hatte, dass der Bitcoin jetzt teurer sei als Gold. In der Tat ist es so, dass mehrere Finanzmagazine die Aussage »Bitcoin erstmals teurer als Gold« offensichtlich ungeprüft übernommen haben. Vor allem für die Branche der Edelmetallhändler oder der Promotoren von Goldminenaktien sind derartige Meldungen natürlich Wasser auf ihre Gebetsmühlen, dass nur Gold das einzig Wahre ist. Wäre ich Edelmetallhändler, würde ich vermutlich – getrieben von Interessenskonflikten – genauso argumentieren. Zusätzlich ist es ebenso verständlich, dass bei seit Monaten stagnierenden beziehungsweise rückläufigen Goldpreisen die erfolgreichen Entwicklungen bei Bitcoin und Co. offensichtlich schlechtgeredet werden müssen. Die annähernd wöchentlich publizierten Pressemitteilungen einer dubiosen PR-Firma für Rohstoffaktien aus der Schweiz fallen mir dabei regelmäßig negativ auf.

Zuletzt hat die Swiss Resource Capital AG beispielsweise damit geworben, dass »Gold wie warme Semmeln weggeht«, obwohl die Goldnachfrage 2020 auf Basis der veröffentlichten Zahlen der Lobbyorganisation World Gold Council signifikant eingebrochen ist, was ja auch allein an der Goldpreisentwicklung für jeden Laien nachvollziehbar ist. Eine andere Pressemitteilung dieser Goldaktien-Pusher besagte, dass Gold besser sei als der Bitcoin, weil Kryptowährungen in Nigeria verboten worden seien. Das ist nicht belastbar – als ob Nigeria ein wirtschaftliches oder gar rechtsstaatliches Vorbild für unsere entwickelte Welt wäre!

Die Meldung, dass der Bitcoin übertreuert sei, weil er jetzt teurer ist als Gold, habe ich im März 2017 bei Bitcoin-Kursen von 1250 US-Dollar schon einmal gelesen. Beispielsweise in einer Analyse der Schweizer Privatbank Vontobel. Damals wurde ein Chartvergleich angestellt zwischen dem Preis eines Bitcoin und einer Feinunze Gold (31,103 Gramm), die zum damaligen Zeitpunkt bei 1235 US-Dollar notierte. Grundlage dafür war ein Bericht aus dem renommierten *Wall Street Journal*. Im von meinem Leser angefragten Fall wurde nicht eine Unze Gold als Vergleichsmaßstab hergenommen, sondern 1 Kilogramm. 1 Kilo Gold kostete zum damaligen Zeitpunkt rund 58 000 US-Dollar, diesen Wert überschritt der Bitcoin parallel dazu.

ΣBTC=ΣAu: Bitcoin 146 000 US-Dollar plus x

Die Formel »ΣBTC=ΣAu« verdeutlicht – auf mathematischer Basis – einen interessanten Bewertungsvergleich des Bitcoin in Relation zum Edelmetall Gold. Als Schussfolgerung lässt sich daraus ein großes Kurspotenzial für die führende Kryptowährung ableiten. Zunächst zu meiner obigen Formel: Der griechische Buchstabe »Σ« steht in der Mathematik für das Summenzeichen.

»BTC« ist bekanntermaßen das Währungskürzel des Bitcoin, das mittlerweile auf immer mehr Informationsseiten im Internet – neben konventionellen Währungskürzeln wie »EUR«, »USD« oder »JPY«, Kursen von Aktienindizes wie dem DAX oder dem Dow Jones, dem Ölpreis und dem Goldpreis – zu finden ist. Der Bitcoin basiert auf einem mathematischen Algorithmus. Gold ist hingegen ein chemisches Element mit dem Elementsymbol »Au«. Die Formel in der Überschrift besagt somit: Wenn die Marktkapitalisierung des Bitcoin auf die gleiche Bewertung steigen würde, die der Goldmarkt derzeit aufweist, dann würde der Preis für 1 Bitcoin mindestens 146 000 US-Dollar betragen.

Auf diesen Bewertungsvergleich hat die große und einst gegenüber dem Bitcoin so skeptische Großbank JPMorgan in einer Analyse hingewiesen. Dabei ist allerdings hervorzuheben, dass JPMorgan lediglich den Wert der Goldbestände des privaten Sektors in Höhe von 2,7 Billionen US-Dollar herangezogen hat. Die Gesamtmarktkapitalisierung von Gold liegt bei 9 Billionen US-Dollar. Setzt man diesen Wert als Maßstab an, würde man auf einen Bitcoin-Preis von rund 500 000 US-Dollar kommen, bei Annahme einer BTC/Au-Bewertungsparität.

Fakt: Bei einem Bitcoin-Preis von circa 500 000 US-Dollar wird der Bitcoin teurer als Gold!

Es ist fachlicher Unsinn, den Preis für 1 Bitcoin in Relation zu einer Unze Gold oder 1 Kilo-Goldbarren zu setzen. Relevant sind die Bewertungsparameter der Gesamtmenge. Die Marktkapitalisierung der geförderten Goldmenge liegt derzeit bei rund 9 Billionen US-Dollar, die des Bitcoin bei rund 1 Billion US-Dollar. Wird also der Wert als Maßstab herangezogen, würde man – bei gleichbleibendem Goldpreis – auf einen Bitcoin-Preis von rund 500 000 US-Dollar kommen, bei dem die Marktbewertung des Bitcoin teuer wäre als die von Gold.

8. Den Bitcoin zu ignorieren wird zum Risiko

Leider wird in deutschsprachigen Medien einem destruktiven Dirk Müller weit mehr Aufmerksamkeit gewidmet als einem innovativen Michael Sonnenshein, den hierzulande kaum jemand kennt. Merken Sie sich bitte diesen Namen. Michael Sonnenshein ist der Vorstandsvorsitzende des US-Krypto-Vermögensverwalters Grayscale. Mittlerweile verwaltet Grayscale Kryptowährungen im Volumen von rund 30 Milliarden US-Dollar. Im Rahmen der in diesem Jahr virtuell abgehaltenen Crypto Finance Conference (www.crypto-finance-conference.com) in St. Moritz sagte Michael Sonnenshein, dass die Nachfrage von Vermögensverwaltern wie Banken und Versicherungen gerade erst beginnt und dass es ein zunehmendes Risiko ist, nicht in Kryptowährungen zu investieren.

Diese Einschätzung teile ich. Auch US-Eliteuniversitäten wie Harvard oder Yale investieren ihr Stiftungsvermögen zunehmend in Kryptowährungen. Ich erwarte, dass neben der Zulassung eines Bitcoin-ETFs in den USA schon sehr bald auch der erste Staatsfonds direkt in den Bitcoin investiert. Auch hier liegt großes Potenzial, wie der Blick auf das Anlagevolumen (in US-Dollar) der wichtigsten Staatsfonds in nachfolgender Grafik zeigt. Ich tippe im Hinblick auf das erste Bitcoin-Investment eines Staates auf Norwegen oder Abu Dhabi.

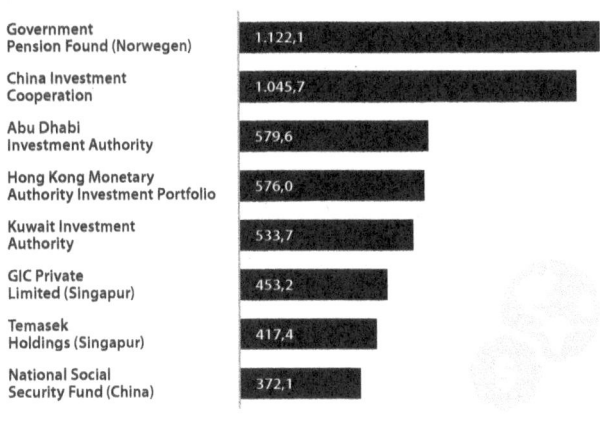

Stand: Januar 2021

Quelle: statista, SWF Institute

Der US-Regierungswechsel ist grundlegend positiv für Kryptowährungen!

Eine weitere Angst, die wiederholt geschürt wird, ist, dass beispielsweise die neue US-Finanzministerin und ehemalige Fed-Chefin Janet Yellen Kryptowährungen durch Regulierung »bekämpfen« wird. Auch diese Aussage ist nicht belastbar. Ich erwarte, dass die mächtige US-Wertpapieraufsichtsbehörde SEC unter der Biden-Administration und ihrem neuen Chef Gary Gensler positive Impulse setzen wird für Bitcoin und Co.

9. Kryptowährungen sind Wertspeicher und optimieren Ihr Portfolio!

Für Sie als Bürger und Privatanleger bedeuten diese grundlegenden Entwicklungen, Rahmenbedingungen und Herausforderungen: Globalisieren und digitalisieren Sie Ihre Vermögenswerte! Von länderübergreifenden Investments – auch durch Nutzung von Auslandsbanken außerhalb der Systeme der Europäischen Union (zum Beispiel Schweiz, Fürstentum Liechtenstein) – über die Zukunftsmärkte Künstliche Intelligenz, Blockchain, Cloud-Anwendungen, Cybersicherheit und Biotech bis hin zur neuen Anlageklasse der dezentralen und digitalen Assets der Kryptowährungen rund um Bitcoin, Ethereum und Co.

Die Digitalisierung beginnt dabei ebenso wie die Tokenisierung (Kryptowährungen) im Kopf. Auch Skeptikern und Bedenkenträgern rate ich dazu, sich mit der in Meilenstiefeln voranschreitenden Digitalisierung unseres täglichen Lebens zu befassen, unabhängig von ihrem Alter. Die ältere Generation muss sich heute die digitale Affinität der Jugend zum Vorbild nehmen, um wirtschaftlich wie gesellschaftlich – selbstbestimmt und eigenständig – zukunftsfähig zu bleiben. Die Digitalisierung lässt sich nicht mehr aufhalten, sie wird in einem noch nie dagewesenen Transformationsprozess in den unterschiedlichsten Lebensbereichen alles – zumindest aber vieles – verändern.

Beispielsweise die Art, wie wir Verträge abschließen, einkaufen und bezahlen. In all diesen Bereichen bieten Kryptowährungen die unterschied-

9. Kryptowährungen sind Wertspeicher und optimieren Ihr Portfolio!

lichsten Anwendungen und Funktionalitäten. Die wichtigste Kryptowährung ist dabei der Bitcoin, die wichtigste Anwendung ist die Wertaufbewahrungsfunktion, die beim Euro zunehmend erodiert in Bezug auf seine Kaufkraftstabilität in der Zukunft. Zumindest das Vertrauen der Bürger und Anleger in den Euro ist rapide gesunken.

Im unlimitierten und ungedeckten Fiat-Geld liegt die Spekulationsblase

Es ist nun offensichtlich in den Medien sehr verbreitet, aufgrund der Bitcoin-Kurssteigerungen der letzten Wochen und Monate einfach die pauschale Aussage einer angeblichen Spekulationsblase zu tätigen. Zielführender ist die sachliche Auseinandersetzung mit diesen großen Zahlen. Neben den positiven Entwicklungen im Hinblick auf die weiter steigende Akzeptanz der Kryptowährungen ist es dabei hilfreich, sinnvolle Vergleiche anzustellen. Genauso wie wir das beispielsweise auf der Mikroebene mit Alltagsprodukten im Euro- oder Cent-Bereich machen, können auf der Makroebene Milliarden- und Billionenwerte zum besseren Verständnis in Relation gesetzt werden.

Stellvertretend für die weltweiten Entwicklungen in unserem Fiat-Geldsystem ist die unlimitierte Euro-Geldmenge M3 (Bargelder, Tagesgelder sowie Geldmarktpapiere und Schuldverschreibungen mit einer Laufzeit von bis zu zwei Jahren) infolge der Coronavirus-Auswirkungen auf mittlerweile rund 14,5 Billionen Euro explodiert. Der Bitcoin ist hingegen – wie zahlreiche Cryptocoins – limitiert. Der Anteil des Bitcoin an der Geldmenge aller Fiat-Währungen (siehe Fiatmarketcap.com) liegt derzeit trotz des starken BTC-Kursanstiegs lediglich bei 0,77 Prozent. **Fazit:** Im unlimitierten und ungedeckten Fiat-Geld liegt die Spekulationsblase!

Die Erosion der Kaufkraft des Geldes stärkt Bitcoin und Co.

Fidelity Digital Assets, eine Tochter des großen US-Vermögensverwalters Fidelity Investments, hat vor kurzem ein interessantes Grundsatzpapier zum Bitcoin mit dem Titel »Bitcon Investment Thesis« veröffentlicht. Aus mehreren Gründen sehen die Analysten noch viel Potenzial bei der Kursentwicklung

Kaufkraftentwicklung des USD

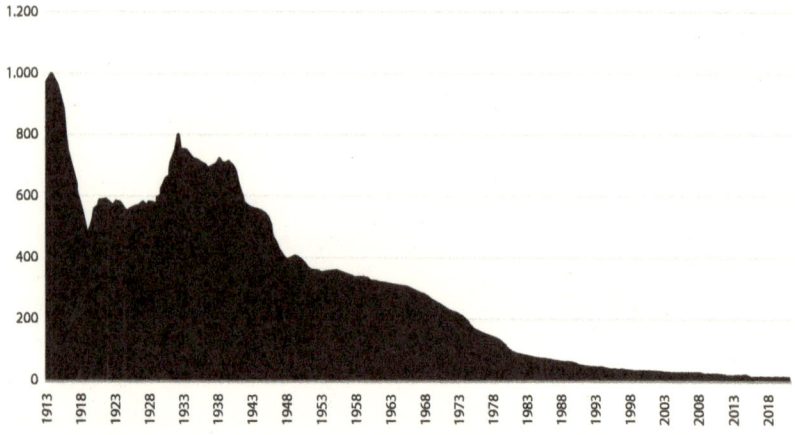

Quelle: St. Louis Fed

mit dem Fazit: Die Stärke des Bitcoin besteht darin, dass er über Eigenschaften verfügt, die es ermöglichen, mehrere Funktionen zu erfüllen, was die Wahrscheinlichkeit seines Erfolgs – gemessen am Wertzuwachs – weiter erhöht. Mich bestätigt – auch – diese Studie in meiner Einschätzung, dass Bitcoin und Co. auf Basis von zwei wesentlichen Komponenten ein weiter großes Kurspotenzial haben:

1. Digitalisierung

Aufgrund des technischen Fortschritts im Zuge der Digitalisierung der Welt als digitale Blockchain-Plattform für zahlreiche dezentralisierte Anwendungen (Dapps) in der digitalisierenden Realwirtschaft wie auch in der Finanzwirtschaft über dezentrale Finanzdienstleistungen (DeFi) als Alternative zu konventionellen Bankgeschäften. Token werden Wertpapiere ersetzen, Staking und Lending Zinsprodukte und Kredite.

2. Inflationierung

Obige Grafik zeigt den Kaufkraftverlust des US-Dollar. Aufgrund der Tatsache, dass die Papiergeldwährungen infolge der expansiven Maßnahmen der

9. Kryptowährungen sind Wertspeicher und optimieren Ihr Portfolio!

Notenbanken und der Schuldenorgien zahlreicher Staaten immer weiter verfallen, wird der limitierte Bitcoin auch für konservative Investoren zunehmend attraktiv als digitales Gold.

Bitcoin Halving: Das Mining-System schützt die Kaufkraft des Bitcoin

Eine der grundlegendsten Regeln in der Volks- und Betriebswirtschaftslehre ist der Zusammenhang von Angebot und Nachfrage. Je mehr von einem bestimmten Gut produziert wird oder am Markt vorhanden ist, desto höher ist die Angebotsmenge, und bei gleichbleibender Nachfrage wirkt dieser Effekt negativ auf den Preis. Gleiches gilt im umgekehrten Fall: Je seltener ein nachgefragtes Gut, desto höher sein Preis. Dieses Prinzip gilt nicht nur für Güter, sondern auch für unser Geld in Form von Währungen.

Je mehr Geld durch die Zentralbanken geschöpft wird, desto höher ist die Inflation und somit der Kaufkraftverlust einer Währung. Eine der wichtigsten Kennzahlen dafür ist die Geldmenge. Das ist der gesamte Geldbestand einer Volkswirtschaft, der sich im Umlauf befindet. Die wichtigste Kennzahl ist dabei die Geldmenge M3 (Money 3). In der Euro-Zone sind das im Wesentlichen alle ausstehenden Banknoten und Münzen, Einlagen und Bankschuldverschreibungen mit einer Laufzeit von bis zu zwei Jahren sowie Geldmarktpapiere, wie beispielsweise Geldmarktfonds.

Die Geldmenge M3 kann von der Europäischen Zentralbank relativ willkürlich erhöht werden. Je mehr Euros seitens der Notenbanken ausgegeben werden, desto höher ist dabei der inflationäre Effekt im Hinblick auf die Kaufkraftstabilität des Euro. Die unlimitierten Euro-Geldmengen explodieren bereits seit der Finanzkrise des Jahres 2008 und Corona hat diese Dynamik weiter verstärkt, der Wert des Geldes (die Kaufkraft) verfällt dadurch.

Stabilitätsfaktor: Die neu geschöpfte Bitcoin-Menge reduziert sich kontinuierlich!

Eines der wichtigsten Ereignisse des Jahres 2020 in der Kryptowelt war in Form des *Bitcoin Halving* vorprogrammiert. Jeweils nach 210 000 Blöcken findet dabei – alle vier Jahre – eine Halbierung der Belohnung für die Miner statt. Mitte Mai 2020 erfolgte das dritte *Bitcoin Halving*. Die nachfolgende Tabelle verdeutlicht, wie sich die Anzahl neu geschöpfter Bitcoins (Mining-Prozess) in den kommenden Jahren reduziert.

Ereignis	Datum	Bitcoin-Menge
Start des Bitcoin	03.01.2009	10 500 000 BTC
1. Halving	28.11.2012	5 250 000 BTC
2. Halving	09.07.2016	2 625 000 BTC
3. Halving	11.05.2020	1 312 500 BTC
4. Halving	2024	656 250 BTC
5. Halving	2028	328 125 BTC

Fazit: Rund 90 Prozent aller Bitcoins sind bereits mathematisch geschöpft. Der letzte Bitcoin wird aller Voraussicht nach erst im Jahr 2140 gemint. Das *Bitcoin Halving* wirkt – im Gegensatz zur inflationären Geldschöpfung konventioneller Papiergeldwährungen – in Kombination mit der Limitierung des Bitcoin auf maximal 21 Millionen Bitcoin deflationär, wie der Blick auf die »Bitcoin-Menge« in der Tabelle verdeutlicht. Dadurch entsteht ein massiv positiver Effekt im Hinblick auf die Kaufkraftstabilität und die Kursentwicklung des Bitcoin.

Kryptowährungen optimieren Portfolios und schützen vor Systemrisiken

Ich weiß, dass eine stark zunehmende Zahl von Privatanlegern mittlerweile zur Diversifikation und zur langfristigen Wertaufbewahrung in den Bitcoin investiert, weil er ein dezentrales Kryptowährungssystem ist. Das heißt, die Blockchain-Technologie, über die der Bitcoin abgewickelt wird, funktioniert unabhängig von einer Zentralinstanz (Bank, Notenbank). Die Welt-Kryptoleitwährung hat sich längst zu einer Art digitalem Gold entwickelt.

Gehen Sie einmal zu Ihrer Bank oder Ihrem Vermögensberater und fragen Sie ihn, wie er Kryptowährungen beurteilt. Ich bin mir sicher, in fast allen Fällen werden Sie eine negative Aussage hören, bestenfalls die Informa-

9. Kryptowährungen sind Wertspeicher und optimieren Ihr Portfolio!

tion, dass sich die Bank beziehungsweise der Vermögensverwalter mit dieser Thematik nicht ausreichend auskennt.

So wie große Vermögensverwalter wie Fidelity oder BlackRock mittlerweile eigene Krypto-Dienstleistungen anbieten und in digitale Vermögenswerte wie Bitcoin investieren, werden sich auch normale Banken, Vermögensberater und Vermögensverwalter mittelfristig mit der Anlageklasse der Cryptocoins beschäftigen müssen, allen voran mit dem Bitcoin. Ansonsten laufen sie Gefahr, eine wichtige Zukunftsentwicklung zu verschlafen.

Digitales Gold: Ein Bitcoin-Investment optimiert das Chancen-Risiko-Profil Ihrer Vermögensanlage!

Das Schweizer Unternehmen vision& AG hat vor nicht allzu langer Zeit eine ebenso fundierte wie hochinteressante Auswertung erstellt. Darin ging es um den gezielten Einsatz von Kryptowährungen in der Vermögensverwaltung, dem sogenannten Portfoliomanagement. Die Analyse zeigt, dass die wichtigsten Kryptowährungen, allen voran selbstverständlich der Bitcoin, mit den etablierten Anlageklassen Aktien, Anleihen, Immobilien und Gold kaum oder zum Teil leicht negativ korrelieren. Das hat in der Vergangenheit dazu geführt, dass das Chancen-Risiko-Profil eines Anlageportfolios durch die Beimischung von Kryptowährungen verbessert werden konnte.

Das belegen die erhobenen Zahlen, die vision& auf Basis von realen Kursdaten erhoben hatte, und das sogar obwohl der Bitcoin in diesem Zeitraum auch mehrfach massive Einbrüche verzeichnen musste. In einem gemischten Portfolio (Aktien, Anleihen, Immobilien, Gold) stieg beispielsweise die Renditeerwartung bei einer Beimischung von lediglich 2 Prozent Bitcoin deutlich von 2,9 auf 7,4 Prozent. Das Risiko stieg hingegen lediglich von 3,6 auf 4,3 Prozent. Bei einer Beimischung von 5 Prozent Bitcoin stieg die Renditeerwartung von 6,6 auf 14,1 Prozent. Das Risiko erhöhte sich nur von 5,6 auf 6,7 Prozent.

Portfolio-Effekte OHNE Bitcoin

Aktien	Anleihen	Immo-bilien	Gold	Bitcoin	Rendite	Risiko
75%	15%	7%	3%	0%	10,9%	9,8%
63%	25%	7%	5%	0%	9,4%	8,3%
40%	50%	5%	5%	0%	6,6%	5,6%
22%	68%	5%	5%	0%	4,4%	4,0%
10%	80%	5%	5%	0%	2,9%	3,6%

Portfolio-Effekte MIT Bitcoin

Aktien	Anleihen	Immo-bilien	Gold	Bitcoin	Rendite	Risiko
70%	10%	5%	3%	12%	29,9%	13,9%
55%	25%	5%	5%	10%	24,7%	11,4%
35%	50%	5%	5%	5%	14,1%	6,7%
20%	68%	5%	5%	2%	7,4%	4,3%

Der Bitcoin-Portfolioeffekt: Hohes Renditepotenzial bei moderat steigenden Risiken

Ich könnten Ihnen an dieser Stelle Hunderte Aussagen von Banken, Medien, Ökonomen und sonstigen »Wirtschaftsexperten« zitieren, die alle den folgenden pauschalen Tenor haben: »Bitcoin und Kryptowährungen sind hochspekulativ und nur für Zocker geeignet.« Leider wird diese undifferenzierte Aussage nie mit Zahlen und Fakten untermauert.

Fakt ist: In der Vermögensanlage ist jedes isolierte Investment entweder Medizin oder Gift, der Unterschied liegt rein in der Dosis der Beimischung. Das gilt auch für den Bitcoin, wie die obigen Zahlen belegen. Darüber hinaus besteht die Welt der Cryptocoins bei Weitem nicht nur aus dem Bitcoin.

10. Der Blick auf das grundlegende Krypto-Ökosystem

Ich gehe davon aus, dass sowohl von privatwirtschaftlichen Unternehmen – beispielsweise Facebook mit Diem – wie auch von Staaten beziehungsweise Notenbanken in Zukunft Stablecoins herausgegeben werden. Also Kryptowährungen, die an eine konventionelle Währung oder einen Währungskorb gekoppelt werden. Die Ukraine plant beispielsweise die weitere Konzeption ihrer staatlichen Kryptowährung als digitales Zentralbankgeld (CBDC) auf Basis der Blockchain von Stellar (XLM). Das verdeutlicht, dass Notenbanken nicht, wie so oft pauschal behauptet, Kryptowährungen bekämpfen, sondern auch hier positiv wirkende Adaptionen möglich sind. Im häufig als so kryptofeindlich dargestellten China wurden bereits erste Krypto-Geldautomaten und eine Vielzahl an Krypto-Terminals aufgestellt.

Diese zentralisierten Kryptowährungen werden dabei ebenso wie der dezentral – ohne Einflussmöglichkeit einer Zentralinstanz – konzipierte Bitcoin und weitere dezentrale Altcoins (alternative Kryptowährungen) zahlreiche Anwendungsfelder haben wie *Security Coins* (Werte) oder *Utility Token* (Funktionalitäten). So wie an den Aktienmärkten unterschiedliche Branchen und Sektoren entstanden sind, wird es auch im Krypto-Ökosystem eine Koexistenz mehrerer Segmente geben:

Das Basis-Krypto-Ökosystem

Bitcoin (BTC)
Globale Krypto-Leitwährung

Stablecoins	Security Coins / NFT	Utility Coins
+ Staaten	+ Reale Werte	+ Smart Contracts (intelligente Verträge)
+ Notenbanken	+ Immaterielle Werte	+ Payment Coins
+ Unternehmen	+ Wertpapiere	
	+ Beteiligungen	

Die Blockchain ist transparent und fälschungssicher

Ein großer Vorteil des Krypto-Ökosystems: Die Blockchain ist – im Gegensatz zur Politik der Notenbanken und Regierungen – so transparent wie ein Glashaus. Die Auswertungen forensischer Blockchain-Analyseunternehmen wie www.glassnode.com, www.viewbase.com oder www.cryptoquant.com bieten Ihnen als Krypto-Investor hier fundierte Informationsquellen.

Volatilität ist ein Preis für den Wert des Bitcoin

Immer wieder kommt es beim Bitcoin und an den Kryptomärkten auch zu massiven Kursverwerfungen. Umgehend werden dann seitens der Medien wiederholt Begriffe wie »Tulpenzwiebelblase«, »Blutbad« oder »Bitcoin-Crash« bemüht. Blicken Sie bitte nicht im Wochenrhythmus oder gar im Minutenchart auf den Bitcoin, sondern machen Sie sich die langfristig wertvollen Effekte bewusst: Mit einer Jahresvolatilität von 114 Prozent zahlen Bitcoin-Investoren in der Tat einen hohen, nervenaufreibenden Preis. Dieser wird allerdings mit einer annualisierten Durchschnittsrendite von 254 Prozent mehr als angemessen entschädigt, wie die nachfolgende Grafik eindrucksvoll belegt.

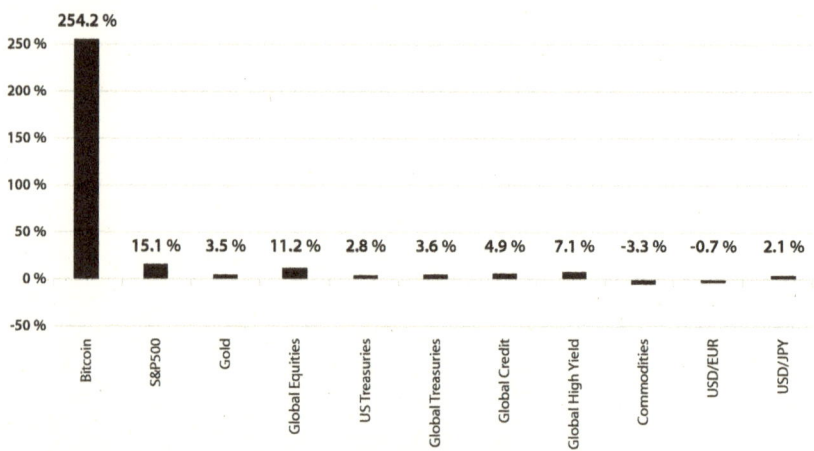

Data as of March 12, 2021, Inices in USD or hedged to USD in case of fixed income asset classes

Quelle: Bloomberg, Investing.com

11. Die digitale Transformation ist keine Blase, sondern ein Megatrend

Die Marktkapitalisierung der mittlerweile über 10.000 auf Coinmarketcap.com gelisteten Kryptowährungen liegt aktuell bei rund 1,5 Billionen US-Dollar, was keine Blase darstellt, sondern die massiv gestiegene Bedeutung der Krypto-Ökonomie belegt. Ich kritisiere, dass viele Medien – häufig auch Krypto-Fachmedien – viel zu stark den Blick auf die aktuellen Tagesentwicklungen bei den Kryptokursen legen. Mit Ihren Digital-Investments – auch den Aktien und ETFs aus meinem Fintech-Depot – setzen Sie vor allem langfristig auf das chancenreiche Pferd der Digitalisierung und Tokenisierung. Die nachfolgende Grafik bringt die nachhaltig kurstreibenden Corona-Effekte perfekt zum Ausdruck!

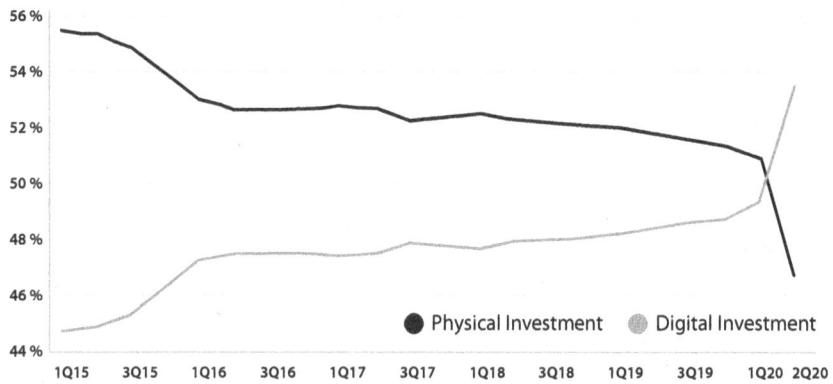

Quelle: U.S. Bureau of Economic Analysis and Alger

Junge Generationen werden Kryptowährungen und digitale Vermögenswerte bevorzugen

Unzählige interessante Studien habe ich im Zuge der letzten Jahre und für meine Recherchen zu *Kryptonomics* gelesen. Beispielsweise auch in Bezug auf die junge, digital affine Generation der sogenannten Millenials. Das sind Personen, die zwischen 1981 und 1996 geboren wurden und die somit heute zwischen 25 und 40 Jahre alt sind. Das U.S Census Bureau bewertet die Millenials als die kommende reichste Generation der Geschichte. Das Research-Unternehmen Fundstrat prognostiziert, dass das Vermögen dieser Generation innerhalb des nächsten Jahrzehnts auf über 7 Billionen US-Dollar anwachsen wird. Wie wird diese Generation investieren?

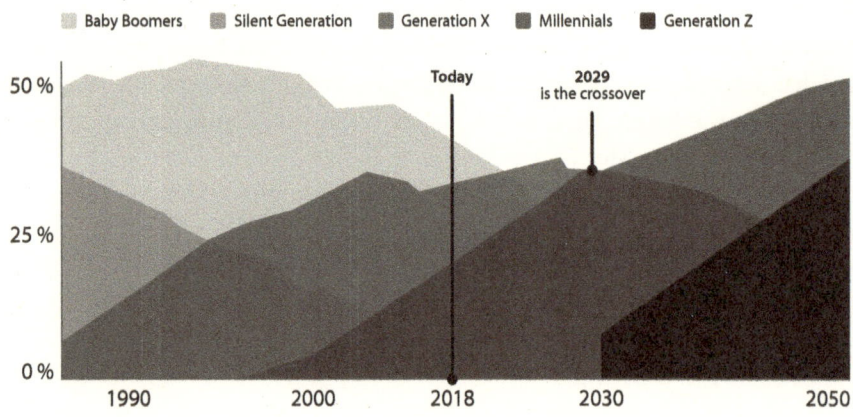

Quelle: fundstrat

Die digitale Generation der Millenials misstraut den Banken und dem Finanzsystem

Gemäß dem »Millennial Disruption Index« – einer dreijährigen Studie mit 10 000 Millennials – misstrauen 71 Prozent der Befragten den Banken und dem Finanzsystem. Eine Studie der Universität Harvard kommt zu einem ähnlichen Ergebnis. Nur 14 Prozent der Millennials vertrauen der Wall Street.

Die Digitalisierung der Welt ist der Nährboden für tokenisierte Vermögenswerte!

Die Studien kommen zu dem Ergebnis, dass speziell Millenials nach alternativen Formen zur Anlage und Verwahrung von Vermögenswerten Ausschau halten werden. Digitale Vermögenswerte in Form von Kryptowährungen werden hier eine große Rolle spielen!

Die obigen Zahlen sind ein Beleg und Baustein für die erfolgreiche Zukunft von digitalen Vermögenswerten in Form von Kryptowährungen. Die wichtigste Grundlage für den Erfolg von Kryptowährungen in der Zukunft ist ganz grundlegend die foranschreitende Digitalisierung. Weltweit steigt der Digitalisierungsgrad über alle Branchen und Unternehmensgrößen immer weiter an. Sie alle spüren diese Entwicklungen in den unterschiedlichsten Bereichen Ihres täglichen Lebens. Von der Art und Weise, wie wir einkaufen und bezahlen, bis hin zum fortlaufend weiter zunehmenden Einsatz von Karten – von Kreditkarten und einer Vielzahl von Chip-Karten wie beispielsweise der elektronischen Gesundheitskarte – oder der Nutzung von Applikationen über mobile Endgeräte wie dem Smartphone. Hier werden das Internet der Dinge (IoT), die Künstliche Intelligenz (KI) und Cloud-Anwendungen eine immer größere Rolle spielen. Eine ganz wichtige Basis für die Abwicklung und Speicherung dieser explodierenden Datenvorgänge und Datenmengen wird dabei die Blockchain-Technologie sein. Die Kryptomärkte und Kryptowährungen haben deswegen – trotz aller Kurskapriolen – ein gigantisches Zukunfts- und Kurspotenzial.

Wichtig: Die moderne Technik ist selbstverständlich nicht nur etwas für junge Menschen. Die Digitalisierung hält längst auch bei den heute älteren Generationen Einzug, weil sich auch hier neue Möglichkeiten bieten. Beispielsweise im Gesundheitswesen und in der Pflege.

12. Kryptowährungen als Altersvorsorge?[7]

»Die Altersvorsorge gestaltet sich in Zeiten von negativen Zinsen nicht gerade einfach. Neue Anlagestrategien müssen her, denn wer derzeit spart, verliert praktisch Geld. Beim Stichwort »Geldanlagen« denken die meisten Deutschen zunächst an das altbewährte Sparbuch (84 Prozent), gefolgt von Aktien (83 Prozent) und Immobilien (81 Prozent). Dies zeigt eine aktuelle Studie des digitalen Versicherungsmanagers CLARK in Kooperation mit dem Meinungsforschungsinstitut YouGov.

Allerdings erlangen auch neuere Anlageklassen wie Kryptowährungen (59 Prozent) immer mehr Bekanntheit und liegen damit sogar bereits vor ETF-Sparplänen, die nur 37 Prozent der Befragten kennen. Doch welche Anlageklassen nutzen die Deutschen tatsächlich am häufigsten und inwiefern sind Kryptowährungen und Co. bereits Bestandteil ihrer Altersvorsorgestrategien?

Kryptowährungen weltweit auf dem Vormarsch?

Die Währung der Zukunft oder doch lediglich ein Zahlungsmittel, welches aufgrund seiner hohen Volatilität unbrauchbar ist? Kryptowährungen werden kontrovers diskutiert. Infolge des explosiven Wachstums vieler virtueller Währungen über die letzten Jahre setzen inzwischen allerdings immer mehr Staaten auf Kryptowährungen und erkennen jene sogar als offizielle Zahlungsmittel an. Gerade in Entwicklungsländern erfreuen sich Bitcoin und Co. immer größerer Beliebtheit, da sie unter anderem eine günstige Alternative zum Versenden von Geld über Ländergrenzen bieten. 16 Prozent aller Peruaner und sogar 33 Prozent aller Nigerianer benutzen daher bereits digitale Währungen.

In Deutschland steckt der Kryptomarkt dagegen immer noch in den sprichwörtlichen Kinderschuhen. Zwar haben laut der aktuellen CLARK-Studie 88 Prozent der Deutschen bereits von Kryptowährungen gehört und 59 Prozent sind sie konkret als Geldanlage bekannt, jedoch werden sie eher selten genutzt. Die aktuelle CLARK-Studie zum Thema Anlagestrategien zeigt auf: Konservative Investitionsformen sind noch immer prävalent.

Anlagestrategien: Männer deutlich risikobereiter

Trotz fehlender Rendite ist das Sparbuch mit 35 Prozent immer noch die am meisten genutzte Anlageklasse der Deutschen. Knapp jeder Vierte (24 Prozent) investiert in Aktien und knapp jeder Fünfte (18 Prozent) in Immobilien. Neuartige Geldanlagen wie Kryptowährungen werden eher gemieden. Sie weisen zwar laut der CLARK-Studie einen größeren Bekanntheitsgrad als ETF-Sparpläne auf, trotzdem investieren noch nicht allzu viele Deutsche in Kryptowährungen. Denn während 12 Prozent der CLARK-Studienteilnehmer angeben, in ETFs zu investieren, sind es bei Bitcoin und Co. lediglich 5 Prozent. Grund für diese große Diskrepanz sind unter anderem die Unwissenheit und die starke Volatilität der digitalen Währungen. Denn knapp jeder zweite Befragte der CLARK-Studie (46 Prozent), der von Kryptowährungen gehört hat, weiß nichts über ihre genaue Funktionsweise und für weitere

12. Kryptowährungen als Altersvorsorge?

38 Prozent kommen Kryptowährungen aufgrund ihrer hohen Volatilität als Geldanlage gar nicht infrage. Interessant ist weiterhin, dass Männer in ihrem Anlageverhalten deutlich risikobereiter als Frauen sind. Ist das Verhältnis zwischen Männern und Frauen in der Nutzung von Anlageklassen mit niedrigerem Risiko wie Sparplänen – genutzt von jeweils 35 Prozent der männlichen und weiblichen Studienteilnehmer – relativ ähnlich, herrscht in Anlageklassen mit höheren Risiken jedoch eine große Disparität. Schon bei der Investition in Immobilien liegen laut der CLARK-Studie die Männer mit 21 Prozent knapp vor den Frauen mit 16 Prozent. Und während jeder dritte Mann (33 Prozent) Aktien besitzt, investiert nicht einmal jede sechste Frau (16 Prozent) in sie. Derselbe Trend markiert sich auch für Kryptowährungen: 7 Prozent der Männer investieren in Bitcoin und Co., bei den Frauen sind es nicht mal halb so viele (3 Prozent), die digitale Währungen besitzen.

Krypto als Altersvorsorge – Jüngere wären nicht abgeneigt

Für 38 Prozent der Befragten kommen Kryptos nicht als Anlageklasse und für 48 Prozent der Befragten nicht als Bestandteil der Altersvorsorge in Betracht. Allerdings variiert die Akzeptanz stark zwischen den jeweiligen Altersgruppen. Während 58 Prozent der 60- bis 69-Jährigen und sogar 63 Prozent der über 70-Jährigen Bitcoin und Co. als Bestandteil der Altersvorsorge ablehnen, tun dies gerade einmal 27 Prozent der 18- bis 29-Jährigen.

Abschließend gilt es zu erwähnen, dass Kryptowährungen durchaus als kleiner Teil einer Diversifizierung verschiedener Anlagen dienen können. Allerdings weiß man heute einfach nicht, welche der digitalen Währungen sich durchsetzen werden. Deswegen sollte jeder, der gut für die Zukunft gewappnet sein will, frühzeitig in eine Kombination aus Vorsorgeprodukten investieren.« [...] »Aus welchen konkreten Altersvorsorgeprodukten die Vorsorgeplanung aufgebaut werden sollte, muss für jeden individuell bestimmt werden. Wichtig ist eine unabhängige Beratung, die Aufschluss über die eigene Rentensituation und die Bedürfnisse im Alter gibt.«

13. Studie der BayernLB: Der Bitcoin ist als ultrahartes Geld konzipiert

Von zahlreichen Banken und Vermögensverwaltern habe ich in den letzten Jahren unzählige negative Einschätzungen zum Bitcoin gelesen. Eine Studie der BayernLB war dabei eine erfreuliche Ausnahme, die ich hervorheben möchte. Der Bitcoin wird hier anhand des »Stock-to-Flow-Ansatzes« (Grafik) bewertet und mit Gold verglichen. **Fazit:** Der Bitcoin wurde konzipiert, um noch härter als Gold zu sein!

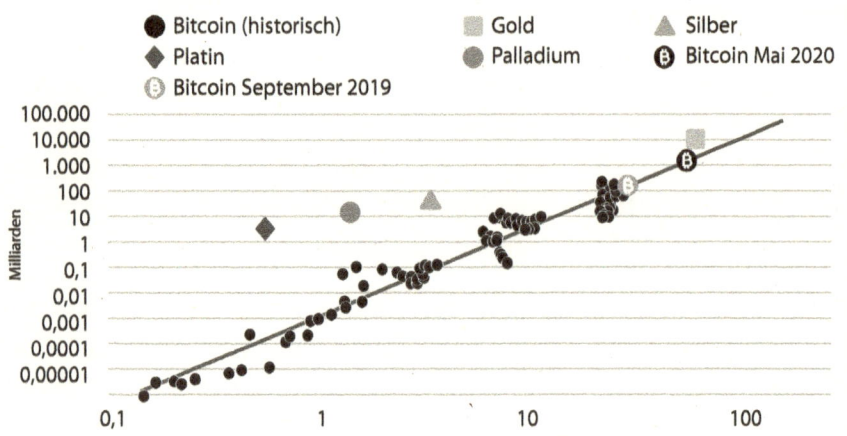

Quelle: BayernLB Research

Die Studie der zur Sparkassen-Finanzgruppe gehörigen BayernLB (Bayerische Landesbank) mit dem Titel »Megatrend Digitalisierung: Läuft Bitcoin Gold den Rang ab?« ist aus meiner Sicht äußerst beeindruckend und mehr als lesenswert. Außergewöhnlich sind nach meiner Beurteilung vor allem die fundierten Analysen und Schlussfolgerungen.

Derartig differenzierte und gleichzeitig positive Einschätzungen zum Bitcoin habe ich von Banken aus Deutschland – speziell aus dem Sparkassensektor – bislang noch nie gelesen. Das ist für mich ein weiterer Beleg dafür, dass sich auch konventionelle Banken und Finanzdienstleister zunehmend konstruktiv und progressiv mit den Zukunftstechnologien Blockchain, Bitcoin und Kryptowährungen befassen.

13. Studie der BayernLB: Der Bitcoin ist als ultrahartes Geld konzipiert

BlackRock: Von Aladdin zum Bitcoin

Der Aufschwung des Bitcoin und weiterer Cryptocoins wurde getragen von großen institutionellen Investoren, die ihre Meinung zu Kryptowährungen teilweise diametral ins Positive revidieren. Dazu zählt mittlerweile auch BlackRock, dem mit Kundengeldern in Höhe von rund 9 Billionen US-Dollar größten Vermögensverwalter der Welt. Die Dimensionen der Macht des 1988 in New York City gegründeten Unternehmens sind dabei noch weit gigantischer, als es diese Billionen-Zahl zum Ausdruck bringt.

Als Aktionär übt BlackRock direkt oder treuhänderisch für seine Kunden einen wesentlichen Einfluss auf Tausende von Banken und Unternehmen weltweit aus. Beispielsweise über seine Tochtergesellschaft iShares, den global führenden Anbieter für börsengehandelte Indexfonds (ETFs). Neben dem Geld von Privatanlegern verwaltet BlackRock das Vermögen von Staatsfonds, Pensionskassen, Versicherungen und Unternehmen. Mit rund 70 Milliarden US-Dollar ist BlackRock dabei der größte Investor im Deutschen Aktienindex DAX.

Auch politisch ist BlackRock bestens vernetzt. Die EU-Kommission unter Führung von Ursula von der Leyen lässt sich beispielsweise von BlackRock beraten. Der CDU-Politiker Friedrich Merz saß bis Jahresbeginn 2020 im Aufsichtsrat von BlackRock Deutschland. Darüber hinaus spielt BlackRock auch bei den Entscheidungsprozessen der Notenbanken eine bedeutende Rolle. Für die Europäische Zentralbank EZB fungiert der US-Konzern als Berater für das billionenschwere Anleiheaufkaufprogramm zur Stützung des Euro-Systems. Für die US-Notenbank Federal Reserve (Fed) fungiert BlackRock ebenso als wichtiger Berater. Als bedeutendste »Weltmacht der Finanzen« betreibt BlackRock ein Risikoanalysesystem, oder besser gesagt einen Supercomputer, namens »Aladdin« (»Asset, Liability, Debt and Derivative Investment Network«), das rund 200 Millionen Kalkulationen pro Woche durchführt und die Finanzmärkte weltweit signifikant beeinflusst.

Der Strategiewechsel von BlackRock ist ein Gütesiegel für Bitcoin und Co.

Aufgrund seiner globalen (Finanz)Macht liegt in den aktuell getätigten Aussagen von Larry Fink eine große Bedeutung, die in den Medien bislang vollkommen untergegangen ist. Der Chef von BlackRock galt bislang als Bitcoin-Kritiker, der noch vor wenigen Jahren die führende Kryptowährung überwiegend mit illegalen Geschäften wie Drogenhandel oder Geldwäsche in Verbindung gebracht hat. Jetzt spricht er vom Potenzial der Entwicklung zu einem globalen Markt.

Fazit: Auch BlackRock wird auf den Krypto-Zug aufspringen oder besser gesagt eine eigene Krypto-Lokomotive lancieren!

14. Das Zeitalter des Digitalen Krieges

Mir ist es stets sehr wichtig, nicht nur isoliert die Kryptowelt zu betrachten, sondern bewusst einen Fokus auf das große Ganze in der Welt der Digitalisierung zu legen. Ich bin im Jahr 1973 geboren. Als ich ein Kind war, befand sich die Welt mitten im Kalten Krieg zweier Systeme: Kommunismus versus Kapitalismus. Geprägt war diese Zeit durch zahlreiche Konflikte zwischen dem Warschauer Pakt unter Führung der damaligen Sowjetunion (UdSSR) und den Westmächten im Verbund der NATO unter Führung der Vereinigten Staaten von Amerika, den USA. Hinter diesem Kampf der Systeme, der von 1947 bis 1991 andauerte, stand die Welt einige Male kurz davor, in einen nuklearen Schlagabtausch zu fallen, allen voran im Zusammenhang mit der Kuba-Krise 1962. Obwohl eine direkte Konfrontation und somit ein neuer Weltkrieg stets verhindert werden konnte, wurden zwischen den beiden Supermächten zahlreiche Stellvertreterkriege geführt, beispielsweise in Korea, Vietnam und Afghanistan. Nach dem Ende des Kalten Krieges und dem Zusammenbruch der Sowjetunion waren die USA als einzige Supermacht der große Sieger in einer Welt, die anschließend durch die Globalisierung geprägt wurde.

Mittlerweile gibt es große Veränderungen: China ist zur neuen Supermacht aufgestiegen und die Digitalisierung ist die neue Globalisierung. Die Welt befindet sich heute nicht mehr primär in einem Wettlauf der besseren beziehungsweise größeren Waffensysteme, sondern in einem Wirtschaftskrieg der Technologiesysteme. Geführt wird dieser Digitale Krieg zwischen den USA und China. Nach den massiven Konflikten rund um den chinesischen Tech-Giganten Huawei stand im Jahr 2020 die chinesische Video-App

14. Das Zeitalter des Digitalen Krieges

TikTok im Fadenkreuz der USA. Nachdem eine Teilübernahme des TikTok-Mutterkonzerns durch Microsoft gescheitert war, sollte die App in den USA verboten werden, angeblich um sensible Daten von US-Bürgern zu schützen. Ein Gericht stoppte das Verbot jedoch durch eine einstweilige Verfügung und der neue US-Präsident Biden nahm es endgültig zurück. Für mich sind die geopolitischen Konflikte zwischen den großen Technologiekonzernen aus den USA und China die neuen Stellvertreterkriege der beiden digitalen Supermächte!

Klima-Hysterie: Der Mythos und das Totschlagargument vom hohen Bitcoin-Stromverbrauch

Die Kritik am – angeblich – hohen Stromverbrauch des Bitcoin tritt in regelmäßigen Abständen zutage. Der Bitcoin verbraucht laut »Cambridge Bitcoin Electricity Consumption Index« aktuell rund 90 Terawattstunden Strom pro Jahr. Das ist mehr als beispielsweise die Schweiz oder Neuseeland. Von 219 der im *CIA Factbook* gelisteten Länder und Gebiete verbrauchen nur 34 mehr als die Digitalwährung. Deutschland liegt in diesem Ranking mit 537 Terawattstunden auf Platz sechs hinter China, den USA, Indien, Japan und Russland.

Das alles sind wohlgemerkt Schätzwerte. Im Fall des Bitcoin besteht hinsichtlich des tatsächlichen Energiebedarfs eine große Unsicherheit – die Untergrenze setzen die Analysten derzeit bei 35, die Obergrenze bei 200 Terawattstunden an. Zum Vergleich: Die für Bitcoin aufgewendete Energie könnte alle Teekessel in Europa für über drei Jahre zum Kochen bringen oder alternativ die Cambridge University für 555 Jahre mit Elektrizität versorgen. Für mich sind derartige Vergleiche stets totale Milchmädchenrechnungen. Als wenn die Förderung von Gold oder das Betreiben von Geldautomaten und Millionen weiterer »Bausteine« unseres konventionellen Finanz- und Bankensystems keine Energie verbrauchen würden.

Bitcoin-Stromverbrauch nach Ländern

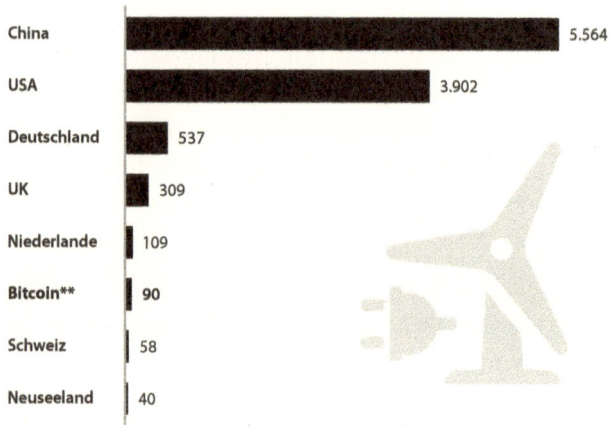

China	5.564
USA	3.902
Deutschland	537
UK	309
Niederlande	109
Bitcoin**	90
Schweiz	58
Neuseeland	40

* Werte für die Länder beziehen sich auf das Jahr 2016

Quelle: statista, University of Camebridge, Bitcoin Electricity Consumption Index

Die Energieeffizienz des Bitcoin-Systems wird fortlaufend optimiert – Altcoins als Alternative

Der immer wieder auftretende Hauptkritikpunkt an der Proof-of-Work-Methode ist der sehr hohe Energieverbrauch zur Lösung der komplexen Rechenaufgaben des Mining-Prozesses. Bei der »Proof-of-Work«-Methode wird den Teilnehmern für die Lösung von komplizierten kryptografischen Aufgaben eine Belohnung in der jeweiligen Kryptowährung ausgezahlt. Die Lösung dieser Aufgaben wird in der Blockchain durch die Generierung eines neuen Blocks markiert. Diesen Prozess bezeichnet man als »Mining«.

Dieser Problematik wird längst auf unterschiedliche Art und Weise begegnet. Zum einen durch den Einsatz immer modernerer Grafikkarten in neuen Mining-Servern oder Weiterentwicklungen wie dem sogenannten »Lightning-Network« des Bitcoin. Dahinter verbirgt sich ein Protokoll zur Skalierung und somit Optimierung der Blockchain-Technologie beziehungsweise des Konsensalgorithmus des Bitcoin im Hinblick auf die Schnelligkeit, die Kosten und somit auch den Stromverbrauch. Zum anderen aber auch durch die Adaption oder den Wechsel des Konsensmechanismus. Deswegen haben auch alternative Cryptocoins – speziell für den Einsatz als Payment Coins – ihre Berechtigung und bieten große Chancen.

15. Von digitalen Analphabeten über Super-Apps bis Smartphone-Implantaten[8]

»Latenz, Blockchain und Quantencomputer: Wer bei technischen Neuerungen mitreden möchte, muss sein Wörterbuch stetig erweitern. Doch die Schlagwörter der Digitalisierung stellen viele Menschen vor Rätsel. Rund jede zweite Person in Deutschland (52 Prozent) hat den Begriff Blockchain noch nie gehört. 23 Prozent kennen das Wort zwar, können aber nicht sagen, was damit gemeint ist. Nur 17 Prozent trauen sich zu, den Begriff zu erklären.

50 Prozent der Deutschen sind digitale Analphabeten

Das geht aus einer repräsentativen Studie anlässlich des zweiten bundesweiten Digitaltags hervor, wie die Initiative »Digital für alle« mitteilt. Die vollständigen Ergebnisse werden am 14. Juni veröffentlicht. Ebenfalls vielen unbekannt sind demnach die Begriffe Latenz – 52 Prozent haben noch nie davon gehört – und Quantencomputer. Mit diesem Begriff können 43 Prozent noch nichts anfangen.« Unter dem technischen Begriff Latenz, was häufig auch als »Ping« bezeichnet wird, versteht man beispielsweise den Zeitraum, den ein kleines Datenpaket von einem Gerät (PC, Laptop, Smartphone) zu einem Server im Internet und zu dem jeweiligen Gerät zurück benötigt.

Böhmische Dörfer: Was verbirgt sich hinter Kryptowährungen, Big Data oder Virtual Reality?

Unsicher (»Gehört, kann aber nicht erklären, was damit gemeint ist«) sind viele bei den Begriffen Kryptowährung (45 Prozent), Big Data (41 Prozent) und Virtual Reality (40 Prozent). Leichter fällt es den Befragten hingegen zu erklären, was ein Rechenzentrum ist. 80 Prozent kennen den Begriff und können ausführen, was sich dahinter verbirgt. Gleiches gilt für Apps 76 Prozent), 5G (67 Prozent) und Cookies (63 Prozent). Cloud Computing (52 Prozent) und Künstliche Intelligenz (49 Prozent) kann nur jede zweite Person erklären, einen Chat-Bot (29 Prozent) hingegen nur knapp jede Dritte.

Allerdings zeigt die Studie auch einen positiven Trend: Das Digital-Vokabular der Deutschen hat sich im Vergleich zum Vorjahr verbessert. Der Anteil derer, die von den abgefragten Begriffen noch nie gehört haben, ist für 10 der insgesamt 13 Schlagworte gesunken. Der Begriff Blockchain zum Beispiel war im Jahr 2020 noch 60 Prozent unbekannt. Nun ist der Wert um 8 Prozentpunkte zurückgegangen.

Das ist eine erfreuliche Entwicklung, an der weitergearbeitet werden muss: Die immer noch große Unsicherheit bei vielen Begriffen zeigt: Alle Bürger müssen mitgenommen werden, wenn es darum geht, den technischen Fortschritt zu erklären. Nur so kann sichergestellt werden, dass alle in gleichem Maße von der Digitalisierung profitieren.« Mit *Kryptonomics* erhalten Sie Mittel und Wege, zur Schärfung *Ihrer Digitalbildung*.

Digitalgeld: Super-Apps und Cyberwallets kommen[9]

»Internationale Überweisungen in Echtzeit, Super-Apps als Serviceplattformen mit eigenen Bezahlfunktionen und Cyberwallets dürften bald auch in Europa keine Zukunftsmusik mehr sein. Wie aus der Payment-Studie »Charting a cause amid evolution and revolution« der Wirtschaftsprüfungs- und Beratungsgesellschaft PricewaterhouseCoopers (PwC) und ihrer globalen Strategieberatung Strategy& hervorgeht, werden bargeldlose Transaktionsvolumen weltweit bis 2025 um mehr als 80 Prozent auf 1,9 Billionen (2020: 1 Billion) zulegen.

Bis 2030 dürfte sich die Zahl der digitalen Zahlungen pro Person nahezu verdreifachen. Die Corona-Pandemie hat den Wechsel von Bargeld auf digitale Zahlungen um drei bis fünf Jahre beschleunigt so ein Fazit der Studie. Die gesamte Infrastruktur des Zahlungsverkehrs verändert sich fundamental. Durch die Entstehung neuer Zahlungswege und innovativer Geschäftsmodelle rückt auch das Szenario einer globalen bargeldlosen Gesellschaft in Sichtweite.

Super-Apps geben Richtung vor

Das kräftigste Wachstum wird für die asiatisch-pazifischen Märkte erwartet: Dort dürften die bargeldlosen Transaktionsvolumen bis 2025 um 109 Prozent und von 2025 bis 2030 um weitere 76 Prozent zulegen. Für Afrika werden bis 2025 Zuwächse um 78 Prozent und bis 2030 um 64 Prozent gesehen. In Europa sind bis zu 64% bzw. 39% mehr digitale Transaktionen möglich. Für die USA und Kanada werden niedrigere Zuwachsraten prognostiziert.

15. Von digitalen Analphabeten über Super-Apps bis Smartphone-Implantaten

Während in Asien bereits zahlreiche neue Geschäftsmodelle und Innovationen wie multifunktionale »Super-Apps« großer E-Commerce-Konzerne oder QR-Codes für den Supermarkteinkauf zum Einsatz kommen, herrscht in Europa, Nord- und Südamerika ein wesentlich langsameres Innovationstempo. Zwar steigt in Europa die Akzeptanz für Karten und mobile Zahlungen, doch in einigen der größeren europäischen Volkswirtschaften – vor allem in Deutschland – gibt es immer noch mehr Bargeld als bargeldlose Transaktionen.

Makrotrends Digitalgeld und Wallets

Der tiefgreifende Wandel im internationalen Zahlungsverkehr betrifft nicht nur traditionelle Zahlungsmittel für Waren und Dienstleistungen wie Bargeld oder analoge Rechnungen – die gesamte Infrastruktur der Zahlungsverkehrssysteme weltweit bis hin zu den Geschäftsmodellen der Marktakteure stehen vor einem Quantensprung. Der Studie zufolge werden sechs Makrotrends den Zahlungsverkehr in den kommenden fünf Jahren wesentlich beeinflussen. Dazu zählen unter anderem Digitalwährungen, digitale Geldbörsen und grenzüberschreitende Zahlungen.«

Digitale Zukunft: Datenbrillen und Smartphone-Implantate

Eine vernetzte Brille auf der Nase, statt ein Handy am Ohr: 26 Prozent der Smartphone-Nutzerinnen und -Nutzer glauben daran, dass ihre Mobiltelefone bis 2030 durch Datenbrillen ersetzt werden. Das ist das Ergebnis einer repräsentativen Befragung im Auftrag des Digitalverbands Bitkom unter 1002 Personen in Deutschland ab 16 Jahren, darunter 789 Personen, die ein Smartphone verwenden. Smartphones werden in den kommenden Jahren wichtig bleiben, aber immer stärker durch Datenbrillen ergänzt und zunehmend auch ersetzt werden, so die Erwartung der Bitkom-Analysten.

Immer mehr Unternehmen arbeiten an Augmented-Reality-Brillen, die Informationen in das Sichtfeld projizieren. Nutzerinnen und Nutzer können sich dann etwa Navigations-Hinweise, die Bewertung für ein Restaurant oder Informationen über ein Kunstwerk im Museum in die natürliche Umgebung einblenden lassen. Auch an smarten Kontaktlinsen, die Informationen direkt im Sichtfeld einblenden können, arbeiten Unternehmen bereits.

Chip-Implantat unter der Haut statt Smartphone in der Hosentasche

Andere Geräte werden ebenfalls als Handy-Alternative an Bedeutung gewinnen: 40 Prozent der Befragten rechnen mit mehr Konkurrenz durch Smartwatches, 38 Prozent durch Sprachassistenten. 6 Prozent der Teilnehmenden glauben sogar, dass Smartphones bis 2030 durch Chips ersetzt werden, die in den menschlichen Körper implantiert werden. Dennoch gehen 89 Prozent der Befragten davon aus, dass die Bedeutung des Smartphones bis 2030 weiter zunehmen wird. 73 Prozent erwarten, dass die Geräte immer mehr Funktionen übernehmen.

Ich habe eine exorbitant hohe digitale Affinität. Dennoch muss ich sagen, dass ich mich heute mit einem Smartphone-Implantat noch nicht anfreunden könnte. Wobei das Verlustrisiko selbstverständlich deutlich abnimmt, wenn das Smartphone als Chip unter der Haut sitzt. Wer weiß, was die Zukunft hier noch alles mit sich bringt, ich bin jedenfalls sehr gespannt und sicher ist: Es wird spannend bleiben. Für mich steht außer Frage, dass die interaktive und mehrdimensionale Vernetzung von Menschen mit Maschinen beziehungsweise Geräten ein gigantisches Zukunftspotenzial hat. Auch hier werden sowohl Digitalaktien als auch Kryptowährungen eine große Rolle spielen.

Fazit: Arbeiten Sie fortlaufend an Ihrer Digitalbildung und investieren Sie gleichzeitig in die Digitalisierung!

»Alle Akteure im internationalen Zahlungsverkehr sollten jetzt verstärkt in wettbewerbsfähige Zahlungslösungen investieren. Die beschleunigte Umstellung auf digitale Zahlungen bietet neue Ertragschancen für die gesamte Branche, insbesondere für Banken und Alternative Payment Provider.«[10] Ebenso wichtig wie Ihre Digitalbildung ist auch die aktive Nutzung der neuen Möglichkeiten der digitalen Transformation. Ebenso bieten sich in diesen Bereichen große Chancen für Sie als Digital- und Krypto-Investor.

II. Schaffen Sie sich mehrere Krypto-Standbeine!

1. Setzen Sie auf diese neun echten Kryptobörsen

Mein Lebensmittelpunkt ist seit über 15 Jahren Mallorca. Hier habe ich meinen privaten und steuerlichen Wohnsitz, ebenso meinen Geschäftssitz. Vor einiger Zeit habe ich eine unerfreuliche E-Mail meiner spanischen Bank Sabadell mit dem Betreff »Cryptocurrencies« erhalten. Die Zuschrift beinhaltete den Vorwurf, dass ich am 25.06.2018 mit der Kreditkarte meines Geschäftskontos 1000 Euro bei der Bitpanda GmbH einbezahlt habe. Der Text der Mail lautete: »Sollte dieser Vorgang im Zusammenhang mit dem Kauf von Kryptowährungen stehen, weisen wir Sie darauf hin, dass derartige Vorgänge bei der Banco Sabadell nicht erlaubt sind. Sollten wir nochmals einen derartigen Vorgang entdecken, sind wir gezwungen, die Geschäftsbeziehung mit Ihnen zu kündigen!«

Meine damalige Kreditkarteneinzahlung war lediglich ein einmaliger Test im Zuge meiner Recherchen. Die Nachricht meiner Bank zeigt mir einmal mehr, wie wichtig es ist, unterschiedliche Zugangsmöglichkeiten zu mehreren Banken wie auch Kryptobörsen zu unterhalten, damit in einem Fall latent möglicher Willkür die Handlungsfähigkeit bestehen bleibt. Auch bei einer Kryptobörse kann auf einmal der Zugang aus technischen, regulatorischen oder rein unternehmensspezifischen Gründen gekappt sein.

Digitale Assets sind Zukunftsinvestments: Setzen Sie auf solide Kryptobörsen

Ich bin felsenfest davon überzeugt, dass es eine der wichtigsten Strategien gegen die ausufernde Geldschwemme und den damit verbundenen Kaufkraftverlust unserer Papiergeldwährungen ist, gezielt in Werte zu investieren,

II. Schaffen Sie sich mehrere Krypto-Standbeine!

die selten sind. Weil sie im Gegensatz zu Geld, das auf unlimitierten Schulden und Zahlungsversprechen basiert, limitiert sind. Limitierte Werte sind nicht unbegrenzt reproduzierbar und können somit nicht beliebig produziert werden. Hierzu zählen beispielsweise Edelmetalle wie Gold, die natürlich limitiert sind, ebenso wie Kryptowährungen wie der Bitcoin, die mathematisch limitiert sind. Der Bitcoin beispielsweise auf eine maximale Anzahl von 21 Millionen Stück.

Leider sind gerade im Bereich der noch jungen Anlageklasse der Kryptowährungen auch viele Nepper, Schlepper und Bauernfänger unterwegs. Lassen Sie sich als Krypto-Investor nicht von Anbietern beziehungsweise Vermittlern blenden, die die unterschiedlichsten Krypto-Investmentsysteme gegen hohe Provisionszahlungen vertreiben. Setzen Sie auf seriöse und solide Kryptobörsen, wie beispielsweise Bitpanda aus Österreich, Bitcoin.de, Nuri oder die BISON App aus Deutschland oder auch Binance, die größte Kryptobörse aus Asien.

Daneben empfehle ich Ihnen den Einsatz sicherer Hardware-Wallets, um sich vor weiteren Online-Kriminellen zu schützen, die Ihre wertvollen Kryptowährungen bedrohen. Bei Hardware-Wallets haben Sie Ihre Privaten Schüssel *(Private Keys)* unabhängig von Dritten stets selbst in der Hand. Sie schützen dadurch Ihre Kryptowährungen vor Hackerangriffen auf Online-Wallets und Kryptobörsen und vor sonstigen Problemen, die eine zentrale Verwahrung bei einem Drittanbieter mit sich bringen kann. Dazu später mehr durch detaillierte Praxisempfehlungen für die sicherere Offline-Verwahrung Ihrer Cryptocoins.

Neun empfehlenswerte Kryptobörsen

www.bitpanda.com	www.binance.com	www.bitstamp.com
www.coinbase.com	www.kraken.com	www.bitcoin.de
www.bisonapp.com	www.bittrex.com	www.anycoindirect.eu

Mein Rat: Eröffnen Sie Konten bei mindestens drei bis fünf – echten – blockchainbasierten Kryptobörsen, nicht bei CFD- oder Forex-Brokern, die Finanzderivate handeln. Die Kryptobörse Bitpanda aus Österreich ist dabei meine

1. Setzen Sie auf diese neun echten Kryptobörsen

Basis-Empfehlung. Ebenso nutze ich die US-Börsen Coinbase und Kraken sowie Bittrex Global, die mittlerweile ihren Sitz im Fürstentum Liechtenstein unterhält. Verwahren Sie größere Bestände an Cryptocoins – die Sie planen, langfristig zu halten (HODL) – auf einer Hardware-Wallet, dazu später mehr.

Binance ist gemessen am täglichen Handelsvolumen der weltweit größte Handelsplatz für Kryptowährungen. Das zeigt die nachfolgende Grafik auf Basis von Daten von *Coinmarketcap.com*, das Kursentwicklungen für Krypto-Assets bereitstellt und ebenfalls mittlerweile zur Unternehmensgruppe von Binance gehört. Anfang 2021 wurden bei Binance weit über 150 verschiedene Kryptowährungen gehandelt und laut eigenen Angaben im Schnitt 1,4 Millionen Transaktionen pro Sekunde getätigt.

Bitpanda empfehle ich Ihnen als Basis-Kryptobörse, weil Sie hier sowohl Euro-Ein- und Auszahlungen über Ihr Bankkonto tätigen können als auch eine umfangreiche Auswahl an handelbaren Kryptowährungen zur Verfügung haben und auch Krypto-Kreditkarten, so dass Sie Ihre Cryptocoins auch heute schon in das konventionelle Fiat-Geldsystem transformieren und im Alltag einsetzen können.

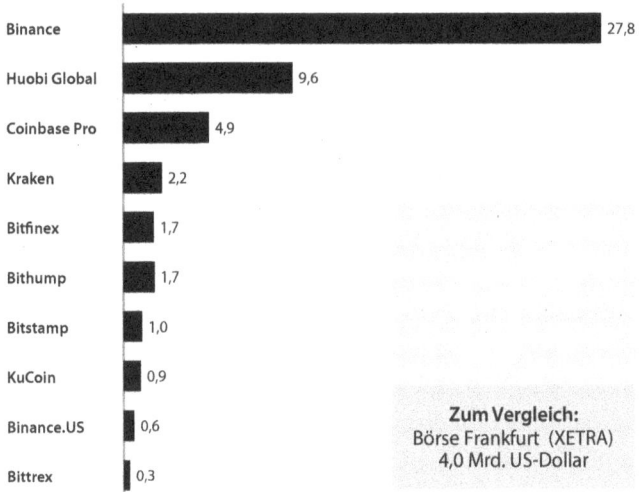

Stand: 15.02.2021 (Kryptohandelsplätze) und 12.02.2021 (Börse Frankfurt)

Quelle: CoinMarketCap, Deutsche Börse

Bitpanda ist eine ebenso innovative wie solide Kryptobörse aus Österreich

Bereits im Jahr 2014 wurde Bitpanda – unter dem damaligen Namen »Coinimal« – als reine Kryptobörse in Wien gegründet. Das war der Startschuss einer Erfolgsgeschichte, die in Europa in dieser Form einzigartig ist. Die Anzahl der investierbaren Kryptowährungen wurde mittlerweile auf weit über 50 ausgebaut. Im April 2019 hat Bitpanda eine sogenannte Payment-Service-Provider-Lizenz seitens der Finanzmarktaufsicht Österreich (FMA) erhalten. Diese Zulassung erlaubt es Bitpanda nach europäischem Recht, (PSD2-Richtlinie) als Zahlungsinstitut zu agieren, was seither über die Bitpanda Payments GmbH erfolgt.

Damit war die rechtssichere Grundlage für das Angebot der Fiat-Wallets bei Bitpanda geschaffen, die als Schnittstelle in das konventionelle Geld- und Bankensystem fungieren. Dadurch können Sie in den konventionellen Währungen Euro, US-Dollar, Britisches Pfund, Schweizer Franken und Türkische Lira Überweisungen veranlassen und Liquidität halten. Seit Mai 2019 bietet das Unternehmen über die Bitpanda Metals GmbH auch den Handel und die Verwahrung der vier Edelmetalle Gold, Silber, Platin und Palladium. All Ihre Wallets auf Bitpanda (Kryptowährungen, Edelmetalle, Fiatwährungen) können Sie mittlerweile auch mit Ihrer Bitpanda-Visa-Karte verknüpfen.

Bitpanda Savings bietet Ihnen Krypto-Sparpläne mit maximaler Flexibilität

Durch den Einsatz von Sparplanstrategien nutzen Sie automatisiert und somit diszipliniert den sogenannten Durchschnittskosteneffekt *(cost average effect)*. Eine derartige Strategie eignet sich nicht nur bestens für den langfristigen Vermögensaufbau, beispielsweise durch gezielte Investments in kostengünstige ETF-Sparpläne, sondern speziell auch für den Einstieg in die so schwankungsintensive, neue Anlageklasse der Kryptowährungen. Ein Krypto-Sparplan befreit Sie dabei weitestgehend von der Frage nach dem optimalen Kaufzeitpunkt.

1. Setzen Sie auf diese neun echten Kryptobörsen

Die Mindest-Sparplanrate beträgt lediglich 25 Euro

Ich weiß aufgrund meiner vielen Gespräche mit Krypto-Investoren, allen voran Neueinsteigern, dass es eine große Nachfrage nach soliden Kryptowährungs-Sparplänen gibt. Dieser Bedarf wird jetzt durch die neuen Dienstleistungen von Bitpanda auf einfache und sinnvolle Art und Weise durch das empfehlenswerte Sparplan-Tool Bitpanda Savings erfüllt. Dadurch können Sie über Ihr bestehendes Bitpanda-Konto ganz einfach Ihren persönlichen Sparplan für Bitcoin und alle weiteren auf Bitpanda gelisteten Kryptowährungen anlegen, automatisch investieren und Ihr Kryptowährungs-Portfolio gezielt weiter auf- und ausbauen.

Sie haben dabei die Möglichkeit, mehrere Sparpläne zu erstellen und flexibel, ohne starre Vorgaben oder Mindestlaufzeiten, zu verwalten. Sie legen ganz einfach die Höhe der Sparplanraten, die Ausführungszeitpunkte sowie die Sparplanintervalle nach Ihren individuellen Wünschen fest. Erfreulicherweise beträgt die Mindestrate für einen Kryptowährungs-Sparplan lediglich 25 Euro, so dass beispielsweise bereits mit einer monatlichen Sparrate von 200 Euro acht unterschiedliche Kryptowährungen bespart werden können.

Die Anlage eines Kryptowährungs-Sparplans ist ganz einfach

Für die Anlage eines Kryptowährungs-Sparplans loggen Sie sich einfach in Ihr Konto ein, klicken auf »Neuen Sparplan hinzufügen« und wählen die entsprechende Wallet der Kryptowährung aus, für die Sie einen Sparplan anlegen möchten. Anschließend wählen Sie die Fiat-Währung (EUR, USD, CHF, GBP, TRY), über die Sie in Ihren Kryptowährungs-Sparplan investieren möchten, sowie die entsprechende Bezahlmethode. Sie können Ihre Sparplanraten beispielsweise auch bequem über Ihre Visa-Karte oder MasterCard bezahlen. Jetzt legen Sie noch Ihre Sparplanfrequenz fest (zum Beispiel monatlich) und schon ist Ihr neuer Kryptowährungs-Sparplan angelegt.

Bitpanda Stocks bietet Ihnen mittlerweile auch Investments in Aktien- und ETF-Anteile

Am 15.02.2021 hat die FMA Österreich der Bitpanda Financial Services GmbH – als weiterer Gesellschaft in der Unternehmensgruppe der Bitpanda

GmbH – die Konzession als Wertpapierfirma erteilt. Damit kann Bitpanda jetzt nicht »nur« als Kryptobörse, Zahlungsverkehrsdienstleister und Edelmetallanbieter operieren, sondern auch als Dienstleister für Wertpapiergeschäfte. Bitpanda ist dadurch in den lukrativen Markt der sogenannten Neobroker eingetreten. Bekannte Neobroker wie Trade Republic oder Robinhood revolutionieren den digitalen Handel mit Wertpapieren wie Aktien und ETFs für Privatanleger durch ebenso einfache wie kostengünstige Angebote.

Unter der Marke »Bitpanda Stocks« ist Bitpanda im April 2021 mit ersten Investmentmöglichkeiten in beliebte Aktien und ETFs gestartet. Das Besondere: Neben einem kostengünstigen Handel rund um die Uhr, unabhängig von den Handelszeiten der Börsen, können auch Anteile an Aktien und ETFs (Teilaktien) bereits ab einem Anlagebetrag von 1 Euro gekauft werden.

Informationen: www.bitpanda.com

Binance ist das global führende Krypto-Ökosystem

Aufgrund zahlreicher Zuschriften weiß ich, dass viele Krypto-Anleger den Wunsch nach einem direkten Zugriff auf ihre Cryptocoins haben, am liebsten mittels einer Krypto-Kreditkarte. Hierzu gibt es neben Bitpanda weitere solide Anbieter wie Wirex (www.wirexapp.com), Coinbase (www.coinbase.com) oder Nuri (www.nuri.com).

Auch bei der weltweit führenden Kryptobörse Binance – die Ihnen eine umfangreiche Cryptocoin-Auswahl bietet und weitere Krypto-Services wie Staking und Lending – mit Wurzeln in China war der Weg zur Einführung einer eigenen Krypto-Kreditkarte absehbar. Binance hat im Juli 2020 Swipe übernommen, um gezielt eine Brücke zwischen der konventionellen Zahlungsverkehrswelt der Banken und Händler und der neuen Krypto-Welt zu schaffen. Swipe (www.swipe.io) ist eine branchenführende Plattform für Visa-Debitkarten mit Multi-Wallet-Funktionen und bietet dadurch Schnittstellen zu Millionen von stationären Händlern und Online-Shops.

Swipe erlaubt es seinen Kunden, rund 20 verschiedene Kryptowährungen auf der Wallet von Swipe zu halten und diese mit einer Debit-Kreditkarte von Visa zu verknüpfen. Das klare Ziel von Binance war es, mittels dieser strategischen Übernahme von Swipe eine eigene Binance-Krypto-Kreditkarte einzuführen und am Markt zu etablieren. Dieser Schritt wurde im Jahr 2020 auch für Binance-Kunden aus Europa in die Tat umgesetzt.

Die Binance Visa Card können Sie jetzt einfach über Ihr Binance-Konto beantragen

Seit Dezember 2020 werden Binance-Kreditkarten auch an EU-Kunden ausgeliefert. Die Binance Visa Card ist kostenlos bestellbar. Derzeit werden die Kryptowährungen Bitcoin (BTC), Ethereum (ETH), Binance Coin (BNB), Binance US-Dollar (BUSD) sowie Swipe (SXP) für Zahlungsvorgänge unterstützt. Das ist auch eine weitere positive Entwicklung für den Binance Coin. Als Binance-Kunde haben Sie somit ebenfalls die Möglichkeit, Ihre Krypto-Guthaben ganz einfach auch im Alltag einzusetzen. Dafür stehen Ihnen weltweit rund 60 Millionen Visa-Akzeptanzstellen zur Verfügung. Weiterführende Informationen sowie die direkte Bestellmöglichkeit der neuen Binance-Kreditkarte erhalten Sie direkt auf der Binance-Website.
Informationen: www.binance.com

2. BEST und BNB: Nutzen Sie die Ökosystem-Cryptocoins von Bitpanda und Binance

Meine beiden favorisierten Kryptobörsen Bitpanda und Binance haben eigene Ökosystem-Cryptocoins, den Bitpanda Ecosystem Token (BEST) und den Binance Coin (BNB). In diese beiden Kryptowährungen können Sie nicht nur zu Anlage- beziehungsweise Spekulationszwecken investieren, sondern Sie erhalten auch attraktive Rabatte auf Ihre zu zahlenden Ordergebühren bei Bitpanda und Binance, wenn Sie Kryptowährungen gegen BEST und BNB handeln. Das heißt, Sie kaufen nicht gegen Euro Kryptowährungen wie den Bitcoin oder Ethereum, sondern Sie erwerben zunächst diese beiden Ökosystem-Cryptocoins und kaufen damit die entsprechenden Kryptowährungen. Dadurch erzielen Sie eine Gebührenreduktion von bis zu 25 Prozent.

Attraktiv sind BEST und BNB auch, weil sie zusätzlich zu ihrer Limitierung in ihrer Anzahl reduziert werden. In der Welt der Kryptowährungen treffen wir fortlaufend auf zahlreiche Begrifflichkeiten, die es in der konventionellen Geld-, Banken- und Börsenwelt nicht gibt. Dazu zählt beispielsweise das sogenannte »*Coin Burning*«, das häufig auch als »*Coin Burn*« oder »*Token Burn*« bezeichnet wird, also die gezielte technologische Verbrennung von

Kryptowährungen. Als Verbraucher, Kapitalanleger oder Steuerbürger verbinden wir mit dem Wort »verbrennen« ganz grundlegend etwas Negatives. Das ist verständlich, weil im Zusammenhang mit finanziellen Fehlentscheidungen der Begriff vom »Geldverbrennen« sehr geläufig ist. In der Kryptowelt ist ein Verbrennen von Coins und Token hingegen als positiv zu werten, weil bei der »Münzverbrennung« Cryptocoins dauerhaft aus dem Verkehr gezogen werden, wodurch das Gesamtangebot verringert wird.

Beim Binance Coin (BNB) und beim Bitpanda Ecosystem Token (BEST) erfolgt ein derartiger *Coin Burn* auf Basis eines periodisch durchgeführten Mechanismus in regelmäßigen Abständen. Dadurch reduziert sich die Angebotsmenge fortlaufend, positive Kurseffekte entstehen. Aufgrund von Gebührenzahlungen vereinnahmte Coins werden dabei – durch Binance und Bitpanda – an eine sogenannte »*Eater Address*« gesendet. Das ist eine Wallet, für die es keine *Private Keys* gibt. Die übertragenen Kryptowährungen gehen somit unwiderruflich verloren und befinden sich nicht mehr im Umlauf.

3. DEX: Setzen Sie – auch – auf dezentrale Kryptobörsen wie Uniswap oder WAVES

Zentralisierte Kryptobörsen wie Coinbase, Bitstamp, Kraken, Binance oder Bitpanda sind das Rückgrat des globalen Krypto-Ökosystems rund um blockchainbasierte Kryptowährungen wie Bitcoin, Ethereum und Co. Kryptobörsen bieten Ihnen die Möglichkeit, Coins und Token zu handeln und zu verwahren. Diese zentralisierten Krypto-Dienstleister sind somit abhängig von der Zuverlässigkeit der Zentralinstanz eines Unternehmens als Betreiber der jeweiligen Kryptobörse. Kommt es hier zu Unregelmäßigkeiten, beispielsweise in Form von externen Hackerangriffen oder einer unternehmensinternen Veruntreuung der verwalteten Kryptowährungen, besteht die Gefahr, dass Kunden ihre digitalen Vermögenswerte verlieren.

Bei dezentralen Kryptobörsen (DEX) gibt es hingegen keinen zentralen Betreiber, sondern eine Blockchain wickelt auf Basis von *Smart Contracts* (intelligenten Verträgen) und entsprechenden Protokollen (siehe Grafik) die jeweiligen Transaktionen ab. Die Handelsbeziehungen finden *Peer to Peer* (P2P), also direkt zwischen den Teilnehmern statt. Als Nutzer einer DEX haben Sie Ihre privaten Schlüssel *(Private Keys)* und somit den Besitz Ihrer Kryptowährungen dabei stets selbst in der Hand. Uniswap hat sich zur größten DEX entwickelt. Über Uniswap können Krypto-Investoren direkt aus ihren eigenen Wallets handeln, ohne ihre Token auf eine Kryptobörse zu übertragen.

Informationen: www.uniswap.org

WAVES Exchange: Von *Algorithmic Trading* bis Lambo-Investitionen

Die Kryptowährung WAVES und ihre dahinterstehende Blockchain wurde im Jahr 2016 von dem russischen Unternehmer und Physiker Alexander Iwanow ins Leben gerufen. Sie wird sehr häufig mit Ethereum (ETH) verglichen, da sie ganz grundlegend ebenfalls ein blockchainbasiertes Ökosystem für die Entwicklung von *Smart Contracts* (intelligenten Verträgen) bietet, über dezentrale Applikationen, die sogenannten »dApps«. Dabei bietet WAVES umfassende Möglichkeiten für Projekte im Bereich der dezentralisierten Finanzanwendungen (DEFI). Die WAVES-Plattform ermöglicht dadurch eine Tokenisierung und somit die Digitalisierung jeglicher Werte, von Gold über Immobilien bis zu Kunst. WAVES betreibt darüber hinaus mit der WAVES Exchange eine der ersten dezentralen Börsen (DEX), die Staking-Dienstleistungen aus dem Bereich dezentraler Finanzanwendungen (DeFi) offeriert.

Staking ist eine neue Art, Gelder auf der Grundlage der Blockchain-Technologie zu verwalten und dafür Einkünfte zu vereinnahmen, die vergleichbar mit Zinsen sind. Ich bin kein großer Freund von Staking-Dienstleistungen, vor allem aus steuerlichen Gründen, da das Staking die so vorteilhafte Spekulationsfrist von einem Jahr aushebelt. Dennoch ist Staking eine legitime Möglichkeit, Ihre Kryptowährungen arbeiten zu lassen und dafür attraktive Einnahmen zu erzielen. Zentrale Kryptobörsen wie Binance bieten Ihnen umfassende Staking-Möglichkeiten. Auch die Kryptbörse Nuri aus Deutschland offeriert Staking über das sogenannte »Ertragskonto«.

Bislang weitestgehend unbeachtet steht hinter WAVES nicht nur eine Smart-Contract-Blockchain, sondern das WAVES-Ökosystem beinhaltet auch eine Dezentrale Exchange (DEX). Erstaunlicherweise gibt es diese DEX schon seit Jahren, lange bevor Anbieter wie Uniswap auf den Markt gestoßen sind. Die WAVES Exchange basiert auf der WAVES-Blockchain, die in den

Krypto-Boom-Segmenten DEFI (Decentral Finance) und NFT (Non-Fungible Token) große Entwicklungsfortschritte erzielt hat. Darauf aufbauend wurde zuletzt ein sehr starkes Nutzerwachstum durch die zahlreichen Anwendungsmöglichkeiten erreicht, beispielsweise im Bereich des Stakings von Kryptowährungen.

Auf der WAVES Exchange finden Sie neben den Handelsmöglichkeiten von Kryptowährungen auch hochattraktive Staking- und Trading-Funktionen. Beispielsweise WAVES Staking mit bis zu 6 Prozent jährlicher Renditechance (RS), LP Staking mit bis zu 31 Prozent RS, Neutriono Staking mit bis zu 32 Prozent RS, Neutrino Pool mit bis zu 58 Prozent RS, Lambo-Investitionen mit bis zu 64 Prozent RS oder Algorithmic Trading mit bis zu 106 Prozent RS. Erfreulicherweise steht die WAVES Exchange mit ihrem umfassenden Angebot auch in deutscher Sprache zur Verfügung. Ich empfehle Ihnen, jetzt ein Konto bei der WAVES Exchange zu eröffnen und die Funktionen mit kleinen Investitionsbeträgen zu testen.

Informationen: www.waves.exchange

4. DeFi: Dezentralen Finanzdienstleistungen wie Staking und Lending gehört die Zukunft

Der mittlerweile in der Kryptowelt sehr häufig anzutreffende Begriff »DeFi« bedeutet »**De**centralized **Fi**nance«, was mit »dezentrale Finanzdienstleistungen« übersetzt werden kann. Dahinter verbirgt sich die Verbindung von klassischen Bankkonzepten und konventionellen Finanzprodukten mit der neuen Blockchain-Technologie.

Zahlreiche Konzepte, die im Bankwesen bereits seit Jahrhunderten erfolgreich zur Anwendung kommen, werden auch in der Zukunft ihre Nachfrage und somit Berechtigung haben. Beispielsweise die Möglichkeit, Kredite aufzunehmen, um Investitionen zu tätigen oder kurzfristige Zahlungsengpässe zu überbrücken. DeFi-Konzepte setzen genau an dieser Schnittstelle zwischen der alten Banken- und der neuen Blockchain-Welt an. Dadurch wird das Beste aus zwei Bereichen vereint und somit optimiert beziehungsweise digitalisiert und tokenisiert.

Kryptowährungen, die auf intelligenten Verträgen, den sogenannten

4. DeFi: Dezentralen Finanzdienstleistungen wie Staking und Lending gehört die Zukunft

Smart Contracts, basieren, werden von diesen Entwicklungen in der Zukunft weiter profitieren. Seit Jahresbeginn 2019 stieg die Zahl der dezentralen Anwendungen (dApps) und Nutzer insbesondere bei der nach dem Bitcoin bedeutendsten Kryptowährung Ethereum sehr stark an. DeFi bietet Nutzern, die ihre Cryptocoins aktiv einsetzen möchten, dabei vielschichtige neue Möglichkeiten.

Das Portal *Defi Pulse* (www.defipulse.com) gibt Ihnen einen sehr interessanten Überblick in Bezug auf die aktuellen DeFi-Konzepte am Markt und schlüsselt die einzelnen Projekte nach verwaltetem Vermögen auf. Der dortige Chart verdeutlicht das massive DeFi-Wachstum in der letzten Zeit ebenso wie den hohen Stellenwert der Blockchain von Ethereum.

Lending und Staking statt Zinsen

Begriffe aus der altbewährten Finanzwelt wie »Zinsen« oder »Dividenden« sind Ihnen mit Sicherheit mehr als geläufig. Bei Banken gibt es Zinsen für die Hinterlegung von Geldern in Form von Tagesgeldkonten, Festgeldern, Sparbüchern und Sparbriefen oder für Investitionen in fest oder variabel verzinste Anleihen. Im Aktienbereich schütten Unternehmen hingegen Dividenden an ihre Aktionäre aus, sofern ein entsprechender Gewinn erwirtschaftet wurde. Die künstliche Negativzinspolitik der Notenbanken hat dazu geführt, dass Zinsausschüttungen auf Bankeinlagen massiv gesunken sind. Immer mehr Kreditinstitute belasten auch ihren Privatkunden mittlerweile sogar Strafzinsen auf Bankkonten.

Unter diesen Rahmenbedingungen werden DeFi-Funktionen wie Landing und Staking weiter an Attraktivität gewinnen. Das sind noch relativ junge Entwicklungen aus der Welt der Kryptowährungen, die mittlerweile auf immer mehr Nachfrage treffen. Beim Lending werden Coins verliehen, beim Staking in einer Wallet gehalten, um die Prozesse eines Blockchain-Netzwerks zu unterstützen. Im Gegenzug für die Förderung der Funktionalitäten einer Blockchain werden die Inhaber der Coins für ihren Beitrag belohnt. Mit Blick auf die »alte Finanzwelt« funktioniert das Staking somit ähnlich wie die Zinsen für Einlagen bei einer traditionellen Bank. Das Konzept des Staking ist eng mit dem Konsensmechanismus *Proof of Stake* (PoS) verbunden. DeFi-Anwendungen werden auch neue Geschäftsmöglichkeiten für Banken bieten.

Informationen: www.defipulse.com

5. Finger weg von Krypto-Trading: I am Hodling!

Eine der bekanntesten Weisheiten des im Jahr 1999 verstorbenen Börsen-Altmeisters André Kostolany lautete: »Aktien kaufen und Schlaftabletten nehmen«. Dieser Ansatz, Aktien einfach langfristig zu halten, wird als »*Buy and Hold*« oder auch »passives Investieren« bezeichnet. Analog zum aktiven Handeln (Trading) haben sich in der Kryptowelt die beiden Begriffe »Hodl« und »Hodling« für *Buy-and-Hold*-Strategien im Zusammenhang mit Bitcoin und anderen Kryptowährungen etabliert. Ihren Ursprung haben diese Begriffe in einem Rechtschreibfehler aus einem Bitcoin-Infoforum. Nach einem massiven Bitcoin-Kurseinbruch schrieb dort im Jahr 2013 ein Krypto-Investor den legendären Satz: »I am Hodling!«

Mittlerweile wird das Volumen an den Kryptobörsen längst nicht nur von echten, blockchainbasierten Kryptowährungen auf den Kryptobörsen bestimmt, sondern auch von einer Vielzahl an Finanzderivaten wie Optionen oder Futures. Ich empfehle Ihnen, stets echte Kryptowährungen in Tranchen zu kaufen. Als besonnener Krypto-Investor setzen Sie dabei auf die langjährig bewährte Strategie des passiven Hodlings. Ein aktives Krypto-Trading ist nach meiner felsenfesten Überzeugung in vielfacher Hinsicht ineffizient.

Die fünf wichtigsten Gründe, die klar gegen ein aktives Krypto-Trading sprechen!

Kryptowährungen können auf unterschiedlichen Ebenen weiter optimiert werden. Allen voran durch Mining, Lending, Staking oder Trading. Im Bereich des aktiven Handelns mit Kryptowährungen gibt es zahlreiche Angebote, die schlicht als unseriös zu bewerten sind. Trading-Roboter, Arbitrage-Strategien oder sonstige Trading-Strategien werden dabei meist im Internet unter Vorspiegelung falscher Tatsachen und utopischer Renditeversprechen offeriert. Am Ende des Tages führen derartige Trading-Systeme meist nicht wie propagiert zu »finanzieller Freiheit« oder einem »passiven Einkommen«, sondern zu Verlusten. Auch solide konzipierte Trading-Strategien bewerte ich aus fünf Gründen als nicht empfehlenswert:

5. Finger weg von Krypto-Trading: I am Hodling!

1. **Hodling hat sich als Krypto-Strategie trotz aller Kurseinbrüche bewährt.**
Egal zu welchem Zeitpunkt Sie in den letzten elf Jahren in den Bitcoin investiert hätten, das passive Halten und Nachkaufen bei Kurseinbrüchen war auf Basis einer Vielzahl an Untersuchungen stets massiv erfolgreicher und entspannter als jegliches aktives Trading.
2. **Fortlaufende Krypto-Trendbrüche – Trading-Strategien sind ineffizient.**
Die massiven Kursbewegungen und dynamischen Trendwechsel an den Kryptomärkten sind mit technischen Analysen und Trading-Strategien nicht – nachhaltig – erfolgreich handelbar.
3. **Hohe Handelskosten durch große Spreads – hin und her macht Tasche leer**
Die Handelsspannen (Spreads) sind bei Kryptowährungen häufig deutlich höher als bei etablierten Anlageklassen. Krypto-Trading-Systeme werden daher bei entsprechenden Risikomanagement-Einstellungen häufig ausgestoppt und hohe Handelskosten schmälern die Renditen.
4. **Massive Steuerbelastung von bis zu 45 Prozent bei Trading mit echten Kryptowährungen.**
Ich empfehle ausschließlich Investments in echte, blockchainbasierte Kryptowährungen. Neben der Unabhängigkeit von einer Zentralinstanz haben diese den Vorteil, dass Sie nach Ablauf der Spekulationsfrist von einem Jahr steuerfrei sind. Bei einem unterjährigen Trading mit echten Kryptowährungen kommt hingegen der individuelle Steuersatz zum Tragen, der – bei erfolgreichen Tradern – bis zu 45 Prozent Steuerbelastung (deutscher Spitzensteuersatz von 42 Prozent plus 3 Prozent Reichensteuer) beträgt!
5. **Hohe Steuerrisiken durch eingeschränkte Verlustverrechnung bei Krypto-Derivaten.**
Bei Krypto-Trading mit riskanten Finanzderivaten fällt zwar »nur« die Abgeltungssteuer in Höhe von 25 Prozent an, das neue Jahressteuergesetz 2020 führt allerdings durch die eingeschränkte Verlustverrechnung zu massiven steuerlichen Nachteilen für Trading-Strategien. Viele Trader sind sich nach wie vor nicht bewusst, dass sie dadurch »steuerlich insolvent« werden.

Mein Fazit: Krypto-Hodling ist die weit überlegene Anlagestrategie!
Eine auf Ruhe und Besonnenheit basierende Hodl-Strategie mit echten Kryp-

towährungen liefert Ihnen im Gegensatz zu hektischen Trading-Strategien weniger Risiko, bessere Renditen, steuerliche Vorteile, geringere Kosten sowie mehr Zeit und Lebensqualität!

6. CBDC-Coins: Die staatlichen Geld-Token kommen

Unser Geld steht nicht nur dahingehend vor der weitestgehenden Digitalisierung, dass das Bargeld immer stärker in den Hintergrund rückt, sondern auch vor der Tokenisierung durch Notenbanken wie auch durch private Unternehmen. Für beide Segmente gibt es aktuell sehr interessante Entwicklungen aus China und den USA.

»CBDC« steht für »Central Bank Digital Currency«, also digitales Zentralbankgeld auf kryptografischer Basis. Zahlreiche Notenbanken forschen bereits seit mehreren Jahren an der Einführung digitaler beziehungsweise kryptografischer Staatswährungen. China hat den digitalen Renminbi (Yuan) jetzt erstmals eingeführt und in einem Pilotprojekt in der Stadt Xiangcheng mittels Gehaltszahlungen an Regierungsbeamte getestet. Auch bei Facebooks Kryptowährung Diem gibt es neue Entwicklungen. Der Diem soll jetzt nicht mehr durch einen Währungskorb gedeckt sein wie bislang angedacht, sondern durch unterschiedliche »Diems« auf die jeweiligen Landeswährungen. Der Start dürfte in der Schweiz erfolgen, hier wird bei der Finanzmarktaufsicht FINMA eine Lizenz beantragt.

Die Europäische Zentralbank EZB, die Bank von England, die Notenbank Japans, die Bank von Kanada, Schwedens Zentralbank Riksbank, die Schweizer Notenbank SNB und die Bank für Internationalen Zahlungsausgleich BIZ haben sich mittlerweile in einer offiziellen Arbeitsgruppe zur Einführung von digitalem Zentralbankgeld zusammengeschlossen. Bei der Bank für Internationalen Zahlungsausgleich wird das Projekt vom ehemaligen EZB-Direkter Benoît Cœuré geleitet. Diese Entwicklungen werte ich positiv. Zentrale und unlimitierte CBDC-Coins stellen keine Gefahr für dezentrale und limitierte Cryptocoins wie den Bitcoin dar, sondern werden das gesamte Krypto-Ökosystem weiter fördern.

7. Achtung! Die YuanPay Group und der digitale Yuan sind keine sinnvollen Krypto-Investments

Der Trend zu CBDC-Coins bringt aber auch Fehlentwicklungen mit sich. Ein Fallstrick – von mittlerweile unzähligen –, den ich Ihnen beispielhaft aufzeigen möchte, ist die YuanPay Group, die im Fahrwasser einer unbestritten positiven Entwicklung fährt. China wird schon in wenigen Jahren die größte Volkswirtschaft der Welt sein und die USA ablösen. China hat heute schon über 900 Millionen Internetnutzer, die mit ihren Smartphones ihr digitales Leben organisieren. Das sind mehr, als die USA und Europa zusammen haben. Die Voraussetzungen, um in die Digitalmärkte Chinas zu investieren, sind daher ideal. Dadurch profitieren Sie von den positiven Zukunftsaussichten Chinas im Bereich der Digitalisierung.

China steht ebenso kurz davor, eine staatliche Digitalwährung (CBDC = *Central Bank Digital Currency*) flächendeckend einzuführen. In der Metropolregion Shenzhen können Kunden in einem Feldversuch bereits seit Oktober 2020 in rund 3400 Geschäften mit dem digitalen Yuan (Renminbi) bezahlen. Diese positiven Entwicklungen und Berichte nutzen leider unseriöse Anbieter wie die YuanPay Group aus und versprechen angeblich lukrative Investments in Chinas Kryptowährung.

Seit Monaten vergeht kaum eine Woche, in der ich nicht mindestens eine Frage zum digitalen Yuan (E-Yuan) erhalte. Die grundlegende Frage ist dabei, ob und wie ein Krypto-Investor bereits jetzt in den digitalen Yuan investieren kann.

Meine Antwort: In den digitalen Yuan können Sie noch nicht investieren und es macht auch keinen Sinn. Derartige Staats-Kryptowährungen werden das gesamte Krypto-Ökosystem weiter fördern, deswegen bewerte ich ihre Entwicklung und Einführung positiv, sie sind aber für Investments vollkommen uninteressant, da sie ja als sogenannte Stablecoins lediglich an die bisherigen konventionellen und auf Schulden basierenden Landeswährungen gekoppelt sind. Um in eine Fremdwährung wie den Yuan zu investieren, können Sie auch heute schon ganz einfach ein Fremdwährungskonto bei einer Bank oder einem Online-Broker eröffnen. Lassen Sie aber bitte unbedingt die Finger von dubiosen Anbietern wie der YuanPay Group!

8. Dogecoin: Hier liegt der Hund begraben

Auch im Bereich der Cryptocoins gibt es Fehlentwicklungen, die ich sehr kritisch, durchaus aber auch als reinigend bewerte. Stellvertretend für unzählige Nachrichten möchte ich Ihnen einmal die Zuschrift eines Finanzberaters im Original-Wortlaut zeigen, die ich mitten im Dogecoin-Hype erhalten habe:

»*Hallo Herr Miller, ich kenne Sie von Ihren Vorträgen und habe eine Frage an Sie als Krypto-Experten: Ich habe eine Kundin, die eine sehr bekannte Hundetrainerin ist. Sie möchte unbedingt diesen Dogecoin erwerben. Leider habe ich bislang überhaupt keine Erfahrungen mit Kryptowährungen. Können Sie mir bitte weiterhelfen, was ich meiner Kundin raten kann, was sie tun muss, um ihr Geld in den Dogecoin zu investieren?*«

Ein Finanzberater, der keine fachliche Expertise hat, sollte aus meiner Sicht als erste Frage stellen: Welche Anwendung und welcher Nutzen steht eigentlich hinter dem Dogecoin (DOGE), der zumindest temporär unter die Top 10 der Kryptowährungen vorgestoßen ist, mit einer unfassbaren Marktkapitalisierung von rund 50 Milliarden US-Dollar? Nur einmal als Vergleich: Die Deutsche Bank hat aktuell eine Bewertung von rund 26 Milliarden US-Dollar. Der Begriff »Doge« ist eine Abwandlung des englischen Wortes »dog« (Hund).

Der Dogecoin wurde im Jahr 2013 auf einem modifizierten Protokoll der Kryptowährung Litecoin (LTC) als Parodie auf den Bitcoin ins Leben gerufen. Hinter dem Dogecoin stehen weder solide Forschungs- und Entwicklungs-Projekte noch realwirtschaftliche Anwendungen. Gepusht von den unsäglichen Tweets von Elon Musk hat sich hier innerhalb der großen Kryptowährungen leider eine vollkommen irrationale Spekulationsblase gebildet, die auch wieder in sich zusammenfallen wird. Leider werden viele neue und naive Krypto-Investoren dadurch – vorprogrammiert – Geld verlieren, vergleichbar mit einem Investment in ein Schneeballsystem.

9. NFTs: Krypto-Boommarkt Non-Fungible Token

Das Jahr 2020 war geprägt durch große Fortschritte im Bereich der dezentralisierten Finanzanwendungen. Hinter dem Begriff »*Decentralized Finance*« (DeFi) stehen dabei Krypto-Projekte, die konventionelle Bank- und Finanzdienstleistungen auf Blockchains übertragen. Die Grundlage dafür sind wiederum Plattformen für intelligente Verträge *(Smart Contracts)*, wie allen voran Ethereum.

Aber auch Ethereum-Konkurrenten wie beispielsweise Cardano, EOS, NEO, NEM, Stellar oder VeChain bieten derartige Anwendungen und profitieren vom DeFi-Boom. In den letzten Monaten sehen wir nun einen weiteren dynamisch wachsenden Trend innerhalb des so vielfältigen Krypto-Ökosystems: den Boom bei den sogenannten *Non-Fungible Token*. NFTs sind einzigartige kryptografische Token, die – im Vergleich zu *Fungible Token* wie dem Bitcoin oder Ethereum – nicht austauschbar sind. NFTs sind dadurch eine spezielle Form von Token auf einer Blockchain, die es ermöglichen, das Eigentum an einem Wert abzubilden, zu besitzen und zu transferieren. Jeder einzelne NFT ist ein Unikat. Den Anwendungsmöglichkeiten sind dabei keine Grenzen gesetzt. Sowohl virtuelle Werte wie digitale Kunstwerke oder sonstige Sammlerstücke können über NFTs tokenisiert werden, als auch reale Werte in Form einer Immobilie oder eines Oldtimers.

Unter seinem Künstlernamen »Beeple« hat der US-amerikanische Digital-Künstler Mike Winkelmann ein NFT-basiertes, virtuelles Kunstwerk namens »*Everydays: the First 5000 Days*« geschaffen, das von Christie's online versteigert wurde. Wie bei Kunst üblich, ist es eine subjektive Geschmacksfrage, ob man das Werk positiv beurteilt oder nicht. Fakt ist allerdings: Diese Entwicklung ist ein Meilenstein für die Kunst- und Kryptobranche, weil es sich um das erste rein digitale Kunstwerk handelt, das bei Christie's versteigert wurde. Die Auktion wurde am 11. März 2021 zum unfassbaren Preis von 69 Millionen US-Dollar beendet.

Non-Fungible Token bieten weit mehr Möglichkeiten als nur Kunst

Non-Fungible Token (NFTs) sind der neueste Krypto-Trend. Die an Dateien gebundenen, nicht replizierbaren Blockchain-Adressen ermöglichen das Handeln digitaler Kunstwerke wie auf dem realen Kunstmarkt, da durch ihre

II. Schaffen Sie sich mehrere Krypto-Standbeine!

Hilfe Bilder, Videos und Songs eindeutig einem Künstler und Besitzer zuordenbar sind.

Die Website *NonFungible.com* hat sich dem Thema NFTs verschrieben und analysiert die wirtschaftlichen Aspekte der aufstrebenden Industrie. Ihren Daten zufolge ist die Anzahl der aktiven Wallets – also der Krypto-Wallets, die in einem gegebenen Zeitraum mit einem NFT-Projekt interagiert haben – seit dem ersten Quartal 2020 um rund 159 Prozent auf rund 142 863 Wallets angestiegen. Wie die Statista-Grafik zeigt, ist auch die Zahl der Käufer um ganze 239 Prozent, die der Verkäufer um rund 128 Prozent angestiegen.

Das gesamte Handelsvolumen von NFTs hat im ersten Quartal 2020 noch bei schätzungsweise rund 15 Millionen US-Dollar gelegen – aktuell sind es bereits weit über 2 Milliarden US-Dollar. Damit beträgt das prozentuale Wachstum über 13 000 Prozent. Der Hype um digitale Kunst und Sammelobjekte lässt die Industrie florieren und die Umsätze voraussichtlich auch weiterhin schnell steigen. Leider fokussiert sich die Medienberichterstattung überwiegend auf »verrückte Preise« bei tokenisierten Kunstobjekten. Die NFT-Möglichkeiten gehen jedoch weit über den Kunstbereich hinaus, interessant wird beispielsweise für die Zukunft die Tokenisierung von Immobilien über NFTs.

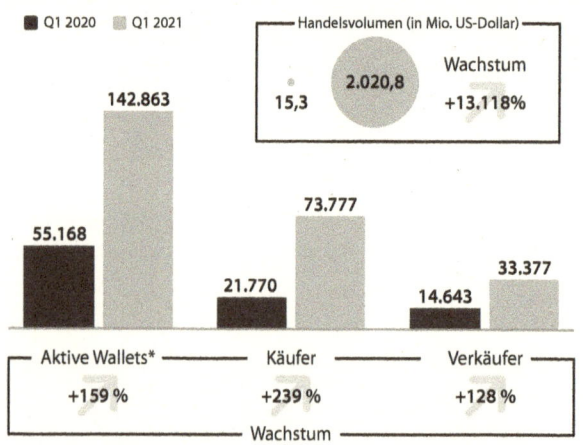

Quelle: statista, NonFungible.com

Der Blick auf die verrückte Welt der Memes

Die heißeste Ware auf dem digitalen Kunstmarkt sind momentan »Memes« – weltweit bekannte Bilder oder Videoschnipsel, die zur Belustigung und als Reaktion in Chats, Foren und *Social Media Feeds* verbreitet werden. Chris Torres gab den Startschuss für eine Reihe von hochpreisigen »Meme«-Auktionen. Er verkaufte ein NFT seines als »*Nyan Cat*« bekannten GIFs für etwa 300 Einheiten der Kryptowährung Ethereum – das hat zum damaligen Zeitpunkt etwa 516 000 US-Dollar entsprochen. Der große Erfolg hat Torres dazu bewegt, auch anderen Menschen zu helfen, ihre »Memes« zu versteigern. Mit *Bad Luck Brian* (Kyle Craven) und dem *Overly Attached Girlfriend* (Laina Morris) konnten durch den Verkauf von NFTs zwei Menschen endlich dafür entlohnt werden, dass ihr Abbild schon seit Jahren unkontrolliert im Internet verbreitet wird.

Das bisher gewinnbringendste Meme ist *Disaster Girl* mit einem Erlös von rund 573 000 US-Dollar. Das Bild zeigt ein schelmisch grinsendes Mädchen vor einem brennenden Haus. Zum Zeitpunkt der Aufnahme war Zoë Roth erst vier Jahre alt. Nun mit 21 Jahren hat sie mit NFTs einen Weg gefunden, Kapital aus ihrem unfreiwilligen Ruhm zu schlagen.

Der Großteil der NFT-Auktionen wird mit der Kryptowährung Ethereum bezahlt. Der Hype um digitale Kunst führt indes zu einem Anstieg des Ethereum-Kurses und damit gleichzeitig auch zur Aufwertung der Kunstwerke. Eine Versteigerung von *Nyan Cat* zum damaligen Zeitpunkt für 300 Ether bedeutet umgerechnet weit über 1 Million US-Dollar.

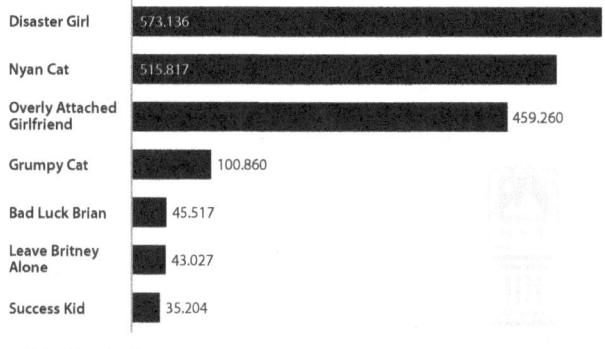

Quelle: statista

II. Schaffen Sie sich mehrere Krypto-Standbeine!

Zeit der Krypto-Rückbesinnung

Jack Dorsey ist Chef der börsennotierten US-Unternehmen Twitter und Square. Für Square hat Dorsey in zwei Tranchen Unternehmensgelder in den Bitcoin investiert. Zunächst wurden im Oktober 2020 Bitcoins im Volumen von rund 50 Millionen US-Dollar erworben, im Februar 2021 weitere Bitcoins im Wert von 170 Millionen US-Dollar. Ich erachte es als sehr wahrscheinlich, dass auch Twitter zukünftig Unternehmensgelder in den Bitcoin investieren wird. Bis es so weit ist, nutzt Jack Dorsey offensichtlich den NFT-Boom für seine Zwecke. Die erste Twitter-Nachricht (Tweet), die er vor 15 Jahren veröffentlichte, wurde aktuell als Kopie in Form eines *Non-Fungible Token* – basierend auf der Blockchain von Ethereum – für 2,9 Millionen US-Dollar versteigert.

Vor Kurzem wurde ein Originaldruck des Künstlers »Banksy« als NFT tokenisiert. Anschließend wurde das reale Bild verbrannt und der digitale NFT für 228,69 Ether verkauft. Das entspricht einem Wert von rund 380 000 US-Dollar. Der unverbrannte Kunstdruck war für lediglich 95 000 US-Dollar gekauft worden.

Diese Entwicklungen stehen beispielhaft für das Segment der *Non-Fungible Token* (NFTs), das in den letzten Monaten viele Berichte in der Welt der Kryptowährungen beherrscht. Annähernd täglich werden in diesem Zusammenhang neue beziehungsweise noch sehr junge Blockchain-Plattformen mit ihren Coins und Token regelrecht in den Himmel gepusht. Ich vertrete sehr wohl die Ansicht, dass NFT- oder DeFi-Konzepte vor einer großen Zukunft stehen.

Dennoch rate ich Ihnen jetzt dazu, sich auf die Grundlagen der Krypto-Ökonomie zurückzubesinnen. Diese liegen nicht im Bereich der Kunst, sondern im Geldwesen und in der Realwirtschaft!

III. Attraktive Cryptocoins: Der detaillierte Blick auf die Welt von Bitcoin, Ethereum und Co.

Anwendungen in der Finanz- und Realwirtschaft sind der Schlüssel für den Erfolg einer Cryptocoin

Damit sich Kryptowährungen erfolgreich in der Wirtschaft etablieren, sind neben der Entwicklung von technologisch sinnvollen Funktionen vor allem die praktischen Anwendungen (Applikationen) und marktdurchdringende Umsetzungen (Adaptionen) entscheidend.

Dafür ist es notwendig, dass Staaten, Regierungen, Behörden oder mächtige Großkonzerne Kryptowährungen nicht nur akzeptieren, sondern auch in ihre eigenen Geschäftsprozesse und Systeme einbinden. Zu den größten, an der Börse wertvollsten Unternehmen der Welt gehören beispielsweise die US-Giganten Alphabet, Amazon, Apple, Facebook oder Microsoft. Ebenso die chinesischen Technologiekonzerne Alibaba oder Tencent. All diese Unternehmen befassen sich längst intensiv mit der Blockchain-Technologie und den Einsatzmöglichkeiten von Cryptocoins.

Meine absoluten Basis-Investments für jeden Krypto-Investor sind der Bitcoin (BTC) und Ethereum (ETH). Täglich werden neue Krypto-Konzepte in Form von Coins und Token angepriesen, als angebliche Innovation oder gar Revolution. Auch in diesem Bereich sind Sie jetzt sehr gut beraten, sich auf bereits etablierte Cryptocoins zurückzubesinnen, die bereits enorme Fortschritte durch Anwendungen in der Finanz- oder Realwirtschaft erzielen konnten.

1. Bitcoin (BTC): Die Krypto-Weltleitwährung

Der Bitcoin muss Ihr ultimatives Krypto-Basis-Investment sein, als digitales Gold und Krypto-Weltleitwährung. Neben den erfreulichen Kursentwicklungen ist es wichtig, das fachliche und mentale Bewusstsein dafür zu schärfen, warum man in Kryptowährungen wie den Bitcoin investiert. Neben der algorithmischen Limitierung auf 21 Millionen Stück und der Fälschungssicherheit aufgrund der Blockchain-Technologie basiert der größte Wert auf seiner Dezentralität, der Unabhängigkeit von einer Zentralinstanz. Fast täglich lesen Sie von Server- beziehungsweise Netzwerkausfällen bei Institutionen oder Unternehmen, die teilweise zu existenziellen Bedrohungen führen. Die Bitcoin-Blockchain liegt auf weit mehr als 10 000 Nodes (Server-Knotenpunkten) weltweit verteilt, die eine Kopie der Blockchain-Historie darstellen und somit die Netzwerksicherheit gewährleisten. Die Überprüfbarkeit ist dabei einzigartig beeindruckend.

Informationen: www.bitnodes.io

Der Blick auf den Wert des Bitcoin an seinen bisherigen zwölf Geburtstagen

Am 03.01.2009 wurde die erste Transaktion in der Bitcoin-Blockchain verzeichnet, indem der erste Block durch Satoshi Nakamoto geschöpft beziehungsweise gemint wurde. Analog dem 1. Buch Mose aus der Bibel wird dieser Vorgang als »Genesis-Block« bezeichnet. Entwicklungen aus der Vergangenheit sind keine Garantie für eine Fortschreibung in die Zukunft, dennoch ist es mit Blick auf die einzigartige Erfolgsgeschichte des Bitcoin sehr interessant, auf die Kursentwicklungen und den Wert des Bitcoin an diesem Stichtag der letzten zwölf Jahre zu blicken.

1 Jahr: 0,05 $	2 Jahre: 0,29 $	3 Jahre: 5 $
4 Jahre: 13 $	5 Jahre: 816 $	6 Jahre: 275 $
7 Jahre: 432 $	8 Jahre: 1084 $	9 Jahre: 14 764 $
10 Jahre: 3783 $	11 Jahre: 7319 $	12 Jahre: 33 400 $

1. Bitcoin (BTC): Die Krypto-Weltleitwährung

Null oder eine Million: Orientieren Sie sich nicht an dubiosen Extrem-Prognosen

Ich werde immer wieder nach Kursprognosen für den Bitcoin gefragt. Ich halte von derartigen »Experten-Prognosen« relativ wenig, weil vor allem zeitpunktbezogene Aussagen für mich in allen Anlageklassen ein reines Raten mit Zahlen sind. Dennoch verstehe ich natürlich, dass eine Orientierung wichtig ist. Für die kommenden Jahre bewerte ich einen Bitcoin-Anstieg in den sechsstelligen Bereich (100 000 US-Dollar plus x) als realistisch, wenn die Entwicklungen in der Regulierung und der damit verbundenen Massenadaption von Kryptowährungen in der Finanz- und Realwirtschaft weiter so positiv voranschreiten wie derzeit, wovon ich ausgehe.

Gleichzeitig gibt es auch immer wieder Extremprognosen im destruktiven Bereich durch Pauschalaussagen wie »der Bitcoin fällt auf null« bis hin zur längst legendären Mondprognose von John McAfee – der wegen Betrug und Steuerhinterziehung in Spanien verhaftet wurde und im Gefängnis in Barcelona Suizid begangen hat – mit seinem einstigen, vollkommen absurden Kursziel von 1 Million US-Dollar für einen Bitcoin für das Jahresende 2021.

Wichtig: Orientieren Sie sich nicht an derartigen Extremprognosen und lassen Sie sich weder von Angst noch durch Gier leiten.

Die Zukunft ist nicht vorhersehbar, die Betrachtung der Vergangenheit gibt Orientierung durch Sensibilisierung!

Am 9. Februar 2011, vor rund zehn Jahren, hat der Bitcoin erstmals die Marke von 1 US-Dollar überschritten, bevor er anschließend wieder auf rund 80 Cents und in späterer Folge kurzfristig sogar bis in den einstelligen Centbereich regelrecht zusammengebrochen ist. Diese Zahlen und Entwicklungen müssen wir uns immer wieder einmal vor Augen führen, wenn wir auf den aktuellen »Kampf« des Bitcoin mit optisch wichtigen Marken blicken. Wer hätte es zum damaligen Zeitpunkt für möglich gehalten, dass sich lediglich ein Jahrzehnt später Regierungen, Zentralbanken, Geschäftsbanken, Vermögensverwalter, Fondsgesellschaften, Unternehmen und zahlreiche Bürger stark zunehmend mit dem Bitcoin und weiteren Kryptowährungen als neuer digitaler Anlageklasse befassen?

Für mich ist es nur noch eine Frage der Zeit, bis weitere Giganten wie

III. Attraktive Cryptocoins: Der detaillierte Blick auf die Welt von Bitcoin, Ethereum und Co.

Apple, Amazon oder Facebook Firmengelder in Bitcoin investieren oder BTC-Zahlungsverkehrsanbindungen schaffen. Gleiches gilt für Banken, Vermögensverwalter, Familienunternehmen, Versicherungskonzerne, Fondsgesellschaften und Pensionskassen, genauso wie eine Vielzahl an Bürgern beziehungsweise Privatanlegern ebenfalls verstärkt in Krypto-Werte investieren werden. Auch Ethereum wird von diesem Trend profitieren, wie zahlreiche weitere Kryptowährungen. Das sind die Fakten der Gegenwart, an denen Sie sich orientieren sollten.

Ein Blick in die Bitcoin-Historie: Von Bitcoin Cash und SV über Bitcoin Gold und Bitcoin Diamond zum Wrapped Bitcoin

Der Krypto-Boom der letzten Jahre führt erfreulicherweise auch dazu, dass viele Privatanleger sich erstmals mit der neuen Anlageklasse der Kryptowährungen beschäftigen. Die Kryptowelt ist voll von gigantischen Chancen. Gleichzeitig ist sie aber auch geprägt von einer hohen Komplexität und vielen damit verbundenen Risiken. Zur Verdeutlichung der großen Chancen von Cryptocoins reicht ein Blick auf die Kursentwicklung des Bitcoin in den letzten Jahren. Neben dem Bitcoin gibt es mittlerweile zahlreiche mehr oder weniger bekannte Kryptowährungen, die den Begriff »Bitcoin« ebenfalls in ihrem Namen tragen. Einige dieser Kryptowährungen stammen als sogenannte *Forks* (Abgabelungen) vom Bitcoin ab, wie die nachfolgende Grafik verdeutlicht.

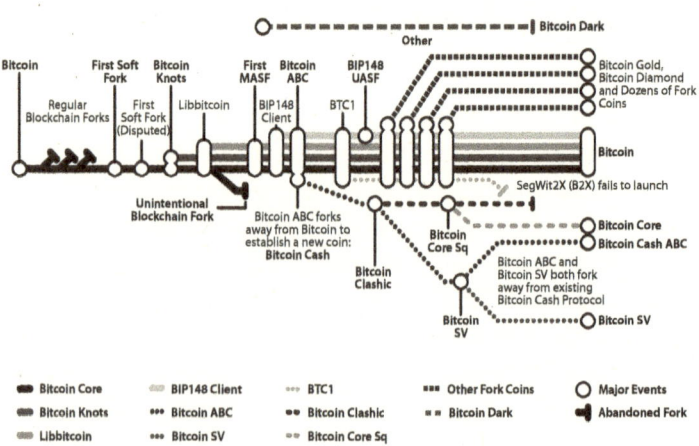

Quelle: uncommonfinance.com

Lassen Sie sich von Begriffen wie »Gold« oder »Diamanten« bitte nicht blenden!

Die wichtigste Abspaltung ist dabei Bitcoin Cash (BCH). Diese neue Kryptowährung ist als *Hard Fork* des Bitcoin im August 2017 entstanden. Investoren bekamen dabei für einen Bitcoin oder BTC-Anteil die identische Menge an BCH. Bei einem *Soft Fork* wird lediglich der Programmcode optimiert. Ein *Hard Fork* ist hingegen eine Protokolländerung des Programmcodes, bei der es zu einer Spaltung der Blockchain in zwei Hälften kommt und eine neue Kryptowährung entsteht. Am 15.11.2018 kam es bei Bitcoin Cash wiederum zu einem *Hard Fork*, aus dem die neue Cryptocoin Bitcoin Satoshi Vision (BSV) hervorging. Weitere nennenswerte, aber kaum relevante Bitcoin-Forks waren bislang am 24.10.2017 Bitcoin Gold (BTG) und am 24.11.2017 Bitcoin Diamond (BCD). Die langfristige Entwicklung des Bitcoin ist aufgrund dieser Forks noch weit besser, als es die meisten Berechnungen von Analysten und Medien wiedergeben, weil diese Abspaltungen ja auch einen nicht unerheblichen Wert haben, da Bitcoin-Inhabern, die zu den damaligen Zeitpunkten bereits Bitcoins besaßen, kostenlos in neue Wallets eingebucht wurde.

Ich stelle fest, dass es immer wieder Krypto-Anleger gibt, die davon ausgehen, dass der Bitcoin Gold mit Gold hinterlegt ist, und deswegen BTG kaufen. Dem ist nicht so, gleiches gilt für den Bitcoin Diamond, der nichts mit Diamanten zu tun hat, das sind nur Begriffsbezeichnungen. Der Wrapped Bitcoin (WBTC) hingegen ist kein Bitcoin-Fork, sondern ein ETH-Token, der den Bitcoin eins zu eins abbildet. Also eine Kryptowährung auf der Ethereum-Blockchain, die mit Bitcoin hinterlegt ist. Dieser Token entwickelt sich somit wie der Bitcoin.

Informationen: www.bitcoin.org

2. Bitcoin Cash (BCH): Der kleine Bruder des Bitcoin

Die Kryptowährung Bitcoin Cash (BCH) ist wie gesagt aus einem *Hard Fork* des Bitcoin (BTC) entstanden. Am 1. August 2017 wurde für jeden Bitcoin anteilsmäßig 1 Bitcoin Cash im Verhältnis eins zu eins in die Wallets eingebucht.

Trotz der Protokolländerungen sind Bitcoin Cash und seine Abspaltung Bitcoin SV dem Programmcode des Bitcoin nach wie vor sehr ähnlich. An Bitcoin Cash und Bitcoin SV scheiden sich jedoch immer wieder die Geister innerhalb der Krypto-Branche, was zu Streitigkeiten führt.

Was mich bei diesen beiden vom Bitcoin abgeleiteten Kryptowährungen vor allem stört, ist der starke Einfluss von zwei Einzelpersonen mit einem fragwürdigen Hintergrund und Charakter. Das ist bei Bitcoin Cash der »Bitcoin-Jesus« Roger Keith Ver und bei Bitcoin SV der selbsternannte Bitcoin-Erfinder Craig Wright, der behauptet, Bitcoin SV sei der einzig wahre und echte Bitcoin nach den Konzeptionen und Zielen von Satoshi Nakamoto. Diese beiden egomanischen Personen sind somit faktisch eine Art verkappte Zentral-instanzen mit Deutungshoheit.

Das ist das Gegenteil des dezentralen *White Papers* von Satoshi Nakamoto, dem unbekannten wahren Schöpfer des Bitcoin. Der Bitcoin selbst wird nicht durch Personen strategisch gelenkt, sondern durch klar definierte, mathematische Protokolle auf Basis von Algorithmen. Der Bitcoin ist und bleibt somit für mich die Krypto-Weltleitwährung und das absolute Basis-Investment für jeden Krypto-Investor. Bitcoin Cash (BCH) ist für mich jedoch nach wie vor eine interessante Ergänzung, aber keine Alternative zu einem Bitcoin-Investment.

Informationen: www.bch.info

3. Ethereum (ETH): Die Krypto-Apple

Die Ethereum-Plattform mit ihrer Kryptowährung Ether (ETH) ist nach dem Bitcoin als Basis-Investment einer meiner großen Blockchain-Favoriten. Ich bezeichne Ethereum in diesem Zusammenhang stets als »Krypto-Apple«, weil hier grundlegende Gemeinsamkeiten bestehen. Auf Ihrem Smartphone haben Sie mit Sicherheit zahlreiche Anwendungen in Form von Apps (Applikationen) installiert. Die Apple-Plattform iTunes beziehungsweise der App Store dient für die Apple-Geräte als universelle Multimedia-Administrationssoftware für den Kauf und die Verwaltung von mittlerweile weit über zwei Millionen Apps.

3. Ethereum (ETH): Die Krypto-Apple

An jeder App verdient Apple dabei mit. Das ist ein hochlukratives Geschäftsmodell in der Plattform-Ökonomie. Ein vergleichbares Plattform-Modell verfolgt auch Ethereum. Das Blockchain-Protokoll von Ethereum ermöglicht es Entwicklern, intelligente Verträge *(Smart Contracts)* auf Basis dezentralisierter Apps zu programmieren, den sogenannten Dapps *(Decentralized Applications)*.

Das Netzwerk von Ethereum hat seit seiner Gründung im Jahr 2015 bereits zahlreiche Herausforderungen und Krisen bewältigt und steht heute auf einer stabilen System-Infrastruktur. Diese basiert auf rund 7000 dezentralen Knotenpunkten, den sogenannten *Nodes*. Die USA und Deutschland sind dabei auf Datenbasis von *Etherscan.io* die wichtigsten Standorte. Ethereum ist die mit Abstand wichtigste Blockchain-Plattform für *Smart Contracts*.

Ethereum muss neben dem Bitcoin Ihr wichtigstes Krypto-Basis-Investment sein

In zahlreichen Krypto-Medien und Internetforen werden Kryptowährungen wie Cardano (ADA), EOS (EOS) oder Polkadot (DOT) wiederholt als angebliche »Ethereum-Killer« tituliert und das baldige Ende von Ethereum prophezeit. Ich teile diese Einschätzung nicht, für mich ist und bleibt Ethereum als klare Nummer zwei hinter dem Bitcoin das wichtigste Basis-Investment Ihrer Krypto-Investments, das Sie überdurchschnittlich stark gewichten sollten.

Derzeit sehen wir einen starken Boom bei den dezentralen Finanzanwendungen (DeFi) und den *Non-Fungible Token* (NFTs). Beide Faktoren bringen völlig neue Produkte und Dienstleistungen auf die Blockchain und öffnen das Tor zu einem gigantisch großen Markt, der annähernd jede Branche in Zukunft erfassen kann und nach meiner Überzeugung auch wird. Das Ethereum-Ökosystem mit seinen vielfältigen Anwendungen wird immer bedeutender. Ethereum ist zu der größten dezentralen Infrastruktur für DeFi-Projekte (www.defipulse.com) und Stablecoins geworden. Zu Jahresbeginn 2021 sind darüber hinaus die Ethereum-Futures an der wichtigen US-Terminbörse CME gestartet. Dadurch können institutionelle Investoren jetzt einfach anhand der Terminmarktkurve in Ethereum investieren und haben zusätzlich die wichtige Möglichkeit, ihre Positionen abzusichern.

Informationen: www.ethereum.org

4. Cardano (ADA): Die Ethereum-Alternative

Getragen durch die Welle der Digitalisierung haben sich in den letzten Jahren neue Wirtschaftsbereiche entwickelt, die als »Plattform-Ökonomie« bezeichnet werden. Plattformen sind digitale Marktplätze, die sich bereits zu einer wichtigen Säule der Wirtschaft entwickelt haben. Beispielsweise Apple mit seinem App Store für die unterschiedlichsten Applikationen (digitale Anwendungen) oder der globale Online-Marktplatz von Amazon. Längst hat sich dadurch das Leben vieler Menschen im privaten wie im beruflichen Bereich verändert.

Täglich nutzen wir heute bereits die unterschiedlichsten Online-Plattformen oder Internet-Communitys als Informationsquellen, für Markt- und Preisvergleiche, als Käufer von Produkten und Dienstleistungen oder rein zur Unterhaltung. Die Krypto-Ökonomie basiert auf den Plattform-Konzepten der Blockchain-Technologie, die künftig verstärkt Einzug in unsere neue Digitalwirtschaft halten wird. Plattformen für intelligente Verträge *(Smart Contracts)* können dabei eine Entwicklung nehmen, wie sie die digitalen Marktplätze der ersten Generation (Apple, Amazon) mit ihren Erfolgsgeschichten bereits an den Tag gelegt haben. Ein *Smart Contract* ist ein Algorithmus, der für die digitale und dezentrale Ausführung eines Vertrags in den unterschiedlichsten Bereichen sorgt.

Smart Contracts: **Basis für den Megamarkt dezentraler Finanzdienstleistungen (DeFi) und realwirtschaftlicher Funktionalitäten**

Cardano ist nach meiner Einschätzung neben Ethereum eine der aussichtsreichsten Blockchains im Bereich der *Smart Contracts*. Benannt wurde die Plattform nach dem italienischen Universalgelehrten und Arzt Girolamo Cardano (1501–1576). Die Kryptowährung der Cardano-Blockchain trägt das Währungskürzel »ADA«, in Anlehnung an die Tochter des Dichters Lord Byron. Ada Lovelace (1815–1852) war Mathematikerin und die erste bekannte Programmiererin der Welt.

Die Weiterentwicklung der Cardano-Plattform und die steigende Bedeutung der Cardano-Technologie spiegelt sich in der überproportional starken

Kursentwicklung der letzten Monate wider. Cardano wird zukünftig in der Lage sein, eine Vielzahl von Anwendungen für *Smart Contracts* zu betreiben, die weltweit bei Unternehmen, Privatpersonen und Regierungen zum Einsatz kommen. In der Finanzwirtschaft wird Cardano dabei vom Megamarkt der dezentralisierten Finanzanwendungen (DeFi) massiv profitieren.

Informationen: www.cardano.org

5. XRP (Ripple): Der Payment Coin für das digitale Bankensystem der Zukunft

Ich erhalte von Krypto-Neueinsteigern wiederholt den Kommentar, dass 1 Bitcoin für den Zahlungsverkehr ja viel zu groß sei. Oder dass ihnen 1 Bitcoin zu teuer ist, weil sie davon ausgehen, dass für ein Investment mindestens ein ganzer Bitcoin gekauft werden muss. Dem ist allerdings nicht so, da der Bitcoin ein eigenes Dezimalsystem hat. Sie können somit grundlegend auch für 50 Euro oder noch weit weniger in den Bitcoin investieren. Die kleinste Einheit – vergleichbar mit einem Cent in unserem konventionellen Währungssystem – ist dabei ein Satoshi, benannt nach Satoshi Nakamoto, dem unbekannten Erfinder beziehungsweise Entwickler-Team des Bitcoin.

Ein Satoshi ist der einhundertmillionste Teil (1/100 000 000) eines Bitcoin, oder anders ausgedrückt: Ein Satoshi entspricht dem Wert von 0,00000001 Bitcoin, also einer Null mit acht Dezimalstellen nach dem Komma. Der Kurs des Bitcoin könnte somit auf 1 Million US-Dollar oder Euro steigen, dann wäre ein Satoshi genau einen Cent wert. Dadurch wird klar, dass es im praktischen Einsatz des Bitcoin keine Probleme im Hinblick auf das Rechen- beziehungsweise Zahlungsverkehrssystem des Bitcoin geben wird.

Drops statt Satoshi: Das Dezimalsystem von Ripple ist vergleichbar mit dem des Bitcoin

Gleiches gilt auch für den XRP als Zahlungsverkehrseinheit. Hinter einem XRP als Zahlungseinheit steht ebenfalls ein Dezimalsystem. Ein XRP ist dabei bis zu sechs Dezimalstellen weiter teilbar. Die kleinste Einheit heißt bei Ripple nicht »Satoshi«, sondern »Drop«. 1 Million Drops ergeben wiederum einen XRP. Die Kryptowährung XRP ist als sogenannter *Payment Coin* ausgerichtet auf Zahlungsverkehrsfunktionen. Das dahinterstehende Unternehmen Ripple Labs bietet bereits heute ein eigenständiges Geldsystem, das mit zahlreichen Banken Kooperationen und gemeinsame Projekte unterhält.

Derzeit testen und nutzen bereits über 300 Banken beziehungsweise Finanzdienstleister die XRP-Technologie. Mehr als die Hälfte des weltweiten grenzüberschreitenden Zahlungsverkehrs wird derzeit noch über SWIFT abgewickelt. SWIFT-Transaktionen sind in unserer digitalisierten Welt allerdings langsam und teuer. Die Monopolstellung von SWIFT hat dazu geführt, dass die technologische Weiterentwicklung schlicht verschlafen wurde. Über das Ripple-Ökosystem können hingegen grenzüberschreitende Transaktionen zwischen Banken mit XRP sicher und kostengünstig durchgeführt werden. XRP hat im Erfolgsfall (Anwendung bei Banken) großes Kurspotenzial!

Informationen: www.ripple.com

6. IOTA (MIOTA): Die Kryptowährung für das Internet der Dinge

Die Kryptowährung IOTA wurde 2014 von den drei Gründern David Sønstebø, Dominik Schiener und Serguei Popov entwickelt. Die Entwickler haben dabei einen Cryptocoin geschaffen, der die Grundlage für eine eigenständige Wirtschaft, basierend auf Maschinen, sein kann. Technische Geräte können sich dadurch selbst untereinander bezahlen.

IOTA ist ein revolutionärer Ledger

Durch die weltweite digitale Vernetzung wird es schon sehr bald möglich sein, unterschiedliche Maschinen oder Geräte miteinander zu verbinden, um Fertigungs-, Liefer-, aber auch Dienstleistungsprozesse signifikant zu optimieren.

Das Internet der Dinge (IoT) ist ein gigantischer Multi-Milliarden-Zukunftsmarkt, den der Cryptocoin IOTA bereits in seinem Namen trägt. IOTA mit dem Währungskürzel »MIOTA« zählt im deutschsprachigen Raum zu den beliebtesten Kryptowährungen. Hinter IOTA steht die IOTA Foundation. IOTA basiert weder auf einer klassischen Blockchain, noch gibt es einen Mining-Prozess wie beim Bitcoin. Alle Coins sind bereits im Umlauf. Bei IOTA gibt es somit keine verketteten Blöcke, sondern die einzelnen Transaktionen werden über den Algorithmus eines unregelmäßigen Grafen – des sogenannten Tangle – vergleichbar mit einem Stammbaum erfasst.

Das »Internet der Dinge« ist ein gigantischer Zukunftsmarkt. Intelligente Gegenstände werden unseren Alltag zunehmend bestimmen. Auch in diesen Bereichen fern der reinen Finanzwirtschaft und des Geldwesens werden Blockchain-Anwendungen zukünftig eine immer wichtigere Rolle spielen. IOTA bietet alle Voraussetzungen, hier eine ganz gewichtige Rolle in der Zukunft zu spielen – verbunden mit einem großen Kurspotenzial bei der Cryptocoin MIOTA.

Informationen: www.iota.org

7. NEO (NEO): Chinas Ethereum ist technologisch und regulatorisch vorteilhaft konzipiert

Der NEO-Coin wurde unter dem Namen »Antshares« bereits im Jahr 2014 – als erstes öffentliches Blockchain-Projekt Chinas mit offenem Quellcode – konzipiert und 2016 in »NEO« umbenannt. NEO ist ein Coin mit eigener Blockchain und wird aufgrund seiner Konzeption häufig als das »Ethereum Chinas« bezeichnet, da sich auch NEO wie Ethereum sehr stark auf intelligente Verträge, die sogenannten *Smart Contracts*, und *Distributed Apps* (Dapps) fokussiert. Dahinter verbergen sich Computerprogramme in Form von dezentralen Anwendungen. NEO arbeitet mit dem sogenannten .NET-Framework des US-Konzerns Microsoft zusammen und bietet dadurch zahlreiche Schnittstellen für Programmierer.

NEO hat aufgrund seiner Konzeption ganz grundlegend das Potenzial für eine große Massentauglichkeit. Alle NEO-Coins – die auf 100 Millionen Stück limitiert sind – gibt es bereits. Da es aufgrund des Konsensmechanismus von NEO im Gegensatz zum Bitcoin kein NEO-Mining gibt, kommt es zu keinem hohen Stromverbrauch. NEO bietet nicht nur intelligente Verträge, sondern auch digitale Anlagen (Tokenisierung von Vermögenswerten) und Funktionalitäten für die Erstellung digitaler Identitäten. Dadurch geht NEO stets konform mit regulatorischen Bedingungen und Gesetzen, was gerade für den chinesischen Markt eine Grundvoraussetzung für die weitere Liberalisierung und für Marktdurchdringungen ist.

China ist einer der größten Kryptomärkte der Welt. NEO hat aufgrund seiner chinesischen Herkunft als erste originale, öffentliche Blockchain Chinas vor den aktuellen Rahmenbedingungen – und den zu erwartenden positiven Entwicklungen im Reich der Mitte – nach meiner Einschätzung ein großes Zukunfts- und Kurspotenzial.

Informationen: www.neo.org

8. NEM (NEM): Der Cryptocoin für die Digitalwirtschaft der Zukunft

NEM ist ein Projekt aus Japan und steht für »New Economy Movement«, also eine Bewegung für eine neue Wirtschaft. NEM ist eine Kryptowährung auf Blockchain-Basis, die im Jahr 2015 ins Leben gerufen wurde. NEM zeichnet sich durch einen weiterführenden Software-Code aus, verbunden mit zahlreichen innovativen Eigenschaften.

NEM schafft intelligente Vermögenswerte

Die Schaffung eines neuen Zahlungsverkehrssystems, analog der Bitcoin-Technologie, ist nur eines der Ziele der NEM-Entwickler. Die Erstellung von *Smart Assets*, also intelligenten Vermögenswerten vergleichbar mit den *Smart Contracts* – das sind intelligente Verträge – von Ethereum, ist ein ganz wesentlicher zusätzlicher Aspekt der Idee des gerechten und nachhaltigen neuen Wirtschaftssystems ganz im Sinne der Vision einer neuen digitalen Wirtschaft sowie im Hinblick auf den Projektnamen »New Economy Movement«.

Die NEM-Plattform kombiniert die vorteilhaften Ansätze von Bitcoin, Ethereum und Co.

NEM kombiniert die relative Einfachheit und auch die Robustheit des blockchainbasierten Konzepts von Bitcoin mit den Möglichkeiten von Ethereum und weiterer alternativer Cryptocoins. Grundlegend ist NEM eine Kryptowährung mit dem Währungskürzel »XEM« für Zahlungstransaktionen. Als attraktiv bewerte ich in diesem Bereich die Anwendungsgebiete im Bereich der sogenannten Multisignaturen. Multisignaturen ermöglichen Zahlungen, die an bestimmte Vertragsbedingungen gekoppelt werden. Zahlungsfreigaben werden dabei erst nach einer bestimmten Mindestanzahl von digitalen Unterzeichnern ausgeführt. Diese Einsatzmöglichkeiten sind besonders für Unternehmen interessant, um Auszahlungen oder auch Lieferungen kostengünstig automatisiert und rechtssicher ausführen zu lassen.

Die attraktivste Eigenschaft von NEM liegt für mich in den revolutionären Möglichkeiten der intelligenten Vermögenswerte, den *Smart Assets*. Digitale Vermögenswerte, wie beispielsweise Aktien, Ausweise, Währungen, digitale Waren, Vermögenstitel und Patente, aber auch Geburtsurkunden oder elektronische Wahlen und Patente können dadurch in einer vollkommen digitalen Form – basierend auf kryptografischen Schlüsseln – abgewickelt und sowohl fälschungs- wie auch rechtssicher dokumentiert werden.

Informationen: www.nem.io

9. Vechain (VET): Die Kryptowährung für Industrieanwendungen

Die Kryptowährung VeChain (VET) hat – im Gegensatz zum gehypten Dogecoin, der keinen nennenswerten Nutzen liefert – eine Vielzahl an realwirtschaftlichen Anwendungsmöglichkeiten. Allen voran im Zukunftsmarkt des Lieferketten-Managements *(Supply Chain)* im Hinblick auf Herkunft, Produktionsprozesse und Distributionswege der unterschiedlichsten Produkte. Bei Arzneimitteln, Markenartikeln, Kosmetika, Elektrogeräten oder mechanischen Bauteilen und unzähligen weiteren Produkten stellt sich stets die wichtige Frage: Sind die Güter qualitativ hochwertige Originale oder handelt es sich um billige, unechte Plagiate? Bei Lebensmitteln gibt es häufig eine weitere Frage: Ist die Produktions- und Herkunftsbezeichnung echt oder eine Fälschung? Ein Bio-Lebensmittel aus der Region hat einen höheren Preis als ein importiertes Tierprodukt aus Massentierhaltung. Nicht nur bei gefälschten Arzneimitteln oder Kosmetikprodukten können dabei massive Gesundheitsrisiken auftreten. Auch ein gefälschtes Bauteil minderer Qualität kann zu einem Risiko für Leib und Leben führen. Gefälschte Fahrzeugersatzteile wie Bremsscheiben, Bremsbeläge oder Lenkungsteile sind hier als Negativbeispiele zu nennen, die häufig kaum von Originalen zu unterscheiden sind. Für derartige Einsatzfelder aus der Realwirtschaft bietet die Blockchain-Technologie die wichtigsten Anwendungsbereiche zur fälschungssicheren Deklaration und Nachverfolgung der Echtheit und der Herkunft von Produkten. VeChain ist mit seinem Cryptocoin VET in diesem Multi-Milliarden-Megamarkt des Lieferkettenmanagements bestens positioniert.

Informationen: www.vechain.org

10. DASH (DASH): Das alternative Krypto-Bargeld

Die staatlichen Schuldenorgien in Kombination mit der künstlichen Niedrigzinspolitik der Notenbanken haben dazu geführt, dass auf Bankkonten kaum mehr Zinsen bezahlt werden und zunehmend sogar Strafzinsen drohen. Die Krypto-Ökonomie hat hingegen das Geldmonopol der Banken gebrochen und bietet Investoren auch regelmäßige Ausschüttungen über die neuen Krypto-Finanzfunktionen wie *Lending*, *Mining* und *Staking*. *Nodes* (Knotenpunkte) sind die Basis dafür, dass Blockchain-Netzwerke überhaupt funktionieren. Vereinfacht beschrieben handelt es sich dabei um dezentrale Server, die die gesamte Blockchain abspeichern und die entsprechenden Transaktionen und Informationen bestätigen. Bei den sogenannten *Masternodes* erhalten die Betreiber eine attraktive *Staking*-Vergütung.

Die Internetseite *www.masternodes.online* bietet Ihnen eine Übersicht der wichtigsten *Masternode*-Systeme. Sie sehen hier, dass die Kryptowährung DASH der mit Abstand bedeutendste *Masternode*-Coin ist. DASH wurde bereits im Jahr 2014 konzipiert und baut ganz grundlegend auf den Funktionalitäten des Bitcoin auf. Zusätzlich bietet DASH wichtige Datenschutz- und Transaktionsfunktionen. DASH optimiert die Funktionen des Bitcoin als alternatives Zahlungsmittel und kryptografischen Bargeldersatz. Auf der deutschsprachigen Internetseite *www.dash.org/de* finden Sie neben umfassenden Grundlageninformationen auch Händler aus der Realwirtschaft, die DASH bereits akzeptieren. Ebenso eine Übersicht der Krypto-Geldautomaten, die DASH integriert haben. Für mich sehr beeindruckend sind die offensichtlichen Fortschritte von DASH im Bereich der Kooperationen für Zahlungslösungen.

Informationen: www.dash.org

11. Monero (XMR): Monero basiert nicht auf dem Bitcoin, sondern auf dem Bytecoin!

Monero mit dem Währungskürzel »XMR« zählt in der noch jungen Welt der Kryptowährungen mittlerweile zu den etablierten Cryptocoins und ist bereits im Jahr 2014 gestartet. Monero hat somit auch die starken Krypto-Kurseinbrüche in den Jahren 2014 und 2015 durchlaufen, sich erfolgreich bewährt und überlebt. Der Begriff »Monero« ist in der Plansprache Esperanto das Wort für »Münze«. Dem Anspruch an ein digitales Geld wird Monero aufgrund seiner Konzeption absolut gerecht. Monero ist auf bis zu zwölf dezimale Nachkommastellen teilbar, das heißt die kleinste Währungs- beziehungsweise Recheneinheit beträgt 0,000000000001 XMR.

Fälschlicherweise habe ich wiederholt gelesen und in Youtube-Videos gehört, dass Monero ein optimierter Bitcoin ist, allen voran in Bezug auf die Einstellungen der Privatsphäre des Monero-Programmcodes. Das ist nicht zutreffend. Monero ist ursprünglich unter dem Namen »BitMonero« an den Start gegangen, allerdings als Abspaltung *(Fork)* nicht des Bitcoin (BTC), sondern des Bytecoin (BCN). Der im Gegensatz zum Bitcoin weitestgehend unbeachtete Bytecoin ist die erste Kryptowährung, die auf der sogenannten CryptoNote-Technologie mit einem offenen Quellcode für die anonyme Barabwicklung basiert.

Diese Technologie schützt die Privatsphäre der Benutzer durch einen starken Datenschutz mittels anonymisierter Transaktionen. Der Absender einer Transaktion wird dabei durch sogenannte Ring-Signaturen (*Ring Confidential Transactions*, RCT) geschützt, der Empfänger der Transaktion durch *Stealth*-Adressen. Der Begriff »*stealth*« steht für »heimlich« **oder** »schlau« und ist angelehnt an die militärische Tarnkappentechnik, bekannt durch die »Stealth-Bomber« der US-Armee.

Informationen: www.getmonero.org

12. Gulden (NLG): Im niederländischen Bitcoin liegt großes Potenzial!

Eine schlummernde Kryptowährung, die derzeit kaum jemand auf dem Schirm hat, ist der Krypto-Gulden (NLG). Dabei handelt es sich nicht um einen Token, sondern um eine eigenständige Cryptocoin, die auf einer eigenen Blockchain basiert. Die Gründung des Krypto-Gulden startete bereits im Jahr 2014 auf Basis eines *Forks* (Abspaltung) von der Kryptowährung Litecoin (LTC). Der Plan des Entwicklerteams war die Wiedereinführung der nicht mehr existierenden nationalen Währung der Niederlande in Form einer Kryptowährung. Der einstige Niederländische Gulden war bereits seit dem Mittelalter im Umlauf. Daher verbinden vor allem die Niederländer mit dieser Bezeichnung auch starke nostalgische Gefühle. Um dieses Potenzial weiter zu wecken, wurde eine eigene Internetseite ins Leben gerufen, *www.nederlandsebitcoin.nl*, die auch auf Englisch verfügbar ist.

Im Gegensatz zu den meisten anderen Kryptowährungen hat der Gulden heute bereits den Status einer Regionalwährung, verbunden mit einer realwirtschaftlichen Akzeptanz vor Ort, überwiegend in den Niederlanden. Der Krypto-Gulden ist allerdings längst mehr als eine digitale Regionalwährung. Neben den Niederlanden finden sich mittlerweile auch Akzeptanzstellen in Frankreich, in Norwegen, auf den Niederländischen Antillen in der Karibik, in Peru, in Südafrika und auch in Offenbach bei Frankfurt. Eine Übersicht aller Akzeptanzstellen finden Sie auf der Internetseite *www.guldenbites.com*.

Der Gulden ist ein benutzerfreundlicher Community-Coin

Die Kursentwicklung des Krypto-Gulden NLG in den letzten Jahren ist absolut ernüchternd, was allerdings für zahlreiche Altcoins ebenso gilt. Genau hier liegt aber auch eine sehr große Chance, weil in der letzten Zeit zahlreiche positive Signale aus der Entwickler-Community des Gulden zu vernehmen waren. Was mich am Gulden weiterhin sehr optimistisch stimmt, ist die starke Unterstützung durch die Community und die zuletzt zu beobachtenden Weiterentwicklungen, beispielsweise im Segment der Nutzung der Gulden-Blockchain für *Non-Fungible Token* (NFTs).

Zu was Online-Communitys fähig sind, zeigen die Entwicklungen bei *Wall Street Bets* und *Satoshi Street Bets*. Ich meine damit aber ausdrücklich nicht, dass ich für den NLG einen derartigen ungesunden und kurzfristigen Push erwarte. Vielmehr erwarte ich einen sukzessiv weiter wachsenden Zuspruch durch Anwendungen und eine damit verbundene steigende Marktakzeptanz und Nachfrage nach dem Krypto-Gulden, was sich dann auch in steigenden NLG-Kursen widerspiegeln wird.

Die Marktkapitalisierung aller Krypto-Gulden ist relativ gering, so dass bei erfolgreichen Adaptionen und steigender Marktakzeptanz ein enormes Kurspotenzial vorhanden ist. Wie der Bitcoin mit maximal 21 Millionen Stück hat auch der Gulden eine mathematische Limitierung, die bei 750 Millionen NLG liegt.

Informationen: www.gulden.com

13. Basic Attention Token (BAT): Der Cryptocoin für die boomende Branche der Digitalwerbung

Online-Werbung hat heute bereits das Fernsehen als Werbemedium Nummer eins überholt und wächst dynamisch weiter. Die Investitionen in Display- und Suchmaschinenwerbung sowie in Online-Kleinanzeigen sollen von rund 246 Milliarden US-Dollar im Jahr 2018 auf mehr als 328 Milliarden US-Dollar im Jahr 2021 ansteigen. Damit wird dann fast jeder zweite Werbedollar in digitale Kanäle investiert. Für die klassischen Medien geht es dagegen weiter bergab, allen voran für das klassische Fernsehen und die Printmedien wie

Zeitungen. Ich bin davon überzeugt, dass die dramatischen Auswirkungen der Coronavirus-Pandemie diesen Trend hin zur Digitalwerbung noch weiter verstärken werden.

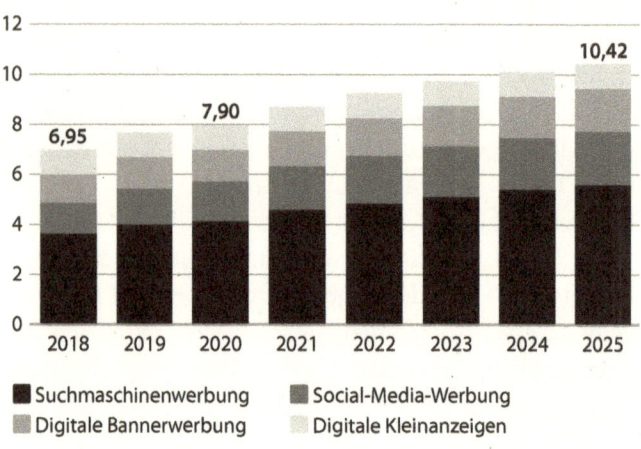

Quelle: Statista Advertising & Media Outlook

Unter diesen Rahmenbedingungen bietet der Basic Attention Token (BAT) heute schon eine Alternative zu zentraler digitaler Werbung, die sehr häufig der Ineffizienz von zentralen Mittelsmännern, fragwürdigen Tracking-Programmen und nicht selten sogar einem Betrug ausgesetzt ist. Das Ziel des BAT-Projekts ist es, einen dezentralen und transparenten Austausch von digitaler Werbung auf der Blockchain von Ethereum zu ermöglichen.

Der sogenannte »*Brave Browser*« und der BAT ermöglichen dabei Publishern (Verlegern) und Content-Erstellern (Autoren), mehr Einnahmen zu erzielen, während der Nutzer beziehungsweise Leser dieser Informationen gleichzeitig ein besseres und datenschutzorientiertes Werbeerlebnis erhält. Sollte sich der Basic Attention Token als Kryptowährung und somit Treibstoff für die Werbeindustrie durchsetzen, besteht ein enormes Kurspotenzial.

Informationen: www.basicattentiontoken.org

14. Komodo (KMD): Das Multi-Blockchain-Projekt

Komodo ist eine Kryptowährung mit eigenständiger Blockchain. Der Cryptocoin mit dem Währungskürzel »KMD« ist dabei eine Abgabelung (Fork) der Zcash-Blockchain, die wiederum ein Fork der Bitcoin-Blockchain war. Komodo ist aufgrund seiner Weiterentwicklungen eine neue Cryptocoin-Generation, quasi ein Enkel des Bitcoin. Derzeit sind rund 118 500 KMD bereits im Umlauf. Limitiert ist Komodo auf ein Gesamtvolumen von 200 Millionen Coins, die voraussichtlich im Jahr 2031 erreicht werden sollen.

Komodo ist ein Projekt, das seinen Anwendern eine dezentrale ICO-Plattform, ein Ökosystem für DApps – das sind dezentrale Computerprogramme basierend auf intelligenten Verträgen – und eine dezentrale Börse (DEX) zur Verfügung stellt. Über die sogenannte Atomic-Swap-Funktion können Coins mühelos und ohne Drittanbieter untereinander getauscht werden. Dieses Multi-Blockchain-System beurteile ich grundlegend als sehr aussichtsreich für die Zukunft. Komodo ist Teil des sogenannten SuperNET, eines Netzwerks, auf dem Anwender ihr Vermögen durch Gründung ihrer eigenen Blockchain dezentral verwalten können.

Dadurch ist es auch möglich, dass beispielsweise *Stablecoins* oder *Securitytoken* auf Rohstoffe wie Gold oder Immobilien über die Blockchain von Komodo tokenisiert und handelbar werden. Im Erfolgsfall hat Komodo aufgrund seiner technologisch vielseitigen Ausgestaltung ein großes Anwendungs- und somit Chancenpotenzial.

Informationen: www.komodoplatform.com

15. Chainlink (LINK): Google und Oracle bauen auf diesen Ethereum-Token

Für das börsennotierte Unternehmen Alphabet steht vor allem Google. Ein Unternehmen, dessen Dienstleistungen ich persönlich – bewusst oder unbewusst – mehrfach täglich in Anspruch nehme. Google betreibt eine der wertvollsten Daten-Goldminen unserer Zeit und ist dabei bestrebt, seine umfassenden Datenbanken weiter auszubreiten, zu vernetzen und im Sinne seiner

Aktionäre zu monetarisieren. Dafür geht Google neue Wege im Einsatz von Blockchain-Protokollen und setzt dabei auf die Cryptocoin Chainlink. Das weltweite Datenaufkommen explodiert und bringt traditionelle Speichermedien längst an die Grenzen ihrer Kapazität. Die Lösung liegt in sogenannten Anwendungen für die Cloud. Dabei werden Speicherplatz, Rechenkapazität oder Softwareprogramme über das Internet von einem stationären Computer oder einem mobilen Endgerät wie einem Smartphone auf große Serverfarmen übertragen. Alphabet als Mutterkonzern von Google baut seine Dienstleistungen in diesem großen Zukunftsmarkt immer weiter aus. Der US-Konzern befasst sich dabei intensiv mit der Frage, wie bestimmte Blockchain-Protokolle in den unterschiedlichsten Anwendungsbereichen eingesetzt werden können, beispielsweise für die so gefragten und lukrativen Cloud-Dienste, damit diese noch schneller, effizienter und zuverlässiger werden.

Chainlink mit seiner Kryptowährung LINK ist ein Projekt, dass die sogenannte Interoperabilität, also die Kommunikation und Zusammenarbeit, zwischen unterschiedlichen Blockchains zum Ziel hat, um Funktionen und Transaktionen auch blockchainübergreifend zu ermöglichen. Chainlink ist dezentral und ermöglicht über intelligente Verträge *(Smart Contracts)* die Verbindung von Daten aus der realen Welt. Dadurch entstehen zahlreiche Anwendungsbereiche, auf die neben Google auch bereits das US-Softwareunternehmen Oracle und das Zahlungsverkehrsnetzwerk SWIFT bauen. Die Technologie von Chainlink wird dabei als sichere Anwendung *(Middleware)* zwischen *Smart Contracts* und den realen Daten eingesetzt. Chainlink ist ein Token, der auf der Blockchain von Ethereum basiert.

Informationen: www.chain.link

16. Litecoin (LTC): Bitcoin ist digitales Gold – Litecoin ist virtuelles Silber

Karl im Brahm dürfte vermutlich nur wenigen unter Ihnen bekannt sein. Karl im Brahm ist Deutschlandchef der Avaloq Group, eines führenden IT-Dienstleisters im Finanzsektor. Der Volkswirt im Brahm ist der Ansicht, dass der Bitcoin und weitere Kryptowährungen für Vermögensverwalter immer wich-

16. Litecoin (LTC): Bitcoin ist digitales Gold – Litecoin ist virtuelles Silber

tiger werden, weil Krypto-Vermögenswerte als antiinflationärer Wertspeicher fungieren, Wachstumspotenziale eröffnen und risikoreduzierende Diversifikationseffekte bieten. Im Brahm bestätigt somit genau die Aspekte, die ich bereits ausgeführt habe.

Zu diesen ebenso wichtigen wie aussichtsreichen Kryptowährungen mit hohem Chancenpotenzial zählt nach meiner Einschätzung auch der Litecoin (LTC). Konzipiert wurde Litecoin bereits im Jahr 2011 durch den damaligen Google-Mitarbeiter Charlie Lee.

Charlie Lee hat mit Litecoin den Programmcode des Bitcoin optimiert

Charlie Lee nahm sich dabei den Programmcode des Bitcoin zum Vorbild, den er modifizierte und optimierte, allen voran im Hinblick auf die Transaktionsgeschwindigkeit. Zwischen dem Bitcoin und dem Litecoin gibt es dadurch zahlreiche Parallelen. Beide Kryptowährungen haben die so wichtige mathematische Limitierung, die beim Bitcoin 21 Millionen Stück beträgt, beim Litecoin das Vierfache, also 84 Millionen Stück.

Dieser Aspekt ist ganz entscheidend, weil er bei beiden Kryptowährungen für einen Inflationsschutz sorgt – den auch Karl im Brahm aktuell im Hinblick auf den Einsatz in der Vermögensverwaltungsbranche beschreibt. Gold und Silber sind aufgrund ihrer natürlichen Vorkommen in der Erdkruste limitiert. Bitcoin und Litecoin sind auf Basis ihres Programmcodes technologisch limitiert.

Der Litecoin ist und bleibt für mich eines der wichtigsten Basis-Investments für Kryptoanleger. Der Litecoin hat aufgrund seiner technologischen Ausgestaltung das Potenzial, in Zukunft den Kosmos an konventionellen Währungen wie den Euro oder den US-Dollar zu ergänzen. Beim Litecoin steht dabei die »echte« Nutzung als Zahlungsmittel im Vordergrund. Litecoin hat hier den Vorteil, dass die Transaktionsgebühren relativ niedrig sind bei gleichzeitig sehr hohen Übertragungsgeschwindigkeiten.

Informationen: www.litecoin.org

17. Qtum (QTUM): Die Verbindung der Vorteile von Bitcoin und Ethereum!

Qtum ist eine multifunktionale Kryptowährung. Qtum kombiniert eine modifizierte Infrastruktur des Bitcoin-Protokolls mit einer ebenfalls adaptierten Version der Ethereum Virtual Machine (EVM). Dabei wird die Zuverlässigkeit der Bitcoin-Blockchain mit den endlosen Möglichkeiten von intelligenten Verträgen *(Smart Contracts)* über das Qtum-Netzwerk verknüpft. Qtum nutzt somit die Vorteile sowohl von Bitcoin als auch von Ethereum, was es eben zu einer multifunktionalen Kryptowährung macht. Darüber hinaus ist es ein Ziel der Qtum-Initiatoren, eine Reihe von Dienstleistungen anzubieten, die die Lücke zwischen Blockchains und der Geschäftswelt schließen.

Die Qtum-Plattform soll beispielsweise in den Bereichen Telekommunikation, Schutz vor Fälschung, Herstellung, industrielle Logistik und Finanzen Anwendungsmöglichkeiten bieten. Die Kernstrategie von Qtum ist es, unter dem Begriff »Go Mobile« die Infrastruktur und Funktionalität zur Unterstützung dezentraler mobiler Anwendungen anzubieten.

Informationen: www.qtum.org

18. WAVES (WAVES): Die Tokenisierungs-Plattform für jegliche Werte

Wie in Teil II., Kapitel 3. bereits erläutert, ermöglicht die WAVES-Plattform eine Tokenisierung und somit die Digitalisierung jeglicher Werte.

Das WAVES-Protokoll der Blockchain bietet dabei eine enorm hohe Geschwindigkeit. Die Dezentralisierung der Kerninfrastruktur der Blockchain sorgt für eine enorm hohe Sicherheit der Anwendungen. In der WAVES-Blockchain stehen zahlreiche Transaktionstypen zur Verfügung, die dApp-Entwicklern eine hohe Flexibilität bieten, auch für komplexe Anwendungen. Der PoS-Konsensalgorithmus *(Proof of Stake)* von WAVES erfordert lediglich einen Bruchteil der Rechenleistung des Stroms, der für *Proof of Work* (wie zum Beispiel beim Bitcoin) erforderlich ist. WAVES selbst besteht aus einem Team von professionellen Softwareentwicklern, Business- und Marketingexperten.

Über *www.waveslabs.com* bietet WAVES dabei umfassende Zugangs- und Entwicklungsmöglichkeiten für DeFi-Projekte, was die wachsende Anzahl von neu entwickelten dApps verdeutlicht. Der WAVES-Coin ist darüber hinaus aufgrund seiner Ausgestaltung regierungsfreundlich, was weiteres Potenzial bietet.
Informationen: www.wavesplatform.com

19. Tron (TRX): Die Blockchain für Entertainment und Social Media

TRON mit dem Währungskürzel »TRX« ist eine noch vergleichsweise junge Kryptowährung mit asiatischen Wurzeln, die im Jahr 2017 durch den Chinesen Justin Sun initiiert wurde. Justin Sun arbeitete im Jahr 2013 bereits als China-Repräsentant für Ripple (XRP). Die TRON Foundation hat das Ziel, eine dezentralisierte Plattform für Entertainment in Form von sozialen Medien, Streaming (Übertragung und Wiedergabe von Video- und Audiodaten) und Online-Spielen zu schaffen, mit dem TRON-Token als Währung. Ein derartiges Netzwerk gibt den Nutzern die Hoheit über ihre Daten zurück. Die zahlreichen Datenskandale der letzten Zeit haben verdeutlicht, dass hier ein großes Potenzial liegt.

Ich persönlich stand TRON lange sehr skeptisch gegenüber. Zum einen, weil John McAfee einst im Eigeninteresse TRON auf Twitter künstlich stark gepusht hat. Aber dafür kann TRON nichts. Zum anderen, weil im Whitepaper von TRON zahlreiche und sehr umfassende Textstellen einfach kopiert wurden. Ein Whitepaper ist der Businessplan einer jeden Kryptowährung. Im TRON-Whitepaper wurden mehrere Codes und ganze Textpassagen aus anderen Projekten übernommen, ohne jegliche Quellenangaben.

Gates oder Jobs: Wer hat's erfunden?

Ich möchte jetzt aber vor dem Hintergrund dieser – absolut berechtigten – Plagiatsvorwürfe einmal an einen gewissen Steve Jobs, den Gründer von Apple, erinnern, der in den 80er-Jahren die Grundidee einer »Bediener-Oberfläche« zur Navigation eines Betriebssystems von XEROX mehr oder weniger abgekupfert hat. Auch Windows von Microsoft basierte auf XEROX. Im Prinzip basiert jede Kryptowährung auf der Idee des Bitcoin. Der Erfolg von Altcoins liegt in der Übernahme der bewährten Blockchain-Grundlagen in Kombination mit einer Weiterentwicklung von Anwendungen und Funktionen, die einen realwirtschaftlichen Bedarf decken und somit eine Marktakzeptanz erreichen. Bei TRON handelt es sich um ein dezentrales Netzwerk, das auf der Blockchain-Technologie basiert und speziell für den Unterhaltungsbereich im Internet der Zukunft konzipiert wurde. Diesen Anspruch scheint TRON zunehmend zu erfüllen.

Informationen: www.tron.network

20. Zcash (ZEC): Der Privacy Coin für Datenschutzanwendungen

Kryptowährungen, die sich auf einen optimierten Schutz der Privatsphäre spezialisieren, haben ihre Attraktivität und Berechtigung, weil Datenschutz und finanzielle Privatsphäre in einer stark zunehmend digitalisierten Welt ohne Bankgeheimnis ein hohes Gut sind. Die sogenannten »*Privacy Coins*« bieten diese erhöhte Diskretion. Zu den wichtigsten »Privatsphäre-Coins« zählen dabei die Kryptowährungen Monero, Dash und Zcash. Zcash ist ein Cryptocoin, der am 28. Oktober 2016 ins Leben des Blockchain-Ökosystems gerufen wurde. Die Kryptowährung mit dem Währungskürzel »ZEC« baut als *Fork* (Abspaltung) des Bitcoin grundlegend auf dem Bitcoin-Protokoll auf.

Das bedeutet, dass es beispielsweise wie beim Bitcoin eine maximale Anzahl von 21 Millionen Coins von Zcash gibt. Zcash unterscheidet sich vom Bitcoin in erster Linie dadurch, dass Benutzer die Möglichkeit haben, die Details ihrer Transaktionen zu verschlüsseln. Eine Zcash-Wallet hat eine öffentliche Adresse und eine private Adresse. Der Anwender kann dabei entscheiden, welche der beiden Adressen zum Einsatz kommt. Das bedeutet, dass die Absender- und Empfängeradresse und die gesendete Stückzahl in der öffentlichen Blockchain verdeckt werden können.

Zcash setzt auf den Boom bei Datenschutzanwendungen

Die Zcash Community hat im November 2020 ein Anwendungs- und Entlohnungssystem verabschiedet. Damit wurden die Grundlagen geschaffen, dass Zcash in Zukunft vom Boom bei Datenschutzanwendungen profitieren kann. Ein bereits umgesetztes Update ermöglicht es beispielsweise, dass jetzt diskrete ZEC-Zahlungen über Smartphones (iOS und Android) durchgeführt werden können.
Informationen: www.z.cash

21. Digix Gold Token (DGX): Ein Gramm Gold auf der Blockchain mit Verwahrung in Singapur

Grundsätzlich ist die Tokenisierung von Gold eine sehr gute Idee. Es gibt bereits einige Unternehmen und Projekte, die sich mit genau dieser Thematik auf professionelle Art und Weise befassen. Leider befinden sich darunter auch zahlreiche dubiose oder gar betrügerische Konzepte. Hier gilt es stets zu bedenken, dass alle auf dem Markt befindlichen Kryptowährungen mit Golddeckung zentralisiert sind. Es gibt ein sogenanntes Gegenparteienrisiko, das bei einem direkten Goldkauf mit Eigenverwahrung oder einer Fremdverwahrung mit Sondervermögensstatus nicht gegeben ist. Der Auswahl eines seriösen Anbieters kommt daher eine ganz große Bedeutung zu.

Der Digix Gold Token (DGX) ist eine Kryptowährung, die auf der Blockchain von Ethereum basiert. Hinterlegt ist ein DGX mit einem Gramm Gold. Der Digix Gold Token ist solide konzipiert, das heißt vollständig mit physischem Gold gedeckt und somit an die Goldpreisentwicklung gekoppelt. Die Verwahrstelle des physisch hinterlegten Goldes ist das bekannte Hochsicherheitslager The Safe House (www.thesafehouse.sg) in Singapur.

Es werden ausschließlich durch die London Bullion Market Association (LBMA) zertifizierte 100-Gramm-Goldbarren von renommierten Raffinerien wie Valcambi, Produits Artistiques Métaux Précieux (PAMP) oder Metalor eingesetzt. Als Investor haben Sie dadurch die Möglichkeit, den DGX über eine Kryptobörse zu handeln und auf einer Hardware-Wallet zu verwahren.
Informationen: www.digix.global/dgx

22. Stellar (XLM): Die potenzielle Blockchain für Wirtschaftsunternehmen und Staaten

Stellar verfolgt das grundlegende Ziel, grenzüberschreitende Transaktionen zwischen verschiedenen Währungen in unterschiedlichen Ländern schnell und vor allem kostengünstig zu ermöglichen. Über das dezentrale Stellar-Netzwerk soll es beispielsweise möglich werden, Euros zu versenden, zu konvertieren und beim Empfänger in Form von US-Dollar auszahlen zu lassen. Vergleichbar mit XRP (Ripple) baut auch Stellar somit eine Brücke zwischen der alten, klassischen Welt der Banken und der neu entstehenden Krypto-Ökonomie.

Ein wesentlicher Unterschied zu Ripple – mit seinen Bank-Kooperationen – liegt in der Strategie von Stellar, Kooperationen mit großen Wirtschaftsunternehmen einzugehen. Partnerunternehmen sind dabei beispielsweise der Online-Bezahldienst Stripe aus San Francisco, die größte indische Privatbank ICICI oder das internationale Wirtschaftsprüfungs- und Beratungsunternehmen Deloitte mit Sitz in London. Am aussichtsreichsten ist allerdings aus meiner Sicht die Partnerschaft mit dem US-Technologiegiganten IBM, die zuletzt weiter ausgebaut wurde. Ebenso arbeitet Stellar bereits mit Staaten, Regierungen und Notenbanken auf Projektebene zusammen.

Informationen: www.stellar.org

23. Tezoz (XTZ): Die selbstkorrigierende Blockchain

Die Kryptowährung Tezos mit dem Währungskürzel »XTZ« ist eine sehr junge Kryptowährung, die im Jahr 2017 – in Form der Tezos-Stiftung mit Sitz im schweizerischen Zug – ins Leben gerufen wurde. Tezos ist eine Plattform zur Erstellung und Abwicklung von intelligenten Verträgen. Tezos Ziel ist es, eine innovative Blockchain der nächsten Generation zu kreieren, die sich selbst korrigieren und verändern kann. Im Gegensatz zum Bitcoin (BTC) mit seinem *Proof-of-Work*-System setzt Tezos auf die Technologie des sogenannten *Liquid Proof of Stake*.

Hinter diesen beiden Begriffen stehen, wie bereits ausgeführt, die sogenannten Konsensmechanismen, mit deren Hilfe einheitliche Regeln für die Funktionsweise einer Blockchain definiert werden. Dadurch wird es möglich, dass keine Zentralinstanz für die Bestätigung von digitalen Vermögenswerten oder die Ausführung von Transaktionen – wie das beispielsweise bei einer Bank der Fall ist – mehr benötigt wird. Der *Proof-of-Work-Mining*-Algorithmus verursacht sehr hohe Stromkosten, was häufig ein großer Kritikpunkt ist, der pauschal auf alle Kryptowährungen ausgedehnt wird. Ich teile wie gesagt diese überwiegend undifferenzierte Kritik nicht.

Zum einen verbessert sich die Energieeffizienz auch beim Bitcoin, beispielsweise durch die fortschrittlichen Entwicklungen des sogenannten Lightning-Netzwerks, das den Bitcoin aus Kostengesichtspunkten auch für einfache Zahlungsvorgänge nutzbar machen wird. Ebenso gibt es längst Konsensalgorithmen wie *Liquid Proof of Stake* bei Tezos, die diese Energieproblematik überhaupt nicht haben. Der *Liquid Proof of Stake* funktioniert, indem die Stakeholder (die Interessengruppe der Coin-Inhaber) mehrheitlich anhand bestimmter Regeln für eine Veränderung beziehungsweise Anpassung der Blockchain stimmen.

Informationen: www.tezos.com

24. Polkadot (DOT): Das Multi-Blockchain Projekt

Die Kryptowährung Polkadot mit ihrem Währungskürzel DOT wurde im Jahr 2016 vom Gavin Wood – einem der Gründer von Ethereum – konzipiert und gestartet. Im Jahr 2017 wurden mit dem ICO von Polkadot rund 145 Millionen USD eingenommen. Die Weiterentwicklung des Polkadot-Projektes wird von der Web3 Foundation mit Sitz in der Schweiz vorangetrieben. Diese Stiftung verfolgt das Ziel, kryptografische Technologien zu fördern, so dass hier ein starker und vertrauenswürdiger Partner zur Seite steht. Bei Polkadot handelt es sich um ein Krypto-Ökosystem, das verschiedene Blockchains (Parachains) und weitere Technologien miteinander verbindet und somit kompatibel nutzbar macht, für die unterschiedlichsten Anwendungen.

Diese Interoperabilität von Blockchain-Lösungen ist eine der wichtigsten Voraussetzungen für die Nutzung der Blockchain-Technologie Finanz- und Realwirtschaft. Kern von Polkadot ist die sogenannte Relay Chain als zentrale

Blockchain. Die Token, als Treibstoff für die Nutzung des Polkadot-Ökosystems, werden dabei als DOTs bezeichnet. DOTs werden unter anderem dafür benötigt, neue Blockchains zu starten und mit der Relay Chain zu koppeln. Vergleichbar mit Ethereum liegt einer der großen Vorteile des Polkadot-Netzwerks in der Möglichkeit, eigene Blockchainprojekte schnell, einfach und zu geringen Kosten umzusetzen. Polkadot hat sich nach einem dynamischen Kursanstieg mittlerweile auch langfristig unter den führenden Kryptowährungen etabliert.

Informationen: www.polkadot.network

25. The Internet Computer (ICP): Die Revolution für das WWW

Das erst im Mai 2021 gestartete Projekt »The Internet Computer« (ICP) verfolgt das ambitionierte Ziel, die Funktionalität des öffentlichen Internet auszuweiten. Dazu soll die von Technik-Giganten (Amazon, Facebook, Google) ausgehende Monopolisierung von Internetdienstleistungen eingeschränkt werden. Das ICP-Projekt ermöglicht es Entwicklern, Internetdienstleistungen, Websites und IT-Systeme für Unternehmen direkt im öffentlichen Internet zu kodieren und somit auf Technologiefirmen die als zwischengestallte Administratoren bzw. Mittelsmänner fungieren zu verzichten.

Die Systemstabilität wird dadurch garantiert, indem Nutzerdaten sowie Funktionalitäten über permanente Schnittstellen (APIs) - die nicht deaktiviert werden können - mit den Internetdienstleistern geteilt werden. Dadurch vermindert sich das Plattformrisiko beträchtlich und die so wichtige Funktion der Unabhängigkeit durch Schaffung einer Dezentralität wird sichergestellt.

Betrieben wird das gemeinnützige Projekt von der Dfinity Foundation. Das Netzwerk läuft auf rechnerischen Einheiten namens Canister. Der Cryptocoin mit dem Währungskürzel ICP ist der virtuelle Treibstoff für die Blockchain und wird zur Teilnahme an der Verwaltung des ICP-Netzwerks eingesetzt.

Informationen: www.dfinity.org

IV. Praxistipps zu Blockchain-Anwendungen und Krypto-Anbietern

1. Meine grundlegenden Empfehlungen für JEDEN Cryptocoin-Investor!

Auf Basis meiner langjährigen Erfahrung ist es meine felsenfeste Überzeugung, dass Sie sich zu einem erfolgreichen Krypto-Investor entwickeln, wenn Sie strategisch und diszipliniert in Kryptowährungen investieren, stets in Tranchen kaufen, breit diversifizieren und die Investitionen langfristig halten und nicht hektisch beginnen zu traden. Meine sieben wichtigsten Basis-Strategieempfehlungen dafür sind:

1. Testen Sie intensiv mit kleinen Summen und sammeln Sie Erfahrungen!
2. Verfallen Sie nicht der Gier, seien Sie sich bei allen gigantischen Chancen auch der Risiken bewusst!
3. Investieren Sie ausschließlich Kapital, dessen Verlust Sie verkraften könnten!
4. Lassen Sie sich von Dauerwarnern nicht verunsichern, die Zukunftstrends stets verpassen. Verfallen Sie auch nicht in Aktionismus, Angst und Panik, wenn die Kurse einmal zweistellig einbrechen. Das ist an den Kryptomärkten vollkommen normal.
5. Streuen Sie breit über mehrere Kryptobörsen in unterschiedliche Cryptocoins. Investieren Sie in Tranchen und nehmen Sie auch immer wieder Teilgewinne mit. Speziell Neueinsteigern rate ich zur Verteilung Ihrer Käufe in Form einer Art »Mini-Sparplan«. Wenn Sie 500 Euro in eine bestimmte Cryptocoin investieren möchten, legen Sie beispielsweise diszipliniert fest, dass Sie den Einstieg über fünf Wochen vornehmen, und investieren Sie fünfmal je 100 Euro. Dadurch erreichen Sie einen optimierten Durchschnittskurs *(Cost Average)* und streuen Ihre Einstiegsrisiken.

6. Sind Sie beispielsweise mit einer bestimmten Cryptocoin 100 Prozent im Gewinn, lautet meine Empfehlung, 50 Prozent zu verkaufen und somit Ihre Investition herauszuziehen und zu sichern. Den Rest können Sie dann ganz gelassen weiterlaufen lassen!
7. Auch für die Fintech-Aktien gilt: Investieren Sie in Tranchen über längere Zeiträume und nicht ausschließlich zeitpunktbezogen. Kommt es zu einem starken Anstieg, nehmen Sie Gewinne mit. Bei rückläufigen Aktienkursen kaufen Sie hingegen nach.

2. Kryptobank made in Germany: Das Blockchain-Girokonto von Nuri

Zusammen mit der Solarisbank bietet Ihnen das Fintech-Unternehmen Nuri, vormals Bitwala, mit Sitz in Berlin, seit dem 12.12.2018 ein Bankkonto, das Ihnen den einfachen und sicheren Handel mit Kryptowährungen und das tägliche Banking (Überweisungen, Daueraufträge, Kartenzahlungen) verlässlich in einem Konto ermöglicht. Europaweit ist das die erste Banklösung für Kryptowährungen, bei der Sie mit der Sicherheit und dem Komfort eines deutschen Bankkontos Bitcoins und Euros beim selben Anbieter verwalten können.

Die neuen Nuri-Dienstleistungen sind durch die Finanzaufsichtsbehörde reguliert

Nuri hat es durch diesen Schritt in Deutschland geschafft, Kryptowährungen unter das schützende Dach der deutschen Bankenregulierung (BaFin) zu bringen. Diese Entwicklung beweist erstmalig, dass Kryptowährungen in einen regulatorischen Rahmen passen, der Sie als Verbraucher schützt und Vertrauen herstellt, so dass Cryptocoins jetzt auch in Deutschland auf noch mehr Akzeptanz und Marktdurchdringung treffen werden. Innerhalb Ihres Nuri-Girokontos steht Ihnen Liquidität umgehend zur Verfügung. Sie können dadurch Bitcoins mit nur wenigen Klicks direkt handeln. Wie bei jedem deutschen Bankkonto sind Ihre Euro-Guthaben bis 100 000 Euro gesetzlich abgesichert. Zu Ihrem Nuri-Konto erhalten Sie eine kostenlose Debitkarte und eine sichere Multi-Signatur-Bitcoin-Wallet.

Nur Sie haben Zugriff auf Ihre Wallet und Ihre privaten Schlüssel. Die für Ihre Sicherheit so wichtige Zwei-Faktor-Authentifizierung ist ebenfalls Standard bei Nuri. Sollte der Zugriff auf Ihre Wallet einmal verloren gehen, können Sie über Ihren persönlichen Zwölf-Wörter-Wiederherstellungssatz (*Recovery Seed* oder *Backup Code*) Ihre Wallet einfach und sicher wiederherstellen. Die Nuri-Konditionen sind darüber hinaus hervorragend: Kontoführung, Überweisungen, Daueraufträge, Kartenzahlungen, die Nuri-Debitkarte selbst und auch Abhebungen an Geldautomaten sind kostenlos. Für den Kauf und Verkauf von Bitcoins fallen lediglich Gebühren in Höhe von absolut vertretbaren und empfehlenswerten 1 Prozent an. Mit dem sogenannten Ertragskonto bietet Ihnen Nuri auch *Staking*-Services.

Hybrid-Banking: Konventionelles Geld und Kryptowährungen werden sich ergänzen!

Unser Geld und unsere Währungssysteme haben sich im Laufe der Geschichte immer wieder gewandelt. Aufgrund der fortschreitenden Digitalisierung befinden wir uns derzeit auf dem Weg in eine hybride Zukunft. Das heißt: Konventionelle, staatliche Währungen und Blockchain-basierte Kryptowährungen werden sich in einer ersten Evolutionsstufe ergänzen. Die aktuellen Entwicklungen und neuen Dienstleistungen von Nuri sind dabei ein Meilenstein für die Banken- und Kryptowährungsbranche in Deutschland.

Informationen: www.nuri.com

3. Krypto-Portfolio: CryptoCompare bietet Ihnen kostenlose Top-Services

Wenn Sie ein Wertpapierdepot besitzen, sind Sie es gewohnt, dass Sie auf einen Blick eine Übersicht über die aktuellen Entwicklungen Ihrer Aktien, Investmentfonds, Anleihen, Fremdwährungen oder Derivate haben. In der Kryptowelt nutzen Sie hingegen unterschiedliche Kryptobörsen für den Erwerb und die Verwahrung Ihrer Kryptowährungen und Sie verwahren Ihre Cryptocoins häufig in unterschiedlichen Wallets: von den Verwahrmöglichkeiten direkt bei den Kryptobörsen über Online-, Desktop- oder Mobile-Wallets bis hin zu Hardware-Wallets wie dem Ledger. Ich weiß, dass einige unter Ihnen auch Paper-Wallets nutzen. Sie haben dadurch das Problem, dass Sie Ihr gesamtes Kryptowährungs-Portfolio meist nur sehr schwer im Auge behalten können und schnell den Überblick verlieren.

Die kostenlosen Dienstleistungen von *www.blockfolio.com* sind hier eine große Hilfe. Blockfolio ist eine mobile Anwendung für Android (Google Play) und iOS (Apple Store). Blockfolio unterstützt die Erfassung von mehr als 6000 Kryptowährungen und Blockchain-Vermögenswerten mit einer Kursversorgung von über 250 Kryptobörsen.

Der Wunsch vieler Investoren: Keine reine Smartphone-App, sondern eine PC-Anwendung!

Ich erhalte auch immer kritische Rückmeldungen zu Blockfolio. Nicht weil die Blockfolio-App schlecht ist, sondern weil Sie auch hier ganz offensichtlich nicht nur eine mobile Smartphone-Anwendung einsetzen möchten, sondern ein Programm, das Sie auf Ihrem PC oder Laptop ebenfalls verwenden können. Ich habe mich dieser Kritik beziehungsweise Ihrer Wünsche daher nochmals intensiv angenommen.

Hier bin ich bereits vor langer Zeit auf das hervorragende Portfolio-Tool von CryptoCompare *(www.cryptocompare.com)* gestoßen, das Ihnen einen derartigen Service einfach und kostenlos zur Verfügung stellt. Zusätzlich bietet Ihnen CryptoCompare auch eine gleichnamige Smartphone-App, über die Sie Ihre angelegten Krypto-Portfolios ganz bequem mobil einsehen können. Ihnen stehen also über CryptoCompare beide Wege offen! CryptoCompare bietet Ihnen die Möglichkeit, Stückzahlen und Kaufkurse individuell einzugeben und selbst Kryptowährungen hinzuzufügen, die auf *Coinmarketcap.com* noch nicht gelistet sind.

Informationen: www.blockfolio.com - www.cryptocompare.com

4. Schweizer Qualität: Mit Relai kaufen Sie Bitcoins anonym, sicher und einfach

Bei Weitem nicht jeder Krypto-Investor, der den Wunsch hat, Bitcoins anonym zu kaufen, hat etwas zu verbergen. Aus einer Vielzahl von Zuschriften und persönlichen Gesprächen weiß ich, dass viele Krypto-Anleger sich schlicht und einfach nicht mit komplizierten Kontoeröffnungs- und Verifizierungsprozessen belasten möchten. Ebenso höre ich sehr häufig die absolut berechtigte Sorge, dass persönliche Daten in falsche Hände geraten können, beispielsweise durch ein Datenleck, das von Internet-Kriminellen ausgenutzt wird. Das Hochladen oder Abfotografieren eines sensiblen Legitimationsdokuments wie eines Personalausweises oder Reisepasses ist daher eine Hürde, die nach wie vor zahlreiche Bürger davor abschreckt, in Kryptowährungen und die damit verbundenen Chancen zu investieren.

Für ein Bitcoin-Investment habe ich hierzu einen Geheimtipp aus der Schweiz für Sie: Relai ist eine einfache Bitcoin-Anlage-App, die jeder Bürger aus der Schweiz und der Euro-Zone innerhalb von wenigen Minuten für Bitcoin-Käufe und Verkäufe nutzen kann, ohne dass dafür eine Identitätsfeststellung erforderlich ist. Relai ist dabei dennoch vollkommen legal. Als Schweizer Bitcoin-Unternehmen ist Relai nämlich nicht verpflichtet, personenbezogene Daten von seinen Nutzern zu sammeln, unabhängig davon, ob sie ihren Wohnsitz in der Schweiz oder in der EU haben. Die einzigen Bedingungen sind, dass der tägliche Bitcoin-Kaufbetrag unter 1000 Schweizer Franken (930 Euro) liegt und insgesamt unter 100 000 Schweizer Franken (93 000 Euro) pro Jahr.

Das sind die wichtigsten Vorteile der Bitcoin-Investment-App von Relai

Sie benötigen bei Relai kein neues Konto und keinen Legitimationsprozess. Das ist deswegen rechtlich zulässig, weil Sie die Zahlungsabwicklung für Ihre Bitcoins ganz einfach über Ihr bestehendes Bankkonto (SEPA) laufen lassen. Überweisungen können Sie dabei sowohl in Euro als auch in Schweizer Franken tätigen. Starten können Sie bereits ab 10 Euro oder Schweizer Franken. Dadurch ist auch die Umsetzung eines regelmäßigen Bitcoin-Sparplans ganz einfach möglich. Gerade für minderjährige Kinder oder Enkelkinder – die

kein Konto bei einer Kryptobörse eröffnen können – ist die Relai-App eine tolle Alternative. Die Applikation ist kinderleicht zu bedienen und gleichzeitig sehr sicher, da sie als sogenannte »*Non-Custodial Wallet*« funktioniert. Das bedeutet, Sie haben Ihre *Private Keys* – im Gegensatz zu einer Kryptobörse – in Ihrer Hand. Relai hat keinen Zugang zu Ihren Bitcoins, Sie nehmen die Eigensicherung zur Wiederherstellung (*Backup Code* mit zwölf Wörtern) Ihrer Wallet selbst vor. Relai verrechnet für seine Services eine vertretbare Pauschalgebühr von 3 Prozent. Auf der Relai-Internetseite finden Sie umfassende Informationen in deutscher Sprache und können sich die Relai-App kostenlos herunterladen. **Fazit:** Das ist eine Top-Anwendung!
Informationen: www.relai.ch

5. Krypto-Geldautomaten boomen

Neben meiner grundlegenden Empfehlung für den Einsatz einer Hardware-Wallet sind bei vielen Krypto-Investoren die sogenannten Card- und Paper-Wallets sehr beliebt. Das hat auf Basis meiner umfassenden Praxiserfahrungen unterschiedliche Gründe, auch weil Krypto-Geldautomaten weltweit boomen.

Geld hat drei grundlegende Funktionen: die Funktion als Zahlungsmittel, die Funktion als Recheneinheit und die Wertaufbewahrungsfunktion. Zahlreiche Kryptowährungen, allen voran der Bitcoin, erfüllen bereits heute alle Geldfunktionen. Darüber hinaus gibt es eine vierte, sozialwissenschaftliche Funktion: Geld ist die älteste Sprache der Menschheit, auch diesen Aspekt erfüllt der Bitcoin par excellence. Gleichzeitig ist festzustellen, dass das Vertrauen einer immer größer werdenden Bevölkerungsgruppe in die Stabilität der konventionellen Währungen wie dem Euro oder dem US-Dollar stark abnimmt.

Interessanterweise liegen genau hier auch die Ursprünge der Blockchain-Technologie und des Bitcoin, der als Antwort auf die Finanzkrise des Jahres 2008 im Jahr 2009 ins digitale Leben gerufen wurde. Der technische Fortschritt sorgt somit in Kombination mit dem massiven Verlust an Vertrauen in das derzeitige Geldsystem zu einer steigenden Marktakzeptanz und Nachfrage nach Kryptowährungen. Gleichzeitig kommt es zu regulatorischen Fortschritten seitens der Aufsichtsbehörden, Regierungen und Notenbanken, so dass auch die Rechtssicherheit als eigenständige Anlageklasse und als Zahlungsmittel weiter zunimmt.

Weltweit gibt es bereits über 20 000 Krypto-Geldautomaten

Krypto-Geldautomaten sind jedoch keine Geldautomaten im herkömmlichen Sinne, da sie nicht an ein Bankkonto, sondern an eine Krypto-Börse angeschlossen sind und entsprechend Ihre Krypto-Wallets ansteuern. Die Zahl der weltweiten Geldautomaten für Kryptowährungen steigt dabei deutlich. Wie die nachfolgende Statista-Grafik auf Basis von Daten der Website *Coin ATM Radar* zeigt, gibt es bereits über 20 000 Krypto-Automaten in mehr als 70 Ländern. Dabei stehen mit über 17 000 Stück die meisten in den USA. In Deutschland gibt es bislang nur relativ wenige dieser Automaten.

Über die Internetseite *Coinatmradar.com* finden Sie das weltweite Verzeichnis aller Krypto-Geldautomaten mit einer detaillierten Länderübersicht, Standortangabe und Gebührenübersicht.

Quelle: privat

Ich habe einen Krypto-Geldautomaten (Bild oben) in meinem Büro auf Mallorca. Mein Bitcoin- beziehungsweise Krypto-Geldautomat befindet sich im KRYPTO-X.BIZ-Office (Bild unten) in Palma de Mallorca im Vorort Son Rapinya an der Hauptstraße in Richtung der Luxuswohnsiedlung Son Vida über der Filiale der Bankia. Unser Krypto-ATM bietet Kaufmöglichkeiten gegen Bargeld von Bitcoin (BTC), Ethereum (ETH), Litecoin (LTC), Bitcoin Cash (BCH) und DASH (DASH) sowie Auszahlungen von Bitcoin gegen Bargeld.

Eigene Wallet-Adressen können genutzt oder vor Ort heruntergeladen werden. Ebenso ist der ganz einfache Ausdruck von Paper-Wallets (sicheren Wallets mit *Public Keys* und *Private Keys* auf Papier) direkt über meinem Krypto-ATM möglich, der ebenfalls auf *Coinatmradar* mit den genauen Geodaten verzeichnet ist.

Informationen: www.coinatmradar.com

Quelle: privat

Es vergeht keine Woche, in der nicht jemand in mein Büro kommt, um schnellstmöglich und unkompliziert Kryptowährungen gegen Bargeld zu kaufen. Häufig ist dabei weder eine Wallet noch fachliches Grundwissen vorhanden. Hier besteht die Möglichkeit, ganz einfach am Krypto-Automaten eine Paper-Wallet ausdrucken zu lassen. Ich rate dabei stets dazu, diese Paper-Wallets zeitnah auf Hardware-Wallets zu übertragen.

Quelle: privat

5. Card- und Paper-Wallets: So übertragen Sie Ihre Coins

Eine weitere Möglichkeit, die vor allem Krypto-Einsteiger sehr stark nutzen, sind die sogenannten Card-Wallets. Hier sind nicht nur die technischen Hürden für den Kauf von Kryptowährungen sehr niedrig, sondern gleichzeitig ist auch die Aufbewahrung sehr sicher. Eine Karte aus Kunststoff mit eingeprägten Ziffern und Zahlen ist eben solider als ein Stück bedrucktes Papier. Die Liechtensteinische Post AG bietet den Wechsel von Kryptowährungen am Schalter an. Gegen Bargeld erhalten Sie im Gegenzug den Gegenwert in der von Ihnen gewünschten Kryptowährung, wie Bitcoin oder Ethereum, auf einer Card-Wallet aus Kunststoff ausgehändigt.

Auch diese beinhaltet Ihren *Public Key* und *Private Key* über zwei aufgedruckte beziehungsweise eingeprägte alphanumerische Zahlen, die gleichzeitig auch als sogenannte QR-Codes abgebildet werden. Diese Card-Wallet können Sie dann ganz einfach zu Ihren Goldbarren in ein Schließfach legen. Kein Hacker kann Ihre Coins stehlen. Die online bestellbare Card-Wallet aus Österreich ist hier ebenso äußerst beliebt.

Jaxx Liberty ist meine Top-Empfehlung für den Import Ihrer *Private Keys*

Die massiv gestiegenen Kurse bei den Kryptowährungen führen dazu, dass sich Krypto-Investoren jetzt verständlicherweise auch mit Verkäufen beziehungsweise Gewinnmitnahmen befassen. Von Paper- und Card-Wallet-Nutzern erhalte ich dazu zunehmend die Frage:

Wie geht das eigentlich?

Sie müssen dazu den jeweiligen *Private Key* auf eine Wallet importieren. Hierzu empfehle ich Ihnen die Online- und Mobile-Wallet von Jaxx Liberty. Ohne jegliche Legitimation erhalten Sie hier Wallets für alle wichtigen Kryptowährungen, die Sie über einen Backup-Code (zwölf Wörter) absichern können. Über die Funktion »Tools – Paper Wallet Import« scannen Sie dann mit Ihrem Smartphone beziehungsweise Ihrer Webcam einfach den *Private Key*, und schon haben Sie Online-Zugriff auf Ihre Coins und

können diese für den Verkauf an eine Kryptobörse senden oder zu Ihrer Hardware-Wallet.
Informationen: www.jaxx.io

6. Krypto-Absicherung: Die drei wichtigsten Wertsicherungsstrategien

Vor allem in Zeiten großer Angst, wie wir sie in den vergangenen Jahren immer wieder hatten, habe ich stets dazu ermutigt, nicht in Resignation zu verfallen, sondern in Tranchen die teilweise massiven Kursrückgänge an den Kryptomärkten für den Einstieg beziehungsweise für weitere Zukäufe zu nutzen. Trotz all der positiven Rahmenbedingungen und der erfreulichen Kursentwicklungen ist es mir ebenso wichtig, in einer Phase großer Euphorie auch einmal auf die Bremse zu treten.

Wertsicherungsstrategien: Von Gewinnrealisierung bis Verlustkompensation!

Strategie 1: Teil-Gewinnrealisierung bei 100 Prozent Kursgewinn

Ich erwarte mittel- und langfristig weiter steigende Kurse bei den Kryptowährungen, kurzfristig möchte ich Sie aber für massive Kurskorrekturen sensibilisieren. Hier gilt es wie immer, Ruhe zu bewahren. Ebenso können Sie jetzt selbst als Neueinsteiger häufig bereits Kursgewinne mitnehmen, wobei ich Ihnen empfehle, dies mittels Teilverkäufen zu tun. Das heißt: Sollten Sie mit einer Krytowährung 100 Prozent plus x im Plus sein, verkaufen Sie die Hälfte, somit haben Sie Ihren Kapitaleinsatz zurück und können die weiteren Entwicklungen vollkommen entspannt weiterverfolgen.

Zu Absicherungszwecken, beispielsweise weil Sie mit dem Bitcoin oder weiteren Kryptowährungen Kursgewinne realisieren möchten oder die Spekulationsfrist von einem Jahr zur Erzielung der Steuerfreiheit noch abwarten wollen, sind Derivate wie CFDs oder Wertpapiere geeignet. Hier habe ich zwei grundlegende Anbieterempfehlungen für Sie.

Strategie 2: IG Markets ist mein favorisierter Derivate-Broker für Kryptowährungen

Für Ihre Investments in Kryptowährungen empfehle ich Ihnen ausschließlich echte, blockchainbasierte Cryptocoins, die Sie über von mir empfohlene Kryptobörsen wie beispielsweise Bitpanda oder Binance erwerben und anschließend zu Sicherungszwecken auf Ihre eigene Hardware-Wallet wie den Ledger oder den Trezor übertragen können. Rein zu Absicherungszwecken, dem sogenannten *Hedging*, wie es auch professionelle Investoren umsetzen, sind hingegen Finanzderivate empfehlenswert. Der bereits im Jahr 1974 gegründete Derivate-Broker IG Markets bietet Ihnen hier – auch in deutscher Sprache – den Zugang zu mehreren führenden Kryptowährungen, die Sie leerverkaufen *(shorten)* können, um bestehende Investitionen abzusichern.

Dabei handelt es sich beispielsweise um die Kryptowährungen Bitcoin (BTC), Ethereum (ETC), Litecoin (LTC), XRP (Ripple), Bitcoin Cash (BCH), Stellar (XLM), NEO (NEO) oder EOS (EOS). Da Kryptowährungen untereinander einen relativ starken Gleichlauf (Korrelation) haben, ist es ebenso empfehlenswert, eine Absicherung über lediglich ein Short-Investment in den Krypto-10-Index umzusetzen. Der Krypto-10-Index beinhaltet die zehn wichtigsten Kryptowährungen und wird quartalsweise angepasst.
Informationen: www.ig.com

Strategie 3: Den Short Bitcoin ETP kaufen Sie ganz einfach in Ihr Wertpapierdepot

Eine weitere einfache Möglichkeit der Absicherung ist darüber hinaus beispielsweise der Short Bitcoin ETP von 21Shares mit der ISIN CH0514065058, den Sie ganz einfach über die Börsen Frankfurt, Xetra, Stuttgart oder Zürich in Ihr Wertpapierdepot kaufen können.
Informationen: www.21shares.com

7. Steuer-Check: Realisieren Sie stets unterjährige Verluste

Leider muss ich nach wie vor feststellen, dass zahlreiche Krypto-Investoren die so attraktiven steuerlichen Rahmenbedingungen für Kryptowährungen sträflich vernachlässigen. Grundlegend gilt für Sie als Privatanleger mit Wohnsitz in Deutschland oder Österreich: Halten Sie Ihre Kryptowährungen länger als ein Jahr, sind Ihre Gewinne aus der Veräußerung komplett steuerfrei. Diese vorteilhafte Regelung sollten Sie allerdings nicht nur bei Gewinnen beachten, sondern auch bei Buchverlusten, die sich noch innerhalb der Spekulationsfrist befinden.

Verkaufen Sie Verlustpositionen stets vor Ablauf der Spekulationsfrist!

Vorausschicken muss ich, dass mir eine steuerliche Beratung seitens des Verlages ebenso wie von Seiten der Aufsichtsbehörden nicht erlaubt ist. Deswegen müssen Sie detaillierte Steuerfragen mit einem versierten Steuerberater besprechen, der Ihnen auch individuelle, steuerliche Handlungsempfehlungen geben kann.

Nach meiner Erfahrung sind viele Krypto-Investoren aus Unwissenheit oder Bequemlichkeit der Auffassung, dass die Steuerthematik für sie keine Relevanz hat. Das kostet bares Geld, weil dadurch geldwerte Verlustvorträge – die für die Zukunft wertvoll sind – einfach ungenutzt verfallen, und wird gefährlich bei steuerpflichtigen Gewinnrealisierungen, da der Boom der Kryptowährungen auch bei den Finanzämtern zunehmend Begehrlichkeiten wecken wird. Es ist daher sehr wichtig, dass Sie Ihre Verlustpositionen vor Ablauf der Spekulationsfrist von einem Jahr veräußern, um die Verluste steuerlich zu realisieren. Anschließend können Sie Ihre veräußerten Cryptocoins umgehend zurückkaufen. Dadurch entsteht Ihnen ein geldwerter Puffer in Form eines anrechenbaren Verlustvortrags, den Sie für zukünftige steuerpflichtige Gewinne nutzen können. Ebenso kann es sinnvoll sein, Kryptowährungen außerhalb der Spekulationsfrist zu verkaufen, um die Gewinne zu realisieren, und anschließend wieder zu kaufen.

Effekt: Die Spekulationsfrist beginnt von Neuem und mögliche Verluste können zukünftig angerechnet werden, so dass Sie auch hier einen steuerrechtlich nutzbaren Verlustpuffer aufbauen. Hilfreich und empfehlenswert sind in diesem Zusammenhang Steuer-Dienstleister für Kryptowährungen:

Informationen: www.blockpit.io, www.accointing.com und www.cointracking.info

8. Die private und betriebliche Besteuerung von Kryptowährungen auf einen Blick

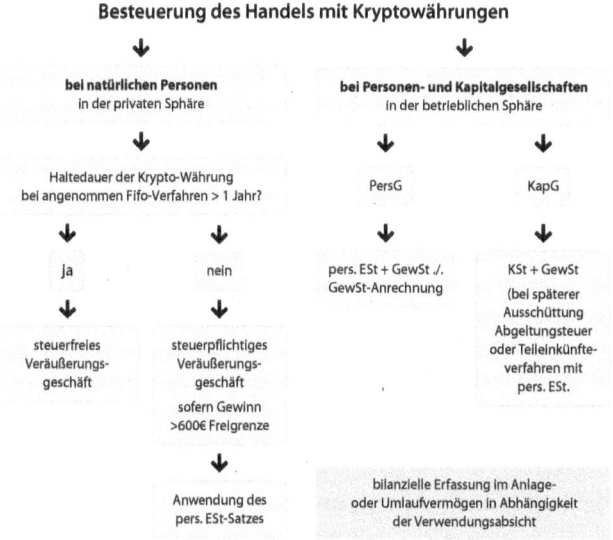

Quelle: Ebner Stolz

Falls Sie betrieblich für Ihr Unternehmen in Kryptowährungen investieren, müssen Sie die Gewinne und Verluste als gewerbliche Einkünfte versteuern beziehungsweise anrechnen. Bei Personengesellschaften (zum Beispiel GbR, KG, oHG) unterliegen die Einkünfte dann der Gewerbe- und Einkommensteuer, bei Kapitalgesellschaften (zum Beispiel AG, GmbH) der Körperschafts- und Gewerbesteuer. Nachfolgend die grundlegenden Parameter der Besteuerung.

Fazit und Empfehlung: Für individuelle Fragen ist es unerlässlich, einen auf Kryptowährungen spezialisierten Steuerberater beziehungsweise Fachanwalt für Steuerrecht zu konsultieren. Hier kann ich Ihnen auf Basis umfassender Erfahrungen die nachfolgenden beiden Kanzleien empfehlen:

Winheller Rechtsanwälte und Steuerberater: www.winheller.com
SBS LEGAL: www.sbs-legal.de

9. Wie sichere ich den Zugriff auf meine Krypto-Assets für den Krankheits- oder Todesfall?

Der tragische Fall von Matthew Mellon und seiner Familie ist ein ebenso lehrreiches wie tragisches Musterbeispiel im Zusammenhang mit der Verwaltung von Kryptowährungen im Falle eines persönlichen Schicksalsschlages. Matthew Mellon war ein wohlhabender Unternehmersohn, der bereits 1985 in jungen Jahren von seinem Vater 25 Millionen US-Dollar erbte. Damit war er überfordert, er verprasste das Geld größtenteils.

2012 investierte er 2 Millionen US-Dollar in die Cryptocoin Ripple (XRP). Im Januar 2018 war diese Investition rund 1 Milliarde US-Dollar wert. Im April 2018 verstarb Mellon im Alter von 54 Jahren an einem Herzinfarkt, der auf seinen langjährigen Drogenmissbrauch zurückzuführen war. Die Zugangscodes zu seinen sicheren Ripple-Wallets nahm er offensichtlich mit ins Grab. Seine Familie hat keinen Zugriff auf das digitale Millionenvermögen, da Mellon keine Vorsorgemaßnahmen traf.

Setzen Sie auf das KISS-Prinzip: Die einfachsten Maßnahmen sind die besten

Sie kennen vermutlich das KISS-Prinzip, das vom englischen »Keep it simple, stupid« abgeleitet ist. Übersetzt bedeutet dieses Prinzip, dass es häufig am besten ist, Maßnahmen zu ergreifen, die einfach und idiotensicher sind. Deswegen rate ich Ihnen zu einem Hinweis auf Ihre Kryptobestände in Form von Konten bei Kryptobörsen und Wallets in Ihrem Testament. Halten Sie ihr Vermögen auf einer Kryptobörse wie bitcoin.de oder bitpanda.com, können Ihre Nachkommen mit einem Erbschein oder Testament die Plattformen zur Übertragung der digitalen Vermögenswerte veranlassen.

Bei internationalen Plattformen wie Binance, Coinbase oder Kraken ist das jedoch weit schwieriger. Deswegen rate ich Ihnen generell zu einem Hinweis in Ihrem Testament auf ein Bankschließfach, in dem Sie eine Aufzeichnung Ihrer Kryptokonten, Zugangscodes oder *Private Keys* verwahrt haben. Nutzen Sie Wallets wie den Ledger Nano S, sollten Sie im Schließfach auch einen *Recovery Seed* hinterlegen, so dass Erben die *Private Keys* bei Bedarf auf einem neuen Ledger ganz einfach wiederherstellen können.

Haben Erben oder Vertraute überhaupt keine Erfahrungen mit der Krypto-Thematik, sollten Sie eine kurze Anleitung mit in das Schließfach legen, was im Todesfall grundlegend zu tun ist, um auch an die digitalen Vermögenswerte zu gelangen. Gleiches können Sie auch in Ihre Vorsorgevollmacht aufnehmen für den Fall, dass Sie nicht mehr handlungsfähig sind, beispielsweise im Zuge einer schweren Erkrankung wie einer Alzheimer-Demenz, deren Wahrscheinlichkeit bei vielen Menschen mit zunehmendem Alter immer häufiger eintritt. Ich rate Ihnen darüber hinaus als Vorsorgemaßnahme grundsätzlich dazu, eine Vertrauensperson frühzeitig in die administrative Krypto-Thematik einzubinden.

10. Franck Muller Encrypto: Die wertvolle Kombination aus zwei Investment-Welten!

Nach meiner festen Überzeugung sind Limitierungen in der aktuellen Zeit uferloser Geldschwemmen und in ihrer Kaufkraft verfallender Papiergeldwährungen die Basis für Werterhalt und Wertsteigerungen in der Zukunft. Gold ist natürlich limitiert in der Erdkruste, der Bitcoin ist mathematisch limitiert in der Blockchain.

Heute widme ich mich einmal einer Investment-Kombination aus »alter Welt« und »neuer Welt«, weil ich mittlerweile von drei Anlegern geradezu begeisterte Rückmeldungen erhalten habe. Hintergrund sind meine Empfehlungen für alternative beziehungsweise mobile Sachwerte, die ich regelmäßig den Lesern meines Wirtschaftsmagazins *Kapitalschutz vertraulich* (www.kapitalschutz.at) an die Hand gebe. Hier empfehle ich beispielsweise regelmäßig ausgesuchte Luxusuhren der legendären Schweizer Uhrenmarke Rolex als alternative Kapitalschutz-Investments.

Viele neue und interessante Rolex-Modelle (Pepsi, Batman, Deepsea) sind allerdings kaum noch über Händler zu erhalten und erzielen umgehend massive Preissteigerungen. Deswegen mache ich mich fortlaufend auch auf die Suche nach weiteren Alternativen. Vor einiger Zeit hat einer meiner Leser angemerkt, dass die Kombination von Bitcoin und Rolex eine perfekte Anlage für ihn wäre, die es leider noch nicht gibt. Hier gibt es sehr wohl eine Möglichkeit!

Quelle: Franck Muller

Die Encrypto-Bitcoin-Uhren sind – pro Modellreihe – auf 500 Stück limitiert

Die Luxusuhren von Franck Muller werden unter der Markenbezeichnung »Encrypto« (Bild: prnewswire) zusammen mit einer USB-Wallet verkauft, auf der der private Schlüssel *(Private Key)* der Kryptowährung sicher verwahrt wird, anlog einer Hardware-Wallet wie dem Ledger, Trezor oder dem Keepkey. Die öffentliche Bitcoin-Walletadresse *(Public Key)* der jeweiligen Uhr ist als QR-Code auf dem Zifferblatt eingraviert. Franck Muller arbeitet bei der Produktion der Uhren mit dem renommierten Edelmetall- und Spezialanbieter für Kryptowährungen Regal Assets *(www.regalassets.com)* zusammen.

Die Encrypto-Uhrenserie ist streng limitiert bei einer Auflage von jeweils 500 Stück. Je nach Ausstattung kosten die Uhren zwischen 11 280 und 59 790 Schweizer Franken (10 500 bis 54 500 Euro). Ich bewerte die limitierten Encrypto-Uhren von Franck Muller nicht nur als solide Hardware-Wallets für die Verwahrung von Bitcoins, sondern auch als lukrative Sammlerobjekte, verbunden mit einem Wertsteigerungspotenzial. Umfassende Hintergrundinformationen und Bilder finden Sie auf der offiziellen Internetseite.

Informationen: www.franckmullerencrypto.com

11. So einfach machen Sie Ihre Hardware-Wallet zum Tresor für Bitcoin-Sparpläne

Nicht nur die Superreichen und institutionellen Großinvestoren haben den Bitcoin mittlerweile als digitales Gold und eigenständige Anlageklasse entdeckt, sondern auch zahlreiche Kleinanleger haben den Bedarf, in regelmäßigen Abständen und mit überschaubaren Beträgen in Kryptowährungen zu investieren. Bei der Kryptobörse Bitpanda.com aus Österreich haben Sie auch die Möglichkeit, ganz einfach, mit wenigen Klicks, Sparpläne auf die gelisteten Kryptowährungen anzulegen. Ebenso stehen Ihnen Sparplan-Funktionen auf die Edelmetalle Gold, Silber, Platin und Palladium zur Verfügung.

Mich erreichen dabei stets auch sehr viele Fragen zu den Möglichkeiten, für minderjährige Kinder oder Enkelkinder Krypto-Sparpläne anzulegen, da diese in der Regel aufgrund ihres Alters keine Konten bei Krypto-Börsen eröffnen können. Gleichzeitig haben auch zahlreiche Leser den Wunsch, einen Sparplan direkt auf eine sichere Hardware-Wallet wie den Ledger einzurichten, der beispielsweise sicher in einem Schließfach in der Schweiz oder in Liechtenstein – gemeinsam mit physischen Gold- und Silberanlagen oder Diamanten – verwahrt wird.

Einfach und sicher: Der Bitcoin-Sparplan von Coinfinity

Eine ebenso einfache, sichere, flexible und auch kostengünstige Möglichkeit, einen Bitcoin-Sparplan auf eine Wallet-Adresse Ihrer Wahl einzurichten, bietet Ihnen das ebenfalls in Österreich regulierte Krypto-Unternehmen Coinfinity mit seinem Bitcoin-Sparplan. Dadurch haben Sie die Möglichkeit, eine oder mehrere neue Bitcoin-Adressen auf einem Ledger oder Trezor anzulegen und diese regelmäßig zu besparen, indem Sie ganz bequem einfach nur einen Dauerauftrag bei Ihrer Bank anlegen. Vierteljährlich, monatlich, wöchentlich oder täglich, ganz, wie es Ihnen beliebt, ganz flexibel ohne Mindestanlage. Auch für Partner, Ihre Kinder oder Enkelkinder können Sie somit einen sicheren Ledger kaufen, diesen regelmäßig besparen und sicher verwahren. Ebenso können Sie eine Card-Wallet nutzen oder eine sonstige Wallet, zu der Sie Vertrauen haben und bei der Sie Ihre *Private Keys* selbst in der Hand haben.

Über die Internetseite www.bitcoinsparplan.at können Sie sich ganz be-

IV. Praxistipps zu Blockchain-Anwendungen und Krypto-Anbietern

quem online registrieren und einmalig legitimieren. Anschließend können Sie umgehend loslegen und Ihre Bitcoin-Sparpläne anlegen. Die Gebühr für diesen Service beträgt lediglich 1,5 Prozent. Das ist top! Selbstverständlich können Sie auch flexibel weitere Zuzahlungen von Ihrem Bankkonto tätigen, Ihre Bitcoins werden umgehend auf Ihre Wallet übertragen.

Informationen: www.bitcoinsparplan.at

12. Wie übertrage ich den Google Authenticator (2FA-Codes) auf mein neues Smartphone?

Die Zwei-Faktor-Authentifizierung (2FA) ist ein wirkungsvoller zusätzlicher Schutz für Ihr Konto und Ihre Wallet bei einer Krypotbörse. Mittels der 2FA-Authentifizierung – beispielsweise der von mir empfohlenen kostenlosen App Google Authenticator – erzeugt Ihr Smartphone einmalige Sicherheitsschlüssel. Das schützt Ihre digitalen Vermögenswerte vor einem Diebstahl durch Internet-Kriminelle, beispielsweise für den Fall, dass Ihre Passwörter gestohlen oder Ihre Zugangsdaten bei einer Kryptobörse gehackt werden.

Die obige Frage im Zusammenhang mit der 2FA-Authentifizierung habe ich in letzter Zeit außergewöhnlich häufig bekommen. Offensichtlich haben viele unter Ihnen aktuell Ihr Smartphone gewechselt. Ich erhalte diese Fragestellung stets dann verstärkt, wenn beispielsweise Apple ein neues iPhone einführt oder wie aktuell mit Samsung der weltweit größte Smartphoneproduzent sein neues Galaxy S 10 mit Krypto-Wallet auf den Markt gebracht hat, das sich zahlreiche Leser zugelegt haben. Wenn Sie jetzt ein neues Smartphone haben, dann ist die Übertragung beziehungsweise die Synchronisation von Daten – wie die Ihrer Kontakte und Telefonnummern – relativ einfach durchführbar.

Auf Sicherheits-Apps wie den Google Authenticator trifft das nicht zu. Viele Anwender installieren jetzt einfach den Google Authenticator auf dem neuen Smartphone und versuchen, sich mit den neu generierten Zugangsschlüsseln in ihr Konto bei einer Kryptobörse einzuloggen. Das funktioniert aus Sicherheitsgründen natürlich nicht, sonst wären ja die so wichtigen Sicherheitsfunktionen ad absurdum geführt. Sie haben hier zwei Möglichkeiten:

1. **Nutzung des Wiederherstellungscodes:** Den Wiederherstellungscode (*Recovery Code* oder *Backup-Code*) erhalten Sie bei Installation beziehungsweise Aktivierung der 2FA-Authentifizierung von Ihrer Kryptobörse angezeigt. Diesen sollten Sie aufschreiben oder ausgedruckt an einem sicheren Ort verwahren. Mit diesem Wiederherstellungscode können Sie Ihre 2FA-Authentifizierung selbst zurücksetzen und anschließend auf Ihrem neuen Smartphone aktivieren.

2. **Deaktivierung und Neuinstallation:** Ich weiß, dass dieser Code häufig nicht notiert wird oder mit der Zeit schlicht vergessen oder verloren wird. Das geht mir selbst so. Wenn ich ein neues Smartphone kaufe und anschließend konfiguriere, gehe ich wie folgt vor: Ich logge mich mit meinem alten Smartphone beispielsweise auf mein Konto bei Bitpanda.com ein. Dann deaktiviere ich die 2FA-Authentifzierung. Anschließend nehme ich ganz einfach mein neu erworbenes Smartphone und aktiviere die 2FA-Authentifizierung wieder.

13. Fiat, Edelmetalle und Krypto: Die Bitpanda Card kombiniert drei Geldsysteme!

Die Kryptobörse beziehungsweise Fintech-Plattform *www.bitpanda.com* bietet Ihnen eine direkte Schnittstelle von der Währungswelt unseres konventionellen Geld- und Bankensystems zum Segment der physischen Edelmetalle und der innovativen Kryptowährungen. Die Bitpanda Card, für die als Kooperationspartner VISA fungiert, bietet Anlegern mit einem Wohnsitz innerhalb der 19 Staaten der Euro-Zone dafür umfassende Möglichkeiten. Sie können alle auf Bitpanda zugänglichen Anlageklassen flexibel mit Ihrer Bitpanda Card verknüpfen.

Das sind neben den Edelmetallen Gold, Silber, Platin und Palladium sowie den Fiat-Währungen Euro, Schweizer Franken, Britisches Pfund, US-Dollar und Türkische Lira mittlerweile mehr als 60 Kryptowährungen, allen voran natürlich der Bitcoin als digitales Gold und Krypto-Weltleitwährung. Weltweit stehen Ihnen dadurch rund 60 Millionen VISA-Akzeptanzstellen zur Verfügung. Die für die Zahlungsabwicklung verwendete Anlageklasse können Sie auch kurzfristig vor einem Zahlungsvorgang über Ihre Bitpanda-App auf Ihrem Smartphone flexibel ändern.

Top-Konditionen mit zusätzlichen Rückvergütungen in Bitcoin

Das ist natürlich bei allen Edelmetallen, Fiat-Währungen und Kryptowährungen möglich und in dieser Form bislang einzigartig. Die Konditionen sind ebenfalls top. Für Ihre Bitpanda Card fallen keine Kartenausstellungsgebühren, keine monatlichen Kontogebühren und auch keine wiederkehrenden Karten- und Kontoverwaltungsgebühren an. Auch Zahlungen in Euro werden völlig gebührenfrei durchgeführt. Einzig für Zahlungen in den Nicht-Euro-Währungen (US-Dollar, Schweizer Franken, Britisches Pfund oder Türkische Lira) sowie Abhebungen an Geldautomaten fallen Gebühren an. Mit jedem Einkauf, den Sie mit Ihrer Bitpanda-Karte in Geschäften oder online im Internet tätigen, erhalten Sie darüber hinaus eine Rückvergütung *(Cash Back)* in Bitcoin. Bestellen können Sie Ihre Bitpanda Card direkt über Ihr Konto im Menüpunkt »Karte«.

Quelle: bitpanda
Informationen: www.bitpanda.com/de/card

14. Blockexplorer: So überprüfen Sie einfach Ihre Transaktionen und Wallets

Bei Ihren Banken kontrollieren Sie grundlegend zwei Bereiche. Zum einen Ihren Kontostand, zum anderen die eingehenden und ausgehenden Überweisungen und Abbuchungen. Dazu hat man sich vor wenigen Jahren noch Kontoauszüge in der Bank abgeholt oder zuschicken lassen, später Telefon-Banking und Kontoauszugsdrucker genutzt und mittlerweile Online- und Mobile-Banking. Das bedeutet, Sie loggen sich über Ihren PC, Laptop oder

14. Blockexplorer: So überprüfen Sie einfach Ihre Transaktionen und Wallets

Ihr mobiles Endgerät wie Ihr Smartphone oder Tablet in Ihr Online-Banking ein. Über die Website Ihrer Bank oder mittels Nutzung einer App. Bei Kryptobörsen gilt grundlegend die gleiche Vorgehensweise. Allerdings können Sie Transaktionen und Bestände auf Ihrer Wallet auch prüfen, ohne dass Sie sich einloggen müssen: über die Daten in den jeweiligen Blockchains. Dafür gibt es frei zugängliche sogenannte »Blockexplorer« für jede einzelne Kryptowährung. Hier geben Sie – oder kopieren Sie – einfach Ihre öffentliche Walletadresse *(Public Key)* ein und schon sehen Sie Ihre Transaktionen und Bestände. Ebenso können Sie nach Käufen auf reinen Krypto-Handelsbörsen Ihre Transaktions-ID zur Nachverfolgung eingeben.

Blockexplorer zu wichtigen Kryptowährungen:

Bitcoin (BTC)	www.blockstream.info	Ethereum (ETC)	www.etherscan.io
Litecoin (LTC)	www.blockchair.com/litecoin	Stellar (XLM)	www.stellarscan.io
Ripple (XRP)	www.bithomp.com/explorer/	NEO (NEO)	www.neoscan.io
Dash (DASH)	www.blockchair.com/dash	EOS (EOS)	www.eosflare.io
Cardano (ADA)	www.cardanoexplorer.com	IOTA (MIOTA)	www.thetangle.org
Qtum (QTUM)	www.qtum.info	Zcash (ZEC)	www.chain.so/zcash

Blockexplorer schützen Sie auch vor dubiosen Krypto-Investmentsystemen!

Tag für Tag erhalte ich Zuschriften im Zusammenhang mit angeblich neuen Kryptowährungen oder sonstigen Krypto-Geschäftsmodellen. Meist in den Bereichen *Lending, Mining, Staking*, vor allem aber im Bereich *Trading*. Viele dieser Systeme basieren dabei auch auf Empfehlungs-Marketing beziehungsweise Multi-Level-Marketing (MLM). Dabei werden die unterschiedlichsten Krypto-Investmentmodelle durch Privatpersonen (Leader, Sponsoren) angepriesen und vermittelt. Dafür fließt stets eine hohe Provision an den Empfehlungsgeber. BitClub Network, OneCoin oder PlusToken waren derartige Schneeballsysteme, die mittlerweile gescheitert sind. Zahlreiche weitere sind aktuell am Markt, häufig auch mit eigenen Kryptowährungen. Nicht selten gibt es zu diesen Kryptowährungen allerdings nicht einmal einen Coin oder Token, der transparent auf einer Blockchain verbucht wird.

Wenn Sie also mit einem angeblich neuen oder hochlukrativen »ABC-Coin« oder »XYZ-Token« konfrontiert werden für ein Investment, fragen Sie nach dem Blockexplorer. Ich sehe fortlaufend Praxisfälle, in denen angeblich so innovative, revolutionäre neue Kryptowährungen nicht über eine Blockchain abgewickelt werden. Das bedeutet: Investoren werden lediglich dubiose »digitale Gutscheine« verkauft, für die in der Regel gilt: Betrugsalarm – Finger weg!

15. WISE bietet Ihnen jetzt zehn internationale Kontonummern plus Multiwährungskarte

Vor rund zehn Jahren wurde TransferWise mit dem Ziel gegründet, den internationalen Zahlungsverkehr zu revolutionieren. Auslandsüberweisungen in Fremdwährungen konnten seither weit günstiger angeboten werden als von klassischen Banken. Heute hat das innovative Fintech-Unternehmen über zehn Millionen Kunden. Jetzt folgt der nächste große Schritt. Im Zuge der Umbenennung in »WISE« wird das internationalste Bankkonto der Welt angestrebt, das weit über reine Geldtransfer-Dienstleistungen hinausgeht. Ich nutze WISE fortlaufend, vor allem auch in Kombination mit meinen Transaktionen bei Auslandsbanken und Kryptobörsen. Ich bin davon überzeugt, dass es nur noch eine Frage der Zeit ist, bis WISE auch direkt Krypto-Services integriert.

WISE bietet ihnen rund 60 konventionelle Währungen

Das jetzt unter dem Namen »WISE« auftretende Unternehmen hat bereits im Jahr 2017 ein Multiwährungskonto eingeführt, mit dem Sie mittlerweile 56 verschiedene Währungen verwalten können. Überweisungen sind in über 70 Länder möglich. Die Eröffnung und Verwaltung des Kontos sind einfach. Die einzelnen Währungen können Sie innerhalb Ihres Multiwährungskontos zu Topkonditionen tauschen. Die Multiwährungskarte können Sie in über 200 Ländern weltweit einsetzen.

15. WISE bietet Ihnen jetzt zehn internationale Kontonummern plus Multiwährungskarte

Neben Millionen Händlern und Online-Shops können Sie im Bedarfsfall auch Bargeld an rund 2,3 Millionen Geldautomaten abheben. Sie erhalten bei WISE nicht nur 56 Fremdwährungskonten und eine Multiwährungskarte, sondern auch echte, lokale Bankverbindungen mit eigenständigen Kontonummern für mittlerweile zehn Währungen. Die Abwicklung funktioniert so einfach, als ob Sie eigenständige Konten in diesen Ländern hätten. Ich weiß von Lesern, die Miet- oder Renteneinnahmen im Zusammenhang mit Auslandsimmobilien über WISE abwickeln und somit die Komplexität und die Kosten zahlreicher Auslandskonten massiv reduzieren konnten.

Land/Region	Währung	Konto-Spezifikationen
Großbritannien	Britisches Pfund (GBP)	UK Sort Code, Kontonummer und IBAN
Euro-Zone	Euro (EUR)	Bankcode (SWIFT/BIC) und IBAN
USA	US-Dollar (USD)	Routing-Nummer und Kontonummer
Australien	Australischer Dollar (AUD)	BSB-Code und Kontonummer
Neuseeland	Neuseeland-Dollar (NZD)	Kontonummer
Singapur	Singapur-Dollar (SGD)	Bankcode, Bankname und Kontonummer
Rumänien	Rumänischer Leu (LEI)	Bankcode (SWIFT/BIC) und Kontonummer
Kanada	Kanadischer Dollar (CAD)	Institutions-Nummer und Transit-Nummer
Ungarn	Ungarischer Forint (HUF)	Kontonummer
Türkei	Türkische Lira (TRY)	Bankname und IBAN

Kartenzahlungen und Auslandsüberweisungen: Nutzen Sie die Multiwährungs-Funktionen!

WISE ist keine Bank, sondern ein Fintech-Unternehmen. Der große Unterschied: Kontoführung und Zahlungsverkehr sind gebührenfrei, die bei Banken teuren Wechselkurse sind bei WISE einzigartig günstig. Dennoch ist die Sicherheit Ihrer Einlagen als sehr hoch zu bewerten. Reguliert wird WISE von der National Bank of Belgium sowie zahlreichen weiteren internationalen Behörden. WISE bewahrt Ihre Gelder zu 100 Prozent bei führenden Finanzinstituten wie JPMorgan Chase, Deutsche Bank oder Barclays auf. Ihre Gelder auf den Konten sind somit von der WISE-Geschäftstätigkeit getrennt, so dass sie im Falle eines Konkurses von WISE geschützt sind. Darüber hinaus können Sie WISE perfekt mit Ihren bestehenden Bankverbindungen in der sicheren Schweiz oder im Fürstentum Liechtenstein kombinieren, so dass Sie im Bedarfsfall Gelder via WISE kostengünstig und flexibel konvertieren und auf Ihr Multiwährungskonto transferieren können. Dadurch erreichen Sie zusätzliche Schutzeffekte für Ihr Geld. Anschließend können Sie mit Ihrer WISE-Multiwährungskarte kostengünstig darüber verfügen.

Die Multiwährungs-Mastercard von WISE ist mittlerweile auch mein Zahlungsverkehrsmedium Nummer eins, das ich im Alltag fast täglich verwende. Für Zahlungen in Geschäften vor Ort, für Online-Transaktionen bei Internet-Einkäufen und auch für gelegentliche Bargeldabhebungen an Automaten. Meine WISE-Multiwährungskarte lässt sich dabei bequem auch für Mobile Payments über die Dienste Apple Pay und Google Pay nutzen, so dass ich meinen eigenen Geldautomaten bequem und sicher in mein Smartphone integriert habe. Die Internetseite von WISE steht Ihnen auch in deutscher Sprache zur Verfügung.

Informationen: www.wise.com

16. Goldmoney: Das digitale Edelmetall-Geldsystem

Im Zuge der Coronavirus-Krise hat sich mehr als bestätigt, wie wichtig digitale Zugänge zu global aktiven Goldhändlern und Verwahrern von Edelmetallen sind. Vor diesem Hintergrund gehe ich heute auf die Möglichkeiten bei Goldmoney aus Kanada ein, die vielen Anlegern noch gar nicht bekannt sind, beispielsweise den »Active Trader«, die »Metal Transfers« oder »Goldmoney Physical«.

Goldmoney bietet Ihnen eine weltweite Tresorverwahrung: von Asien über die Schweiz bis Kanada

Das börsennotierte Unternehmen Goldmoney *(www.goldmoney.com)* mit Sitz in Toronto, Kanada, offeriert Ihnen als Investor ein sicheres, innovatives und sehr umfassendes Dienstleistungsangebot. Zur Auswahl stehen mittlerweile bankenunabhängige Hochsicherheitstresore in London, Zürich, Hongkong, Frankfurt, Toronto, Ottawa, Singapur, Dubai und New York.

Ich kenne keinen anderen Anbieter im Ausland, bei dem Sie derart umfassende Möglichkeiten haben. Goldmoney ist bestens aufgestellt und wird seine innovativen digitalen Dienstleistungen in Zukunft weiter ausbauen.

Seit über 15 Jahren bin ich bereits Kunde bei Goldmoney. Ich kenne den – in der Edelmetallbranche – legendären Gründer James Turk sehr gut, auch wenn ich ihn seit vielen Jahren nicht mehr persönlich getroffen habe. Goldmoney ist nicht nur ein Top-Edelmetallanbieter, sondern aufgrund seiner hochdigitalisierten Dienstleistungen auch ein attraktives Fintech-Unternehmen. Zu Jahresbeginn 2021 hat Goldmoney mit »Totenpass« eine bislang geheim gehaltene Entwicklung veröffentlicht.

Die bislang geheime Neuentwicklung von Goldmoney birgt Mega-Chancen

»Totenpass« ist ein deutscher Begriff, der für eingeschriebene Tafeln oder Metallblätter verwendet wird, die früher für Bestattungen Verwendung fanden, beispielsweise im alten Ägypten, als »Reisepass für die Toten«. Bekannt sind hier die Totenpässe in Form von in Goldtafeln gestanzten Zeichen. Auf diesem Prinzip aufbauend hat das Unternehmen Totenpass Inc. – an dem Goldmoney mit 55 Prozent beteiligt ist – seit dem Jahr 2017 vertraulich eine neue Dienstleistung entwickelt.

Hinter Totenpass steht ein permanentes digitales Speicherlaufwerk aus massivem Gold, das keine Energie benötigt und keine beweglichen Teile enthält. Digitale Daten werden dabei über einen durch die Totenpass Inc. entwickelten Lichtbeugungsprozess auf ein Laufwerk geschrieben. Dadurch können Bilder, Dokumente und andere Dateien gedruckt werden, die entweder ohne Hilfe von Computern für Menschen lesbar sind, oder sie können – beispielsweise mit einem Smartphone – maschinenlesbar gespeichert werden. Erste Informationen finden Sie auf www.totenpass.com.

Die neue Totenpass-Technologie ermöglicht die dauerhafte Speicherung wertvoller digitaler Daten, wodurch jegliche zukünftige Abhängigkeit vom Internet und den enormen Energiemengen, die derzeit zum Speichern von Inhalten erforderlich sind, beseitigt wird. Infolgedessen kann die Totenpass-Technologie sowohl Einzelpersonen als auch Unternehmen die Möglichkeit geben, ihre wertvollen digitalen Daten ein für alle Mal zu dezentralisieren, zu bewahren und vollständig zu kontrollieren.

Informationen: www.goldmoney.com

17. Swissquote: Die Bank für Krypto- und Fintech-Investoren

Vom klassischen Wertpapierhandel von Aktien, Investmentfonds oder ETFs über den börslichen wie außerbörslichen Handel von derivativen Finanzprodukten (zum Beispiel Optionsscheinen und Zertifikaten), den Devisenhandel (Forex) und Fremdwährungskonten und einer digitalen Vermögensverwaltung (Robo Advisor) bis hin zum Handel mit Kryptowährungen hat die Swissquote Bank enorm viel zu bieten. Seine Innovationsfähigkeit hat der Pionier im Schweizer Online-Banking in den letzten Jahren bewiesen.

Im Jahr 2017 hat Swissquote als erste Bank fünf Kryptowährungen (Bitcoin, Bitcoin Cash, Ethereum, Litecoin und Ripple) über eine Kooperation mit der Kryptobörse www.bitstamp.com in das Dienstleistungsangebot mit aufgenommen, so dass Swissquote-Kunden auch ein einfacher und sicherer Zugang zur so zukunftsträchtigen Anlageklasse der Kryptowährungen möglich ist. Mittlerweile stehen über 20 Kryptowährungen bei Swissquote zur Verfügung.

Mit Swissquote schlagen Sie mehrere Fliegen mit einer Klappe. Sie können Wertpapiere günstig handeln und sicher außerhalb der EU-Systeme verwahren. Sie erhöhen mit einem Swissquote-Auslandskonto in der Schweiz Ihre finanzielle Flexibilität signifikant. Außerdem schützen Sie sich vor einer direkten Mithaftung über die Bankenunion, wenn es zu einer Schieflage im EU-Bankensystem kommen sollte. Sie erhalten automatisch Konten in Euro, US-Dollar und Schweizer Franken. Weitere Fremdwährungskonten können Sie ganz einfach auf Knopfdruck eröffnen. Da die Schweiz an das Europäische Zahlungsverkehrssystem SEPA angeschlossen ist, können Sie Ihr Swissquote-Konto auch für den normalen Zahlungsverkehr nutzen. Eine Überweisung kostet dabei pauschal 2 Euro beziehungsweise Schweizer Franken.

Ich schätze an Swissquote neben dem Kauf von (Fintech) Aktien und börsengehandelten Indexfonds (ETFs) vor allem die Schnittstellenfunktion zwischen der neuen Welt der Kryptowährungen und der konventionellen Welt der Fiat-Währungen. Bitcoin und Ethereum können zu Swissquote hin oder von Swissquote weg übertragen werden. Des Weiteren gibt es eine Multiwährungskarte mit zwölf Fremdwährungen. Sollten Sie noch kein Banken- beziehungsweise Swissquote-Standbein in der Schweiz haben, dann nehmen Sie diesen wichtigen Schritt spätestens jetzt in Angriff.

Informationen: www.swissquote.ch

18. FlowBank: Die junge Digitalbank aus der Schweiz

Der Weg zurück zur Normalität oder die Gewöhnung an eine derzeit so häufig zitierte »neue Normalität« infolge der Coronavirus-Schäden wird für viele Menschen lang und steinig. Die Digitalisierung wird auf jeden Fall ein wesentlicher Bestandteil dieser veränderten neuen Welt sein. Für Sie gilt: Nutzen Sie die Chancen der Digitalisierung und schützen Sie sich gleichzeitig vor den drohenden Gefahren der Corona-Folgen für das Bankensystem. Mit einem Konto bei der neuen FlowBank aus der Schweiz schlagen Sie beide Fliegen mit einer Klappe.

Dank EDIS gehen EU-Bankencrashs voll zu Lasten der EU-Bankkunden

Derzeit sind in der Europäischen Union alle Bankguthaben bis zur relativ hohen Summe von 100 000 Euro pro Konto und Kunde gesetzlich garantiert. Auf diese von der Politik und den Banken immer wieder betonte Einlagensicherung vertrauen die meisten Bürger leider nach wie vor. Die Europäische Einlagensicherung EDIS (European Deposit Insurance Scheme) wird Ihnen als Bankkunde dabei verharmlosend als »EU-Bankenunion« verkauft. Eine gemeinschaftliche Haftung würde die Sicherheit Ihres Bankkontos erhöhen.

Genau das Gegenteil ist aber der Fall, weil Sie als Kontoinhaber bei einer deutschen oder österreichischen Bank im Krisenfall auch für Ausfälle bei italienischen oder griechischen Pleitebanken in die Mithaftung genommen werden können. So wie deutsche Steuerzahler über den Europäischen Stabilitätsmechanismus ESM (European Stability Mechanism) für Schieflagen von Krisenländern haften, so werden Kunden solider Banken zukünftig über EDIS zusätzlich für Krisenbanken haften.

Der Europäische Stabilitätsmechanismus ESM macht aus den Bürgern und Steuerzahlern Deutschlands sozusagen eine Gesellschaft mit unbeschränkter Haftung für alle anderen EU-Länder. EDIS ist darauf aufbauend eine zusätzliche EU-Staatsversicherung, bezogen auf die Bankkonten der Bürger. Die möglichen Einschläge kommen dabei immer näher. Ein wesentlicher Bestandteil von EDIS ist der Einheitliche Abwicklungsausschuss SRB (Single Resolution Board), der die ordnungsgemäße Abwicklung von insolvenzbedrohten Finanzinstituten gewährleisten soll, und zwar mit möglichst geringen Auswirkungen auf die Realwirtschaft und die öffentlichen Finanzen der teilnehmenden EU- und anderer Länder. Alle EU-Länder bereiten sich mittlerweile auf Bankenpleiten vor, so auch die BaFin, was sich auch belegen lässt.

Alarmsignal: Die BaFin sucht bereits zusätzliche Mitarbeiter für den Bereich »Bankenabwicklung«

So sucht die Bundesanstalt für Finanzdienstleistungsaufsicht (BaFin) aktuell auf ihrer offiziellen Internetseite unter *www.bafin.de/stellenangebote* seit dem 20.11.2020 mehrere neue Mitarbeiter für den Bereich »Bankenabwicklung«.

18. FlowBank: Die junge Digitalbank aus der Schweiz

Wörtlich werden die Aufgaben in der Stellenanzeige so beschrieben: »Als Teil des für die Abwicklung zuständigen Bereiches werden Sie aktiv, wenn es darum geht, Banken bei Bedarf ohne Gefahr für die Stabilität des Finanzmarktes abwickeln zu können.« Darüber hinaus steht in der öffentlich einsehbaren Stellenanzeige: »Dazu gehört u. a. die Bearbeitung von Grundsatzfragen und Ausarbeitung der Methoden und Instrumente der Abwicklungsplanung bzw. Abwicklung von Banken und Finanzmarktinfrastrukturen, z.B. hinsichtlich der Mindestanforderungen an Eigenmittel und berücksichtigungsfähige Verbindlichkeiten (MREL) und der Gläubigerbeteiligung (Bail-in).« Das für Sie als Bankkunden wichtigste Wort, das alle Alarmglocken läuten lassen muss, lautet »Gläubigerbeteiligung (Bail-in)«. Ihre Kontoguthaben und Einlagen bei Banken (Tagesgelder, Festgelder, Sparbücher, Sparbriefe) sind Kredite, die Sie an Ihre Bank vergeben. Somit sind Sie Gläubiger. Die Europäische Union hat in den letzten Jahren alle rechtlichen Voraussetzungen dafür geschaffen, dass bei einer einzelnen Bankenschieflage oder einem Bankencrash nicht mehr alle Steuerzahler haften *(Bail-out)*, sondern nur noch die Bankkunden *(Bail-in)* – allerdings alle EU-Bankkunden und nicht nur diejenigen der Bank, die in Schieflage gerät.

Diese Gefahr muss Ihnen jetzt angesichts der massiv gestiegenen Risiken für die Bankenstabilität nicht nur bewusst sein, Sie müssen darauf außerdem auch durch die verstärkte Nutzung von Banken außerhalb der EU-Systeme reagieren. Viele unter Ihnen haben bereits ein Bankenstandbein in der Schweiz; ich empfehle Ihnen, dieses jetzt weiter auszubauen. Die neu gegründete FlowBank bietet Ihnen dafür als innovative und regulierte Digitalbank, die in die soliden Bankwesengesetze der Schweiz eingebettet ist, hervorragende Rahmenbedingungen und Zukunftsperspektiven.

FlowBank: Ihr Vermögen in einem Schweizer Tresor!

Die FlowBank SA hat ihren Sitz in Genf und verfügt über eine Bankbewilligung der Schweizer Finanzmarktaufsicht FINMA. Die Digitalbank ist Mitglied in der esisuisse, das ist die eigenständige Einlagensicherung der Schweizer Banken, die von Haftungsrisiken für andere Staaten frei ist. Der zutreffende Werbeslogan der Bank ist: »Ihr Vermögen in einem Schweizer Tresor«. Die FlowBank hat keine Mindestanlagesummen und es fallen keine

Gebühren an, falls Sie keine Handelsaktivitäten durchführen. Die Depotgebühren betragen pro Jahr lediglich 40 Schweizer Franken (37 Euro). Das sind die günstigsten auf dem Schweizer Markt.

Für den Kauf von Aktien oder ETFs an der Schweizer Börse SIX fallen Kommissionen von lediglich 0,1 Prozent an – bei einer vertretbaren Mindestgebühr von 20 Schweizer Franken (18,50 Euro). In dieser Kommission ist die Schweizer Stempelsteuer – die zahlreiche Banken in der Schweiz zusätzlich berechnen – bereits enthalten. Weitere Börsengebühren fallen nicht an. Bei Fremdwährungstransaktionen fällt eine Gebühr von 0,5 Prozent an, was für eine Schweizer Bank ebenfalls eine Top-Kondition ist. Das Multiwährungskonto der FlowBank beinhaltet automatisch die folgenden 23 Fremdwährungen, die über einzelne IBAN-Kontonummern zugänglich sind:

Die 23 Devisen Ihres Multiwährungskontos bei der FlowBank

Euro (EUR)	US-Dollar (USD)	Britisches Pfund (GBP)
Kanadischer Dollar (CAD)	Ungarischer Forint (HUF)	Singapur-Dollar (SGD)
Australischer Dollar (AUD)	Thailändischer Baht (THB)	Türkische Lira (TRY)
Norwegische Krone (NOK)	Mexikanischer Peso (MXN)	Polnischer Złoty (PLN)
VAE Dirham (AED)	Israelischer Schekel (ILS)	Dänische Krone (DKK)
Japanischer Yen (JPY)	Schwedische Krone (SEK)	Hongkong-Dollar (HKD)
Schweizer Franken (CHF)	Neuseeland-Dollar (NZD)	Russischer Rubel (RUB)
Tschechische Krone (CZK)	Südafrikanischer Rand (ZAR)	

Mit einem Konto bei der FlowBank befinden sich Ihre Bankeinlagen außerhalb der in den letzten Jahren geschaffenen EU-Haftungs- und Umverteilungssysteme, die im Zuge der drohenden Schieflagen und anschließenden Abwicklungen bei EU-Banken schlagend werden können. Ich bin begeistert von den bereits bestehenden Möglichkeiten der Flowank und vor allem gespannt auf die umfangreichen Entwicklungen, die sich derzeit noch in der Planungs- und Entwicklungsphase befinden und die nach und nach eingeführt werden.

Die FlowBank ist heute – noch – keine Alternative zu dem von mir primär empfohlenen Schweizer Discountbroker Swissquote, aber eine perfekte Ergänzung mit großem Potenzial für die Zukunft. Je früher Sie ein Konto eröffnen und je schneller Sie sich mit den Entwicklungen befassen, desto besser für Ihre Digitalisierungs- und Kapitalschutz-Strategie. Auch als weitere wichtige Schnittstelle für Ihre Krypto-Investments in das klassische Fiat-Geldsystem.
Informationen: www.flowbank.com

19. Dukascopy aus der Schweiz bietet Ihnen ein mit Bitcoin aufladbares Konto

Derzeit sind die meisten Banken von der Integration von Krypto-Dienstleistungen noch relativ weit entfernt. Aufgrund Ihrer so zahlreichen Anfragen weiß ich, dass viele unter Ihnen auf der Suche nach einer soliden Bank sind, die heute schon das konventionelle SEPA-Überweisungssystem mit den so innovativen Krypto-Einzahlungsmöglichkeiten kombiniert. Beispielsweise für den Übertrag einer Kryptowährung von einer Kryptobörse, den Umtausch in eine Fiat-Währung (Euro, US-Dollar oder Schweizer Franken) und die Ausgabe beziehungsweise die damit verbundenen Bezahlmöglichkeiten über eine Bank- oder Kreditkarte. Eine derartige Möglichkeit gibt es bereits, ich nutze dafür die noch relativ unbekannte Dukascopy Bank aus der Schweiz.

Die Dukascopy Bank ist durch die Schweizer Finanzmarktaufsicht FINMA reguliert

Dukascopy wurde 2004 durch die Schweizer Andre und Veronika Duka gegründet. Die Dukascopy Bank SA ist eine Schweizer Bank mit Hauptsitz in Genf, welche internetbasierte, mobile Trading-Dienstleistungen mit Fokus auf Devisen und Edelmetalle sowie Bank- und Finanzdienstleistungen durch eigenentwickelte Technologien anbietet. Die Dukascopy Bank wird von der

Eidgenössischen Finanzmarktaufsicht FINMA sowohl als Bank als auch als Effektenhändler reguliert. Dadurch haben Sie als Anleger einen sehr hohen Kundenschutz, allen voran in Bezug auf Ihre Einlagen, da die gesetzliche Schweizer Einlagensicherung in Höhe von 100 000 Schweizer Franken (circa 90 000 Euro) zum Tragen kommt. Das unterscheidet Ihre Kontoführung bei der Dukascopy Bank ganz wesentlich von weit weniger stark regulierten E-Geld-Instituten, die über keine Banklizenz und Einlagensicherung verfügen.

Ducascopy bietet Ihnen eine Krypto-Schnittstelle zum Bankensystem

Die Dukascopy Bank SA bietet Ihnen eine empfehlenswerte Möglichkeit, Ein- und Auszahlungen mit Bitcoins (BTC) zu erledigen. Dafür hat die Schweizer Bank ein spezielles Kontomodell eingeführt. Alle Informationen finden Sie auf der nachfolgenden Internetseite über die Auswahl »Krypto« unter dem Menüpunkt »Per Bitcoin aufladbare Konten«.

Informationen: www.dukascopy.com

20. So einfach sparen Sie bei Auslandsüberweisungen bares Geld

Globalisierung und Digitalisierung führen dazu, dass Verbraucher und Kapitalanleger immer häufiger internationale Dienstleistungen in Anspruch nehmen. Dabei kommt es nicht selten auch zu teuren internationalen Zahlungen via Kreditkarte oder Auslandsüberweisung außerhalb des Europäischen Bank-Zahlungsverkehrssystems (SEPA). Zu diesem Thema erhalte ich regelmäßig Leseranfragen. Die Leser wünschen sich Empfehlungen zu günstigeren Bezahlmöglichkeiten zum Beispiel für Immobilien im EU-Ausland oder im Hinblick auf eine Einzahlung auf ein internationales Bankkonto in Amerika oder Asien.

Banken verrechnen bei Auslandsüberweisungen hohe, meist intransparente Gebühren

Im Zuge meiner Ausbildung zum Bankkaufmann war ich auch einige Monate in der Abteilung für Auslandszahlungsverkehr, ein äußerst lukrativer Geschäftsbereich der Bank. Ich kann mich noch sehr gut erinnern, wie intransparent und teuer Auslandsüberweisungen zum damaligen Zeitpunkt für die Kunden waren. Daran hat sich bei außereuropäischen Überweisungen nichts verändert.

Dabei kommt es immer wieder zu bösen Überraschungen, wenn zum Beispiel nur ein Teil des Überweisungsbetrags beim Begünstigten ankommt. Der Grund ist, dass sich bei Banküberweisungen Gebühren für den Auftrag (Grundgebühr), Margen beim Wechselkurs, Abwicklung durch zwischengeschaltete Korrespondenzbanken und zusätzliche Kosten der Empfängerbank summieren.

Die acht wichtigsten Kostenfaktoren bei Auslandsüberweisungen

Anbieterauswahl: Klassische Bank oder spezialisierter Dienstleister für Geldtransfers
Überweisungsart: SEPA-Überweisung oder internationale Drittstaatenüberweisung (EWR oder SWIFT)
Transferwährung: Euro oder Fremdwährung
Art der Entgeltoption bei der Bank des Absenders: Kostenübernahme, Kostenteilung oder Kostenweitergabe an den Überweisungsempfänger
Zusätzliche Kosten für zwischengeschaltete Korrespondenzbanken bei Banküberweisungen
Optionale Leistungen: Eil- beziehungsweise Blitzüberweisung oder beleghafte Überweisung
Höhe des Überweisungsbetrags
Zielland der Überweisung

Diese drei grundlegenden Überweisungsarten gibt es

Bei Überweisungen innerhalb Europas haben sich mit der Euro-Einführung und der EU-Zahlungsdiensterichtlinie für SEPA-Überweisungen erfreulicherweise kundenfreundliche Veränderungen ergeben. Wurde zu meiner Ausbildungszeit noch nur zwischen einer Inlands- und einer Auslandsüberweisung unterschieden, sind dagegen heute drei wesentliche Überweisungsarten zu beachten.

1. SEPA-Überweisungen

Der SEPA-Raum umfasst alle Staaten der Europäischen Union sowie die Schweiz, Monaco, San Marino, Liechtenstein, Island und Norwegen. Für Überweisungsvorgänge dient gemäß der Standardisierung für SEPA-Überweisungen die sogenannte IBAN-Nummer (International Bank Account Number). Eine SEPA-Überweisung ist an den Euro gebunden und kann daher nicht in einer anderen Währung oder auf ein Fremdwährungskonto durchgeführt werden. »SEPA« steht für »Single Euro Payments Area« und kennzeichnet den einheitlichen europäischen Zahlungsverkehrsraum. Anders als häufig angenommen wird, sind SEPA-Überweisungen nicht generell kostenlos. Sie sind in Ländern wie Deutschland oder Österreich aber überwiegend kostenlos, weil die meisten Banken – derzeit zumindest noch – Inlandsüberweisungen für Privatkunden kostenlos durchführen. Die EU-Zahlungsdiensterichtlinie legt nämlich fest, dass eine »SEPA-konforme-Überweisung« nicht mehr kosten darf als eine vergleichbare Inlandsüberweisung. Die Negativzinsphase zwingt allerdings immer mehr Banken dazu, ihre Gebührenmodelle grundlegend zu überarbeiten, um neue Ertragsquellen zu erschließen. Mittlerweile gibt es beispielsweise kaum noch klassische Banken, die eine kostenlose Kontoführung offerieren. Preiserhöhungen sind in der nahen Zukunft auch im Zahlungsverkehrsgeschäft mehr als wahrscheinlich.

2. EWR-Überweisungen in Fremdwährungen

Bei sogenannten EWR-Überweisungen kommt es im Zusammenhang mit grenzüberschreitenden Zahlungen innerhalb des Europäischen Wirtschaftsraums (EWR) zu einem Umtausch der Zahlung in eine EWR-Währung. Obwohl die Schweiz kein Mitglied im EWR ist, gilt auch der Schweizer Franken als EWR-Währung, da er die offizielle Landeswährung Liechtensteins ist, und Liechtenstein wiederum gehört zum EWR. Die EWR-Währungen auf einen Blick:

Euro	Norwegische Krone
Dänische Krone	Schwedische Krone
Litauischer Litas	Ungarischer Forint
Rumänischer Leu	Bulgarischer Lew
Tschechische Krone	Kroatische Kuna
Britisches Pfund Sterling	Polnischer Złoty
Isländische Krone	Schweizer Franken

Bei EWR-Überweisungen haben Sie die Wahl zwischen drei Gebührenoptionen. Abhängig von der gewählten Entgeltoption werden alle Überweisungskosten entweder vom Sender übernommen (Optionskürzel: OUR), dem Empfänger weiterbelastet (Optionskürzel: BEN) oder zwischen beiden beteiligten Parteien geteilt (Optionskürzel: SHARE). Da bei einer EWR-Überweisung ein Währungsumtausch erfolgt, fallen weitere indirekte und meist äußerst intransparente Kosten an, weil eine EWR-Zahlung häufig über zwischengeschaltete Banken abgewickelt wird, was zusätzliche Kosten verursacht.

3. Auslandsüberweisungen über das SWIFT-System

Hinter dem Begriff »SWIFT« (»Society for Worldwide Interbank Financial Telecommunication«) steht ein technisches Abwicklungssystem für Auslandsüberweisungen, das bereits im Jahr 1973 ins Leben gerufen wurde. Weltweit haben Banken dadurch einen Standard für die Durchführung des internationalen Zahlungsverkehrs geschaffen. Mehr als 10 000 Banken in über 200 Ländern wickeln über SWIFT heute ihren Auslandszahlungsverkehr ab. Die Aktivitäten sind enorm. Tag für Tag wird der sogenannte SWIFT-

Code (auch »SWIFT-BIC« genannt) rund 27 Millionen Mal verwendet. Von der EWR-Überweisung unterscheidet sich die klassische SWIFT-Auslandsüberweisung dadurch, dass der Währungstausch in eine Fremdwährung erfolgt, die nicht zu den EWR-Währungen zählt. Gleichzeitig befindet sich das Zielland der Überweisung außerhalb des Europäischen Wirtschaftsraums.

Vergleichen Sie die Transferdienste: Einsparungen von 90 Prozent und mehr sind möglich!

Trotz einer stark gestiegenen Zahl bankenunabhängiger Transferdienstleister für Auslandsüberweisungen belegt eine aktuelle Studie aus dem Jahr 2019, dass immer noch 78 Prozent der Verbraucher ihre Auslandsüberweisungen über Banken tätigen. Lediglich 22 Prozent nutzen die Leistungen von kostengünstigen Spezialdienstleistern. Interessant ist dabei, dass 80 Prozent der Kunden wissen, dass die Wechselkurse der Banken versteckte Gebühren enthalten.

Für mich steht daher fest, dass viele Bankkunden schlicht nicht wissen, dass es kostengünstigere Alternativen gibt.

Vergleichen Sie bei EWR-Überweisungen, vor allem aber bei den klassischen Auslandsüberweisungen in Drittstaaten (SWIFT), vor jeder Transaktion die Konditionen zwischen Ihren Banken und bankenunabhängigen Transferdiensten wie Azimo, CurrencyFair, CurrencyTransfer, PayPal, TransferGo, Wise, Western Union, WorldRemit oder Xendpay. Gigantische Kosteneinsparungen von 90 Prozent und mehr sind hier keine Seltenheit.

Besonders einfach geht das über das Vergleichsportal Geldtransfer.org. Hier können Sie individuell den günstigsten Transferdienstleister finden, je nach Zielland, Währung und Überweisungsbetrag. Bösen Überraschungen können Sie damit einfach aus dem Weg gehen.

Informationen: www.geldtransfer.org

V. Blockchain ist mehr als nur Bitcoin: Von der Digitalisierung zur Tokenisierung

1. Die Tokenisierung wird zum Megatrend im sechsten Kondratjew der Digitalisierung!

Nikolai Kondratjew (1892–1938) war ein russischer Wissenschaftler, der als erster soziochronologische Wellen entdeckte, die durch das Auftreten von revolutionären Basistechnologien hervorgerufen werden. Nach ihm sind die Kondratjew-Zyklen benannt. Der erste Kondratjew-Zyklus ergab sich aus der Erfindung der Dampfmaschine. Der zweite Kondratjew durch die Eisenbahn und die Stahlerzeugung. Anschließend folgte der dritte Zyklus auf Basis der chemischen und elektrotechnischen Industrie.

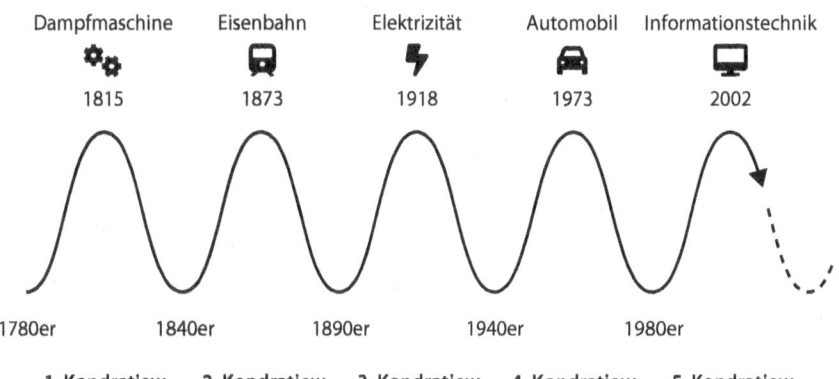

Quelle: invest-basics.de

Der vierte Kondratjew fußte auf der Verbreitung des Automobils und der Petrochemie. Der fünfte Kondratjew wurde durch die Informationstechnologie und die Verbreitung des Internets ausgelöst. Nach meiner Einschätzung befinden wir uns derzeit am Beginn des sechsten Kondratjew der Digitalisierung, zu dem neben Bereichen wie der Künstlichen Intelligenz oder dem Internet der Dinge auch die Blockchain-Technologie und die damit verbundene Tokenisierung zählen.

2. Die Blockchain wird zum digitalen Tresor für Sachwerte

Beim Begriff »Blockchain« denken viele umgehend an den Bitcoin, die erste und bislang erfolgreichste Anwendung, die auf der Blockchain-Technologie basiert. Gleichzeitig wird damit überwiegend auch eine gefährliche Spekulation, Blase und Zockerei verbunden. Das ist nicht angebracht, und zwar schon allein deshalb, weil die Blockchain-Technologie viele andere Anwendungsmöglichkeiten bietet, die weit über eine reine Spekulation mit Kryptowährungen hinausgehen.

Blockchains können zum Beispiel als Kontroll- und Datenspeicher verwendet werden. Dank dieser Funktionen werden sie die Welt in nur wenigen Jahren auf den Kopf stellen. Diese sich ständig ändernden Rahmenbedingungen sollten Sie für sich nutzen. Dafür zeige ich Ihnen neue Wege, wie Sie die alte Welt der realen Werte mit den großen Vorteilen der Digitalisierung und der sicheren Blockchain-Technologie verbinden können.

Die Blockchain-Technologie kann weit mehr als »nur« Kryptowährungen

Grundbücher, Bilanzen, Patente, Urkunden, Echtheitszertifikate, Gesundheitsakten, Zeugnisse oder auch reale Werte wie Immobilien, Goldbarren oder Unternehmensanteile lassen sich fälschungssicher über eine Blockchain erfassen und verwalten. Aus dieser digitalen Verkettung entsteht eine Liste, die die Werte ihrer Benutzer und alle anderen abgespeicherten Datensätze zu jedem Zeitpunkt, rechtssicher und kryptografisch versiegelt, dokumentiert.

2. Die Blockchain wird zum digitalen Tresor für Sachwerte

Zugleich bildet solch eine Blockchain ein globales Transaktionsregister, das Werte handelbar macht, und zwar in Form sogenannter Token. Ein Token ist, vereinfacht gesprochen, eine Art virtueller Wertgutschein oder aus juristischer Perspektive eine digitale Besitzurkunde.

Der Clou: Die Blockchain ist fälschungssicher. Rückwirkend kann dort nichts verändert oder entfernt werden. Die einzelnen Glieder einer Blockchain, ihre Verbindungen und damit die gesamte Kette *(Chain)* sind unzerstörbar. Transaktionen finden zu minimalen Kosten nahezu in Echtzeit statt. Es gibt keine Möglichkeiten, den einmal transferierten digitalen Besitz (ohne Mitwirken des Empfängers) wieder zurückzuholen oder gar ein zweites Mal zu verkaufen.

Wie bereits erläutert, befinden sich in Ihrer Wallet zwei Schlüssel: Einer ist öffentlich *(Public Key)* und sichtbar, der andere ist privat und dient als Passwort *(Private Key)*. Findet eine Aktion innerhalb der Blockchain statt, wird sie mithilfe des privaten Schlüssels signiert. Nur mit dieser Signatur ist die Änderung gültig. Dabei besteht die Signatur nicht etwa aus dem Klarnamen der betreffenden Partei, sondern aus einem Code, der durch diekryptografische Verschlüsselung des jeweiligen Schlüsselpaares entsteht. Auf dieser Verschlüsselung beruht auch die Bezeichnung »Kryptowährungen« für Blockchains, die als virtuelle Währung fungieren. Die einzelnen Werte, also zum Beispiel 1 Bitcoin, werden wiederum als »Coins« oder »Token« bezeichnet.

Digitalisierung: Token werden Wertpapiere ersetzen

Die Blockchain-Technologie ermöglicht die Automatisierung und Digitalisierung von Prozessschritten aus den unterschiedlichsten Bereichen. In den unterschiedlichsten Investment-Bereichen lassen sich hier Token als neue technologische und juristische Gattung digitaler Wertpapiere erzeugen und verwalten. Allerdings hinken die Gesetzgeber und Behörden oft noch der technischen Entwicklung hinterher, weshalb die Etablierung der Blockchain-Technologie in der Finanz- und Realwirtschaft und somit im täglichen Leben nur langsam Fahrt aufnimmt.

Bereits im Frühjahr 2019 hat allerdings die Finanzmarktaufsicht Liechtenstein (FMA) der CROWDLITOKEN AG (www.crowdlitoken.com) die behördliche Genehmigung für das erste tokenisierte Immobilienanlageprodukt in Europa erteilt. Ein Immobilieninvestment auf Token-Basis ist hier bereits ab 100 Schweizer Franken (circa 90 Euro) möglich, und das bei jederzeitiger Handelbarkeit der entsprechenden Immobilien-Token über die Blockchain. Hier wurden also die Anteile an realen Immobilien digitalisiert. Das ist der Startschuss für eine vollkommen neue Generation digitaler Finanzprodukte. Diese erfreuliche Entwicklung ist für mich zukunftsweisend für zahlreiche andere Branchen. Der Tokenisierung gehört die digitale Zukunft!

Die Bundesregierung schafft die gesetzlichen Grundlagen zur Einführung von Token in Deutschland

Die Schweizer Börse SIX hat mit der SIX Digital Exchange (SDX) (www.sdx.com) sogar bereits eine digitale Handelsplattform für digitale Vermögenswerte gestartet. Eine vergleichbare Entwicklung sehen wir aktuell erfreulicherweise auch in Deutschland. Ja, manchmal gibt es eben auch Gesetzesentwicklungen, die ich als sehr vorteilhaft bewerte.

Beispielsweise den Gesetzentwurf zur Einführung von elektronischen Wertpapieren, den das Bundesministerium der Justiz und für Verbraucherschutz vor Kurzem veröffentlicht hat. Dieser wird dafür sorgen, dass die Platzierung von Token in Deutschland schon in naher Zukunft einen richtigen Boom erleben wird. Bereits jetzt gibt es entsprechende Vorbereitungen. Die Börse Stuttgart hat mit der Börse Stuttgart Digital Exchange (BSDEX) (www.bsdex.de) den ersten regulierten Handelsplatz für digitale Vermögenswerte in Deutschland gestartet. Der Start erfolgte mit dem Handel des Bitcoin gegen Euro. Zukünftig sollen ja auch Token zum Handel angeboten werden, die beispielsweise mit realen Werten wie Gold, Immobilien oder auch Unternehmensbeteiligungen hinterlegt sind.

Ein Unternehmen aus Deutschland, das die Blockchain-Technologie bereits nutzt und digitale Wertpapiere über die Blockchain emittiert, ist die Exporo AG (www.exporo.de) aus Hamburg. Exporo ist Deutschlands führende Plattform für digitale Immobilieninvestments. Dadurch können Sie jetzt bereits ab einer Mindestanlagesumme von lediglich 1 Euro in ausgesuchte Immobilienprojekte investieren und selbst bei kleinen Anlagesummen breit diversifizieren. Ein weiterer Anbieter aus Hamburg, den ich für die Zukunft als hochinteressante Blockchain-Plattform für die Tokenisierung realer Werte betrachte, ist die FINEXITY AG (www.finexity.com). Neben Immobilieninvestments bietet FINEXITY seit Kurzem auch Token-Dienstleistungen in den Anlageklassen Kunst, Oldtimer sowie Wein an.

Liquide Währungen: Wein über die Blockchain

In der Vergangenheit habe ich den Lesern meines Blogs schon mehrfach Investments in flüssiges (liquides) Gold in Form von edlen Spirituosen empfohlen. Von Rum über Whisky bis hin zu Cognac und Wein. Alkohol ist seit Jahrhunderten auch ein bewährtes Tauschmittel. In den USA war und ist eine Flasche Whisky ein solides Zahlungsmittel. In Europa war der französische Cognac speziell in Krisenzeiten stets eine anerkannte Geldersatzwährung. Zu Zeiten der Hyperinflation in den 20er-Jahren des letzten Jahrhunderts war Cognac wertvoll wie Gold. Daher sind Investitionen in ausgesuchte Spirituosen und Weine für mich nicht nur aussichtsreiche Geldanlagen, sondern auch Kapitalschutzinvestments.

Mein Favorit als alternative Kapitalschutzanlage in diesem Bereich ist Whisky. Die sehr guten Lagerfähigkeiten in Kombination mit einer hohen Wertstabilität machen den Getreidebrand für mich zum Krügerrand unter den Spirituosen. Ich weiß durch zahlreiche positive Rückmeldungen, dass viele Leser seit Jahren ganz hervorragende Erfahrungen mit der Whisky-Investmentplattform *www.whiskyinvestdirect.com* gemacht haben. Auch Wein ist eine alternative und attraktive Sachwert-Anlageklasse im Bereich der edlen Spirituosen. Hier ist allerdings die richtige Lagerung enorm wichtig.

Informationen: www.finexity.com

3. Token sind die nächste Generation digitaler Finanzprodukte

Was sich in der Vergangenheit bewährt hat, sollte man auch für die Zukunft beibehalten, wenn die entsprechenden Aussichten positiv sind. Dieser wichtige, konservative Grundsatz sollte einem Kapitalanleger allerdings nicht den Blick für Innovationen und Optimierungen im Vermögensmanagement verbauen. Es ist für Sie als Bürger und Privatanleger sehr wichtig, dass Sie sich nicht nur auf Altbewährtes verlassen. Sie müssen stattdessen auch flexibel sein und – eigenverantwortlich und selbstbestimmt – die dynamischen Entwicklungen und gravierenden Veränderungen in unserer globalen Welt zu Ihrem Vorteil nutzen.

Dadurch reduzieren Sie die steigenden Risiken und transformieren diese sogar in Chancen. Ein wichtiger Baustein dafür ist nach meiner Überzeugung die frühzeitige Nutzung der neuen digitalen Möglichkeiten. Das Einzigartige an der Blockchain-Technologie ist, dass sie genau dort Vertrauen und Sicherheit unter den Teilnehmern beziehungsweise Investoren schafft, wo vorher zentrale Instanzen (Banken, Emittenten) benötigt wurden. Solche Banken oder Emittenten können allerdings pleitegehen (zum Beispiel Lehman Brothers) oder die Rahmenbedingungen zum Negativen ändern, eine Blockchain nicht. Deswegen empfehle ich auch heute schon Sachwert-Token und bin gespannt auf die weiteren Entwicklungen.

4. Bereit für die Blockchain: Die gefragtesten Alternativ-Investments

Regelmäßig empfehle ich beispielsweise den Lesern meines Wirtschaftsmagazins *Kapitalschutz vertraulich* (www.kapitalschutz.at) attraktive Alternativ-Investments, zuletzt in der Ausgabe Mai 2021 beispielsweise die neuen Rolex-Modelle. Uhren, Whisky oder seltene Diamanten – wer sein Geld alternativ anlegen möchte, hat die Qual der Wahl. In einem aktuellen Report hat die britische Immobilienagentur Knight Frank die beliebtesten Luxusartikel bei Investoren weltweit für das Jahr 2020 ermittelt. Das Ergebnis: Ganz vorne lagen Investitionen in Gemälde und andere Kunstgegenstände, die häufig auf Auktionen, zum Beispiel von Sotheby's, versteigert werden.

Oldtimer und Uhren belegten den zweiten und dritten Rang weltweit. Für die Studie befragte Knight Frank über 600 Privatbankiers, Vermögensberater und Familienunternehmen weltweit. Die größte Wertsteigerung hat jedoch ein anderer Luxusartikel: Seltene Whiskysorten haben Knight Frank zufolge eine Wertsteigerung von 478 Prozent innerhalb von zehn Jahren. Da können auch Weine nicht mithalten, wie die nachfolgende Grafik zeigt – dort liegt das Zehn-Jahres-Wachstum dennoch bei 127 Prozent.

1	Kunst	●	71 %
2	Oldtimer	●	193 %
3	Uhren	●	89 %
4	Weine	●	127 %
5	Schmuck	●	67 %
6	Whiskey	●	478 %
7	Möbel	●	22 %
8	Farbige Diamanten	●	39 %
9	Münzen	●	72 %
10	Handtaschen	●	108 %

Quelle: statista, Knight Franck

Kuriose Entwicklungen: Sardinendosen auf der Ethereum-Blockchain

Die Einsatzmöglichkeiten von Kryptowährungen sind gigantisch. Dabei kommen auch immer wieder vollkommen dubiose oder zumindest kuriose Anwendungen zum Vorschein. Beispielhaft dafür ist mir im Jahr 2020 eine Kryptowährung aufgefallen, die deswegen ein *Stablecoin* sein soll, weil sie mit Sardinendosen unterlegt ist. Sardinenkonserven sind durch ihre Lagerfähigkeit und Haltbarkeit sehr lange genießbar.

Lanciert wurde der SardineCoin vom luxemburgischen Unternehmen My Sardines (www.mysardines.com). Das ICO ist – bezeichnenderweise – bis zum 1. April 2020 gelaufen. Das Unternehmen plante, die Dosen-Token auf der Ethereum-Blockchain zu generieren. Investoren sollen ihre Token im Wert zwischen 5 und 10 000 Euro in den nächsten zehn Jahren jederzeit gegen Sardinendosen einlösen können.

Mein Fazit: Ich habe dieses ICO ausdrücklich nicht empfohlen, aber die Idee und auch die Konzeption ist nicht einmal so abwegig, weil sogar eine Realwertdeckung gegeben ist, bei rechts- und technologiekonformer Konzeption.

5. Digitalisierte Sammlerstücke: So investieren Sie in eine Rolex über die Blockchain

Nachdem es in den USA bereits seit mehreren Jahren möglich ist, Anteile an wertvollen Sammlerstücken zu handeln, startet dieses Geschäftsmodell nun auch in Europa, beginnend in Deutschland unter der Marke Timeless. Dahinter steht die New Horizon GmbH mit Sitz in Berlin. Was mich neben der professionellen Konzeption des blockchainbasierten Geschäftsmodells am meisten überzeugt hat, ist der Aspekt, dass die Porsche AG als einer der wesentlichen Investoren hinter Timeless steht.

Timeless ist eine digitale Plattform, über die Sie Anteile an realen Sammlerstücken erwerben und dadurch an den damit verbundenen Wertentwicklungen finanziell partizipieren können. Zum Start stehen bereits drei Anlageklassen zur Verfügung: Luxusuhren, beispielsweise der Marke Rolex, klassische Automobile, beispielsweise Oldtimer von Porsche, und ausgesuchte Sneaker in limitierter Auflage. Zukünftig werden zahlreiche weitere *Collectibles* (Sammlerstücke) für Investments zur Verfügung stehen.

Sneaker als wertvolle Wertanlagen

Die letztgenannte »Anlageklasse« ist dabei sicherlich erklärungsbedürftig. »Sneaker« ist der US-amerikanische Sammelbegriff für Sportschuhe, die sowohl beim Sport als auch im Alltag getragen werden können. Also nach unserem Verständnis eine Art »Turnschuh«. Die Sneaker, um die es hier geht, erscheinen in limitierter Auflage und sind in den letzten Jahren zu begehrten Sammlerobjekten geworden.

StockX ist einer der führenden Online-Marktplätze für Marken-Sneaker und Bekleidung. Die Plattform bedient den Sekundärmarkt für Sneaker, welcher bis 2025 etwa 15 bis 25 Prozent Anteil am gesamten 100 Milliarden US-Dollar schweren Sneakermarkt ausmachen soll. Wie die nachfolgende Grafik zeigt, ist das Warenvolumen der auf StockX gehandelten Produkte 2020 gegenüber dem Vorjahr um ganze 80 Prozent auf 1,8 Milliarden US-Dollar angestiegen – ein klares Indiz für eine hohe Nachfrage nach der im Einzelhandel schwer erhältlichen Designermode. Dabei entfällt der Großteil der gehandelten Waren auf Schuhe.

5. Digitalisierte Sammlerstücke: So investieren Sie in eine Rolex über die Blockchain

Quelle: statista, StockX

Ein Turnschuh als Spekulationsobjekt

Nike Jordans sind die populärsten auf StockX verkauften Sneaker – im Durchschnitt wechseln sie für 54 Prozent über dem Einzelhandelspreis den Besitzer. Auch andere beliebte Marken haben auf dem Sekundärmarkt einen deutlichen Preisaufschlag: Nikes sind durchschnittlich 46 Prozent teurer, Adidas-Sneaker gehen für etwa ein Drittel mehr über die virtuelle Ladentheke, bei Converse und New Balance sind es 30 respektive 39 Prozent.

Der Weiterverkauf von limitierten Sneakern macht es für Otto Normalverbraucher nahezu unmöglich, sich ein begehrtes Paar bei Online-Raffles zu ergattern. Professionelle Reseller kaufen die ohnehin knappen Bestände der Online-Händler mithilfe von Bots leer, um die Produkte danach teuer an den Endkonsumenten zu veräußern. Deshalb sind sie in der Sneaker-Community geächtet.

2000 Prozent Rendite mit einem Investment in Turnschuhe!

Der erste Artikel auf der Timeless-Plattform war der Sneaker »Nike Air Jordan 1 Off-White Chicago«. Die 86 zur Verfügung stehenden Anteile waren bereits nach 58 Minuten ausverkauft, obwohl der Preis des Turnschuhpaares bei insgesamt 4300 Euro lag. Und genau mit dieser fast schon unglaublichen Preisentwicklung von über 2000 Prozent gegenüber dem offiziellen Verkaufspreis im Einzelhandel wurde die Auswahl dieser Sneaker auch begründet.

Durch die Tokenisierung haben Sie die Möglichkeit, bedeutende Werte mitzubesitzen

Timeless recherchiert, verifiziert und erwirbt ausgewählte Werte aus Sammlungen oder von Einzelpersonen aus der ganzen Welt. Auswahlkriterien sind beispielsweise die historische Bedeutung, das zukünftige Potenzial, die Qualität und der Zustand sowie die Seltenheit. Nach Bestimmung des Marktwertes wird ein Sammlerstück in eine Vielzahl von Anteilen aufgeteilt und über die Blockchain-Technologie tokenisiert. Der Wert eines Miteigentumsanteils beträgt dabei stets 50 Euro.

Mittels der Tokenisierung der Sammlerstücke ermöglicht Timeless den Zugang zu diesen Luxusartikeln für eine breite Zielgruppe, da der Kauf bereits ab 50 Euro pro Anteil möglich ist. Anschließend sind die Anteile flexibel handelbar. Basierend auf der Blockchain-Technologie ist dabei der Erwerb sowie jede Transaktion dokumentiert und in Echtzeit nachvollziehbar. In der App »Timeless Collectibles« sind umfassende Hintergrundinformationen und Bilder sowie die historische Wertentwicklung der investierbaren Sammlerstücke verständlich dargestellt.

Über die Internetseite *www.timeless.investments* finden Sie unter den Menüpunkten »So funktioniert es« und »FAQ« die wichtigsten Praxisfragen zur Erklärung der Funktionsweise der Plattform. Aktuell investierbare Collectibles sind neben zahlreichen Sneakern beispielsweise Luxusuhren aus den Häusern Audemars Piguet, Patek Philippe und Rolex sowie Oldtimer von Ferrari, Mercedes und Porsche. Nutzen Sie diese innovativen Möglichkeiten zur weiteren Diversifizierung Ihres mobilen Sachwert-Portfolios.

Informationen: www.timeless.investments

6. Achtung: Nicht überall, wo Blockchain draufsteht, ist auch Blockchain drin

Annähernd gleichzeitig sind im Jahr 2020 bedeutende Kryptobörsen wie Coinbase, Binance oder Bitpanda in die Tokenisierung von Wertpapieren eingestiegen. Binance startete beispielsweise mit der Tokenisierung der Tesla-Aktie. Als Kunde bei Bitpanda haben Sie zum Start von »Bitpanda Stocks« zu Werbezwecken automatisch den Bruchteil einer Aktie als Geschenk eingebucht bekommen. Bei mir war das beispielsweise die Aktie von Twitter im Gegenwert von 5 Euro. Für sehr kleine Aktien- oder ETF-Investments finde ich die neuen Tokenisierungs-Services von Bitpanda durchaus heute schon interessant.

Gleiches gilt für die beiden Wettbewerber Binance und Coinbase. Sie müssen sich allerdings bewusst sein, dass Sie zur Nutzung dieser Blockchain-Services bei Bitpanda einen »Derivatevertrag« digital unterschreiben. Das bedeutet: Sie erwerben keine echten Aktien oder ETFs als Sondervermögen, sondern Derivate, also Zahlungsversprechen mit entsprechenden Emittenten- beziehungsweise Kontrahentenrisiken.

Die blockchainbasierten Wertpapier-Dienstleistungen von Bitpanda und Co. sind heute noch Mogelpackungen

So wie ich Ihnen im Segment der Kryptowährungen empfehle, nur auf echte Blockchain-Kryptobörsen zu setzen und nicht auf Derivate-Broker oder Finanzprodukte wie Krypto-Zertifikate, so empfehle ich Ihnen im Wertpapierbereich derzeit, bei konventionellen Banken und Discountbrokern zu bleiben und echte Aktien und ETFs mit ISIN-Nummern zu kaufen. Trennen Sie echte Blockchain-Werte und Wertpapiere ganz bewusst, falls sich die Token nicht auf reale Werte, sondern auf Derivate und somit Zahlungsversprechen beziehen.

7. Die Aktien von Coinbase (COIN): Das offene Finanzsystem für die Welt

Die US-Kryptobörse Coinbase wurde im Jahr 2012 durch den heutigen CEO Brian Armstrong und Fred Ehrsam gegründet. Seither zeichnete Coinbase eine US-Erfolgsgeschichte, die vor rund einem Monat mit dem Gang an die US-Technologiebörse NASDAQ ihren vorläufigen Höhepunkt erreicht hat. Am 14. April 2021 erreichte der Bitcoin seine bisherigen Höchstkurse von rund 65 000 US-Dollar. Am gleichen Tag erfolgte in den USA der vielbeachtete Börsengang von Coinbase. Ich weiß noch, wie viele Zuschriften ich damals bekam, ob ich die Coinbase Aktie empfehlen würde beziehungsweise warum ich die Coinbase Aktie denn noch nicht empfohlen habe.

Allen Investoren, die mich damals gefragt hatten, habe ich geantwortet, dass ich Coinbase als hochattraktiv bewerte, aber zunächst einmal die offensichtliche Übertreibung abwarten will. Der erste Börsenkurs der Coinbase Aktie lag bei 381 USD (312 Euro) und stieg bis auf 422 USD (345 Euro) im Laufe des ersten Handelstages weiter an, brach jedoch bis Handelsschluss auf 328 USD (270 Euro) deutlich ein. Die Unternehmensbewertung lag dadurch zwischenzeitlich bei über 100 Milliarden USD (82 Milliarden Euro). Die von mir erwartete Abkühlung nach dem Börsengang ist mittlerweile erfolgt, so dass ich die Coinbase Aktie langfristig empfehle.

Coinbase ist längst nicht nur eine Kryptobörse, bei der Privatanleger eine Vielzahl an Cryptocoins handeln können. Die ambitionierte, aber aus meiner Sicht absolut realistische Vision des Coinbase-Chefs Brian Armstrong ist es, ein offenes Finanzsystem für die Welt zu schaffen und damit zu mehr ökonomischer Freiheit für jede Privatperson und jedes Unternehmen beizutragen. Coinbase baut sein Netzwerk an sogenannten »Ökosystempartnern« die Krypto-Protokolle nutzen und an Krypto-Netzwerken teilnehmen, weiter aus. Von Entwicklern über Privatkunden, Einzelhändlern und Unternehmen, Banken und Vermögensverwaltern bis hin zu einer Vielzahl an institutionellen Kunden, die zunehmend digitale Vermögenswerte in ihre Geschäftsbereiche integrieren werden. Die Aktie von Coinbase (ISIN: US19260Q1076) hat dadurch das Potenzial, sich in Zukunft zu einem börsennotierten Krypto-Technologiegiganten zu entwickeln.

Informationen: www.coinbase.com

VI. So schützen Sie Ihre digitalen Werte rund um Bitcoin und Co.

1. Digitale Selbstverteidigung und Cyberresilienz

Im Jahr 2014 habe ich meinen Lesern von *Kapitalschutz vertraulich* erstmals den Bitcoin als digitales Investment vorgestellt. Anfang des Jahres 2017 habe ich dann eine Sonderausgabe »Cryptocoins« erstellt und weitere Kryptowährungen präsentiert und empfohlen, wie beispielsweise Ethereum. Was seither passiert ist, hat selbst mich in meiner stets sehr positiven Einstellung zu Kryptowährungen vollkommen überrascht. Trotz oder gerade wegen des Krypto-Booms der letzten Jahre gibt es aber auch viele Risiken. In erster Linie denke ich da an die Gefahr, Kryptowährungen durch Betrüger, Internet-Kriminelle und Hackerangriffe auf Kryptobörsen zu verlieren.

Die Sicherheitsfirma Gemalto veröffentlicht mit dem »Gemalto Breach Level Index« jährlich eine globale Sicherheitsanalyse digitaler Daten. Die fortschreitende Digitalisierung führt zu einem weltweit steigenden Datenverkehr. Gleichzeitig explodiert auch der Datenmissbrauch. Im Jahr 2017 gingen 2,6 Milliarden Datensätze verloren oder wurden von Cyberkriminellen gestohlen. In den letzten fünf Jahren wurden insgesamt zehn Milliarden Datensätze von Unternehmen verloren oder durch Dritte gestohlen. Ein Identitätsdiebstahl war in 69 Prozent der Fälle die häufigste Art des Datenmissbrauchs. Dieser Trend wird in den kommenden Jahren massiv weiter zunehmen. Dadurch entsteht ein gigantischer Zukunftsmarkt für Online-Schutzmaßnahmen *(Cybersecurity)*.

Den Begriff der »Resilienz« lesen und hören Sie in den letzten Jahren immer häufiger. Darunter versteht man ganz grundlegend eine psychische Widerstandsfähigkeit, die Fähigkeit, Krisen zu bewältigen und diese durch einen Rückgriff auf persönliche und sozial vermittelte Ressourcen als Anlass für Entwicklungen zu nutzen. Diese Vorgehensweise lässt sich auch auf an-

VI. So schützen Sie Ihre digitalen Werte rund um Bitcoin und Co.

dere Bereiche übertragen, beispielsweise im Hinblick auf die Digitalisierung. Um schnell und wirkungsvoll auf Cyberattacken durch Internet-Kriminelle zu reagieren sowie Schäden minimieren zu können, benötigen Unternehmen ebenso wie Sie als Krypto-Investor eine starke Kombination aus Cybersicherheit und Resilienz, die sogenannte »Cyberresilienz«.

Krypto-Risiken: Wenn sich Millionenvermögen in Luft auflösen

Vor Kurzem ging der Fall des deutschen Programmierers Stefan Thomas durch die Medien, bis hin zur *Bild*-Zeitung, der vor Jahren, als der Bitcoin einen Wert von 1 US-Dollar hatte, 7002 Bitcoins für einen Programmierauftrag erhalten hatte. Der heutige Wert liegt bei über 200 Millionen US-Dollar. Seine privaten Schlüssel speicherte der in San Francisco lebende IT-Experte auf einem sogenannten IronKey.

Ein IronKey ist ein USB-Stick, der die Funktionalität hat, dass er sich nach einem zehnmal falsch eingegebenen Passwort – je nach Einstellung – entweder dauerhaft sperrt, formatiert oder gar elektronisch selbst zerstört. Sein Passwort hat der Pechvogel seit Jahren vergessen und jetzt noch zwei Versuche, bis sich sein Millionenvermögen einfach in Luft auflöst. Derartige Risiken müssen Sie ausschließen!

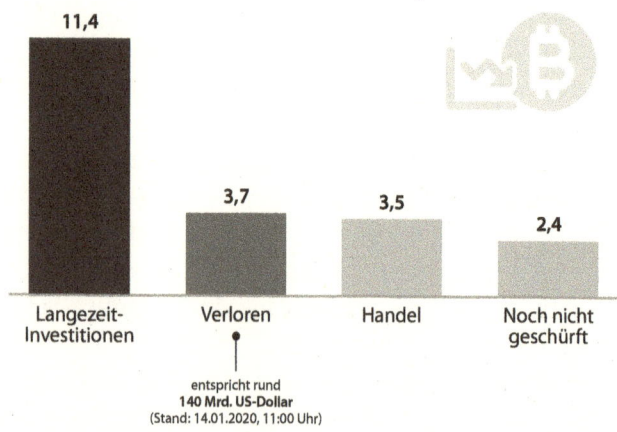

Quelle: statista, chainalysis.com, coindesk.com

Mit seinem grundlegenden Problem ist Stefan Thomas mit Sicherheit nicht allein. Das Blockhain-Analyseunternehmen Chainalysis schätzt, dass von den bislang rund 19 Millionen geschürften Bitcoins 3,7 Millionen verloren sind. Für Bitcoin-Investoren sind das im Übrigen positive Zahlen, vorausgesetzt, sie verlieren nicht selbst ihre Zugangsdaten, weil so die Angebotsmenge signifikant reduziert und der Bitcoin grundlegend seltener und somit wertvoller gemacht wird.

Derartige Risiken müssen Sie ausschließen!

Viele Anleger verlieren ihre Kryptowährungen nicht nur durch vergessene Kennwörter. In der Welt der Kryptowährungen gibt es einen wesentlichen Grundsatz. Das erste Gebot für einen jeden Krypto-Investor lautet: »*Not your keys, not your Bitcoin!*« und besagt, dass ein Bitcoin-Inhaber nicht über das Eigentum an seinen digitalen Vermögenswerten verfügen kann, wenn er nicht im Besitz der *Private Keys* ist. Dieses Bitcoin-Gebot gilt stellvertretend für alle Kryptowährungen.

Das Risiko, zum Opfer eines Krypto-Diebstahls zu werden, ist so hoch wie nie zuvor. Blockchain-Hacker haben einer Analyse von Atlas VPN zufolge im Jahr 2020 bei 122 Angriffen unterschiedlichster Art rund 3,8 Milliarden US-Dollar in Kryptowährungen erbeutet. Rund ein Drittel aller bislang verzeichneten Blockchain-Angriffe sind somit allein im Jahr 2020 erfolgt.

2. Vorsicht vor den Krypto-Börsenräubern

In Bereichen, in denen derart viel Licht ist wie bei Kryptowährungen rund um Bitcoin, Ethereum und Co., entwickeln sich stets auch große Schatten. Damit meine ich die geradezu explodierende Internet-Kriminalität. Belastbaren Statistiken zufolge gehen Tag für Tag rund 9 Millionen US-Dollar allein an Kryptozahlungen durch Hacker, Phisher (Missbrauch von Zugangsdaten und Passwörtern) und Cyberangriffe jeglicher Art verloren. Deswegen müssen Sie dem Schutz Ihrer Kryptowährungen eine besonders große Aufmerksamkeit zukommen lassen. Das Sicherheitsunternehmen Crystal hat vor Kurzem eine interessante Studie veröffentlicht, die verdeutlicht, wie gefährdet Kryptowährungen bei Kryptobörsen und Wallet-Anbietern sind.

Zwischen 2011 und 2020 wurden bei 113 Sicherheitsangriffen und 23 Betrugsdelikten digitale Vermögenswerte im Gesamtwert von rund 7,6 Milliarden US-Dollar gestohlen. Die größten Krypto-Diebstähle waren bei Kryptobörsen und Wallet-Anbietern aus den USA, Großbritannien, Südkorea, Japan und China zu verzeichnen. Einer der größten Vorfälle ereignete sich im Jahr 2014, als 850 000 Bitcoin verloren gingen. Das würde zu heutigen Marktpreisen einer Schadenssumme von rund 33 Milliarden US-Dollar entsprechen. 2018 wurden bei der Kryptobörse Coincheck, die in Japan ihren Sitz hat, Coins und Token im damaligen Wert von 547 Millionen US-Dollar gestohlen.

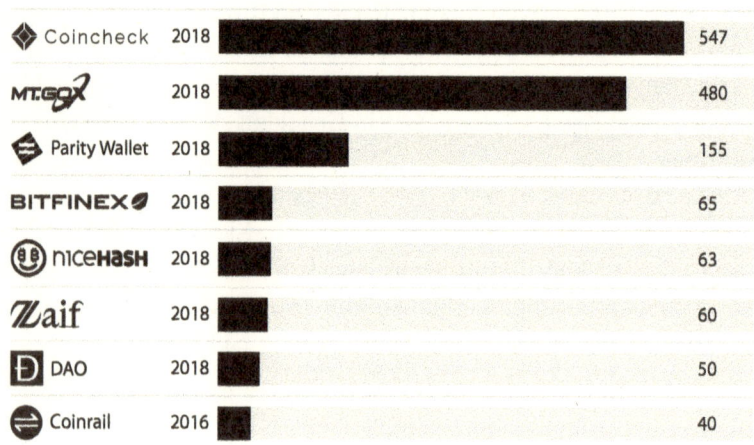

Quelle: statista, Bloomberg, Business Insider, TechChrunch

3. Mittels externer Wallets werden Sie zu Ihrer eigenen Bank!

Ich gehe davon aus, dass mit der massiv zunehmenden Nutzung der Blockchain-Technologie auch weit mehr Cyberangriffe einhergehen. Die von den

Betrügern verwendeten Methoden und Technologien werden dabei immer ausgefeilter und fortschrittlicher. Ihre auf Hardware-Wallets gespeicherten privaten Schlüssel *(Private Keys)* geben Ihnen den Zugang und den Eigentumsnachweis zu Ihren Cryptocoins, die in der Blockchain abgespeichert sind. Eine solide Hardware-Wallet schützt dabei durch mehrfache Sicherheitsfunktionen Ihre privaten Schlüssel und wird dazu zu Ihrem persönlichen Krypto-Tresor. Durch den unmittelbaren Zugriff auf Ihre *Private Keys* schaffen Sie sich Ihre eigene Bank für Ihr digitales Geld.

Schützen Sie Ihre Cryptocoins wie Ihre mobilen Sachwerte

So, wie Sie Ihre Goldbarren, Silbermünzen, Diamanten oder Rolex-Uhren mittels Bankschließfächern oder bankenunabhängigen Hochsicherheitstresoren schützen, müssen Sie auch Ihre blockchainbasierten Krypto-Werte eigenverantwortlich schützen, indem Sie auf Hardware-Wallets als sichere Krypto-Tresore setzen.

Ihre Hardware-Wallet können Sie dann zu Ihren Goldbarren, Silbermünzen und Diamanten ganz einfach in einen Safe legen.

Dadurch kommt ein weiterer Grundsatz der Krypto-Ökonomie zum Tragen: »Be your own bank!« Durch den unmittelbaren Zugriff auf Ihre *Private Keys* schaffen Sie sich Ihre eigene Bank für Ihr digitales Geld. Die gezielte Auswahl einer Kryptobörse hat somit eine ganz wichtige Bedeutung ebenso wie die Übertragung und Verwahrung auf eine sichere Hardware-Wallet. Grundlegend lassen sich im Bereich der elektronischen Geldbörsen fünf Arten von Cryptocoin-Wallets unterscheiden. Hier nochmals zur Rekapitualtion:

4. Die fünf wichtigsten Wallet-Arten auf einen Blick

1. Desktop-Wallets

Das sind Programme für Ihren Rechner, mit denen Sie Cryptocoins verschicken und empfangen können. Außerdem unterstützen diese Programme oft auch das Netzwerk der jeweiligen Kryptowährung und speichern die Blockchain als digitales Orderbuch.

2. Mobile-Wallets

Diese auch als »Wallet-Apps« bezeichneten Programme sind vergleichbar mit den Desktop-Wallets, aber eben für den Einsatz auf Ihrem Smartphone geeignet. In erster Linie werden Mobile-Wallets für direkte Zahlungen verwendet, beispielsweise in einem Geschäft, das Bitcoins akzeptiert. Dadurch ist die Mobile-Wallet das Pendant zur klassischen Geldbörse.

3. Online-Wallets

Die Online-Wallet ist eine digitale Geldbörse, die bei einem Drittanbieter im Internet liegt. Hier verwalten Sie Ihren *Public Key* und *Private Key* nicht selbst, sondern überlassen die Sicherheit Ihrer Cryptocoins dem jeweiligen Dienstleister. Mithilfe von Online-Wallets bei Kryptobörsen, die ich empfehle, ist es für Sie sehr einfach möglich, ein Cryptocoin-Depot beziehungsweise eine Krypto-Wallet anzulegen. Diese Wallet-Art ist daher am ehesten mit Ihrem Konto oder Wertpapierdepot bei einer Bank vergleichbar.

4. Hardware-Wallets

Eine Hardware-Wallet ist eine Art spezieller USB-Stick, mit dem Sie Ihre Cryptocoins offline verwalten können. Der große Vorteil von Hardware-Wallets liegt in der hohen Sicherheit. Eine Hardware-Wallet müssen Sie nur bei Bedarf an den Rechner anschließen. Die übrige Zeit können Sie den »USB-Stick« sicher in Ihrem Tresor oder einem Schließfach verwahren. Ihre Zugangsschlüssel sind dann vor einem möglichen Onlinezugriff durch Dritte geschützt. Hardware-Wallets eignen sich sowohl für die sichere Aufbewahrung Ihrer Cryptocoins als auch für den Zahlungsverkehr, da sie zunehmend anwendungsfreundlicher werden und beispielsweise mittlerweile sogar in Smartphones integriert werden.

5. Paper-Wallets / Card-Wallets

Bei einer Paper-Wallet handelt es sich einfach um ein Blatt Papier, auf dem Ihr *Private Key* und *Public Key* stehen. Verwahren Sie dieses Blatt Papier in einem Safe oder Schließfach, ist die Sicherheit vergleichbar hoch wie bei einer Hardware-Wallet. Paper-Wallets dienen primär der langfristigen Investition und Wertaufbewahrung Ihrer Cryptocoins. Da sie jedoch in der Handhabung mehr als umständlich sind, sind Hardware-Wallets oder Card-Wallets klar zu bevorzugen. Card-Wallets sind eine optimierte Form der Paper-Wallets aus Metall oder Kunststoff im Kreditkartenformat. Paper-Wallets empfehle ich nicht, die Nutzung von Card-Wallets sehr wohl.

5. Der BIP39-Code: Die wichtigste Formel in der Kryptowelt

Für Sie als langfristig orientierter Krypto-Investor ist die Nutzung einer Hardware-Wallet zur Eigensicherung Ihrer wertvollen Cryptocoins ein absolutes Muss! Bei Verwahrung Ihrer Kryptowährungen auf einer Kryptobörse delegieren Sie diese Verwaltung an den jeweiligen Anbieter. Sie selbst sind nicht im Besitz der *Private Keys*, sondern den Zugang zu Ihren Cryptocoins erhalten Sie über Ihre Login-Daten. Das ist ein nicht zu unterschätzendes Risiko, falls es zu einem Sicherheitsvorfall kommt, beispielsweise im Zusammenhang mit einem Hackerangriff, einer Insolvenz oder einem Betrugsfall bei der jeweiligen Kryptobörse. Ebenso zeigt die Erfahrung, dass Krypto-Investoren selbst mehr als häufig zum Ziel von Online-Kriminellen werden. Entweder indem fahrlässig sensible Daten auf gefälschten, betrügerischen Internetseiten eingegeben werden, oder indem, was sehr häufig passiert, E-Mail-Konten oder unzureichend geschützte PCs, Laptops, Tablets oder Smartphones gehackt und Wallets leergeräumt werden. Es vergeht keine Woche, in der ich nicht Anfragen von Betrugsopfern erhalte, bei denen das Kind leider bereits in den Brunnen gefallen ist. Deswegen freut es mich, dass aufgrund meiner intensiven Warnungen vor diesen Betrugsrisiken und meinen Empfehlungen für Hardware-Wallets immer mehr Krypto-Investoren für diese so wichtige Thematik sensibilisiert werden.

Sie können Ihre gesicherten Cryptocoins auf jeder BIP39-Wallet wiederherstellen!

Ich erhalte fortlaufend zwei wesentliche Fragen im Zusammenhang mit Wallets: Wie kommen die 12 beziehungsweise 24 Wörter zur Wiederherstellung einer Wallet zustande und was passiert eigentlich, falls ein Anbieter wie Ledger pleitegeht und es ihn in Zukunft nicht mehr gibt? Die jeweiligen Wörter *(Seed)* werden Ihnen als Code-Sicherung automatisch nach dem Zufallsprinzip vorgegeben und basieren auf einer Liste von 2048 Begriffen, was eine exorbitant starke Sicherheit darstellt. Die Wortliste trägt den Namen »BIP39« und lässt sich online abrufen:

BIP39: https://github.com/bitcoin/bips/blob/master/bip-0039/english.txt

VI. So schützen Sie Ihre digitalen Werte rund um Bitcoin und Co.

Sie sind dabei nicht auf einen Wallet-Anbieter angewiesen, sondern können Ihre Kryptowährungen mit ihren gesicherten Wörtern auf jeder Wallet, die mit dem BIP39-Code kompatibel ist, flexibel wiederherstellen. Das sind alle wichtigen Wallet-Arten, von den Hardware- über die Desktop- bis hin zu den Mobile- und Web-Wallets. Alle von mir empfohlenen Wallets basieren auf BIP39.

Hardware-Wallets: www.ledger.com, www.trezor.io, www.ellipal.com

Desktop-/Mobile-Wallets: www.electrum.org, www.jaxx.io, www.coinomi.com, www.exodus.io, www.relai.ch

Web-Wallets: www.blockchain.com, www.myetherwallet.com

Fazit: Mittels externer Wallets werden Sie zu Ihrer eigenen Bank!

Durch den unmittelbaren Zugriff auf Ihre *Private Keys* schaffen Sie sich Ihre eigene Bank für Ihr digitales Geld. Neben Hardware-Wallets zeige ich Ihnen auch zusätzlich empfehlenswerte Card-Wallets und spezielle Safes für Ihre Sicherheitscodes.

6. Ledger: Der Ledger Nano X ist meine Nummer eins unter den Hardware-Wallets

Der Leitspruch des französischen Herstellers von Hardware-Wallets Ledger SAS mit Sitz in Paris ist der lateinische Ausdruck »Vires in numeris«. Diesen finden Sie auch eingraviert auf der silbernen Metalloberfläche der Ledger-Produkte und im digitalen Laufband des kleinen Displays des Ledgers. Es gibt auch physisch geprägte »Bitcoin-Münzen«, die in sich keinen realen Wert verbriefen, sondern eine Art Geschenk- oder Sammlerartikel sind, und virtuelle Bitcoin-Münzen als Bilder und Logos im Internet, auf denen ebenfalls »Vires in numeris« zu lesen ist. Dieser Satz bringt die Welt und den Wert der Kryptowährungen hervorragend auf den Punkt.

Vires in numeris: Stärke in Zahlen!

Der lateinische Ausspruch »Vires in numeris« verdeutlicht die Macht und Wirkung der Mathematik als exakte Wissenschaft, die nicht wie eine Rechtswissenschaft unterschiedlich ausgelegt oder durch ein neues Gesetz einfach

6. Ledger: Der Ledger Nano X ist meine Nummer eins unter den Hardware-Wallets

aufgehoben werden kann. »Vires« bedeutet »Stärke« und »numeris« steht für »Nummern« beziehungsweise »Zahlen«. Die Informationsverschlüsselung der Kryptografie und ihrer Algorithmen basiert auf den glasklaren Regeln der Mathematik. Somit lautet die Übersetzung von »Vires in numeris«: »Stärke in Zahlen«. Auch im Englischen gibt es einen vergleichbaren Spruch mit »*strength in numbers*«.

Die Kryptografie, die Wissenschaft der Verschlüsselung von Informationen basierend auf den Regeln der Mathematik, hatte bereits lange vor der Entwicklung von Computern Bestand. Telegrafenmasten und die Funkkommunikation waren die ersten elektronischen Übertragungs- und Verschlüsselungsmethoden. »Vires in numeris« bringt die neue Krypto-Ökonomie, auf der Kryptowährungen wie der Bitcoin basieren, somit perfekt auf den Punkt, weil die Dynamik des technischen Fortschritts von heute die Wissenschaft der Kryptografie in ganz neue Dimensionen heben wird. Eine Grundlage dafür ist die Blockchain-Technologie mit ihren Wallet-Funktionalitäten.

Schützen Sie Ihre Identität und Ihre digitalen Werte durch die Zwei-Faktor-Authentifizierung (2FA)

Aufgrund meiner umfassenden Aktivitäten im Kryptowährungsbereich und meiner ebenso langjährigen Erfahrungen mit Hardware-Wallets kenne ich auch die Anwenderbedürfnisse sehr gut. In diesem Zusammenhang ist es mir sehr wichtig, dass ich Sie auch auf eine der wichtigsten Schutzfunktionen aufmerksam mache. Denn den Schutz Ihrer Login-Daten müssen Sie immer beachten, und zwar bei all Ihren Geld- und Kryptowährungsgeschäften im Internet.

Ich höre und lese leider immer wieder von Fällen, bei denen Kunden von Kryptobörsen einem unberechtigten Zugriff durch Dritte ausgesetzt waren. Häufig geht es dabei darum, dass der E-Mail-Zugang gehackt wurde. Ihr E-Mail-Konto ist ein gefährliches Einfallstor für Cyberkriminelle. In weiterer Folge werden dann Cryptocoins auf einer Kryptobörse oder eine Online-Wallet durch einen Übertrag auf eine unbekannte Wallet gestohlen. Betroffenen Kunden rate ich in einem derartigen Fall umgehend zu einer Strafanzeige bei der Polizei.

Leider ist meine Erfahrung die, dass bei derartigen Cyberdiebstählen die Wahrscheinlichkeit einer Aufklärung beziehungsweise der Wiederherstellung

VI. So schützen Sie Ihre digitalen Werte rund um Bitcoin und Co.

der digitalen Vermögenswerte gegen null tendiert, weil Blockchain-Transaktionen eben nicht mehr rückgängig gemacht werden können. Dennoch sollten Sie im Bedarfsfall eine Prüfung durch Spezialisten durchführen lassen, die sich auf Forensik und Kryptorecht spezialisiert haben. Ich empfehle Ihnen dafür, wie schon gesagt, die auf derartige Fälle hochspezialisierte Rechtsanwaltskanzlei SBS Legal (www.sbs-legal.de). Derartige Schadensfälle werden leider sehr häufig vor allem deswegen überhaupt erst möglich, weil die betroffenen Kunden keine schützende Zwei-Faktor-Authentifizierung (2FA) aktiviert hatten.

2FA ist ein bewährtes zweistufiges Sicherheitsverfahren

Die Zwei-Faktor-Authentifizierung ist vergleichbar mit den mehrstufigen Sicherheitsverfahren im Bankenbereich (PIN/TAN). Auch an einem Geldautomaten können Sie nur dann Geld abheben, wenn Sie eine Karte besitzen und Ihre Geheimzahl eingeben. Wenn Sie die Zwei-Faktor-Authentifizierung aktivieren, entspricht Ihre Anmeldung bei einer Kryptobörse genau diesem Prinzip. Sie benötigen Ihre Login-Daten (Benutzername und Passwort) und einen 2FA-Code. Der 2FA-Code ist ein Sicherheitsschlüssel, der auf einem externen Gerät gespeichert ist, beispielsweise Ihrem Smartphone.

Der Login-Vorgang findet wie gewohnt statt. Sie geben nur zusätzlich ein aktuelles sechsstelliges Einmalpasswort ein. Das Passwort ändert sich alle 30 Sekunden und wird automatisch von Ihrem Gerät/Smartphone errechnet und angezeigt. Aktivieren Sie bei Ihren Kryptobörsen beziehungsweise Online-Konten im Allgemeinen IMMER die 2FA-Schutzfunktion, wenn diese zur Verfügung steht!

Hardware-Wallets bieten Ihnen umfassende Einsatzmöglichkeiten und Schutzfunktionen

Hardware-Wallets sind das Sicherste, was Sie bislang auf dem Markt finden können, um Ihre Kryptowährungen vor Malware (Schadsoftware), Viren und allen möglichen digitalen Angriffen zu schützen. Aber auch vor einem physischen Diebstahl, weil durch die Schutzfunktion des sogenannten *Recovery Seeds* (Generalschlüssels) Ihre Kryptowährungen auch dann geschützt bleiben, wenn Sie Ihre Hardware-Wallet verlieren oder diese gestohlen oder gar

6. Ledger: Der Ledger Nano X ist meine Nummer eins unter den Hardware-Wallets

zerstört wird. Nachfolgend der Blick auf die wichtigsten Gründe für die Anschaffung einer Hardware-Wallet.

Die wichtigsten Gründe für den Einsatz einer Hardware-Wallet

✓ Sichere, weil unabhängige Verwahrung von Kryptowährungen und Wiederherstellungsschutz
✓ Kein Drittanbieterrisiko wie bei Online-Wallets oder Mobile-Wallets
✓ Verwaltung aller wichtigen Kryptowährungen
✓ Private Schlüssel verlassen nie das Gerät, Cryptocoin-Transaktionen werden abgeschottet auf dem Gerät signiert.
✓ Starke Erleichterung durch die Multi-Wallet-Funktionalität gegenüber der Verwaltung einer Vielzahl von Desktop-Wallets oder Apps auf dem Smartphone

Der Ledger Nano X schützt wirkungsvoll Tausende Kryptowährungen

Quelle: Quinten Jacobs/shutterstock.com

Der Ledger Nano X (Bild) bietet Ihnen eine maximale Sicherheit aufgrund der zertifizierten Sicherheitselemente, die beispielsweise auch bei Produkten wie Kreditkarten und Reisepässen zur Anwendung kommen. Neben der konventionellen Verbindung mittels eines USB-Ports bietet der Ledger Nano X auch eine Bluetooth-Schnittstelle.

Herstellerinformationen und Bestellmöglichkeiten: Ledger SAS – www.ledger.com

7. Trezor Model T: Die Hardware-Wallet mit integriertem Passwort-Tresor

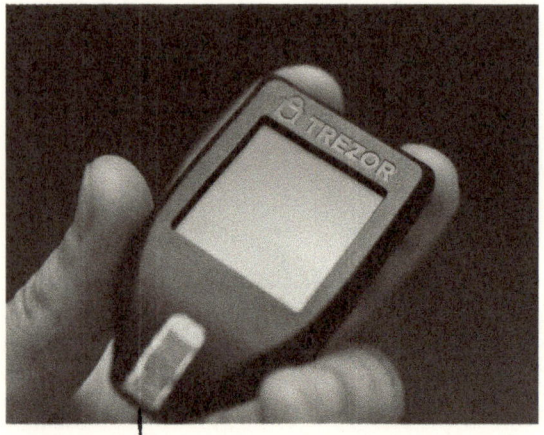

Quelle: content_creator/
shutterstock.com

Im Bereich der Hardware-Wallets für Kryptowährungen gibt es zwei Unternehmen, die mit ihren Produkten den Markt beherrschen. Neben der Ledger SAS aus Paris ist das die SatoshiLabs s.r.o. mit Sitz in Prag, deren Hardware-Wallets unter dem Markennamen »Trezor« verkauft werden. Das Unternehmen ist bereits seit dem Jahr 2012 am Markt tätig. Auch mit einem Trezor können Sie Ihre Kryptowährungen einfach und sicher verwahren. Trezor bietet zwei beliebte Modelle an, den Trezor One und das Trezor Model T, das mein Favorit ist.

Der Trezor bietet Ihnen einen integrierten Passwortmanager

Wie der Ledger Nano X bietet Ihnen auch der Trezor Model T (Bild) den Zugang zur sicheren Verwaltung von weit über 1000 Kryptowährungen, darunter alle wichtigen und großen Cryptocoins wie Bitcoin, Ethereum, Litecoin und Co. Die Bedienerfreundlichkeit des Trezor ist dabei hervorzuheben, weil der Trezor Model T im Gegensatz zum Ledger ein größeres Display mit Touchscreen integriert hat, wie Sie es von Ihrem Smartphone gewohnt sind. Allerdings hat der Trezor Model T im Gegensatz zum Ledger Nano X keine kontaktlose Bluetooth-Schnittstelle, so dass stets das Kabel zum USB-Port beziehungsweise ein entsprechender Adapter bei einer Smartphone-Nutzung verwendet werden muss. Alle vertraulichen Daten inklusive der PIN werden über den Touchscreen eingegeben. Eine Verbindung über die USB-Schnittstelle wird erst nach erfolgreicher Authentifizierung aufgebaut. Ihre *Private*

Keys verlassen wie beim Ledger Nano X nie das Gerät und sind daher komplett isoliert und somit geschützt vor möglichen Angriffen.

Ein weiterer Vorteil des Trezor: Sie haben mit diesem Gerät nicht nur die Möglichkeit, Ihre Kryptowährungen sicher zu verwalten und zu verwahren, sondern können auch Ihre Passwörter für all Ihre Internet-Konten (Login-Daten für Websites, Applikationen oder Programme) sicher speichern und automatisch einfügen. Der Trezor bietet somit auch die Funktion eines Managers und Tresors für Ihre Passwörter. Sie haben dann durch den Einsatz des Trezor nur noch ein Masterpasswort, das Sie sich merken müssen.

Herstellerinformationen und Bestellmöglichkeiten: SatoshiLabs s.r.o. – www.trezor.io

8. Ellipal: Diese Hardware-Wallet aus Titan ist so einfach zu bedienen wie ein Smartphone

Viele Krypto-Investoren nutzen wie ich mit großer Zufriedenheit die Möglichkeiten des Ledger Nano X, weil sie sich an die Bedienung des kleinen Displays gewöhnt haben und die handlichen wie sicheren Funktionen sehr schätzen. Einige kommen mit dem Trezor Model T besser zurecht, vor allem aufgrund des größeren Displays mit Touchscreen. Falls Sie den Wunsch nach noch mehr – vom Smartphone gewohnten – Bedienungskomfort haben, empfehle ich Ihnen den Hersteller Ellipal Ltd. aus Hongkong. Dessen Hardware-Wallet (Bild) namens »Ellipal« hat ein stabiles Gehäuse aus Titan, ist so bedienungsfreundlich wie ein Smartphone und im Verhältnis zu Leistung und Qualität äußerst preisgünstig.

Quelle: Ellipal

Herstellerinformationen und Bestellmöglichkeiten: Ellipal Ltd. – www.ellipal.com

9. Card-Wallet und Ballet Crypto: Kryptokarten ohne technischen Schnickschnack

Ich weiß, dass viele Anleger Kryptowährungen aus strategischen Gründen zur Diversifikation und zur langfristigen Aufbewahrung kaufen. Das gilt vor allem für den Bitcoin (BTC) als Welt-Kryptoleitwährung und digitales Gold. Falls Sie ohne großen technologischen Schnickschnack sicher in Kryptowährungen investieren möchten, habe ich ebenfalls zwei passende Empfehlungen für Sie.

Physische Krypto-Wallets sind ideal geeignet für Tresor- und Schließfachverwahrungen

Aus Österreich kommt unter dem Markennamen »Card-Wallet« eine physische Krypto-Wallet für die beiden wichtigsten Kryptowährungen Bitcoin und Ethereum in Kartenform, die auch online bestellbar ist. Die Card-Wallet wird im Hochsicherheitsraum der Österreichischen Staatsdruckerei in einem vom Internet isolierten System hergestellt. Der private Schlüssel wird noch in der Maschine manipulationssicher versiegelt und im Computer sofort gelöscht.

Die Card-Wallet ist einfach, sicher und ideal für Krypto-Anfänger!

Hochwertige Sicherheitsmaterialien und fälschungssichere Merkmale verhindern zusätzlich eine Manipulation der Karte. Die Card-Wallet ist ideal für die sichere langfristige Offline-Aufbewahrung von Bitcoin und Ethereum. Damit ist auch ein problemloses Schenken, Übertragen oder Vererben möglich, da die Card-Wallet Bitcoin und Ethereum in ein physisches Gut verwandelt. Ideal ist die Card-Wallet auch für Personen, die im Umgang mit Kryptowährungen noch keine Erfahrung haben oder ganz bewusst auf technologische Funktionalitäten verzichten wollen.

Herstellerinformationen und Kontaktdaten: Coinfinity GmbH – www.cardwallet.com

Quelle: Coinfinity GmbH

9. Card-Wallet und Ballet Crypto: Kryptokarten ohne technischen Schnickschnack

Ballet Crypto: Diese Kryptokarte aus den USA gibt es für über 70 Cryptocoins

Aus den USA kommt ein Anbieter, der mittlerweile für über 70 Kryptowährungen und alle Ethereum-Token Card-Wallets produziert. Die deutschsprachige Internetseite von Ballet Crypto bietet Ihnen umfassende Informationen. Es sind wie bei der Card-Wallet aus Österreich keine speziellen Geräte oder Fachkenntnisse erforderlich, um Ihre physische Wallet von Ballet Crypto für die unterschiedlichsten Kryptowährungen zu verwenden. Das Wichtigste für viele Nutzer: Es gibt keine Elektronik, keine Wartung, keine laufenden Kosten und nichts zu aktualisieren!

Quelle: Balletcrypto

Herstellerinformationen und Kontaktdaten: Ballet Global Inc. – www.balletcrypto.com/de

10. Billfodl und Cryptosteel: Diese Wallets aus Edelstahl sichern Ihre Wiederherstellungscodes

Neben der Nutzung einer Hardware-Wallet wie dem Ledger Nano X, dem Trezor Model T oder dem Ellipal Titan kommt dem Wiederherstellungspasswort, dem sogenannten *Recovery Seed*, der häufig auch als »Backup-Code« bezeichnet wird, eine ganz wichtige Bedeutung zu. Sollten Sie das Passwort für Ihre Hardware-Wallet vergessen oder sollte sie verloren gehen, gestohlen oder zerstört werden, können Sie sie mit den 24 Wörtern wiederherstellen.

Der *Recovery Seed* ist der Generalschlüssel zu Ihren verwalteten Cryptocoin-Wallets

Bei Hardware-Wallets kommt dem sogenannten *Recovery Seed* (Wiederherstellungscode, Backup-Code) eine enorm wichtige Bedeutung zu. Dabei handelt es sich um 24 Wörter, die Sie sich bei der Installation Ihrer Hardware-Wallet unbedingt notieren müssen. »Notieren« heißt: schriftlich mit einem Kugelschreiber auf einem Stück Papier erfassen. Sie erhalten beim Erwerb der von mir empfohlenen Hardware-Wallets von den Anbietern mehrere Vordrucke *(Recovery Sheets)* mitgeliefert, auf die Sie die 24 Wörter notieren. Diese 24 Wörter werden Ihnen im Zuge des Installationsprozesses Ihrer Hardware-Wallet automatisch vorgegeben.

Sie sind aus technologischer Sicht die Zusammenfassung Ihrer *Private Keys* und somit der Generalschlüssel für den sicheren Zugang zu Ihren Kryptowährungen, die sicher in der jeweiligen Blockchain gespeichert sind. Sie benötigen diesen Code auch dann, wenn Sie einfach »nur« Ihr Zugangspasswort vergessen oder dreimal falsch eingeben.

Speichern Sie Ihre 24 Wörter niemals online oder als Fotodatei!

Auf keinen Fall sollten Sie diese 24 Wörter in Ihrem Computer oder Smartphone in einer Datei online erfassen und abspeichern. Sollte Ihr PC oder Ihr mobiles Endgerät wie ein Laptop, Tablet oder Smartphone nämlich einem Hackerangriff

zum Opfer fallen, können die Internet-Kriminellen mit diesen 24 Wörtern Ihre Kryptowährungen ganz einfach stehlen. Genauso gefährlich ist es, zu Sicherungszwecken ein Foto des *Recovery Sheets*, also des Blatt Papiers mit dem *Recovery Seed*, also dem Code darauf, mit seinem Smartphone zu machen. Geht das Smartphone verloren oder fällt ebenfalls einem Hackerangriff zum Opfer, besteht auch hier die große Gefahr des Verlusts Ihrer Cryptocoins. Vergleichbar ist das mit einem öffentlich bekannten und zugänglichen Tresor, in dem Sie Ihre Goldbarren liegen haben. Verlieren Sie hier den Generalschlüssel zur Eingangs- und Tresortür, ist dem Diebstahl Tür und Tor geöffnet. Bewahren Sie diese 24 Wörter deswegen stets sehr sicher auf, am besten in einem Schließfach oder Safe.

Kombinieren Sie altbewährte Prinzipien mit der neuen Welt der Kryptowährungen

Die Ägypter haben vor rund 3000 Jahren bereits Zeichen in Form von Hieroglyphen als Informationen und Nachrichten in Granitstein geschlagen, die dadurch für die Nachwelt gesichert wurden. Der Billfodl und der Cryptosteel transformieren diese altbewährte Strategie in die neue Welt der Kryptowährungen. Statt Ihre Wörter auf einem leicht zerstörbaren Stück Papier zu notieren, setzen Sie besser auf einzelne Zeichenblöcke, die in Edelstahl gestanzt sind.

Beim Billfodl und beim konventionellen Cryptosteel werden die Zeichen für die jeweiligen Wörter dabei in eine Platte aus Edelstahl geschoben. Beim Cryptosteel Capsule werden die Zeichen wie an einer Perlenkette innerhalb einer Kapsel gelagert. Auf der Internetseite *www.hardware-wallets.de* finden Sie zu beiden Lösungen umfassende Informationen und Testberichte in deutscher Sprache.

Cryptosteel Capsule

Herstellerinformationen und Kontaktdaten: Sword Ltd. – www.cryptosteel.com

Quelle: Cryptosteel

Billfodl

Herstellerinformationen und Kontaktdaten: Emissary Ventures, LLC – www.privacypros.io

Quelle: Billfodl

11. Hardware-Wallets: Hier erhalten Sie hilfreiche Informationen und sichere Bestellmöglichkeiten

Eine solide Hardware-Wallet wie Ledger, Trezor oder Ellipal schützt in Kombination mit einem Billfodl oder Cryptosteel durch mehrfache Sicherheitsfunktionen wirkungsvoll Ihre privaten Schlüssel und somit den Zugang zu Ihren digitalen Vermögenswerten, zum Beispiel Bitcoin, Ethereum, aber auch alle anderen blockchainbasierten Kryptowährungen. Wichtig ist dabei, dass Sie die von mir empfohlenen Geräte und Produkte nicht gebraucht oder auf fragwürdigen Internetplattformen kaufen.

Den Billfodl oder den Cryptosteel können Sie selbstverständlich nicht nur zum Schutz Ihrer Hardware-Wallets einsetzen, sondern auch zur Sicherung Ihrer *Recovery Seeds* bei den Online-, Mobile- oder Desktop-Wallets, die Sie nutzen. Bei den Card-Wallets gibt es hingegen keine Wiederherstellungscodes, da hier ja pro Karte ein *Private Key* individuell vergeben wird und auf der Karte eingestanzt beziehungsweise eingeprägt ist. Wallets, die wie die Hardware-Wallets, Card-Wallets oder Paper-Wallets keine Online-Verbindung haben, werden auch als »*Cold Wallets*« bezeichnet. Wallets, die online zugänglich sind, nennt man »*Hot Wallets*«.

Kaufen Sie Hardware-Wallets direkt beim Hersteller oder bei offiziellen Resellern!

Hardware-Wallets sollten Sie am besten direkt bei den Herstellern erwerben. Gleiches gilt selbstverständlich für die Card-Wallets. Ebenso ist ein Kauf bei offiziellen Wiederverkäufern, den sogenannten Resellern, empfehlenswert.

Nur dadurch haben Sie die Sicherheit, dass Sie kein mangelbehaftetes, gefälschtes oder gar manipuliertes Gerät kaufen. Leider ist das in der Vergangenheit immer wieder vorgekommen, so dass Betrüger dadurch Kryptowährungen entwenden konnten.

Ein offizieller Reseller der wichtigsten Produzenten von Hardware-Wallets, bei dem Sie garantiert ein unverändertes Originalprodukt direkt vom Hersteller in einer versiegelten Verpackung erwerben, ist der Wallet-Onlineshop unter *www.cryptomaan.de*. Cryptomaan ist ein offizieller Vertriebspartner der Hardware-Wallets von Ledger und Trezor. Ich weiß, dass vielen unter Ihnen vor allem ein deutschsprachiger Kundendienst sehr wichtig ist. Mein Favorit Ledger bietet diesen leider nur in englischer Sprache.

Hier ist die Cryptomaan B.V. mit ihren kompetenten Mitarbeitern und ihrem Firmensitz in den Niederlanden eine sehr empfehlenswerte Alternative. Die deutschsprachigen Dienstleistungen des Unternehmens gehen nach meinen umfassenden Erfahrungen weit über die Grenzen eines reinen Onlineshops für Hardware-Wallets hinaus. Via Chat, E-Mail oder Telefon erhalten Sie durch Rat und Tat eine zuverlässige Unterstützung bei der Einrichtung und dem späteren Gebrauch sowie bei Problemen mit Ihren Hardware-Wallets und der Verwaltung Ihrer Cryptocoins.

Die Internetseite *Hardware-Wallets.de* bietet Ihnen fundierte Testberichte

Ein weiterer empfehlenswerter Dienstleister ist die Internetseite *www.hardware-wallets.de*. Hier finden Sie umfassende Informationen wie Funktionsbeschreibungen, Testberichte und direkte Bestellmöglichkeiten zu Ledger, Trezor, Ellipal, Cryptosteel oder Billfodl. Die Dienstleistungen von *www.hardwarewallets24.de* sind ebenfalls empfehlenswert.

12. Die Ledger-Falle mittels gefälschter E-Mails

Ich weiß, dass viele meiner Leser von KRYPTO-X – wie von mir empfohlen – die grundlegend soliden Hardware-Wallets des Unternehmens Ledger Wallet mit Sitz in Frankreich nutzen.

Eine Transaktion von Kryptowährungen wird bei einem Ledger stets nur dann ausgelöst, wenn Sie diese über eine spezielle Software (Ledger Live) auf Ihrem jeweiligen Endgerät freigeben. Dabei verlassen Ihre *Private Keys* nie die Hardware-Wallet des Ledger. Die *Private Keys* sind auch nicht anzeigbar, auslesbar oder gar übertragbar. Selbst wenn Ihr Ledger gestohlen wird, kann er nicht einfach »geknackt« werden, sondern es ist zwingend das Passwort erforderlich oder der Recovery-Code (24 Wörter) als Generalschlüssel. **Fazit: Ledger-Wallets sind und bleiben sicher!**

Das schwächste Glied in den Sicherheitsfunktionen ist der Mensch als Anwender

Dennoch gibt es eine gravierende Schwachstelle: den Menschen als Anwender! Hierzu zwei warnende Beispiele: Im Jahr 2020 wurde bekannt, dass das Unternehmen Ledger das Opfer eines Diebstahls von Kundendaten wurde. Der Vorfall ereignete sich am 14. Juli 2020. Damals konnten Hacker lediglich die E-Mail-Adressen sowie die Vor- und Nachnamen von Kunden abgreifen. Alle betroffenen Kunden wurden seitens des Unternehmens Ledger via E-Mail informiert, auch ich gehörte dazu. Das ist zwar ein ärgerlicher Vorgang, hat aber keinerlei Auswirkungen auf die Sicherheit der erworbenen Ledger-Wallets.

Am 25. Oktober 2020 war ich nun überrascht, dass ich von Ledger erneut zwei E-Mails erhielt, in denen ich darüber informiert wurde, dass es am Freitag, dem 23. Oktober zu einem Sicherheitsvorfall gekommen sei, der eine Gefahr für meine Kryptowährungen darstelle. Ich wurde in der E-Mail – die optisch wie die gewohnten Aussendungen von Ledger gestaltet war – dazu aufgefordert, unbedingt die neueste Software-Version herunterzuladen und ein Update für meine Ledger zu machen. Hier war mir klar, dass dies ein Betrugsversuch *(Pishing)* war. Die Absenderadresse »info@ledgersupport.io« gehört nicht zum Unternehmen. Der Link führt zu einer Schadsoftware, die eine Gefahr für meine Cryptocoins bedeutet, sollte ich mich dazu verleiten lassen, meinen Recovery-Code (24 Wörter) einzugeben.

Hardware-Wallets: Klicken Sie nie auf E-Mail-Links für Software-Downloads

Klicken Sie nie auf derartige E-Mail-Links für Software-Downloads oder Formulare, die Sie zu einer Online-Eingabe sensibler Daten auffordern. Überprüfen Sie immer Absenderadressen und installieren Sie Software-Updates stets nur von den offiziellen Internetseiten der jeweiligen Anbieter. Geben Sie nirgendwo Ihre 24 Wörter online ein, sondern nur auf einer Hardware-Wallet selbst.

13. Die Trezor-Falle im Apple Store!

Das Kryptorecht ist ein Querschnitt aus unterschiedlichen Rechtsgebieten wie etwa dem IT-Recht, dem Finanzaufsichtsrecht, dem Finanzanlagerecht, dem Vertragsrecht, dem Datenschutzrecht, dem Geldwäscherecht (KYC-Verfahren), dem Wettbewerbs- und Verbraucherrecht sowie dem Steuerrecht. In meinem Expertennetzwerk habe ich hier mit der Kanzlei SBS Legal aus Hamburg hochspezialisierte Rechtsanwälte und Steuerberater zur Hand, die Mandanten in all diesen Bereichen rund um die noch so junge Blockchain-Technologie beraten und vertreten.

SBS Legal bietet neben der beratenden Tätigkeit beim Aufsetzen von IT-Projekten insbesondere eine rechtlich fundierte Expertise bei der Auseinandersetzung mit Aufsichtsbehörden ebenso wie in gerichtlichen Streitigkeiten. Die Kanzlei verfügt für diese forensische Tätigkeit in einer Vielzahl von Ländern über ein Netzwerk von spezialisierten Rechtsanwaltskanzleien, um eine flächendeckende internationale Betreuung zu gewährleisten. Ich kann diese einzigartige Expertise aus eigener Erfahrung bestätigen, da mich die Anwälte von SBS Legal in den letzten Jahren gerade auch persönlich in zahlreichen juristischen Konflikten und gerichtlichen Auseinandersetzungen mehr als erfolgreich beratend begleitet und als meine Prozessbevollmächtigten vertreten haben.

Die Kryptorechtsexperten von SBS Legal (Dr. Christian Hadan, Stephan R. Schulenberg, André Schenk) haben vor Kurzem von einem Fall berichtet, bei dem die Hardware-Wallet Trezor betroffen ist. Dabei kommt sehr gut zum

Ausdruck, wie wichtig es ist, auch Apps zu prüfen, bevor diese heruntergeladen werden:

Die trügerische Sicherheit im App Store: Bitcoin-Investor verliert 850 000 Euro.

In diesem Fall haben sich App-Entwickler als Teil des Wallet-Anbieters Trezor ausgegeben und im App Store von Apple eine Fake-App veröffentlicht.

Apple, so der Betrogene, würde seinen App Store seit jeher als einen sicheren und vertrauenswürdigen Ort vermarkten. Der iPhone-Hersteller würde so die Nutzer des App Stores in trügerischer Sicherheit wiegen.

Wie funktioniert eine App-Zulassung im App Store von Apple eigentlich?

Nachdem eine App von den Entwicklern fertiggestellt wurde, prüft Apple zunächst deren Inhalt und ob Schadprogramme enthalten sind. All dies wird nicht durch einen Computer gemacht, sondern per Hand von echten Menschen. Aus diesem Grund kann es schon einmal eine Woche dauern, bis man diesbezüglich eine Rückmeldung von Apple bekommt. Untersucht werden unter anderem die Themen »Jugendschutz«, »Hassrede«, »Gewalt«, »Mobbing«, »Gefährliche Produkte« und »Rauschmittel«. Zudem werden dann noch einschlägige Finanz- und Wettbewerbsfragen und solche des geistigen Eigentums geprüft.

Letztendlich spielt auch der Datenschutz der zukünftigen User eine große Rolle, um nur einige der relevanten Themen zu nennen. Ergibt die Prüfung keine einschlägigen Probleme, wird die App im App Store veröffentlicht und den Nutzern zur Verfügung gestellt. Wäre das von Apple bisher kommunizierte Vorgehen tatsächlich eingehalten worden, hätten die Mitarbeiter des amerikanischen Konzerns die Fake-App jedoch längst herausfiltern müssen.

Was genau ist eigentlich passiert?

Phillipe Christodoulou suchte nach einer Möglichkeit, seinen Bitcoin-Kontostand am Handy mittels einer App zu überprüfen. Er suchte im App Store nach dem Hardware-Wallet-Hersteller Trezor. Er fand eine App, die auf ihn

13. Die Trezor-Falle im Apple Store!

einen authentischen Eindruck machte und das Trezor-Branding aufwies. Zusätzlich hatte die App fast nur Fünf-Sterne-Bewertungen, er fasste Vertrauen. Indem Phillipe Christodoulou seine Zugangsdaten eingab, war er den Betrügern auf den Leim gegangen.

Apple sieht sich nicht in der Verantwortung.

Fred Sainz, der Apple-Sprecher, betonte in einem Statement: »Eine Studie nach der anderen hat gezeigt, dass der App Store der sicherste App-Marktplatz der Welt ist, und wir arbeiten ständig daran, diesen Standard beizubehalten und den Schutz des App Store weiter zu stärken. In den wenigen Fällen, in denen Kriminelle unsere Nutzer betrügen, gehen wir schnell gegen diese Akteure vor, um ähnliche Verstöße in Zukunft zu verhindern.«

Erfahrene IT-Experten kritisieren jedoch, dass es ganz entgegen der Annahmen von Apple für Betrüger wohl ein Leichtes sein soll, die Apple-Regeln zu umgehen. So sei es wohl unter Betrügern üblich, Apple eine scheinbar harmlose App zur Genehmigung vorzulegen. Diese wird dann nach der Genehmigung in eine Phishing-App umgewandelt. Apple hat dann nur die Möglichkeit zu reagieren, wenn Nutzer schon in Mitleidenschaft gezogen wurden. All dies scheint jedoch das Vertrauen der Nutzer in die Sicherheit des App Stores nicht zu erhöhen.

Der Trick des trojanischen Pferdes

Tatsächlich hatten die Betrüger Apple eine App mit einer anderen Nutzungsbestimmung vorgelegt. Und obwohl dabei der Name und das Logo des Unternehmens Trezor Anwendung fanden, gewährte Apple den Zugang zum App Store. Zwar hatte Trezor Apple darauf aufmerksam gemacht und Apple reagierte auch sofort und nahm die App aufgrund der Verletzung der Markenrechte heraus, dennoch war die App nur Tage später aus noch ungeklärten Gründen wieder im App Store zu finden.

Die Umwandlung zu einer Phishing-App blieb dabei von Apple unbemerkt. Zu diesem Zeitpunkt wurde auch Phillipe Christodoulou auf die App aufmerksam und ließ sich ins Boxhorn jagen. Jedoch soll er nicht der Einzige sein, der den Betrügern ins Netz gegangen ist. So soll inzwischen sogar das FBI den Sachverhalt untersuchen.

Fazit: Augen und Ohren auf in der Krypto-Welt!

Das gilt sowohl für die technologischen Rahmenbedingungen als auch für die rechtlichen und steuerlichen Aspekte. Sollte das Kind dennoch bereits in den Brunnen gefallen sein, ist der juristische Beistand von erfahrenen Kryptorechtsexperten zu empfehlen. Aber auch hier gilt es, Spezialisten auszuwählen, die nicht nur auf ihren Internetseiten über angebliches »Krypto-Wissen« berichten, sondern dies auch in Theorie und Praxis bereits belegt haben, wie das bei SBS Legal in zahlreichen Konstellationen der Fall ist!

Informationen: www.sbs-legal.de

VII. Digitale Selbstverteidigung: Datenschutz und Privatsphäre

1. Die besten Passwort-Manager und Passwort-Tresore

Die Digitalisierung führt dazu, dass Sie für immer mehr Bereiche Ihres täglichen Lebens sichere Passwörter festlegen müssen. Sie dürfen auf keinen Fall aus Bequemlichkeit überall dasselbe Passwort verwenden, das birgt massive Gefahren. Ich weiß aus eigener Erfahrung, wie groß die Herausforderung ist, sich eine Vielzahl komplexer Passwörter zu merken. Deswegen setze ich auf bedienerfreundliche, sichere Passwort-Manager und Passwort-Tresore.

Im Fahrwasser der Digitalisierung boomt die Internet-Kriminalität

Die Internet-Kriminalität wird eine immer stärkere Belastung für die Wirtschaft. Die gigantische Summe von 5 Billionen US-Dollar Umsatz werden Unternehmen weltweit durch Cyberattacken in den nächsten fünf Jahren verlieren. Das schätzen die Analysten von Accenture in ihrer ebenso interessanten wie erschreckenden Studie »Securing the Digital Economy: Reinventing the Internet for Trust«. Diese Entwicklung schlägt auch direkt auf private Verbraucher durch, da häufig sensible Kundendaten, Kontodaten und Passwörter durch kriminelle Hacker entwendet werden.

Auch darüber gibt es erschreckende Zahlen. Im Jahr 2018, also weit vor dem Corona-bedingten Digitalisierungsboom, ist in Deutschland bereits jeder zweite Internetnutzer zum Opfer von Internet-Kriminellen geworden. Am häufigsten kam es dabei mit einem Anteil von 23 Prozent zu einer illegalen Nutzung von persönlichen Daten. 12 Prozent der Geschädigten waren von einem Betrug beim Online-Shopping oder bei Verkäufen über das Internet betroffen. Bereits an dritter Stelle rangiert mit 11 Prozent der Missbrauch von Kontodaten. Diese Daten hat der Digitalverband Bitkom in einer repräsentativen Umfrage erhoben. Sollten Sie ein bestimmtes Passwort schon seit längerer Zeit verwenden, rate ich Ihnen aufgrund dieser Entwicklungen zu einer Überprüfung, ob Ihr Passwort bereits von einem Datenleck betroffen war.

E-Mail- und Passwort-Check: So prüfen Sie, ob Sie von einem Datendiebstahl betroffen sind

Zu Jahresbeginn 2021 ist ein gigantisch großer Passwort-Leak der Öffentlichkeit bekannt geworden. Ein 87 Gigabyte großer Datensatz mit Nutzernamen, E-Mail-Adressen und Passwörtern wurde öffentlich ins Internet gestellt. 773 Millionen Nutzer sind davon betroffen. 21 Millionen im Klartext lesbare unterschiedliche Passwörter sind darin enthalten. Die entwendeten Passwörter stammen von über 12 000 Internet-Diensten, darunter befinden sich auch Anbieter aus Deutschland.

Zahlreichen Nutzern aus Deutschland, Österreich oder der Schweiz ist nach wie vor überhaupt nicht bewusst, ob sie von diesem Datenleck betroffen sind und ob eventuell ihre sensiblen Login-Daten frei zugänglich im Internet kursieren oder in die Hände von Cyberkriminellen gefallen sind. Das ist besonders dann sehr gefährlich, wenn Sie eine Kombination aus E-Mail und Passwort bei mehreren Webdiensten und Zugangsseiten verwenden. Ich empfehle Ihnen, spätestens jetzt zu überprüfen, ob Ihre Zugangsdaten schon einmal gehackt beziehungsweise gestohlen und möglicherweise missbraucht wurden. Auf den nachfolgenden Abfrage-Portalen können Sie ganz einfach und schnell nachprüfen, ob Ihre E-Mail-Adresse oder Ihr Passwort in der Vergangenheit im Rahmen eines Sicherheitslecks oder Hacker-Angriffs erbeutet und veröffentlicht wurde.

Datendiebstahl – Abfrageportale

Tarifname	Eingabe	Internet
Firefox Monitor	E-Mail	https://monitor.firefox.com
Have I been Pwned	E-Mail	www.haveibeenpwned.com
Pwned Passwort	Passwort	www.haveibeenpwned.com/Passwords
BreachAlarm	E-Mail	www.breachalarm.com

Viele Verbraucher vernachlässigen die Auswahl und den Schutz ihrer Passwörter

Ich bin mir sicher, auch Sie benötigen mittlerweile allein im Bereich Ihres privaten Vermögensmanagements und bei sensiblen Kontenzugängen weit mehr als fünf unterschiedliche Passwörter oder Geheimnummern. Darunter fallen beispielsweise Codes für Dienstleistungen im Online-Banking, dem Internet-Wertpapierhandel, dazugehörigen E-Mail-Konten, Zugangscodes für passwortgeschützte Internetseiten unterschiedlichster Finanzdienstleister oder Geheimnummern für Ihre Bank- und Kreditkarten.

Als Schutzmaßnahme vor Internet-Kriminalität rät der Bitkom zu komplexeren Passwörtern aus großen und kleinen Buchstaben, Zahlen und Sonderzeichen, die schwieriger zu hacken sind. Das empfehle ich Ihnen selbstverständlich auch, aber eine Vielzahl von komplexen und sehr langen Passwörtern ist gleichzeitig auch weit schwieriger zu merken. Zahlreiche Nutzer haben zwar eigentlich sichere Passwörter, notieren ihre Zugangsdaten und Passwörter aber dann beispielsweise auf ihrem Rechner in Word-Dokumenten oder Excel-Tabellen. Das ist hochriskant und nicht empfehlenswert, weil derartige Dateien ganz einfach ausgelesen werden können. Gleiches gilt für die schriftliche Dokumentation von Zugangsdaten, die bei einem Einbruch oder durch einen Diebstahl und Missbrauch ebenso gefährdet sind.

VII. Digitale Selbstverteidigung: Datenschutz und Privatsphäre

Der beste Schutz Ihrer Daten ist ein sicheres Passwort

Der beste Schutz gegen kriminelle Hacker und einen Datendiebstahl ist der Einsatz eines sicheren Passworts. Die Praxis zeigt, dass sich zahlreiche Internetnutzer nicht an dieser Maxime orientieren, weil es schlicht und einfach sehr schwerfällt, sich mehrere komplexe und lange Passwörter zu merken. Daher überrascht es nicht, dass unsichere Passwörter wie »123456« oder »Passwort« nach wie vor sehr häufig verwendet werden. Derartige naiv gewählte Passwörter sind für Hacker mit Leichtigkeit zu überwindende Einfallstore, vergleichbar mit einem unter der Fußmatte platzierten Schlüssel vor der Haustür für einen Einbrecher.

Diese beiden kostenlosen Passwort-Tresore schützen Ihre Daten und Ihre Privatsphäre!

Bitwarden ist ein kostenloser Verwaltungsdienst für Ihre Passwörter. Bitwarden speichert all Ihre Zugangsdaten in einem verschlüsselten Tresor, der mit unterschiedlichen Geräten (Smartphone, Laptop, PC) synchronisiert werden kann. Besonders gut: Die Passwörter werden bereits verschlüsselt, bevor sie überhaupt Ihr Gerät verlassen. Nicht einmal Bitwarden selbst kann Ihre Daten lesen. Bitwarden läuft auf Linux, MacOS, Windows, Android und iOS. Besonders bequem: Bitwarden kann die Login-Formulare automatisch mit Ihren Zugangsdaten ausfüllen. Das klappt im Web, aber auch in Apps. Bitwarden ist für Privatpersonen und kleine Unternehmen kostenlos und dennoch nicht werbeverseucht.

Informationen: www.bitwarden.com

SecureSafe ist ein Service des Schweizer Unternehmens DSwiss. Hier können Sie all Ihre wichtigen Dateien und Passwörter an einem hochsicheren Ort in der Schweiz verwalten und jederzeit darauf zugreifen. Die ausgezeichnete Cloud-Lösung von SecureSafe vereinfacht die Zusammenarbeit und schützt Ihre Daten und Passwörter auf dem Sicherheitsniveau einer Schweizer Bank. Alle Kundendaten werden ausschließlich in Schweizer Datenzentren gespeichert. Ein Hauptdatenspeicher steht dabei in einem ehemaligen Militärbunker in den Schweizer Bergen. Der Passwort-Safe von SecureSafe ist für die Verwaltung von bis zu 50 Passwörtern für Privatpersonen kostenlos!

Informationen: www.securesafe.com

2. Mit dem Kryptonizer erstellen Sie ganz einfach sichere Passwörter

Sichere Passwörter sind in der digitalen Welt enorm wichtig. Hilfreich sind dafür sogenannte Passwort-Manager. Das sind Software-Programme, die Zugangsdaten verschlüsselt und durch ein Masterpasswort geschützt in einem sicheren Datentresor verwahren. Ich habe zu meinen beiden Empfehlungen für Passwort-Tresore sehr viele positive Zuschriften erhalten, aber auch zahlreiche kritische Rückmeldungen, dass diese Schutzmethode einigen Lesern zu technisch und somit zu kompliziert ist. Umso wichtiger ist es – bei Verzicht auf einen Passwortmanager –, unterschiedliche sichere Passwörter festzulegen. Ich zeige Ihnen deswegen auch eine einfache und wirkungsvolle Möglichkeit, sichere Passwörter zu generieren und sich zu merken.

Internet-Kriminellen wird es häufig viel zu einfach gemacht

Das beste und sicherste Passwort ist ein rein zufällig gewähltes Kennwort, bestehend aus allen Zeichen und Sonderzeichen, die Ihre Tastatur aufweist. Das ist aber selbstverständlich nicht praktikabel. In der Praxis sind selbst einfache Zahlen- und Buchstabenkombinationen relativ schwer zu merken. Eine deutliche Steigerung Ihrer Passwortsicherheit erreichen Sie allein schon dadurch, dass Sie Zahlen und Buchstaben kombinieren. Dennoch sind auch solche Passwörter bei einem Hackerangriff relativ einfach zu knacken, wie die zahlreichen Missbrauchsfälle zeigen.

Der Hauptgrund, warum viele Passwörter eine große Sicherheitslücke darstellen, liegt darin, dass sie zu wenig kryptisch sind. Aus einem gewöhnlichen Wort einen professionellen kryptografischen Code zu erstellen, geht dabei ganz einfach mithilfe eines sogenannten Kryptonizers, der Ihnen dabei hilft, ein sicheres Krypto-Passwort aus einem gewöhnlichen Wort zu erstellen, das Sie sich ganz einfach merken können.

Quelle: Kryptonizer

So einfach wenden Sie den Kryptonizer an

1. Gewöhnliches Wort als Passwort auswählen

Sie definieren ein Wort, das Sie sich leicht merken können und das Sie als Passwort festlegen und kryptografisch verschlüsseln möchten. Dabei gilt: Je länger das Wort, desto sicherer das Passwort. Empfohlen wird die Verwendung eines Passwortes, das mindestens acht Buchstaben umfasst. Sie können dabei auch zwei Wörter kombinieren. Beispielsweise: MILLERSKRYPTONOMICS

2. Passwort kryptografisch verschlüsseln

Mithilfe der Verschlüsselungstabelle Ihres individuellen Kryptonizers können Sie aus Ihrem gewählten Passwort einen sicheren kryptografischen Code erstellen. Mit einem Kryptonizer verschlüsselt, wird aus dem einfachen Wort »KRYPTONOMICS« zum Beispiel der komplexe kryptografische Code »3XiF#A3iXF##«. Jeder Kryptonizer ist mit einem individuellen Übersetzer-Code ausgestattet. So wird das Wort »KRYPTONOMICS« mit jedem Kryptonizer in ein anderes Krypto-Passwort übersetzt.

Verschlüsseln Sie Ihre bestehenden Passwörter jetzt kryptografisch

Der Kryptonizer ist nach meiner Einschätzung perfekt geeignet für ältere Menschen oder Anwender, die keine große Online-Affinität haben, die aber dennoch in den unterschiedlichsten Bereichen, wie beispielsweise bei Bankgeschäften, zunehmend gezwungen sind, auf Online-Dienstleistungen zurückzugreifen. Der Kryptonizer ist außerdem für alle Verbraucher sehr hilfreich, die sinnvollerweise sehr viele unterschiedliche Passwörter nutzen, aber keinen Passwortmanager in Anspruch nehmen möchten.

Standardmäßig wird jeder Kryptonizer als Schlüsselanhänger produziert, so dass Sie ihn stets bequem mit sich führen können. Auch ein Verlust ist kein Sicherheitsrisiko. Ihr eigentliches Passwort ist ja nur in Ihrem Kopf gespeichert und ein verlorengegangener Kryptonizer verrät dem Finder ja keines der damit generierten Passwörter. Bestellen können Sie den Kryptonizer auf *www.kryptonizer.de* über den dort verlinkten Amazon-Shop. Auf der Internetseite finden Sie auch Bilder des Kryptonizers und ein veranschaulichendes Erklärvideo der Funktionsweise.

Informationen: www.kryptonizer.de

3. Einfach und sicher: Der mobile Datentresor mit Zahlenkombination

Zu meinen Empfehlungen im Bereich der Digitalisierung erhalte ich stets sehr viele positive Zuschriften, aber auch zahlreiche kritische Rückmeldungen, beispielsweise dass bestimmte Schutzmethoden wie Online-Datentresore (Cloud-Anwendungen) für die Datensicherung von Dokumenten oder digitale Passwortmanager einigen Lesern zu technisch und somit zu kompliziert sind.

Viele Leser möchten zwar Fotos, digitale Kopien von wichtigen Dokumenten wie Ausweisen und Testamenten, Passwortlisten oder sonstige Dateien sicher digital abspeichern, der Zugriff darauf soll aber einfach, schnell und auch mobil möglich sein. Genau dafür habe ich eine Top-Lösung ohne jeglichen technischen Schnickschnack.

Ungesicherte USB-Sticks sind perfekte Datenspeicher für das Schließfach

USB-Speichersticks kosten heute nur wenige Euro und haben eine große Speicherkapazität. Die Abkürzung »USB« steht dabei für »Universal Serial Bus«, was bedeutet, dass Daten in Serie von einem Gerät auf das andere übertragen werden.

Dadurch wird eine hohe Übertragungsgeschwindigkeit bei gleichzeitig geringer Fehlerquote erreicht. Eine eigene Energieversorgung ist für einen USB-Speicherstick nicht erforderlich, da der USB-Port gleichzeitig auch der Energieversorgung dient. USB-Geräte benötigen in der Regel auch kein Installationsprogramm. Entweder ist kein Treiber nötig oder er lädt sich nach dem Einstecken automatisch herunter.

Ich empfehle USB-Sticks als externe Datenbanken und Datenspeicher

VII. Digitale Selbstverteidigung: Datenschutz und Privatsphäre

beispielsweise für Passwörter, Bilder oder die Sicherung von Kopien von allen wichtigen Dokumenten und Verträgen. Wegen der sensiblen Daten, die sich auf einem derart genutzten USB-Stick befinden, können Sie ihn einerseits wie einen Goldbarren, ein effektives Wertpapier oder ein Originaldokument in einem Safe oder Schließfach sicher verwahren.

USB-Sticks ohne Zugangscodes bergen große Risiken im Hinblick auf die Datensicherheit

Für viele Bürger ist es andererseits aber wichtig, dass die auf dem USB-Stick gesicherten Daten jederzeit griffbereit sind, dass der USB-Stick also auch unterwegs genutzt werden kann, beispielsweise im Urlaub oder auf längeren Reisen. Da USB-Speichersticks mobil einsetzbar sind, ist das grundsätzlich kein Problem, aber was passiert bei einem Verlust oder einem Diebstahl?

Hier droht die Gefahr, dass hochsensible Daten in falsche Hände geraten, was nicht nur gravierende finanzielle Schäden zur Folge haben kann. Deswegen müssen Sie USB-Sticks, die Sie nicht in einem Tresor verwahren, zusätzlich schützen. Beispielsweise durch ein Passwort. Dazu gibt es zahlreiche Lösungen auf dem Markt, die sogar kostenlos angeboten werden. Häufig wird beim Kauf eines USB-Speichersticks bereits eine Verschlüsselungslösung vom Hersteller mitgeliefert.

Setzen Sie auf passwortgeschützte USB-Speichersticks!

Externe Festplatten und mobile Datenspeicher wie USB-Sticks haben auch in Zeiten der boomenden Cloud-Anwendungen ihre Berechtigung. Bei Cloud-Speichern (»Cloud« = »Wolke«) werden Daten über das Internet einem Cloud-Computing-Anbieter übertragen, der die Datenspeicherung als Service verwaltet und betreibt. Dadurch ist ein jederzeitiger ortsunabhängiger Online-Zugriff möglich. Ich kenne allerdings viele Anwender, die ihre intimen Daten keinem Dritten anvertrauen möchten. Diese Sorge ist durchaus nicht unberechtigt, wie zahlreiche Sicherheitsvorfälle aus der jüngeren Vergangenheit zeigen. Diesen Personengruppen empfehle ich die Nutzung von USB-Speichersticks unter Berücksichtigung von zwei wichtigen Aspekten:

1. Schützen und verschlüsseln Sie Ihren USB-Stick durch ein kryptografisches Passwort. Hierzu sind die kostenlosen Softwareprogramme VeraCrypt (www.veracrypt.fr), Rohos Mini Drive (www.rohos.net) oder der in Windows-Systemen bereits integrierte BitLocker empfehlenswert. Allerdings bringt die Einrichtung dieser Programme für ungeübte Anwender wiederum einen nicht unerheblichen Anwendungs- beziehungsweise Installationsaufwand mit sich.
2. Meine Empfehlung sind daher USB-Speichersticks mit einer Hardware-Verschlüsselung über eingebaute PIN-Eingabecodes. Diese funktionieren vom Prinzip so einfach wie ein Hotelsafe mit Zahlenkombination. Dabei können Sie die Sicherheit Ihrer PIN signifikant erhöhen, da diese zwischen 4 und 15 Stellen betragen kann. Mein Favorit für derartige USB-Speichersticks sind die USB-Produkte von Peperit, die Ihnen 16 Gigabyte Speicherplatz bieten. Informationen: www.peperit.shop

Quelle: Peperit

4. Die besten Anonymisierungs-Strategien zum Schutz Ihrer Daten

Der Europäische Gerichtshof (EuGH) hat am 16.07.2020 das sogenannte Privacy Shield für ungültig erklärt. Auslöser war eine Klage des Datenschutzaktivisten und Juristen Max Schrems gegen die Datennutzung von Facebook. Hinter dem Begriff »Privacy Shield« steht ein Abkommen zwischen der Europäischen Union und den USA, das den Schutz der Privatsphäre beim Transfer von Daten zwischen Ländern der EU und den USA sicherstellen soll. Datenschützer kritisieren bereits seit Jahren, dass das Datenschutzabkommen in der Praxis wertlos ist, und haben den angeblichen Datenschutzschild als »Pfusch im Eilverfahren« bezeichnet.

VII. Digitale Selbstverteidigung: Datenschutz und Privatsphäre

Das Tor zur Massenüberwachung der Bürger ist sperrangelweit offen

Mich bestärkt dieses Urteil wieder einmal in meiner Auffassung: Verlassen Sie sich nicht auf den Staat, nehmen Sie auch Ihren digitalen Datenschutz selbst in die Hand! Die EU-Standardvertragsklauseln haben sich durch das jüngste EuGH-Urteil wieder einmal als zahnloser Tiger herausgestellt, der im Hinblick auf den Datenschutz ebenso ineffizient wie rechtswidrig ist. Das US-Unternehmen Facebook steht dabei stellvertretend für alle Datenkraken außerhalb der Europäischen Union, von Amazon über Google bis hin zu Twitter. Geradezu peinlich für die EU-Politik ist die Forderung des Europäischen Gerichtshofs, dass derartige »Datenschutz-Verträge« auch auf ihre praktische Umsetzbarkeit geprüft werden müssen. Gegebenenfalls müssten Datentransfers seitens der Datenschutzaufsichtsbehörden untersagt werden.

Der Europäische Gerichtshof sieht auch die nationalen Datenschutzaufsichtsbehörden in der Pflicht. Diese können Gesetze zur Massenüberwachung im Ausland nicht einfach ignorieren, was sie derzeit faktisch tun. Für mich steht außer Frage, dass die legitimen Bürgerrechte zum Schutz von Daten und Privatsphäre den wirtschaftlichen Interessen von Politik und Wirtschaft hier bisher untergeordnet wurden. Das sind gefährliche Entwicklungen für die Freiheitsrechte und die Demokratie. Das Urteil ist vor allem ein massiver Schlag ins Gesicht der irischen Datenschutzbehörde DPC, weil Facebook in Europa über eine Tochtergesellschaft in Irland agiert. Jetzt müssten die USA – eigentlich – ihre Überwachungsgesetze ändern, damit US-Unternehmen weiterhin in Europa aktiv sein können. Dass das im Sinne der Bürger Europas passiert, wage ich stark zu bezweifeln.

DSGVO: Das zahnlose Bürokratiemonster

Paradox ist auch: Mit der EU-Datenschutz-Grundverordnung (DSGVO) hat sich die EU ein gigantisches Bürokratiemonster auferlegt, das aber außerhalb der EU seine Bürger und Online-Anwender ganz offensichtlich vollkommen unzureichend schützt. Sie müssen sich bewusst sein: Die EU-Staaten vernachlässigen in diesem Zusammenhang ihre Schutzfunktion im Sinne ihrer Bürger bereits seit vielen Jahren grob fahrlässig, ohne dass bislang nennenswerte Konsequenzen erfolgten. Das gefährliche Tor zur Massenüberwachung

4. Die besten Anonymisierungs-Strategien zum Schutz Ihrer Daten

steht daher nicht nur für Staaten, sondern auch für große Digitalkonzerne sperrangelweit offen. Setzen Sie deswegen auf Ihre eigenständige digitale Selbstverteidigung, diese wird immer wichtiger.

Die drei Basis-Strategien für die Anonymisierung Ihrer Internet-Verbindungen!

1. **Internetsuchmaschinen:** Die Internetsuchmaschine Google ist eine der größten Datenkraken dieser Welt, das muss Ihnen bewusst sein. Es gibt allerdings auch Alternativen, die einen immer stärkeren Zuspruch erfahren, keine Nutzerdaten speichern und auf personalisierte Werbung verzichten. Meine favorisierte Datenschutz-Suchmaschine ist *www.duckduckgo.com*

2. **Anonymisierungsbrowser:** Wenn Sie im Alltag eine Webseite ansurfen, kann jeder, der ein wenig Know-how hat – vom Staat über Unternehmens-Datenkraken bis hin zum Cyberkriminellen –, sehen, dass Sie diese abgerufen haben. Deswegen sollten Sie den Tor-Browser einsetzen. Diesen können Sie entweder unter *www.torproject.org* kostenlos herunterladen oder Sie bestellen den sogenannten »PrivacyDongle« zum Preis von überschaubaren 30 Euro als flexibel nutzbaren USB-Stick für verschiedene Betriebssysteme, auf dem der Tor-Browser schon vorinstalliert ist. Das geht unter *www.shop.digitalcourage.de*. Damit hinterlassen Sie auch auf Ihrem Computer (Windows oder Mac) keine Spuren. Einfach einstecken und anonym lossurfen.

3. **VPN-Netzwerke:** Setzen Sie auf Virtuelle Private Netzwerke (VPNs) wie beispielsweise *www.nordvpn.com* zur Anonymisierung Ihres Surfverhaltens.

5. Sicherheits-Check: Überprüfen Sie jetzt Ihre Internet-Identitätsdaten

Die Corona-Pandemie hat dazu geführt, dass zahlreiche Aktivitäten, sei es Lernen, Arbeiten oder Freizeit, ins Internet verlagert wurden. Hier treffen die Nutzer auf ganz andere Risiken und Bedrohungen, beispielsweise durch programmierte Viren und Online-Kriminelle.

Online-Kriminelle suchen sich vor allem unvorsichtige Internetanwender als Opfer

Kriminelle Akteure treten in Krisensituationen verstärkt auf, um das Klima der Unsicherheit und Angst auszunutzen und daraus maximalen Profit zu schlagen. Insbesondere seit März verzeichnen alle renommierten Analyseinstitute im Bereich des *Cybercrime* eine explosionsartige Zunahme krimineller Online-Aktivitäten. Die Corona-Pandemie wird dabei als Köder benutzt. Zu Opfern werden überwiegend die unvorsichtigen Online-Anwender. Die aktuellen Entwicklungen im Bereich der Online-Kriminalität stellen erneut unter Beweis, wie wichtig solide und breite Kenntnisse in allen Fragen der Internetsicherheit sind.

Auch ich muss leider feststellen, dass viele Internetnutzer mit den zahlreichen Risiken des Internets nach wie vor nicht vertraut sind. Das betrifft dabei bei Weitem nicht nur die Nutzung von Online-Banking, Zahlungen beim Online-Shopping, den Kauf von Wertpapieren oder den Handel mit und die Verwahrung von Edelmetallen oder Kryptowährungen.

Arbeiten Sie an der Verbesserung Ihres digitalen Wissens und Schutzes

Eine Umfrage des Digitalverbandes Bitkom hat vor Kurzem ergeben, dass sich derzeit nur etwa ein knappes Drittel der Internetnutzer selbst in der Lage sieht, Geräte wie Smartphones oder Computer ausreichend vor Angriffen durch Internetkriminelle zu schützen. Um kriminellen Attacken vorzubeugen, genügen häufig bereits einfache Regeln, die jeder Internetnutzer beherzigen sollte. Neben dem Einsatz von Virenschutzprogrammen, dem zeitnahen Durchführen von Software-Updates, dem Aktivieren Ihrer Firewall, der

5. Sicherheits-Check: Überprüfen Sie jetzt Ihre Internet-Identitätsdaten

sorgfältigen Prüfung von Anhängen und Download-Links und einer regelmäßigen Datensicherung sind weitere Schutzfunktionen zu beachten. Beispielsweise, dass Sie sichere, weil komplexe Passwörter mit mindestens 15 Zeichen verwenden: Buchstaben (groß/klein), Ziffern und Sonderzeichen. Nutzen Sie niemals das gleiche Passwort für mehrere Konten. Aktivieren Sie bei Ihren Zugangskonten zu Banken immer eine sogenannte Zwei-Faktor-Authentifizierung (2FA) über ein zweites Gerät. Beispielsweise einen TAN-Generator oder eine App auf Ihrem Smartphone wie den Google Authenticator. Als gefährlichstes Einfallstor für Cyberkriminelle erweist sich immer wieder das E-Mail-Konto, dessen Schutz zahlreiche Internetanwender sträflich vernachlässigen.

Überprüfen Sie jetzt Ihre E-Mail-Adressen mit dem Identity Leak Checker

Täglich werden persönliche Identitätsdaten durch kriminelle Cyberangriffe erbeutet. Ein Großteil der gestohlenen Angaben wird anschließend in Internetdatenbanken veröffentlicht und dient als Grundlage für weitere illegale Handlungen. Ob Sie selbst bereits Opfer eines Diebstahls von Identitätsdaten geworden sind, können Sie mit dem sogenannten Identity Leak Checker, einem Online-Sicherheitscheck des Hasso-Plattner-Instituts (HPI), ganz einfach, schnell und wirkungsvoll überprüfen. Die Sicherheitsforscher des HPI ermöglichen über ihre Datenbanken mittlerweile einen Abgleich mit rund elf Milliarden gestohlenen, im Internet frei verfügbaren Identitätsdaten. Die Daten stammen aus mehr als 1000 Datenlecks (Leaks). Die HPI-Datenbanken werden dabei fortlaufend gepflegt und um neue Fälle erweitert.

Auch hier zeigen sich für das Jahr 2020 erschreckende Zahlen: Allein 2020 wurden bereits rund 500 Millionen gestohlene Nutzerkonten neu eingepflegt. Durch Eingabe Ihrer E-Mail-Adresse auf der nachfolgenden Internetseite können Sie feststellen, ob Ihre Identitätsdaten bereits frei im Internet kursieren und somit missbraucht werden können. Ist das der Fall, erhalten Sie kostenlos detaillierte Handlungsanweisungen.

E-Mail-Sicherheitscheck: https://sec.hpi.de/ilc

VII. Digitale Selbstverteidigung: Datenschutz und Privatsphäre

6. So schützen Sie Ihre persönlichen Daten effektiv selbst im Darknet!

Die Datenschutz-Grundverordnung DSGVO stellt das Eigentum eines jeden Bürgers in Europa an seinen Daten in den Mittelpunkt. Dadurch erhalten Sie als Verbraucher das Recht und die Befugnis, grundsätzlich selbstbestimmt darüber zu entscheiden, wann und mit wem Sie Ihre personenbezogenen Daten teilen. Internet-Kriminelle interessieren sich allerdings nicht für Datenschutzgesetze. Der Missbrauch von Daten ist häufig die Vorstufe zu einem späteren Betrug, der gravierende Folgen und finanzielle Schäden mit sich bringt. Deswegen ist die Nutzung eines Frühwarnsystems sehr sinnvoll. Mit SICURNET steht Ihnen ein professionelles Datenschutzkonzept zur Verfügung.

Die wirkungsvolle Betrugsprävention beginnt bei Ihnen selbst

Im Zusammenhang mit persönlichen Daten im Internet ist es wichtig, dass Sie sehr sorgsam mit diesen umgehen. Um Ihre digitale Identität und Privatsphäre im Internet zu schützen, sollten Sie als Privatperson bei der Nutzung Ihres PCs oder Ihres mobilen Endgeräts (Tablet, Smartphone) grundlegende Regeln einhalten:

1. Gehen Sie bei der Nutzung jeglicher Internet-Dienstleistungen möglichst restriktiv mit Ihren personenbezogenen Daten um. Selbst eine einfache Internetsuche birgt bereits Risiken für Ihre Privatsphäre. Google ist eine Datenkrake.
Nutzen Sie daher alternative Suchmaschinen wie *www.duckduckgo.com*, die keine Daten speichern und weiterverkaufen.
2. Nutzen Sie Virtuelle Private Netzwerke (VPNs) wie beispielsweise *www.nordvpn.com* zur Anonymisierung Ihres Surfverhaltens.
3. Im Rahmen des Online-Bankings und bei jeglichen Geldgeschäften im Internet sind sichere Passwörter die wichtigste Grundvoraussetzung. Nutzen Sie einen Kryptonizer wie *www.kryptonizer.de* für die Erstellung sicherer Passwörter
und Passwort-Manager wie *www.securesafe.com* – hier können Sie bis zu 50 Passwörter kostenlos sicher verwalten!
4. Öffnen Sie Anhänge und folgen Sie Links nur, wenn sie aus vertrauens-

6. So schützen Sie Ihre persönlichen Daten effektiv selbst im Darknet!

würdigen Quellen stammen. Gleiches gilt auch für Downloads von Apps auf Ihrem Smartphone.

5. Arbeiten Sie bei Banktransaktionen stets mit der Zwei-Faktor-Authentifizierung (2FA), die erfreulicherweise bei vielen Banken und Online-Anbietern mittlerweile Standard beziehungsweise Pflicht ist.

6. Nutzen Sie Firewalls und Anti-Viren-Programme auf all Ihren stationären wie auch mobilen Endgeräten. Der Anbieter Avira *(www.avira.de)* bietet Ihnen dabei bereits eine sehr wirkungsvolle kostenlose Schutzfunktion, mit der ich seit Jahren hervorragende Erfahrungen gesammelt habe.

Vorsichtsmaßnahmen sind wichtig – eine zusätzliche Kontrolle erhöht Ihre Sicherheit massiv

Das Internet ist längst zu einem wichtigen Bestandteil unseres täglichen Lebens geworden. Die Digitalisierung führt zu zahlreichen Vorteilen, die es Ihnen ermöglichen, Finanztransaktionen und Bestellungen sehr einfach durchzuführen. Allerdings können Ihre Daten aufgrund von Sicherheitslücken oder Fehlern trotz aller beschriebenen Vorsichtsmaßnahmen entwendet werden. Internet-Kriminelle können Informationen über Sie erhalten und verwenden. Beispielsweise um ein Bankkonto oder einen Kredit in Ihrem Namen zu eröffnen oder eine Kreditkarte zu beantragen und Waren im Internet auf Ihren Namen zu bestellen. Um Ihre persönlichen Daten zu schützen, bietet der Informationsdienstleister CRIF Bürgel *(www.crifbuergel.de)* einen permanenten Wachschutz im Internet an.

Die Dienstleistungen sind abgestimmt auf die Bedürfnisse von Privatkunden, die der illegalen Weitergabe ihrer Daten im Internet einen zusätzlichen Riegel vorschieben möchten, und zwar als Ergänzung zu den eigenen präventiven Vorsichtsmaßnahmen. Mit dem neuartigen Frühwarnsystem namens »SICURNET« – gegen Identitätsdiebstahl und Datenmissbrauch im Internet – werden Ihre persönlichen Daten bei CRIF Bürgel registriert und rund um die Uhr sorgfältig überwacht.

VII. Digitale Selbstverteidigung: Datenschutz und Privatsphäre

Die drei wichtigsten Überwachungsfunktionen von SICURNET

- ✓ Fortlaufende Überwachung Ihrer persönlichen Informationen und Bankdaten im Internet und im Dark Web.
- ✓ Umgehende Benachrichtigung per E-Mail oder SMS, falls Ihre persönlichen Informationen im Internet gefunden werden.
- ✓ Analyse des gefundenen Treffers und individuelle Beratung durch eine Experten-Hotline mit Empfehlung entsprechender Gegenmaßnahmen.

Das Dark Web ist der illegale Datenbasar für Internet-Kriminelle

SICURNET überwacht nicht nur das Internet, sondern kontrolliert zusätzlich auch das sogenannte Dark Web, das auch als »Darknet« bekannt ist. Diese Dienstleistung ist enorm wichtig. SICURNET hilft Ihnen dabei zu überwachen, ob Ihre Identität oder Ihre persönlichen Daten im öffentlichen Internet (Public Web) oder im dunklen Teil des Internets (Dark Web) veröffentlicht wurden oder angeboten werden. Dadurch kann ein mutmaßlicher Datenmissbrauch bereits sehr frühzeitig erkannt werden. Entsprechende Schutzmaßnahmen können dann – nach Rücksprache mit den Experten von SICURNET – eingeleitet werden, bevor ein Schaden überhaupt erst entsteht. Die nachfolgenden Datenbereiche werden dabei rund um die Uhr überwacht:

SICURNET überwacht für Sie fortlaufend drei Datenbereiche:

Persönliche Informationen	Kontaktinformationen	Finanz- und Zahlungsdaten
✓ Vornamen, Nachnamen	✓ E-Mail-Adressen	✓ Bankkontonummern
✓ Geburtsdaten	✓ Telefonnummern	✓ Kreditkartennummern
✓ Adressen	✓ Mobilfunknummern	✓ Zahlungsdienste wie PayPal, Apple Pay und so weiter
✓ Ausweisnummern		
✓ Steuernummern		

6. So schützen Sie Ihre persönlichen Daten effektiv selbst im Darknet!

Schützen Sie jetzt mittels SICURNET Ihre persönlichen Daten im Internet

Das Unternehmen CRIF Bürgel ist einer der führenden Dienstleister für Kredit- und Bonitätsinformationen und bietet umfassende Lösungen zur Betrugsprävention im Bereich von *Cyber Risk Services*. In Italien ist SICURNET bereits seit dem Jahr 2011 erfolgreich im Einsatz. 2020 gab es in Italien weit mehr als 100 000 Benachrichtigungen. Gefunden wurden zumeist die E-Mail-Adressen. Sie machen rund 90 Prozent der Warnmeldungen aus, 80 Prozent davon kommen aus dem Dark Web.

Durch das permanente SICURNET-Monitoring Ihrer persönlichen Informationen im Internet können Sie als digitaler Verbraucher ein wachsames Auge auf Ihre persönlichen Informationen haben. Werden Ihre persönlichen Daten wie etwa Adresse, Telefonnummer, E-Mail-Kontakte oder auch Kredit- und Kontodaten zu Ihrem Girokonto oder bei alternativen Bezahldienstleistern wie PayPal, Apple Pay, Amazon Pay, Google Pay und Co. im Internet entdeckt, werden Sie als Kontoinhaber umgehend informiert. Mit der Benachrichtigung, auf Wunsch per Mail oder als SMS, erhalten Sie auch einen Zugang zur Experten-Hotline von SICURNET, die Sie bezüglich der zu treffenden Maßnahmen unterstützt; ob beispielsweise eine kompromittierte Zahlungskarte gesperrt oder ein Passwort für ein betroffenes Konto geändert werden muss.

Die Registrierung der Daten dauert nur wenige Minuten. Ihre Suchparameter können Sie jederzeit online anpassen, beispielsweise wenn Sie ein neues Konto eröffnen. Bei Bedarf können Sie auch nach diversen Stichworten im Internet suchen lassen – beispielsweise die E-Mail-Adressen oder Mobilfunknummern Ihrer Kinder. Die Konditionen dafür sind mit Bezug auf das Preis-Leistungs-Verhältnis ausgesprochen günstig.

Informationen: www.mycrifbuergel.de/sicurnet

VII. Digitale Selbstverteidigung: Datenschutz und Privatsphäre

7. DarkSide als Warnung: Nutzen Sie Sicherheitsprogramme - auch - für Ihr Smartphone!

Im Mai 2021 hat sich ein dramatischer Fall ereignet, der wieder einmal verdeutlicht, wie wichtig der Bereich Cybersecurity in unser technologisch und digital vernetzten Welt ist. Der Cyberangriff auf den Treibstoff-Versorger Colonial Pipeline führte in den USA zu einem Tankstellen-Chaos. Das Unternehmen versorgt fast die Hälfte der US-Ostküste mit Kraftstoffen wie Benzin, Diesel, Heizöl und Kerosin. Die wichtige Treibstoffversorgung kam aufgrund einer Cyberattacke auf das Unternehmen in zahlreichen Regionen zum Erliegen. Verantwortlich für den Online-Angriff war eine Bande von Cyberkriminellen, die unter dem Namen »DarkSide« agiert.

Der Cyberangriff betraf die betriebliche Infrastruktur von Colonial Pipeline, so dass das Unternehmen die Entscheidung traf, selbst den Stecker zu ziehen und sein gesamtes Netzwerk herunterzufahren, um weitere Angriffe zu verhindern. Dieser Schritt führte zum Ausfall von 5500 Meilen an Pipeline-Infrastruktur. Die Folge waren massive Panikkäufe an den Tankstellen und explodierende Treibstoffpreise, die auch den Börsen zu steigenden Kursen bei Öl und Energieaktien führten.

DarkSide forderte für die Beendigung des Cyberangriffs ein Lösegeld. Colonial Pipeline hat sich dazu entschieden, für die schnelle Wiederherstellung seiner Dienstleistungen auf die Forderungen der Erpresser einzugehen. Dadurch wurde ein gefährlicher Präzedenzfall geschaffen, der nach meiner Einschätzung Nachahmer geradezu anlocken wird. Das Unternehmen zahlte ein Lösegeld in Höhe von 75 Bitcoin, was einem Gegenwert von rund 5 Millionen USD entsprach. Dieser Vorgang führt leider auch wieder einmal dazu, dass der Bitcoin als angebliche Währung für Kriminelle in ein schlechtes Licht gerückt wird. Der Vorfall verdeutlicht wieder einmal wie existenziell wichtig wirkungsvolle Cybersecurity-Anwendungen sind.

Setzen Sie auf die kostenlosen Antivirus-Programme von Bitdefender

Cybercrime betrifft jeden Internet-Nutzer. Besitzer von digitalen Vermögenswerten wie Kryptowährungen jedoch ganz besonders. Deswegen müssen Sie digitale Abwehrstrategien durch Schutzfunktionen schaffen. Beispielsweise

7. DarkSide als Warnung: Nutzen Sie Sicherheitsprogramme - auch - für Ihr Smartphone!

durch den Einsatz von sicheren Hardware-Wallets, aber auch im Hinblick auf Ihr umsichtiges Nutzerverhalten und die Sicherung Ihres Smartphones oder Tablets.

Analysen des Cybersecurity-Unternehmens Sophos haben aktuell 167 gefälschte Android- und iOS-Apps identifiziert, mit denen Nutzer, im guten Glauben eine seriöse Finanzhandels-, Bank- oder Kryptowährungs-App installiert zu haben, um ihr Geld gebracht wurden. Ich nutze vor dem Hintergrund dieser großen Gefahren seit Jahren die Dienstleistungen von Bitdefender. Weiterführende Informationen finden Sie auf der Internetseite www.bitdefender.de. Die Bitdefender-App »Antivirus Free« können Sie für Ihre mobilen Endgeräte wie Smartphones oder Tablets im App Store von Apple sowie im Google-Playstore kostenlos herunterladen, um Ihr Smartphone im Hinblick auf eine bereits installierte Schadsoftware zu scannen, beziehungsweise um sich bei zukünftigen App-Downloads zu schützen
Informationen: www.bitdefender.de

VIII. Banking ohne Banken: Alternative Zinssysteme

Laut Historikern wurden die ersten Kreditgeschäfte vor 5000 Jahren in Mesopotamien abgewickelt. In Babylon wurden für Kredite 20 Prozent Zinsen bezahlt. Im antiken Griechenland beliefen sich die Zinsen für Geldleihgeschäfte auf rund 10 Prozent, im Römischen Reich auf rund 8 Prozent und in Byzanz auf 12 Prozent. Die Kaufleute aus Venedig berechneten rund 6 Prozent. Jahrhunderte beziehungsweise Jahrtausende später, während der Welteroberung durch die niederländischen Seefahrer und Händler, notierte das Zinsniveau auf rund 8 Prozent. Während der englischen Welteroberung im 18. Jahrhundert lag das Zinsniveau bei rund 10 Prozent.

P2P-Kredite sind eine attraktive Anlageklasse

Wenn wir nach Deutschland blicken, hatten wir im Jahr 1975 durchschnittliche Sparzinsen von 5 Prozent, 1985 lediglich noch rund 3 Prozent, 1995 und 2005 rund 2 Prozent. Im Jahr 2015 hat sich dieses Niveau geviertelt auf nur noch 0,5 Prozent. Mittlerweile sind wir in einer Null- und Negativzinswelt angekommen. Deswegen sind positive Zinsen auf Basis privater Kredite ein sinnvoller Diversifikations-Baustein für Ihr Geld – als Antwort auf das sich weiter verschärfende Negativzinsumfeld bei den klassischen Banken. In diesem Abschnitt zeige ich Ihnen meine favorisierten Plattformen für die Anlageklasse der P2P-Kredite.

Bill Gates, der Gründer von Microsoft, hat im Jahr 1994 die legendäre Aussage »Banking is necessary, banks are not« getätigt: Bankgeschäfte sind notwendig, Banken sind es nicht. Er war damit seiner Zeit weit voraus. Mittlerweile bewahrheitet sich seine Prognose mit zunehmender Dynamik. Das Finanzsystem und die Geldsysteme der Zukunft werden immer weniger von Banken dominiert. Stattdessen werden die großen Technologiekonzerne (Bigtechs) wie Amazon und Apple aus den USA oder Alibaba und Tencent aus

China mit ihren jeweiligen Zahlungsverkehrssystemen immer bedeutender. Gleiches gilt für die neuen, innovativen Technologieunternehmen (Fintechs), zu denen auch Online-Plattformen für sogenannte P2P-Kredite zählen. Die Abkürzung »P2P« kommt aus dem Englischen und steht für »*Peer to Peer*«. Frei übersetzt bedeutet das für die jeweiligen Kredite, dass sie »unter Gleichen«, also von Privatpersonen an Privatpersonen vergeben werden. Diese Art der direkten Kreditvergabe unter Privatpersonen beziehungsweise Verbrauchern ist noch relativ jung. Erst seit rund zehn Jahren haben sich die ersten Anbieter auf dem Finanzmarkt etabliert. Da bei diesem Geschäft keine Bank involviert ist, erhält die kreditgebende Privatperson als Investor die Vorteile in Form von überdurchschnittlichen Zinseinnahmen. Dafür müssen aber Kreditausfallrisiken getragen werden.

P2P-Plattformen bieten Ihnen attraktive Zinsen für Ihr Geld

Ich empfehle Ihnen daher neben der Nutzung von Krypto-Plattformen und Investments in ausgesuchte Digital-Aktien und ETFs, Ihr Geld auch in P2P-Plattformen zu investieren beziehungsweise zu diversifizieren. Streuen Sie Ihr Geld, das Sie in die attraktive Anlageklasse der P2P-Kredite investieren, so breit wie möglich, am besten über alle sieben Plattformen, die ich Ihnen nachfolgend vorstelle: Testen Sie und sammeln Sie Erfahrungen. Aufgrund der geringen Mindestanlagesummen, je nach Anbieter zwischen einem und 50 Euro, ist diese Strategie problemlos umsetzbar. Alle P2P-Anbieter stehen Ihnen in deutscher Sprache zur Verfügung!

1. auxmoney: Europas größter Kreditmarktplatz mit Sitz in Deutschland

Was ist der Einbruch in eine Bank gegen die Gründung einer Bank? Banken haben in einigen Geschäftsbereichen nach wie vor gigantische Gewinnmargen. Gleichzeitig hat die Finanzkrise gezeigt, dass hohe Risiken, mit denen diese Gewinne erkauft werden, im Ernstfall durch den Steuerzahler aufgefangen werden. Die höchsten Gewinne erzielen Banken derzeit im Bereich der Vergabe von Konsumentenkrediten. P2P-Plattformen bieten Ihnen die

Möglichkeit, selbst die Rolle der Bank einzunehmen und von diesen Rahmenbedingungen zu profitieren.

Die Bank gewinnt immer bei Privatkrediten

Selbst im aktuellen Niedrigzinsumfeld, in dem die Banken von der EZB mit billigem Geld nahe der 0-Prozent-Grenze zugeschüttet werden, bewegen sich zahlreiche von Banken zur Verfügung gestellte Dispokredite in astronomischen Höhen zwischen 9 und 12 Prozent. Das sind Gewinnmargen von über 1000 Prozent für die kreditgebenden Banken. Vor allem auch deswegen, weil die Ausfallraten der Kredite in Relation zu den verrechneten Risikoaufschlägen über die hohen Zinssätze verschwindend gering sind. Von der Grundkonzeption bildet die Anlageklasse der P2P-Kredite somit das klassische Bankgeschäft ab, nur eben ohne Bank. Die »Bank« sind Sie als Kreditgeber.

Der Vorteil ist, dass Sie als Privatperson die hohen Zinsgewinne, die normalerweise den Banken zugutekommen, selbst vereinnahmen. P2P-Kredite sind daher eine Alternative beziehungsweise Ergänzung zur Optimierung Ihrer Zinsinvestments, die Sie bislang überwiegend im Bereich von Tagesgeldern und Festgeldern bei Banken unterhalten. Auch die steuerliche Behandlung ist identisch. Gewinne aus P2P-Krediten gelten als Zinseinkünfte und werden wie andere Kapitalanlagen (zum Beispiel Aktien und Anleihen) mit der pauschalen Abgeltungsteuer von 25 Prozent zuzüglich Solidaritätszuschlag und gegebenenfalls Kirchensteuer versteuert.

Bei allen Vorteilen: Setzen Sie auf solide Anbieter und streuen Sie Ihre Investments

Sie müssen sich allerdings bewusst sein, dass Sie neben dem Kreditausfallrisiko ein weiteres Risiko haben, nämlich das Plattformrisiko. Ein Anbieter für P2P-Kredite kann in die Insolvenz schlittern. Das würde dazu führen, dass Sie zumindest über einen gewissen Zeitraum keinen Zugriff auf Ihr investiertes Geld haben, bis die Insolvenz abgewickelt wurde.

Daher sind zwei Dinge ganz wichtig: Investieren Sie in eine Vielzahl unterschiedlicher Kredite beziehungsweise Kreditportfolios, um das Kreditausfallrisiko breit zu diversifizieren. Gleichzeitig sollten Sie auf P2P-Unternehmen setzen, die sich bereits bewährt haben, und Ihr investiertes Kapital zusätzlich auch über mehrere P2P-Plattformen streuen. Beginnend mit auxmoney, dem Marktführer aus Deutschland, gelten diese Voraussetzungen für alle meine nachfolgenden Empfehlungen.

Automatisch investieren: Nutzen Sie den hilfreichen Portfolio-Builder

Die Kreditlaufzeiten und somit die Bindung Ihres Geldes liegen bei auxmoney zwischen zwischen 12 und 84 Monaten. Aus Gründen der Risikostreuung empfiehlt auxmoney seinen Kunden, in mindestens 200 Kreditprojekte zu investieren beziehungsweise zu diversifizieren. Bei einer Mindestanlagesumme von 25 Euro bedeutet das eine Investitionssumme von 5000 Euro. Mit dem sogenannten »Portfolio Builder« können Sie diesen Vorgang unter dem Menüpunkt »Automatisch investieren« ganz einfach automatisieren und nach Ihren Vorlieben steuern.

Rückflüsse erhalten Sie automatisch jeden Monat zum Monatsende auf Ihr Anlagekonto überwiesen. Das Anlagekonto von auxmoney ist Ihr persönliches Verrechnungskonto für Ihre Investitionen in Privatkredite bei auxmoney. Es wird Ihnen kostenlos seitens der kooperierenden flatex Bank AG zur Verfügung gestellt. Das sind solide Rahmenbedingungen, abgestimmt auf die strengen Kreditwesengesetze für Anbieter aus Deutschland. Deshalb ist auxmoney der perfekte Einstieg und die Basis für Investments in die lukrative Anlageklasse der P2P-Kredite.

Überblick und Kontaktdaten

Firmenname:	auxmoney GmbH
Firmensitz:	Deutschland
Gründungsjahr:	2007
Mindestanlage:	25 Euro
Renditeerwartung:	Durchschnittlich 5 % p. a.
Internet:	www.auxmoney.com

2. Mintos: Algorithmen diversifizieren Ihr Kreditportfolio automatisch

Mintos ist ein globaler Marktplatz für Investitionen in Kredite, der seit seiner Gründung im Jahr 2015 in den letzten Jahren ein überdurchschnittlich starkes Wachstum verzeichnen konnte. Innerhalb von fünf Jahren wurden bereits weit mehr als 5 Milliarden Euro erfolgreich vermittelt. Heute hat Mintos bereits rund 200 Mitarbeiter. Dennoch ist Mintos nach meiner Einschätzung bei Privatanlegern nicht besonders bekannt. Das dürfte sich aber ändern.

Mintos bietet Ihnen drei automatisierte Investmentstrategien

Mintos bietet Ihnen die Auswahl zwischen den drei automatisierten Strategien konservativ, diversifiziert und renditestark. Entsprechend Ihrer Strategieauswahl kauft Mintos für Sie kleine Bruchteile vieler verschiedener Kredite, die von unterschiedlichen Kreditunternehmen an Kreditnehmer auf der ganzen Welt vergeben werden. Bevor Sie investieren, wird Ihnen dabei ein gewichteter Durchschnittszinssatz der verfügbaren Kredite transparent ausgewiesen. Sie können Ihre gewählte Strategie dabei jederzeit starten oder stoppen. Zur Risikominimierung ist Ihr Einsatz auf 15 Prozent pro ausgewähltes Kreditunternehmen begrenzt.

Darüber hinaus haben Sie neben der Nutzung dieser bewährten Strategien, die mit standardisierten Algorithmen arbeiten, auch die Möglichkeit, selbst aktiv zu investieren und die Kreditauswahl eigenverantwortlich zu treffen. Dabei können Sie mit mehr als 20 verschiedenen Investitionskriterien aus einer großen Anzahl von verfügbaren Krediten gezielt Ihre gewünschten Zielinvestments herausfiltern. Ihr investiertes Geld können Sie somit ganz bequem und risikooptimiert für sich arbeiten lassen und den so wichtigen Zinseszinseffekt zusätzlich nutzen, indem Sie Ihre erhaltenen Zinserträge automatisch reinvestieren.

Mintos bietet Ihnen auch Diversifikationsmöglichkeiten in unterschiedliche Währungen

Meine umfassenden Recherchen haben ergeben, dass Ihnen Mintos das breiteste Portfolio an P2P-Krediten bietet. Sie können in Privatkredite aus mehr als 30 Ländern auf der ganzen Welt investieren. Von Westeuropa über Osteuropa, Asien und Afrika bis nach Mittelamerika. Von Agrarkrediten über Autokredite und Hypothekendarlehen bis hin zu Pfandkrediten. Zusätzlich können Sie auch eine Währungsstreuung Ihrer Investments vornehmen, wofür elf unterschiedliche Währungen zur Verfügung stehen.

One-Click-Investment: Setzen Sie bei Mintos zum Start auf die Funktion »Autoinvest«

Ergänzend zu den drei automatisierten Investmentstrategien haben Sie als P2P-Anleger bei Mintos anhand von transparenten Rating-Vorgaben auch die Möglichkeit, Kredite selbstständig mit nur einem Klick auszuwählen. Diese Vorgehensweise empfehle ich bereits erfahrenen P2P-Investoren. Für Einsteiger ist hingegen die Funktion »Autoinvest« bestens geeignet. Dabei wird Ihr Geld entsprechend Ihrer ausgewählten Strategie auf Basis von Algorithmen automatisch investiert. Die Erfahrungswerte sind dabei sehr gut, rund 80 Prozent aller Mintos-Investoren entscheiden sich für diese Funktion. Ich empfehle Ihnen daher, bei Mintos mit den Einstellungen »Konservativ« und »Autoinvest« zu starten.

Überblick und Kontaktdaten

Firmenname:	AG Mintos Marketplace
Firmensitz:	Lettland
Gründungsjahr:	2015
Mindestanlage:	10 Euro
Renditeerwartung:	12,5% p. a.
Internet:	www.mintos.com

3. Bondora: Mit einem einfachen Schieberegler bestimmen Sie Ihre Zinserträge

Bondora ist eine Kreditplattform für Konsumentenkredite aus Estland, die bereits im Jahr 2009 gegründet wurde. Dadurch gehört Bondora zu den etabliertesten Investmentplattformen im P2P-Bereich. Die Bondora-Plattform bietet Ihnen den Zugang zu alternativen P2P-Kreditinvestments ohne Vorkenntnisse durch den Einsatz moderner Online-Investmenttools, so dass Sie sich sehr schnell einen Überblick verschaffen können. Außerdem können Sie das Risiko Ihrer Geldanlage transparent einschätzen und umgehend breit investieren und diversifizieren.

Der Portfolio-Manager von Bondora bietet Ihnen automatische Kalkulationen

Der Portfolio-Manager ist ein halbautomatisierter Service, mit dem Sie bei Bondora in Peer-to-Peer-Kredite investieren können. Sie benötigen dafür keinerlei Finanzwissen oder sonstige Erfahrungen, denn er erledigt alles für Sie. Es ist ein Tool, welches Ihre Investitionen bei Bondora verwaltet und sich deshalb besonders für Personen eignet, die neu ins P2P-Business starten möchten und die sich unsicher sind, wie genau sie es angehen sollen. Außerdem für jene, die für ihre Geldanlage so wenig Zeit wie möglich aufwenden und alles schnell eingerichtet haben möchten.

Alles, was Sie tun müssen, ist, sich für eine der Risikostrategien zu entscheiden, die von »ultra-konservativ« bis »opportunistisch« reichen. Dann müssen Sie noch Geld einzahlen und schon kann es losgehen. Von dem Moment an, in dem Sie auf »Starten« klicken, kauft der Portfolio-Manager P2P-Kredite mit verschiedenen Ratings und Beträgen in Ihr Portfolio, die Ihrer gewählten Risikorenditestrategie entsprechen.

Hohe Bedienerfreundlichkeit und einfache Umsetzung durch den Risiko-Rendite-Slider

Der sogenannte »Risiko-Rendite-Slider« (»Slider« heißt »Schieberegler«) ist das Herzstück des Portfolio-Managers. Zunächst müssen Sie bestimmen, welche Risikorenditestrategie am besten zu Ihren Zielen passt. Ziehen Sie

VIII. Banking ohne Banken: Alternative Zinssysteme

den Slider dazu einfach mit Ihrer Maus beziehungsweise dem Finger auf dem Smartphone oder Laptop auf eine der Optionen. Neben der Risikostrategie können Sie außerdem die maximale Höhe der Gebote sowie die maximale Investition pro Darlehen bestimmen.

Die Anzeige »Vorgeschlagener Umfang der Investition« zeigt Ihnen abhängig von Ihrem verfügbaren Kapital an, welchen Betrag der Portfolio-Manager pro Investition empfehlen würde, diesen Betrag können Sie aber auch über- oder unterschreiten. Im Gegensatz zu Festgeldern bei Banken haben Sie auch noch einen weiteren Vorteil: Falls Sie Geld benötigen oder Ihr Investment bei Bondora beenden möchten, können Sie Ihre P2P-Investments ganz einfach und flexibel über die Plattform verkaufen.

Beginnen Sie konservativ und sammeln Sie Erfahrungswerte

Da der Portfolio-Manager sehr einfach zu bedienen ist und nur wenige Einstellungsmöglichkeiten bietet, ist die Auswahl Ihrer Einstellungen über den Slider sehr wichtig, da dessen Stellung bestimmt, welche Kredit-Ratings in welcher Häufigkeit und mit welchen Beträgen in Ihrem Portfolio vertreten sein werden. Entscheiden Sie deshalb mit Bedacht. Möchten Sie relativ geringe Risiken eingehen, was auch geringere Zinseinnahmen mit sich bringt, ziehen Sie den Risiko-Rendite-Slider einfach weiter nach links in Richtung der konservativen Auswahlmöglichkeiten.

Wenn Ihnen etwas mehr Schwankungen bei Ihren durchschnittlich erzielten Renditen nichts ausmachen und Sie höhere Renditechancen wahrnehmen möchten, können Sie den Schieberegler einfach weiter nach rechts ziehen und Bondora investiert dann automatisch in P2P-Kredite mit höheren Zinsen, aber auch Risiken. Ich empfehle Ihnen für den Start und zum Sammeln Ihrer ersten Erfahrungen, die Einstellung »ultra-konservativ« auszuwählen. Haben Sie sich nach einiger Zeit mit der Systematik vertraut gemacht, können Sie auf »ausgewogen« wechseln oder Ihre Chancen auf lukrative Zinseinnahmen noch weiter erhöhen.

Überblick und Kontaktdaten

Firmenname:	Bondora Capital OÜ
Firmensitz:	Estland
Gründungsjahr:	2009
Mindestanlage:	1 Euro
Renditeerwartung:	Bis zu 6,75 % p. a.
Internet:	www.bondora.com

4. Twino: Diese Investitionsplattform übernimmt für Sie die Darlehensbewertung

Twino, gegründet im Jahr 2009, gehört ebenfalls zu den ältesten und etabliertesten P2P-Unternehmen. Die Fintech-Plattform vergibt überwiegend Privatkredite an Konsumenten und hat sich zuletzt in der Coronakrise durch ein starkes Wachstum und stabile Auszahlungen bewährt. Neben der Vergabe von Konsumentenkrediten werden unter »Twino Ventures« auch Immobilienprojekte entwickelt, an denen Sie sich als Investor beteiligen können.

Maschinen übernehmen die Arbeit von Sachbearbeitern bei Banken

Als ich Anfang der 90er-Jahre meine Banklehre gemacht habe, gab es in unserer Kreditabteilung eine Vielzahl an Kredit-Sachbearbeitern. Mittlerweile wird die Arbeit dieser Berufsgruppe bei Banken immer stärker von Maschinen auf Basis von Algorithmen übernommen. Darlehensnehmer können auf Twino Kredite beantragen. In kurzer Zeit bewertet die Technologie von Twino auf Basis von Erfahrungswerten und Algorithmen die Kreditwürdigkeit des jeweiligen Antragstellers unter Berücksichtigung der im Antragsformular angegebenen Informationen, der offiziell verfügbaren Informationen zu bestehenden Verbindlichkeiten und Hunderten von weiteren Datenpunkten.

Wenn der Darlehensnehmer für ein Darlehen qualifiziert ist, gewährt Twino die gewünschte Finanzierung.

Auf der Twino-Plattform finden Sie als Kapitalgeber auf dieser Basis eine attraktive Auswahl an verfügbaren Darlehen. Sie können unter anderem anhand der folgenden Kriterien Ihre Investitionsentscheidung treffen: Darlehenslaufzeit, Kreditrating, Darlehensstatus, Zinssatz und erwartete Rendite. Eine Investition ist dabei bereits ab 10 Euro möglich. Neben Euro-Darlehen haben Sie auf Twino auch die Möglichkeit, in Darlehen in Britischen Pfund (GBP) zu investieren. Twino bedient anschließend die Darlehen und erhält die Zahlungen von den jeweiligen Kreditnehmern.

Die zurückfließenden Gelder werden dann proportional nach der Höhe der Investition zwischen allen, die in das jeweilige Darlehen investiert haben, verteilt und automatisch ihrem Twino-Konto gutgeschrieben. Jedes Darlehen hat dabei einen separaten Tilgungsplan, so dass Sie jederzeit die Übersicht über die Regelmäßigkeit der Zahlungen der einzelnen Darlehensnehmer haben.

Mit Twino Ventures investieren Sie in besicherte Immobilienhypotheken

Neben den Anlagemöglichkeiten in Konsumentenkredite bietet Ihnen Twino Ventures eine umfassende Auswahl an Darlehen, die durch Immobilien besichert sind. Jedes der Projekte wird dabei von einem Expertenteam gründlich geprüft, bevor es Investoren angeboten wird. Diese Möglichkeit ist deswegen sehr empfehlenswert, weil sie die Darlehenssicherheit deutlich erhöht.

Ein reines Rückzahlungsversprechen wird durch eine solide Hypothek auf den Sachwert einer Immobilie gedeckt. Zahlreiche der durch Twino finanzierten Immobilienprojekte befinden sich zudem in attraktiven Ländern außerhalb der überhitzten Immobilienmärkte Kerneuropas, beispielsweise in den wachstumsstarken Regionen Osteuropas. Auch hier haben Sie die Möglichkeit, Ihre Investments gezielt nach Ihren Suchkriterien beziehungsweise Risikovorgaben auszuwählen.

Passives Investieren über das Autoinvest-Portfolio

Twino verfolgt den Ansatz, dass passive Investitionen die besten sind. Das ist vergleichbar mit einem ETF, bei dem einfach und kostengünstig ein bestimmter Index auf eine Anlageklasse, eine Branche oder eine Region passiv abgebildet wird. Nach einem ähnlichen Prinzip wurde auch das Autoinvest-Portfolio von Twino entwickelt.

Das Hauptziel besteht darin, Ihr Geld in mehrere Einzeldarlehen zu investieren, die auf Kriterien basieren, die Sie in Ihrem Investorenprofil festgelegt haben. Dies macht den Diversifizierungsprozess völlig problemlos. Sie können dabei jedes einzelne Darlehen, in das Sie investiert haben, transparent einsehen und die Zinsausschüttungen verfolgen.

Überblick und Kontaktdaten

Firmenname:	AS TWINO
Firmensitz:	Lettland
Gründungsjahr:	2009
Mindestanlage:	10 Euro
Renditeerwartung:	10% p. a.
Internet:	www.twino.eu

5. Swaper: Bis zu 16 Prozent Zinsen mit kurzfristigen Verbraucherkrediten

Swaper bietet Ihnen auf seiner P2P-Plattform attraktive Investments – ab einer Mindestanlagesumme in Höhe von 10 Euro – in kurzfristige Verbraucherkredite, die lediglich eine Laufzeit von bis zu 30 Tagen haben. Die Höhe der investierbaren Verbraucherkredite beträgt dabei zwischen 50 und 1500 Euro. Hinter dem Swaper-Geschäftsmodell steht der Verkauf von Krediten, die auf Abtretungsvereinbarungen basieren. Derartige Kredite werden überwiegend zur Überbrückung kurzfristiger Liquiditätsengpässe aufgenommen, daher sind die Renditen sehr hoch. Als Investor erhalten Sie 14 Prozent Zinsen pro Jahr, im Rahmen des Swaper-Treueprogramms sogar 16 Prozent.

Viele Kreditkunden tappen in die Zinsfalle der Banken

Unbesicherte Kleinkredite werden auch als »Blankodarlehen« oder »Mikrokredite« bezeichnet und laufen international häufig unter dem Begriff »*Microlending*«. Bei diesen unbesicherten Kleinkrediten handelt es sich um Darlehen, bei denen die Kredithöhe so gering ist, dass sie für klassische Banken mit ihren schwerfälligen und kostenintensiven Bearbeitungsstrukturen vollkommen uninteressant sind und nicht angeboten werden.

Ich bin selbst Bankkaufmann und weiß, wie Banken hier arbeiten: Kommt ein Kunde mit einem kurzfristigen beziehungsweise kleinen Kreditwunsch, wird ihm einfach der Dispositionsrahmen auf seinem Girokonto erhöht, wofür auch meist zweistellige Sollzinsen fällig werden. In weiterer Folge bleibt es häufig nicht bei einer kurzfristigen Überziehung, so dass entweder über lange Zeiträume sehr hohe Zinsgewinne für die Bank erwirtschaftet werden oder eine wiederum für den Kunden kostspielige Umschuldung in einen Ratenkredit erfolgt, der zu zusätzlichen Einnahmen in Form von Bearbeitungsgebühren und langfristig hohen Zinserträgen für die Bank führt. Diese Vorgehensweise wird für zahlreiche Bankkunden zu einer regelrechten Zinsfalle. Deswegen sind bankenunabhängige Kleinkredite eine begrüßenswerte Entwicklung, sowohl für Kreditnehmer als auch für Investoren.

Unbesicherte Kleinkredite haben zu Unrecht einen schlechten Ruf

Ihren Ursprung haben Mikrokredite in den Ländern der Dritten Welt. In Afrika, Asien, Südamerika oder Osteuropa werden derartige Kleindarlehen beispielsweise als Startfinanzierung für Handwerker oder Bauern vergeben. Ein Mikrokredit in Höhe von 15 Euro kann für eine Familie in Afrika der Beginn einer gravierenden Verbesserung ihrer Lebenssituation sein und Fluchtursachen bekämpfen. Eine große Bekanntheit erlangten Mikrokredite durch Muhammad Yunus, der als Begründer des Mikrofinanz-Gedankens gilt. Der bengalische Wirtschaftswissenschaftler wurde für seine wichtige Arbeit in diesem Bereich im Jahr 2006 mit dem Friedensnobelpreis ausgezeichnet. Das zeigt, wie wichtig und sinnvoll diese Kreditklasse ist.

Mikrokredit-Investments: Swapen Sie breit über das Autoinvest-Portfolio

Da Swaper nur ungesicherte Verbraucherkredite vergibt, werden umgerechnet auf ein Jahr über 200 Prozent Zinsen aus diesen Krediten vereinnahmt. Diese gigantische Gewinnspanne ermöglicht es Swaper, genügend Geldmittel zu verdienen, um Kredite mit einer sogenannten *Buy-Back*-Option anzubieten. Das ist eine Sicherheitsfunktion, also eine Art Kreditausfallversicherung. Im Fall eines *Buy-Back* werden Sie als Swaper-Investor für Ihr eingesetztes Kapital und die aufgelaufenen Zinsen entschädigt, falls der Kreditnehmer mit der Rückzahlung des Darlehens mehr als 30 Tage in Verzug ist.

Swaper investiert in unbesicherte Kleindarlehen in Polen, Spanien und Dänemark. Auch Swaper bietet automatisierte Investmentfunktionen, die ich Ihnen ans Herz lege, so dass Sie möglichst breit in diese lukrativen wie auch riskanten Kleinkredite investieren können. Der Portfoliomanager ist ganz einfach und schnell eingerichtet und steht Ihnen auch als App zur Verfügung. Zusätzlich zu den 14 Prozent Jahreszinsen bietet Swaper über sein Treueprogramm einen zweiprozentigen Loyalitätsbonus. Damit werden Anleger belohnt, die mindestes 5000 Euro bei Swaper investieren.

Überblick und Kontaktdaten

Firmenname:	Swaper Platform OÜ
Firmensitz:	Estland
Gründungsjahr:	2016
Mindestanlage:	10 Euro
Renditeerwartung:	Bis zu 16% p. a.
Internet:	www.swaper.com

6. EstateGuru: Grundbuch statt Sparbuch: Attraktive Zinseinnahmen mit Immobilienkrediten

Eine Investition in Immobilien ist nicht nur als Alternative zu den Null- und Negativzinsen interessant. Mit Immobilien wird jedes Vermögen zweckmäßig diversifiziert. Immobilien zählen als solide, wertbeständige Sachwerte zu den sicheren Anlagen. Grundstücke, Wohnungen und Häuser haben in ihrer Wertentwicklung darüber hinaus wenig Gleichlauf mit anderen Anlageklassen wie beispielsweise Aktien oder Anleihen. Auch zur Altersvorsorge oder zum Inflationsschutz sind Immobilien bestens geeignet. Für Banken sind daher Immobilien- beziehungsweise Baufinanzierungen seit Jahren ein lukratives Geschäftsfeld. Auch in diesem Segment können Sie mit P2P-Krediten den Banken Konkurrenz machen. Beispielsweise mit dem Fintech-Unternehmen EstateGuru, das sich auf Immobilienfinanzierungen spezialisiert hat.

Hohe Sicherheit für Investoren durch eingetragene Hypotheken

Im Gegensatz zum Segment der unbesicherten Kleinkredite aus dem vorigen Abschnitt sind Immobilienkredite durch grundpfandrechtlich eingetragene Hypotheken besichert. EstateGuru hat sich auf dieses ebenfalls sehr attraktive Segment der kurz- und mittelfristigen Immobilienkredite spezialisiert. Das mit Unternehmenssitz in Estland international tätige Fintech-Unternehmen bietet für Kreditnehmer flexible Konditionen und für Investoren attraktive Zinsen. Die über EstateGuru vermittelten Immobilienkredite haben je nach Projekt ein Volumen von 20 000 bis 3 Millionen Euro.

Der maximale Beleihungswert einer Immobilie beläuft sich dabei auf 75 Prozent. Das heißt, ein Investitionsprojekt mit der größtmöglichen Sicherheit hat auf EstateGuru einen Markt- beziehungsweise Verkehrswert, der bei 75 Prozent der ausgereichten Kreditsumme liegt. Über diese Stellschraube der Besicherung haben Sie somit die Möglichkeit, Ihre individuelle Chancen-Risiko-Kalkulation gezielt vorzunehmen.

EstateGuru ist aktiv in den wachstumsstarken Regionen Osteuropas in Estland, Lettland und Litauen, außerdem in Großbritannien und Irland, so dass auch hier zusätzliche Diversifikationseffekte entstehen. Beispielsweise als Ergänzung zur in Deutschland sehr beliebten Immobilien-Finan-

6. EstateGuru: Grundbuch statt Sparbuch: Attraktive Zinseinnahmen mit Immobilienkrediten

zierungsplattform *www.exporo.de*. Ende des letzten Jahres ist EstateGuru darüber hinaus auch in Deutschland mit Geschäfts- und Überbrückungskrediten für kleine und mittlere Unternehmen (KMUs) gestartet. Angesichts der gravierenden Herausforderungen der Corona-Pandemie bietet diese Strategie nach meiner Einschätzung ebenso ein weiteres Chancenpotenzial.

EstateGuru ermöglicht Ihnen automatisierte Immobilieninvestments

Die Plattform von EstateGuru ermöglicht Ihnen, in eine große Zahl von Investitionsobjekten mit einem jeweils überschaubaren Kapitaleinsatz zu investieren. Der Mindestanlagebetrag beläuft sich auf lediglich 50 Euro, so dass Sie bereits ab kleinen Summen ein breit diversifiziertes Immobilienportfolio aufbauen können. Alle Kredite sind dabei mit einer Hypothek besichert.

Investments können Sie individuell auswählen oder automatisieren. Mit »Auto Invest« steht Ihnen auch auf EstateGuru eine hilfreiche Funktion zur Verfügung, die auf der Grundlage der von Ihnen vorgegebenen Kriterien Investitionen für Sie vornimmt. Auch bei EstateGuru empfehle ich Ihnen, zum Start die Möglichkeiten ausgiebig zu testen.

Überblick und Kontaktdaten

Firmenname:	EstateGuru OÜ
Firmensitz:	Estland
Gründungsjahr:	2014
Mindestanlage:	50 Euro
Renditeerwartung:	11,5 %
Internet:	www.estateguru.co

7. Robocash: Der Turbo-Anlageroboter zur schnellen Steigerung Ihrer Zinseinnahmen

Robocash ist eine vollautomatisierte P2P-Plattform mit Unternehmenssitz in Kroatien, die im Februar 2017 an den Start ging. Die Kunden von Robocash stammen überwiegend aus der Europäischen Union, der Schweiz und aus Großbritannien. Um bei Robocash zu investieren und Geld zu verdienen, müssen Sie nur ein kurzes Online-Formular ausfüllen. Investments sind bereits ab einem Anlagebetrag von 10 Euro möglich. Sobald Ihre Identität überprüft ist, müssen Sie nur noch Geld auf Ihr Konto einzahlen und dann ein Portfolio nach Ihren Wünschen erstellen.

Kredit-Refinanzierungen: Robocash ist eine Buy-Back-Plattform

Robocash ist, vergleichbar mit Swaper, im Geschäftsfeld der lukrativen, kurzfristig laufenden Konsumentendarlehen aktiv. Die Kredite werden dabei in den Ländern Russland, Spanien, Kasachstan, Vietnam und Singapur vergeben. Dazu arbeitet das Fintech-Unternehmen mit überprüften Kreditgebern, sogenannten Kreditanbahnern, zusammen, die ihre vergebenen Darlehen über die Plattform von Robocash refinanzieren. Dadurch ist Robocash eine sogennannte »*Buy-Back*-Plattform«. Das *Buy-Back*-Geschäft ist wiederum ein attraktives Geschäftsfeld, das den klassischen Banken zunehmend Konkurrenz macht.

Die klassische Refinanzierung einer Bank läuft über die Geldaufnahme bei einer Zentralbank ab. Banken refinanzieren sich auch durch die Ausgabe von Anleihen. Ihnen stehen auch noch weitere Refinanzierungsoptionen offen, um an »frisches Geld« zu kommen. So können Ratenkredite verkauft oder Einlagen zur Refinanzierung genutzt werden. Nichts anderes macht Robocash mit seinen kreditvergebenden Kooperationspartnern und Investitionskunden. Kurzfristige Darlehen werden dabei mit einer Frist von sieben bis 30 Tagen und mit Beträgen von 14 bis 420 Euro vergeben. Langfristige Darlehen werden mit einer Frist von ein bis zwölf Monaten und in einer Höhe von 353 Euro bis 14 120 Euro vergeben.

7. Robocash: Der Turbo-Anlageroboter zur schnellen Steigerung Ihrer Zinseinnahmen

Robocash ist eine vollautomatisierte Turbo-Anlageplattform für Ihr Geld

Da Robocash keine Kredite direkt am Primärmarkt vergibt, die eine individuelle Auswahl von Einzelkreditvergaben ermöglichen, fungiert Robocash als vollautomatisierte Anlageplattform, die Ihnen jegliche Arbeit abnimmt. Ein Anlageroboter trifft die Entscheidungen für Sie. Im Gegensatz zu den anderen Anbietern gibt es dadurch auch keinen Sekundärmarkt, an dem Sie Ihre Anteile flexibel verkaufen können. Das ist aufgrund der sehr kurzen Laufzeiten der Kredite auch überhaupt nicht notwendig. Der Sinn hinter diesem abgespeckten und vollautomatisierten P2P-Portfolio ist ganz einfach: Als Investor soll es Ihnen ermöglicht werden, in kürzester Zeit möglichst hohe Zinseinnahmen zu generieren.

Robocash expandiert weiter in neue Märkte und Geschäftsfelder

Zuletzt expandierte Robocash in die asiatischen Märkte Vietnam und Singapur, um dort Kredite zu vergeben. Am 12.02.2021 wurde das Produktangebot von Robocash zusätzlich erweitert. Als Investor können Sie jetzt Ihr P2P-Portfolio durch Darlehen mit einer Laufzeit von bis zu 720 Tagen und einem Zinssatz von bis zu 12,7 Prozent weiter diversifizieren! Je länger die Darlehenslaufzeit ist, desto höher ist dabei das Einkommen.

Aufgrund dieser Rahmenbedingungen zählt Robocash zu den spekulativsten, aber eben auch lukrativsten P2P-Plattformen. Als weiteren Schritt zur Transparenzoptimierung hat Robocash seit Kurzem eine eigene Seite, auf der Sie sich über die erzielten Ergebnisse informieren können. Beispielsweise über das Volumen der finanzierten Darlehen oder darüber, wie viel Sie und andere Anleger mit Robocash bereits verdient haben. Ich empfehle Ihnen, Robocash als »Turbo-Geldmaschine« in diesem Segment lediglich als gezielte Beimischung zu nutzen. Auch hier gilt: Testen Sie zum Start die Funktionalitäten und Ergebnisse mit einer kleineren Anlagesumme.

Überblick und Kontaktdaten

Firmenname:	Robocash d.o.o.
Firmensitz:	Kroatien
Gründungsjahr:	2017
Mindestanlage:	10 Euro
Renditeerwartung:	14 % p. a.
Internet:	www.robo.cash

8. *Digital Health:* So investieren Sie außerbörslich in zukunftsträchtige Gesundheitsdienstleistungen

Die Digitalisierung erfasst immer schneller immer mehr Bereiche unseres Lebens. Die Corona-Pandemie hat uns in einer erschreckenden Art und Weise vor Augen geführt, wie abhängig die Welt von den Gesundheitssystemen ist. Ich würde sogar so weit gehen zu behaupten, dass die Erhaltung unserer Gesundheit im digitalen Zeitalter zu einer der größten Herausforderungen der Menschheit zählt.

Chancen nutzen: Der Gesundheitsmarkt digitalisiert

Während wir heute sehr häufig erst reagieren, wenn gesundheitliche Probleme auftreten, wird es in der Zukunft durch den Einsatz digitaler Technologien möglich sein, die eigene Gesundheit weit besser im Blick zu behalten. Ich selbst nutze beispielsweise seit diesem Jahr eine Smartwatch, die mir umfassende Fitness- und Gesundheitsdaten fortlaufend anzeigt und auswertet. Junge Unternehmen (Start-ups) im Bereich der digitalisierten Gesundheitsdienstleistungen *(Digital Health)* werden in Kombination mit der Sachkenntnis von Medizinern neue Lösungen entwickeln, um beispielsweise mittels Biotechnologie, Pharmazie, Diagnostik, Therapie, Krankenpflege oder Rehabilitation die Lebensqualität kranker oder präventiv auch gesunder Einzelpersonen zu verbessern. Mit aescuvest gibt es eine attraktive Invest-

8. Digital Health: So investieren Sie außerbörslich in zukunftsträchtige Gesundheitsdienstleistungen

mentplattform aus Deutschland, über die Sie sich an diesen Entwicklungen beteiligen können.

Noch bis vor wenigen Jahren war die professionelle Anlage in außerbörsliches Wagniskapital überwiegend vermögenden Investoren vorbehalten. Die Digitalisierung und die neu entstandene Plattform-Ökonomie hat erfreulicherweise auch in diesem Bereich zu attraktiven neuen Möglichkeiten für Privatanleger geführt. Über die unterschiedlichsten Online-Plattformen können Kapitalanleger heute ihr Geld banken- und börsenunabhängig dort investieren, wo persönliche Bedürfnisse, Nutzen, Chancen und Risiken am besten kombiniert werden können. Eines der wichtigsten und zukunftsträchtigsten Themengebiete liegt in meinen Augen im Bereich der Digitalisierung unserer Gesundheitssysteme und der entsprechenden Gesundheitsanwendungen, die das Ziel verfolgen, die Effizienz, die Qualität und die Sicherheit der Gesundheitsversorgung zu verbessern.

Digital Health ist ein Multi-Milliarden-Wachstumsmarkt

Unter dem Schlagwort »Digital Health« versteht man den Einsatz von Produkten, Dienstleistungen und Prozessen aus der Informationstechnologie, um die Gesundheit von Menschen zu erhöhen. Alternde Gesellschaften, technischer Fortschritt und Digitalisierung, ein steigender Kostendruck und der zu verzeichnende Strukturwandel in Form von erhöhten Qualitätsansprüchen der Patienten haben massive Auswirkungen auf die Gesundheitsbranche.

Ein konsequentes Neudenken der Abläufe ist unabdingbar, und zwar sowohl für gesetzliche wie auch für private Krankenversicherungsgesellschaften, aber auch für Leistungserbringer wie Ärzte, Krankenhäuser und Pflegeeinrichtungen. Das Thema betrifft zudem Produkte aus der Pharma- und Biotechnologie sowie aus der Medizintechnik.

Vier wichtige Anwendungsbereiche von Digital Health

Konsumentenanwendungen: Hierzu zählen Dienstleistungen durch Informationsportale für Patienten, Gesundheits-Apps, Produkte im Bereich von Mess- und Assistenzsystemen oder Fitnesstracker beziehungsweise Smartwatches.

Telemedizin: Hierunter fallen digitale Angebote **(Healthtech)** der traditionellen Akteure des Gesundheitsmarktes wie Ärzte, Krankenhäuser oder Krankenversicherungen. Die Themen reichen von der Verwaltung digitaler Patientenakten bis hin zur Fernüberwachung von Gesundheitsdaten, Behandlungen und Therapiekonzepten.

Künstliche Intelligenz und Internet der Dinge: Diese beiden Zukunftsfelder werden in Form vielschichtiger Anwendungen in die moderne Medizin Einzug halten. Von Chips beziehungsweise Sensoren, die Blutzuckerwerte oder Herzfrequenzen messen und im Bedarfs- oder Notfall entsprechende Maßnahmen einleiten, bis hin zu Zahnbürsten, die den Speichel der Anwender untersuchen, oder Toiletten, die Exkremente analysieren und somit frühzeitig Erkrankungen aufzeigen können.

Gen- und Biotechnologie: Die DNA-Technologie und die Entschlüsselung menschlicher Genome erlauben Einsichten in die Grundstruktur des Erbguts der Menschen und werden zunehmend wichtige Erkenntnisse für die Gesundheitsvorsorge und Krankheitsbekämpfung liefern.

aescuvest bietet Ihnen den Zugang zu *Healthtech*-Unternehmen aus Europa

Aufgrund dieser Entwicklungen ist es nicht verwunderlich, dass sich »*Digital Health*« mittlerweile zu einem weit verbreiteten Schlagwort entwickelt hat. Wichtig ist dabei, dass der Begriff »*Digital Health*« mit Leben gefüllt wird und in unsere Gesundheitssysteme Einzug hält. Der Markt für *Digital Health* ist in Europa und speziell in Deutschland derzeit noch relativ klein, wächst aber rasant und bietet lukrative Investmentchancen, zu denen auch Privatanleger über das Unternehmen aescuvest mit Sitz in Frankfurt jetzt einen Zugang erhalten. aescuvest ist das führende Investmentportal im deutschsprachigen Gesundheitsmarkt für neue Ideen, medizinische Produkte und digitale Konzepte von europäischen Start-up-Unternehmen im Bereich *Digital Health*.

Der Name »aescuvest« ist abgeleitet von Begriffen aus unterschiedlichen Sprachen. Äskulap war der griechische Gott der Medizin und Heilung. Davon und vom Wort »Investment«, dem englischen Begriff für Geldanlage zur

8. Digital Health: So investieren Sie außerbörslich in zukunftsträchtige Gesundheitsdienstleistungen

Steigerung von Vermögen, leitet sich der Name ab. Beides passt hervorragend zusammen, denn Gesundheit und Wohlstand sind zwei Zustände, die sich gegenseitig befruchten können. aescuvest konzentriert sich auf das Schlüsselthema der digitalen Gesundheit, sei es im Bereich der Heilung kranker Patienten, der Förderung von Präventivmaßnahmen oder der Unterstützung der Angehörigen von Menschen, die von gesundheitlichen Problemen betroffen sind.

Die Vorteile von aescuvest auf einen Blick

✓ Attraktive Online-Investments in Unternehmen *(Healthtechs)* und Projekte aus dem Bereich *Digital Health*
✓ Basiszins: feste Verzinsung – nach Risikoklasse zwischen jährlich 1 und 10 Prozent
✓ Bonuszins: prozentuale Beteiligung am Erfolg (Umsatz oder Gewinn).
✓ Exit-Bonus: prozentuale Beteiligung am Erlös beim Verkauf des Unternehmens
✓ Geringe Einstiegshürden: Das Mindestinvestment liegt bei lediglich 100 Euro.
✓ Erhöhte Sicherheit durch Drei-Stufen-Check seitens der aescuvest-Experten.
✓ Kostenfreie Registrierung, keine Gebühren für Anleger, keine Nachschusspflicht bei Verlusten
✓ Die Landesbank Hessen-Thüringen verwaltet treuhänderisch alle Einzahlungen.
✓ Fortlaufende Informationen zum Entwicklungsstand des jeweiligen Unternehmens.

Setzen Sie auf den Marktführer im deutschsprachigen Gesundheitsmarkt

Die unabhängige Online-Plattform aescuvest bietet Ihnen die Möglichkeit, bereits ab einer Anlagesumme von 100 Euro in eine Vielzahl von innovativen Anlagestrategien aus dem Gesundheitsbereich zu investieren, und zwar mit hoher Erfolgsbeteiligung und zusätzlicher *Exit*-Chance (Unternehmensverkauf, Börsengang). Gleichzeitig tragen Ihre Investments über aescuvest dazu bei, wichtige Forschungen und Entwicklungen im Gesundheitsbereich zu finanzieren, die einen enorm positiven Einfluss auf die Gesellschaft als Ganzes haben können.

aescuvest bietet Ihnen einen überzeugenden Auswahlprozess für Ihr investiertes Geld

Ich verfolge die Entwicklungen bei aescuvest bereits seit rund zwei Jahren. Durch die aescuvest-Experten wurde ein dreistufiger Auswahlprozess installiert, der die Ideen aussiebt. Dieses Qualitätsmanagement erhöht – bei allen Risiken bis hin zum Totalverlust des eingesetzten Kapitals – die Sicherheit für Sie als Investor signifikant. Von 100 eingereichten Projekten scheitert die Mehrheit im fachlichen und kaufmännischen Auswahlprozess. Lediglich 5 Prozent schaffen es auf die Plattform. Für mich sind die aescuvest-Projekte als unternehmerische Investition eine attraktive außerbörsliche Ergänzung für Ihre Vermögensanlage, bei der Sie Chancen im Bereich *Digital Health* nutzen, sinnvolle Projekte mitfinanzieren und gleichzeitig aufgrund der geringen Mindestanlagesumme Risiken breit streuen können. Für erhaltene Zinszahlungen stellt Ihnen aescuvest automatisch Steuerbescheinigungen zur Vorlage bei Ihrem Finanzamt aus. **Fazit:** Nutzen beziehungsweise testen Sie diese Möglichkeit der Partizipation mit einem kleinen Teil Ihres Investmentkapitals und nehmen Sie neue Gesundheitsprojekte von aescuvest auf Ihren Schirm. Beispielsweise, indem Sie 1000 Euro als Wagniskapital in diesem Bereich auf zehn unterschiedliche Projekte verteilen. Tragen Sie sich dazu zum Beispiel einfach in den aescuvest-Newsletter ein, so dass Sie fortlaufend über neue Investmentmöglichkeiten informiert bleiben.

Informationen: www.aescuvest.de

IX. Die Digitalisierung ist die neue Globalisierung

1. Digitales Wirtschaftswunder voraus!

Ich persönlich kenne keine Krise aus den letzten Jahrzehnten, die derart gravierende Auswirkungen auf unser Privat- und Berufsleben hatte wie die Coronavirus-Pandemie. Für mich steht außer Frage, dass wir derzeit den größten Umbruch seit dem Zweiten Weltkrieg erleben. Der Nährboden für das deutsche Wirtschaftswunder war die Zerstörung, die der Krieg hinterlassen hatte. Dem »Krieg« gegen das Coronavirus kann jetzt ein neues, digitales Wirtschaftswunder folgen. Für Staaten ergeben sich auf dieser Basis – ebenso wie für Investoren – gigantische Chancen.

Ich bin davon überzeugt, dass die Coronavirus-Krise die Globalisierung – wie wir sie in den letzten Jahrzehnten erlebt haben – in vielen Bereichen massiv verändern wird. Die jetzt schlagend werdenden Risiken von scheinbar so effizienten und kostengünstigen Produktionsprozessen und Lieferketten in fernen Ländern werden beispielsweise hinterfragt werden. Gleichzeitig werden – gezwungenermaßen – neue Weichen für eine noch schnellere Digitalisierung gestellt.

Digitale Technologien erweisen sich in der derzeitigen Krise als geradezu unverzichtbar, um unsere Volkswirtschaft und Gesellschaft weiterhin am Leben zu erhalten. Kryptowährungen rund um Bitcoin und Co. sowie innovative Digitalkonzerne aus den Bereichen Blockchain, Fintech, Künstliche Intelligenz oder Cybersecurity werden – von der jetzt mit noch höherer Dynamik voranschreitenden Digitalisierung – massiv profitieren und gestärkt aus dieser Krise hervorgehen. Die neue Globalisierung heißt Digitalisierung in Form digitaler Marktplätze und Anwendungen. Diese gilt es zu nutzen und in diese gilt es ebenso zu investieren.

IX. Die Digitalisierung ist die neue Globalisierung

Am Aktienmarkt kommen Sie nicht vorbei!

Die Deutschen wollen vor allen Dingen Sicherheit bei ihrer Geldanlage. Für 79 Prozent der Anleger ist dies laut einer Forsa-Studie der Faktor, der ihre Anlageentscheidungen am meisten beeinflusst. Die Angst vor dem Geldverlust an der Börse durch internationale Konflikte oder Umbrüche hält daher viele von ihnen davon ab, in Aktien, Aktienfonds oder kostengünstige ETFs zu investieren.

In meinen Augen ist das ein großer Fehler. Denn Aktien sind nach wie vor langfristig gesehen die renditestärkste – und damit letztlich auch sicherste – Anlageklasse. 6 bis 8 Prozent Rendite jährlich sind hier im Schnitt absolut realistisch. Natürlich ist das Investment in eine Aktie, einzeln betrachtet, nicht so sicher wie Festgeld oder andere Bankeinlagen. Aber was ist die vermeintliche Sicherheit Letzterer wert, wenn Ihr Geld dabei durch Negativzinsen und Inflation schleichend entwertet wird und letztlich bei jeder Bank ein Ausfallrisiko besteht?

Verlassen Sie sich deshalb nicht auf Scheinsicherheiten, aber lassen Sie sich auch auf keinen Fall durch jedes Risiko von einer verantwortungsvollen und renditeträchtigen Geldanlage in Aktien abhalten. Im Gegenteil: Nutzen Sie die Chancen und reduzieren Sie zugleich die Risiken – durch gezielte Zukunftsinvestments in Boommärkte.

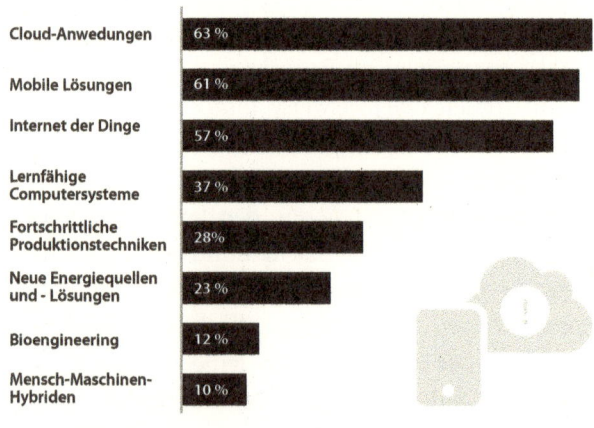

* in den kommenden 3-5 Jahren
Basis: 5.247 C-Level-Manager (CEO, CFO usw.) aus 70 Ländern

Quelle: statista, IBM C-Suite Study

2. Die Geldmaschinen der vier Digital-Giganten

Die vier großen Digitalkonzerne Alphabet, Microsoft, Amazon und Apple haben ihr unternehmerisches Portfolio in den letzten Jahren immer weiter ausgebaut. Die nachfolgende Statista-Grafik zeigt, womit sie im vergangenen Jahr die größten Anteile ihres Umsatzes erwirtschaftet haben. Der Online-Händler Amazon macht im Segment E-Commerce den meisten Umsatz. Doch der Handelsriese versucht auch, in anderen Geschäftsbereichen Fuß zu fassen. Zum relevanten Geschäftssegment entwickelte sich etwa Amazon Web Services: Das Segment beinhaltet in erster Linie den Bereich des Cloud-Computing. In den vergangenen Jahren stieg Amazon zum größten Cloud-Anbieter weltweit auf.

Bei Microsoft teilen sich die jährlichen Umsätze in drei Geschäftsbereiche auf, die derzeit Umsätze in sehr ähnlichen Größenordnungen generieren. In den vergangenen Jahren stiegen die digitalen Cloud-Dienstleistungen von Microsoft zu einem relevanten Geschäftsbereich für das Unternehmen auf. Durch die Corona-Pandemie arbeiteten Menschen auf der ganzen Welt im Homeoffice, so dass das Cloud-Geschäft weiter wachsen konnte.

Geldmaschine iPhone: Apple versucht sich weiter zu diversifizieren

Bei Apple ist das iPhone das Kerngeschäft. Rund die Hälfte des Firmenumsatzes wird durch das iPhone eingespielt. Wie jedes Unternehmen der Tech-Giganten versucht auch Apple, sich zu diversifizieren. Das Geschäftssegment der Entertainment-Sparte um iTunes und Apple TV lag im Jahr 2020 bei einem Umsatzanteil von rund 20 Prozent. Auch die Sparte um *Wearables* (zum Beispiel Apple Watch) und *Smart Speaker* konnte in den vergangenen Jahren wachsen. Diese wurden aus Platzgründen in der Grafik nicht aufgeführt.

Die Suchmaschine Google beschert dem Mutterkonzern Alphabet die größten Umsätze. Im Jahr 2019 sorgte allein die Sparte Google Search für einen Umsatz von über 98 Milliarden US-Dollar. Auch andere Google-Dienste wie die Google Cloud oder die Mitgliedschaften im Google-Netzwerk weisen stetig steigende Umsätze im Portfolio von Alphabet auf. Das Unternehmen versucht, unterschiedliche Dienstleistungen um das Kernprodukt Google auszuweiten und entsprechend zu monetarisieren.

IX. Die Digitalisierung ist die neue Globalisierung

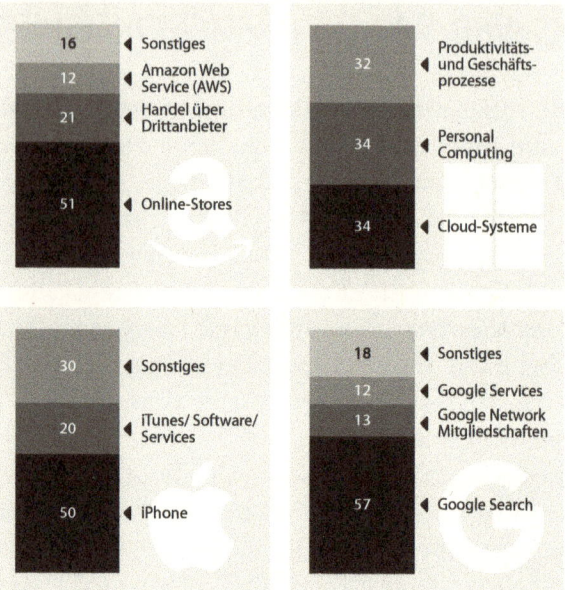

Quelle: statista, Unternehmen

Mein Ausblick: Blockchain-Anwendungen sind die Geldmaschinen der Zukunft

Alle vier Digital-Giganten haben mittlerweile auch Projekte im Bereich der Blockchain-Technologie und werden diese nach meiner Erwartung signifikant weiter ausbauen. Darüber hinaus zeigt die obige Auswertung, wie gewinnbringend die Geschäftsfelder für Cloud-Anwendungen heute schon sind.

Cloud Computing: Boom der Daten in der Wolke

Mit dem Begriff »*Cloud*« (»Wolke«) werden ganz grundlegend Anwendungen für die Archivierung von Datensätzen bezeichnet. Die Technologie eines *Cloud*-Systems basiert auf einer Infrastruktur aus Rechnern (Servern), die nicht physisch, sondern virtuell über eine Internetverbindung zugänglich ist. Dadurch ist keine Installation auf einem lokalen Rechner oder einem mobilen Endgerät notwendig. Dennoch besteht durch die Nutzung der *Cloud*-In-

2. Die Geldmaschinen der vier Digital-Giganten

frastruktur eine hohe Speicherkapazität und Rechenleistung. Ebenso stehen vielfältige Anwendungen in Form von Softwareprogrammen zur Verfügung, die abgespeichert in einer *Cloud* liegen.

35 Prozent der deutschen Bevölkerung im Alter zwischen 16 und 74 Jahren nutzen *Cloud*-Dienste, um dort Dateien zu speichern. Das geht aus Daten der europäischen Statistikbehörde Eurostat hervor. Die Deutschen liegen damit genau im europäischen Durchschnitt. Beliebt ist die Datenwolke vor allem in Nordeuropa – in Island beispielsweise haben rund 68 Prozent der Bevölkerung im Jahr 2020 einen *Cloud*-Dienst genutzt. In Dänemark ist der Nutzeranteil mit 64 Prozent ähnlich hoch, Norwegen bringt es auf etwa 54 Prozent. Immer noch sehr skeptisch gegenüber der Cloud sind die Polen – hier bestätigen nur 24 Prozent der Befragten die Nutzung.

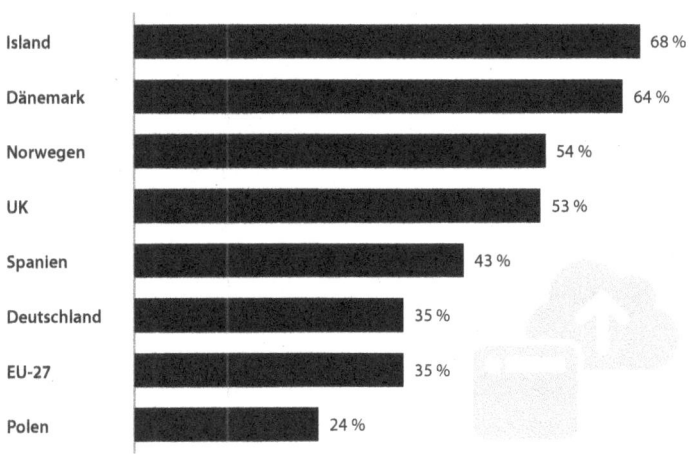

Quelle: *statista, Eurostat*

Fazit: Investieren Sie in Cloud Computing!

Daten sind die Goldminen des 21. Jahrhunderts. Datenerhebungs- und Sicherungssysteme werden davon weiterhin massiv profitieren. Vor diesen Rahmenbedingungen ist das sogenannte *Cloud Computing* weltweit zum wichtigsten Trend in der Software- und IT-Branche geworden. Die stark zunehmende Automatisierung und Digitalisierung der Geschäftsabläufe in allen Unternehmen werden das Wachstum des globalen Marktes für *Cloud*-Anwendungen weiter erheblich vorantreiben. Auch die Blockchain-Technologie spielt in diesem Segment eine große Rolle. *Cloud Computing* ist ein gigantischer Megatrend und Zukunftsmarkt.

3. Das Imperium von Microsoft

Die Microsoft Corporation – kurz Microsoft – mit Sitz in Redmond, USA ist einer der weltweit größten Softwarehersteller. Microsoft wurde am 4. April 1975 von Bill Gates und Paul Allen gegründet. Vorstandsvorsitzender von Microsoft ist seit Februar 2014 Satya Nadella, der Steve Ballmer nach 14 Jahren an der Spitze des Unternehmens ablöste. Bekannt ist Microsoft vor allem für das Betriebssystem Windows und die Bürosoftware Office. In beiden Bereichen ist das Softwareunternehmen Marktführer.

Der Tech-Riese Microsoft plant aktuell die Übernahme des KI-Spezialisten Nuance Communications für rund 20 Milliarden US-Dollar. »KI« steht für »Künstliche Intelligenz« *(Artificial Intelligence)*. Der Erwerb wäre Microsofts zweitgrößte Akquisition nach dem Karrierenetzwerk LinkedIn im Jahr 2016, wie die nachfolgende Statista-Grafik zeigt. Damals hat Microsoft rund 26 Milliarden US-Dollar in die Hand nehmen müssen

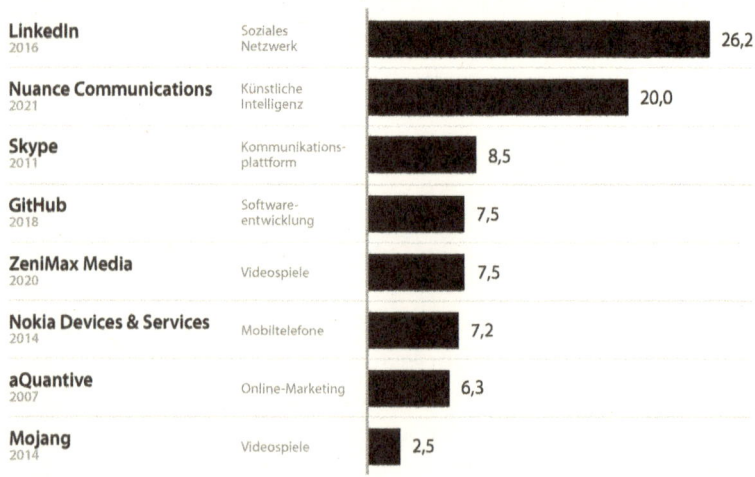

Quelle: statista, Microsoft

Fazit: Microsoft baut sein Digital-Imperium immer weiter aus

Microsoft hat seit der Jahrtausendwende in verschiedene Technologiebereiche investiert; unter den bekanntesten Übernahmen sind Unternehmen wie Skype (2011), Nokias Mobiltelefonsparte (2014) und zuletzt die 5G-Spezialisten von Affirmed Networks (2020).

Nuance ist vor allem für seine Spracherkennungstechnologie bekannt, die unter anderem bei Siri von Apple zum Einsatz kommt und auch in der medizinischen Dokumentation Verwendung findet. Bereits jetzt nutzen laut Microsoft 77 Prozent aller US-Krankenhäuser die Software von Nuance.

Vorbild Microsoft: Investieren auch Sie jetzt in Künstliche-Intelligenz- und Gaming-Aktien!

Ich rate Ihnen, sich Microsoft zum Vorbild zu nehmen, und zeige Ihnen nachfolgend, wie auch Sie jetzt in aussichtsreiche Aktien aus den Bereichen *Cloud, Gaming* oder Künstliche Intelligenz investieren können.

4. Die Plattform-Ökonomie boomt – ohne Europa

Im Gegensatz zu den großen Wirtschaftsnationen USA und China gibt es in Europa schlicht keine Unternehmen, die vergleichbar sind mit Amazon, Alphabet (Google), Apple, Facebook oder Alibaba, Baidu und Tencent. Die boomende Plattform-Ökonomie geht an Europa bislang vollkommen vorbei. Wie kein anderes digitales Geschäftsmodell haben Plattformen die Machtverhältnisse in vielen Märkten verschoben.

Ein stetig wachsender Anteil der Wertschöpfung verlagert sich vom Anbieter eines Produktes zu Plattformen als Interaktionsmanager zwischen Angebot und Nachfrage. Da derartige Online-Plattformen umfassende Wettbewerbsvorteile gegenüber klassischen Unternehmen aufweisen, ist es nicht überraschend, dass ihre Aktien an den internationalen Börsen deutlich höher bewertet werden als die von Firmen aus der *Old Economy*.

Die nachfolgende Weltkarte des renommierten Netzökonomen Holger

Schmidt veranschaulicht die derzeitigen Machtverhältnisse in der digitalen Welt ganz hervorragend. Sie sehen, dass Europa faktisch den Anschluss an die Digitalisierung und die Plattform-Ökonomie verloren hat. Das größte und wichtigste Digitalunternehmen in Europa und im Deutschen Aktienindex DAX ist dabei die SAP AG. Der Unternehmensbereich, in dem SAP derzeit stark wächst und in den zukünftig massiv investiert werden soll, ist das *Cloud Computing*. Hier haben US-Anbieter wie Amazon, Apple oder Microsoft mit seiner boomenden Plattform Azure bereits einen gigantischen Vorsprung.

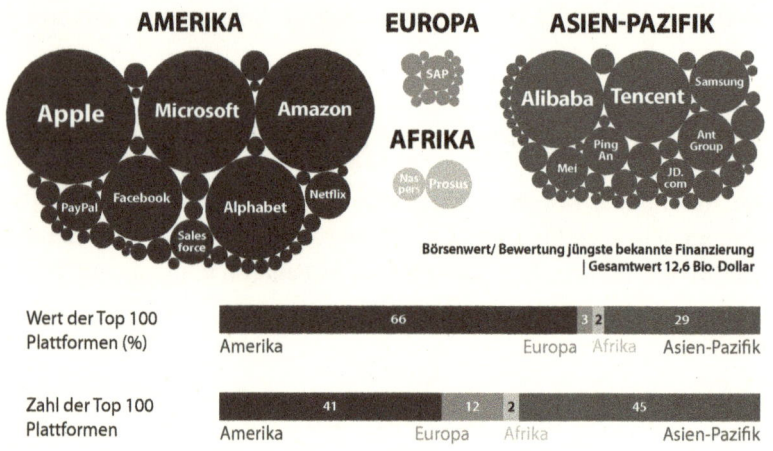

Quelle: Netzoekonom.de, TU Darmstadt, Ecodynamics.io, Platform-Fund.com, angelehnt an eine Grafik von Dr. Holger Schmidt und Hamidreza Hosseini

Fazit: Investieren Sie in die Plattform-Ökonomie!

Die meisten Plattformen im obigen Ranking kommen aus der Region Asien/Pazifik (45), gefolgt von Amerika (41) und Europa (12). Der Wert der Top-100-Plattformen stieg im Jahr 2020 um über 50 Prozent auf weit über 10 Billionen US-Dollar. Der Anteil Asiens wächst weiter auf 30 Prozent, auf Europa entfallen nur noch 2,7 Prozent der Werte. Das sind dramatische Zahlen! **Fazit:** Es ist intelligent, in digitale Plattformanbieter zu investieren. Dazu zählen Blockchain-Plattformen, in die Sie über Kryptowährungen investieren können, aber auch Plattform-Aktien, in die Sie über Exchange Traded Funds intelligent investieren und diversifizieren können.

X. Zehn Zukunftsaktien und Megatrend-ETFs

Konservativ ist, was Innovation und Wachstum schafft

Ich halte mich für einen sogenannten Konservativen. »Konservativ« bedeutet für mich: Was sich in der Vergangenheit bewährt hat, sollte man auch für die Zukunft beibehalten, wenn die entsprechenden Aussichten positiv erscheinen. Gleichzeitig ist es aber auch wichtig, sich nicht nur auf Altbewährtes zu verlassen. Sie müssen stattdessen auch flexibel sein und – eigenverantwortlich und selbstbestimmt – die dynamischen Entwicklungen und gravierenden Veränderungen in unserer globalen Welt zu Ihrem Vorteil nutzen im Hinblick auf die digitale Transformation. Dadurch reduzieren Sie die steigenden Risiken und transformieren sie in Chancen. Ein wichtiger Baustein dafür sind nach meiner Überzeugung breit angelegte Investitionen in aussichtsreiche Zukunftsmärkte.

Als »Zukunftstechnologien« beziehungsweise »Zukunftsmärkte« bezeichne ich langfristige globale Entwicklungen, die für annähernd alle Bereiche in unserer Wirtschaft und Gesellschaft und somit für jeden einzelnen Menschen prägend sein werden. Häufig wird dabei auch von »Megatrends« gesprochen. Im Gegensatz zu Modetrends haben Megatrends somit einen starken gesellschaftlichen Einfluss. Sie verändern die Welt tiefgreifend und langfristig. Ein Megatrend kann folglich Nachfrage und Angebot bezüglich einzelner Produkte oder Dienstleistungen enorm beeinflussen.

Entsprechend sind Zukunftstechnologien die Basis für Megatrends, die für den Erfolg vieler Unternehmen und ganzer Branchen entscheidend sein werden. Börsengehandelte Indexfonds (ETFs) ermöglichen Ihnen dabei eine breite Streuung in eine Vielzahl aussichtsreicher Aktien. Das reduziert Ihr Einzeltitelrisiko bei gleichzeitiger Optimierung Ihrer Chancen durch die breite Diversifikation. Darüber hinaus sind ETFs ein Sondervermögen, das außerhalb der fragwürdigen Haftungs- und Einlagensicherungssysteme der Banken steht. Gleichzeitig sind ETFs außerordentlich günstig.

Die nachfolgenden Zukunfts- und Megatrend-ETFs sind sowohl für Ihren langfristigen Vermögensaufbau via Sparplan-Strategien als auch für gezielte Einmalanlagen zur Diversifikation in der Vermögensverwaltung Ihrer Wertpapierdepots geeignet.

1. Artificial-Intelligence-ETF: Keine Angst vor Künstlicher Intelligenz

Die – englischsprachig – sogenannte *Artificial Intelligence* (AI) wird auf Sicht der nächsten zwei bis fünf Jahre bereits verstärkt in unseren Alltag Einzug halten, von Anwendungen in der Industrie bis hin zur Medizin. Vereinfacht gesagt werden für Anwendungen im Bereich Künstlicher Intelligenz (KI) Computer und Maschinen entwickelt, die Fähigkeiten der menschlichen Intelligenz aufweisen. Daten werden dabei von Softwareprogrammen so analysiert, dass Maschinen in der Lage sein werden, eigenständig Probleme bearbeiten zu können.

Die Science-Fiction aus Hollywood hat uns negativ geprägt

Die öffentlichen Diskussionen um den Einsatz der Künstlichen Intelligenz sind nach wie vor relativ negativ geprägt. Ich erinnere mich, dass ich zum ersten Mal im Jahr 1991 mit Künstlicher Intelligenz bewusst in »Berührung« kam, und zwar durch den Film *Terminator 2*, in dem sich Maschinen beziehungsweise Roboter auf Basis der Künstlichen Intelligenz verselbstständigen und einen Krieg gegen die Menschen auslösen.

Der legendäre Regisseur Stanley Kubrick hat bereits im Jahr 1968 mit *2001: Odyssee im Weltraum* einen Filmklassiker geschaffen, der noch heute die Debatte um den Einsatz Künstlicher Intelligenz prägt, weil auch hier Horrorszenarien dargestellt wurden, nämlich im Hinblick auf die Gefahren, die von intelligenten Maschinen ausgehen.

Auch aktuell gibt es rund um die Künstliche Intelligenz eine Vielzahl absurder Angstszenarien, die ich überwiegend dem Bereich der Verschwörungstheorien zuordne. Beispielsweise, dass Bill Gates angeblich plant, die Menschen per Corona-Impfung zu »chippen«, um über die dabei einge-

1. Artificial-Intelligence-ETF: Keine Angst vor Künstlicher Intelligenz

pflanzten Microchips auf Basis der Künstlichen Intelligenz Gesundheitsdaten zu erfassen und die Bürger zu überwachen, um am Ende auch finanziell davon zu profitieren.

Fakt ist: Bill Gates hat zweifelsohne die Möglichkeiten der Künstlichen Intelligenz erkannt, warnt aber gleichzeitig auch sehr intensiv vor möglichen Fehlentwicklungen und großen Gefahren.

Die Künstliche Intelligenz wird größer als Elektrizität!

Der im Gegensatz zu Bill Gates hierzulande nur in Fachkreisen bekannte chinesische Computerwissenschaftler, Investor und KI-Pionier Kai-Fu Lee entwickelte bereits in den frühen 1990er-Jahren das erste funktionierende Spracherkennungssystem der Welt. Vor zwei Jahren sagte Kai-Fu Lee im Rahmen der Münchner Innovationskonferenz DLD: »Die Künstliche Intelligenz wird größer als Elektrizität.« Ich teile die Einschätzung und bin davon überzeugt, dass die »natürliche Dummheit« – also eine fehlende Bildung – für die Menschheit viel gefährlicher ist als die Künstliche Intelligenz.

Im Gegenteil wird die intelligente Kombination von Mensch und Maschine auf Basis der Künstlichen Intelligenz große Vorteile mit sich bringen, von Produktionsabläufen in der Industrie bis hin zur Analyse von Krankheitsbildern in der Medizin. Wichtig dabei ist die Bildung, damit wir auch verstehen, was hinter dem häufig viel zu pauschalen Schlagwort der »Künstlichen Intelligenz« überhaupt steht.

Die Digitalisierung gehört auf den Lehrplan

Jeder Schüler muss sich im Rahmen des Chemieunterrichts intensiv mit dem Periodensystem der Elemente befassen, was absolut richtig und wichtig ist. Gleiches gilt aber auch für die Digitalisierung. Hier haben unser Bildungssystem und unsere gesamte Gesellschaft massive Wissensdefizite. Daher begrüße ich es sehr, dass der Digitalverband Bitkom vor Kurzem das Periodensystem der Künstlichen Intelligenz vorgestellt hat, das die 28 Einsatzszenarien der Künstlichen Intelligenz sehr gut erklärt.
Informationen: www.periodensystem-ki.de

Investieren Sie intelligent in die großen Chancen der Künstlichen Intelligenz!

Getragen von der Welle der Digitalisierung hat sich die sogenannte Plattform-Ökonomie entwickelt. Durch den digitalen Wandel hat sich unser Nutzungsverhalten in zahlreichen Lebensbereichen komplett verändert. Täglich nutzen wir Plattformen oder Communitys, zum Beispiel als Informationsquellen, zum Marktvergleich oder als Käufer von Produkten und Dienstleistungen. Anwendungen für die Künstliche Intelligenz werden von diesen Digitalisierungsentwicklungen in Zukunft weiter massiv profitieren.

An den großen Chancen der Künstlichen Intelligenz können Sie heute schon partizipieren, nämlich durch ein Investment in den ETF Amundi Stoxx Global Artificial Intelligence (ISIN: LU1861132840), der sich auch in meiner nachfolgenden Empfehlungsliste der *Best-Buy*-Megatrend-ETFs befindet. Der *Exchange-Traded Fund* ist sehr breit gestreut und investiert in eine Vielzahl von Aktien aussichtsreicher Unternehmen, die sich mit der Entwicklung und dem Einsatz von Künstlicher Intelligenz befassen und die weitestgehend noch unbekannt sind, wie beispielsweise Avaya, Infinera und Sonos aus den USA, Sophos aus Großbritannien oder Z Holdings aus Japan.

Die Top-Ten-Aktien des Artificial-Intelligence-ETFs

Aktie	ISIN	Gewichtung
Doosan Infracore	KR7042670000	0,53 %
Volkswagen	DE0007664039	0,46 %
Acer	US0044342055	0,43 %
GoPro	US38268T1034	0,43 %
The Home Depot	US4370761029	0,42 %
Novatek Microelectronics	RU000A0DKVS5	0,42 %
Quanta Computer	US74762X4079	0,42 %
Rakuten	JP3967200001	0,42 %
Realtek Semiconductor	TW0002379005	0,42 %
Target Corporation	US87612E1064	0,41 %

Die großen Diversifikationseffekte kommen hierbei dadurch zum Ausdruck, dass keine Aktie wesentlich mehr als 0,5 Prozent am Fondsvermögen des ETFs ausmacht. Diese diszipliniert breite Verteilung reduziert somit die Einzelrisiken und optimiert gleichzeitig das Chancenpotenzial zu Top-Konditionen von 0,35 Prozent Gesamtkosten pro Jahr. Für mich sind Zukunftsinvestments in die Künstliche Intelligenz eine der intelligentesten und lukrativsten Kapitalanlage-Strategien für Ihr Geld.

Ebenso ist es ein Trugschluss, dass Aktien aus dem Bereich Künstliche Intelligenz stets junge Technologieunternehmen sein müssen, die zwangsläufig mit hohen Risiken verbunden sind. Gerade die »Old Economy« wird große Vorteile aus der intelligenten Einbeziehung von KI-Anwendungen ziehen können. Unter den Top-Ten-Positionen wird auch dieser Aspekt sehr gut deutlich, beispielsweise durch die Aktie der Volkswagen AG.

Die wichtigsten Kennzahlen des *Artificial-Intelligence*-ETFs

Name:	Amundi Stoxx Global Artificial Intelligence UCITS ETF
ISIN:	LU1861132840
Gesamtkostenquote (TER):	0,35% p.a.
Fondswährung:	Euro (EUR)
Auflagedatum:	04.09.2018
Fondsvolumen:	280 Mio. Euro
Empfehlenswerte Handelsbörsen:	Xetra, Frankfurt, Stuttgart, Paris, Schweiz
Internet:	www.amundi.de

2. Automatisierungs- und Robotik-ETF: Die Nachfrage nach Robotertechnik boomt

Als »Robotik« bezeichnet man einen Teilbereich der Ingenieur- und Naturwissenschaften, der wiederum die Bereiche Maschinenbau, Elektrotechnik, Informatik und andere umfasst. Die Robotik befasst sich dabei mit der Erstellung und Nutzung von Robotern und von Computersystemen zur Steuerung und Informationsverarbeitung. Ein zentrales Einsatzgebiet von Robotern ist natürlich die Industrie. Aber auch Medizin-, Haushalts-, Dienstleistungs-, Logistik- oder Unterhaltungsroboter haben längst Einzug in Wirtschaft und Gesellschaft gefunden.

Deutschland ist europaweit führend im Bereich der Industrieroboter

Ob für Schweißarbeiten, Laserschneiden oder Speziallackierungen: Im Verarbeitenden Gewerbe in Deutschland werden immer häufiger Industrieroboter eingesetzt. Nach Angaben des Branchenverbands IFR ist Deutschland europaweit führend bei der Anzahl der Industrieroboter. In deutschen Fabriken sind demnach fünfmal so viele Industrieroboter im Einsatz wie in Frankreich und zehnmal so viele wie in Großbritannien.

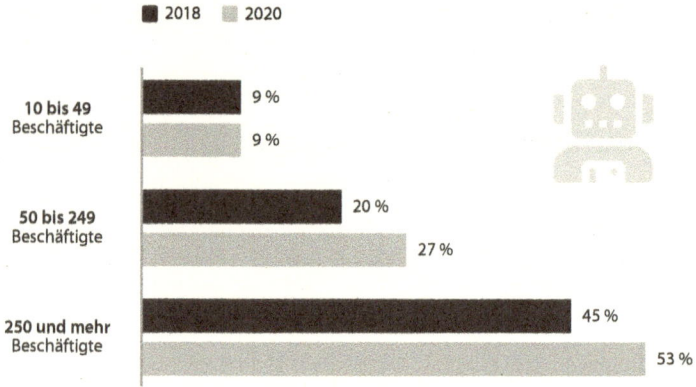

Quelle: statista, Statistisches Bundesamt

Roboter werden mit hoher Dynamik vielfältiger und leistungsfähiger

In zahlreichen Krankenhäusern gehören Roboterwerkzeuge längst zum Alltag, beispielsweise »Cyberknife«, ein Roboter für die Tumorbehandlung in der Radiochirurgie. Ein weiteres Beispiel für einen Medizinroboter ist das weltweit erste Exoskelett mit dem Namen »Ekso«, das es Gelähmten ermög-

2. Automatisierungs- und Robotik-ETF: Die Nachfrage nach Robotertechnik boomt

licht, sich wieder auf den eigenen Beinen fortzubewegen. Das 21. Jahrhundert hat bislang eine Vielzahl neuer, erstaunlicher Innovationen in Robotik und Automation hervorgebracht. Zur Jahrtausendwende waren nach Schätzungen der UN weltweit bereits rund 750 000 Industrieroboter im Einsatz. Mittlerweile sind es weit über drei Millionen Industrieroboter. Durch die Verbesserung von Sensoren, die Erhöhung der Präzision und den Einsatz Künstlicher Intelligenz werden Roboter immer leistungsfähiger: Die Roboter der Zukunft werden sich nicht nur bewegen sowie sehen, hören und fühlen können, sie werden auch eigenständige Entscheidungen treffen. Daneben sorgen auch strukturelle Veränderungen wie der demografische Wandel, steigende Lohnstückkosten in den Schwellenländern, Wünsche nach immer höherer Prozessoptimierung und die zunehmende Digitalisierung für eine steigende Nachfrage nach Robotik- und Automatisierungstechnik. Davon werden in diesem Bereich tätige Unternehmen massiv profitieren. Entsprechend können auch Sie als Anleger mit dem richtigen Investment aus diesem Megatrend Nutzen ziehen.

Der ETF iShares Automation & Robotics UCITS (ISIN: IE00BYZK4552) basiert auf einem Aktienindex, der sich aus Unternehmen zusammensetzt, die wesentliche Einkünfte aus der Entwicklung von Produkten oder dem Angebot von Dienstleistungen aus dem Bereich der Automatisierung und Robotik erzielen.

Die Top-Ten-Aktien des ETFs auf einen Blick

Aktie	ISIN	Gewichtung
Snap	US83304A1060	4,5 %
Nidec	JP3734800000	2,7 %
Teradyne	US8807701029	2,43 %
KLA-Tencor	US4824801009	2,33 %
Qualcomm	US7475251036	2,19 %
AMD	US0079031078	2,16 %
Aktie	ISIN	Gewichtung

Microchip Technology	US5950171042	2,12 %
Nvidia	US67066G1040	2,11 %
Hexagon	SE0000103699	2,03 %
Xilinx	US9839191015	1,96 %

Die wichtigsten Kennzahlen des Automatisierungs- und Robotik-ETFs

Name:	iShares Automation & Robotics UCITS ETF
ISIN:	IE00BYZK4552
Gesamtkostenquote (TER):	0,40 % p.a.
Fondswährung:	US-Dollar (USD)
Auflagedatum:	08.09.2016
Fondsvolumen:	3.300 Mio. Euro
Empfehlenswerte Handelsbörsen:	Xetra, Frankfurt, Stuttgart, London, Schweiz
Internet:	www.ishares.com/de

3. Biotechnologie-ETF: Investieren Sie in eine der wichtigsten Schlüsseltechnologien der Zukunft

Die Biotechnologie ist die Wissenschaft von den Methoden und Verfahren, mittels derer biologische Prozesse nutzbar gemacht werden. Dabei werden beispielsweise Enzyme, Zellen und ganze Organismen genutzt, um zum Beispiel effizientere Verfahren zur Herstellung von chemischen Verbindungen und von Diagnosemethoden zu entwickeln. Häufige Anwendungsgebiete sind die Medizin, die Landwirtschaft und die Industrie.

3. Biotechnologie-ETF: Investieren Sie in eine der wichtigsten Schlüsseltechnologien der Zukunft

Die Biotechnologie ist für viele Branchen relevant

Die Biotechnologie wird heutzutage in zahlreichen Branchen angewendet. Mit ihr lassen sich neue Medikamente entwickeln, vor allem im Kampf gegen Volkskrankheiten wie Krebs, neue Pflanzensorten züchten oder effizientere Alltagsprodukte wie Waschmittel und Kosmetika herstellen. Der Schwerpunkt der Biotechnologie liegt eindeutig im medizinischen Bereich. Hier geht es zum Beispiel um die Antikörperproduktion oder die Genanalyse. Im Unterschied zu pharmazeutischen Produkten verfügen biotechnologische Produkte über eine biologische Basis statt einer chemischen. Neue Medikamente werden zunehmend aus lebenden Organismen wie Enzymen oder Bakterien hergestellt.

Medizinischer Fortschritt: Erbinformationen sind der Bauplan für alle Lebensvorgänge

Die Grundlagen der modernen medizinischen Biotechnologie wurden erst vor wenigen Jahrzehnten durch die moderne Genforschung gelegt. Die Entdeckung der molekularen Struktur der DNA als Erbmolekül im Jahr 1953 war dafür der Durchbruch. Die Entzifferung des sogenannten Humangenoms im Jahr 2001 war ein weiterer Meilenstein, die Analyseverfahren haben sich seither sprunghaft weiterentwickelt. In der Folge sind zahlreiche Biotechnologie-Unternehmen entstanden, vor allem in den USA.

Unabhängig von Covid-19: Die Biotechnologie ist für viele Branchen relevant

Der Ausbruch der Corona-Pandemie und die Suche nach einem Impfstoff haben die Themen Gesundheit und Biotechnologie in ein neues Licht gerückt. US-Biotech-Aktien bieten Ihnen hier große Zukunftschancen.

Biotechnologie-Unternehmen haben stets lange und teure Entwicklungsphasen zu überwinden. Viele schreiben dadurch in den Anfangsjahren Verluste, bevor sie zum Teil sehr erfolgreiche und profitable Produkte auf den Markt bringen. Daher empfehle ich Ihnen, über den breit gestreuten iShares Nasdaq US-Biotechnology UCITS ETF (ISIN: IE00BYXG2H39) in den stets schwankungsfreudigen, aber ebenso chancenreichen Markt für Biotech-Aktien zu investieren.

Die Top-Ten-Aktien des Biotechnologie-ETFs

Aktie	ISIN	Gewichtung
Amgen	US0311621009	7,54 %
Gilead Sciences	US3755581036	6,27 %
Illumina	US4523271090	5,08 %
Moderna	US60770K1079	4,98 %
Vertex	US92532F1003	4,50 %
Regeneron	US75886F1075	3,84 %
Biogen	US09062X1037	3,84 %
Alexion	US0153511094	2,73 %
Seagen	US81181C1045	2,22 %
AstraZeneca	GB0009895292	1,93 %

Die wichtigsten Kennzahlen des Biotechnologie-ETFs

Name:	iShares Nasdaq US Biotechnology UCITS ETF
ISIN:	IE00BYXG2H39
Gesamtkostenquote (TER):	0,35 % p.a.
Fondswährung:	Euro (EUR)
Auflagedatum:	19.10.2017
Fondsvolumen:	295 Mio. Euro
Empfehlenswerte Handelsbörsen:	Xetra, Frankfurt, Stuttgart, Paris, Schweiz
Internet:	www.ishares.com/de

4. Blockchain-ETF: Diese Technologie wird unser Geld- und Wirtschaftssystem revolutionieren

Wie bereits erörtert, werden auf Basis der Blockchain-Technologie aktuell die Grundlagen für unser digitales Geldsystem der Zukunft gelegt. Dabei steht nicht allein der Bitcoin als mögliche elektronische Bargeldalternative im Blickpunkt. Die Dynamik im Bereich der Blockchain-Anwendungen ist exorbitant hoch. Fortlaufend ergeben sich neue Entwicklungen durch Blockchain-Unternehmen, in die Sie jetzt über einen ETF investieren können.

Für die Blockchain gibt es bereits eine Vielzahl von Anwendungen in der Praxis: Panini, der bekannte Hersteller von Sammelbildern, bringt eine Auswahl seiner Sammelbilder auf die Blockchain, so dass jedes Sammelbild über die Blockchain-Speicherung klar zugeordnet werden kann und eine Symbiose von digitaler und analoger Welt entsteht. Die Firma DATEV setzt mit ihrem Konzept Bizzbloxx auf Blockchain-Lösungen in der Steuerberatung. Die Deutsche Telekom hat mit Digital X vor Kurzem ein eigenes Blockchain-Ökosystem gestartet, ebenso wie die Börse Stuttgart mit ihrer Blockchain-Börse BSDEX (Börse Stuttgart Digital Exchange). Statt Aktien werden dort digitalisierte Wertpapiere in Form von Token gehandelt. Das ist die Zukunft der Börsen.

Blockchain-Anwendungen sind die Basis für das Internet der Dinge und die Künstliche Intelligenz

Die Technische Universität München erforscht derzeit den Energiehandel über die Blockchain. Bereits im Oktober 2014 wurde die erste Heirat in der Blockchain notariell beurkundet, vergleichbar mit einer Eintragung in einem behördlich geführten Personenstandsregister. Diese Entwicklung ist die Zukunft der Behörden. Die Grundbücher werden zukünftig nicht mehr in gigantischen Aktenschränken verwaltet, sondern digital auf einer Blockchain. Die Universität von Nikosia zertifiziert die Zeugnisse ihrer Studenten bereits heute in Form von Transaktionen in der Blockchain.

Der US-Technologiekonzern IBM wagte bereits 2015 einen Vorstoß, um die weltweite IoT-Infrastruktur auf ein System umzustellen, das auf einer Blockchain basiert. »IoT« steht für »Internet of Things«. Das »Internet der Dinge« ist ein gigantischer Zukunftsmarkt. Solche intelligenten, »smarten«

Gegenstände bestimmen unseren Alltag immer mehr. Auch in diesen Bereichen fern der reinen Finanzwirtschaft und des Geldwesens werden Blockchain-Anwendungen zukünftig eine immer wichtigere Rolle spielen. Davon werden Blockchain-Unternehmen wiederum ebenso massiv wie nachhaltig profitieren.

Der noch unentdeckte Blockchain-ETF bietet großes Wachstumspotenzial

Der relativ neue, erst am 09.03.2019 aufgelegte Invesco Elwood Global Blockchain UCITS ETF (ISIN: IE00BGBN6P67) bietet Ihnen vor diesen Rahmenbedingungen und den großen Wachstumschancen einen einfachen Zugang zu globalen Unternehmen, die im Blockchain-Ökosystem tätig sind, sei es durch die Entwicklung von Blockchain-Anwendungen oder durch Beratungsdienstleistungen.

Die Top-Ten-Aktien des ETFs auf einen Blick

Aktie	ISIN	Gewichtung
Canaan	US1347481020	11,11 %
MicroStrategy	US5949724083	4,99 %
Monex Group	JP3869970008	4,84 %
Silvergate Capital	US82837P4081	4,69 %
Hive Blockchain Technologies	CA43366H1001	3,83 %
Taiwan Semiconductor	US8740391003	3,39 %
CME Group	US12572Q1058	3,30 %
Ceres	JP3423570005	2,99 %
Bitfarms	CA09173B1076	2,81 %
Kakao	XC000A0AEYD6	2,81 %

Die wichtigsten Kennzahlen des Blockchain-ETFs

Name:	Invesco Elwood Global Blockchain UCITS ETF
ISIN:	IE00BGBN6P67
Gesamtkostenquote (TER):	0,65 % p.a.
Fondswährung:	US-Dollar (USD)
Auflagedatum:	08.03.2019
Fondsvolumen:	987 Mio. Euro
Empfehlenswerte Handelsbörsen:	Xetra, Frankfurt, Stuttgart, Paris, Schweiz
Internet:	www.invesco.de

5. China-Technologieaktien-ETF: China zu ignorieren wäre das größte Risiko

China ist nach wie vor ein zentralistischer Staat, der mittlerweile einem Weg folgt, der durchaus als eine Art »kapitalistische Planwirtschaft« bezeichnet werden kann. Die kritischen Stimmen und Gefahren sind nicht von der Hand zu weisen, ich erachte diese allerdings als hinnehmbar. Das strategische Risiko, überhaupt nicht in den Multimilliardenmarkt China zu investieren und parallel dazu ein massives Klumpenrisiko bei US-Technologieaktien aufzubauen, bewerte ich als gravierender, als ausgewogen, gezielt, bewusst und breit gestreut in chinesische Technologieaktien zu investieren.

Gemessen an seiner Wirtschaftsleistung ist China derzeit noch die zweitgrößte Volkswirtschaft der Welt, was sich schon bald ändern wird. China hat über 900 Millionen Internetnutzer und somit mehr als die USA und Europa zusammen. Das Beratungsunternehmen McKinsey rechnet damit, dass die chinesische Mittelschicht in den kommenden zwei Jahren mit 550 Millionen Menschen auf mehr als die eineinhalbfache Größe der heutigen US-Bevölkerung anwachsen wird. China besitzt zehnmal mehr Daten als die USA und Europa zusammen, aufgrund dieser vielen Menschen, die mit ihren Smartphones ihr gesamtes digitales Leben organisieren.

China schafft Knotenpunkte für technische Innovationen

Der am Oberlauf des Jangtse gelegene Wirtschaftskreis Chengdu-Chongqing ist das Gebiet mit der höchsten Industriedichte und den meisten Städten im Westen Chinas. Statistiken zufolge verzeichnete das Gebiet Chengdu-Chongqing im Jahr 2019 ein Gesamt-BIP von nahezu 7 Billionen Yuan und ist damit nach der Region des Jangtse-Flussdeltas, der Greater Bay Area Guangdong-Hongkong-Macau und der Region Peking-Tianjin-Hebei ein weiteres Gebiet mit großem wirtschaftlichem Gewicht.

Anfang 2020 untersuchte die Finanz- und Wirtschaftskommission des Zentralkomitees der Kommunistischen Partei Chinas die Entwicklung des Wirtschaftskreises Chengdu-Chongqing und schlug vor, diesen zu einem national einflussreichen Knotenpunkt für technische Innovationen auszubauen. Am 25. Februar 2021 veröffentlichte das Ministerium für Wissenschaft und Technologie Richtlinien zur Förderung neuer Entwicklungsmodelle und technischer Innovationen in Chinas westlicher Region. Das Dokument setzte im Wesentlichen darauf, die Region Chengdu-Chongqing in einen Knotenpunkt für technische Innovationen auszubauen. Derartiges sollte auch Deutschland angehen, also beispielsweise die Region Rhein-Main so fördern, wie China es mit Chengdu-Chongqing tut.

Analog-digitale-Industrieketten: Verknüpfung durch die Hochgeschwindigkeitsstrecke Chengdu-Chongqing

Nachdem die Infrastruktureinrichtungen und Technologien für Wartung, Katastrophenschutz, Testing und E-Ticketing modernisiert wurden, erfolgte am 24. Dezember 2020 die Inbetriebnahme der Hochgeschwindigkeitsstrecke Chengdu-Chongqing, welche die Reisezeit zwischen den beiden Städten auf eine Stunde verkürzt. Außerdem verkehrt der Hochgeschwindigkeitszug nun alle 20 Minuten, was die Verbindung zwischen den beiden Städten zusätzlich erleichtert.

Der verbesserte Transit zwischen Chengdu und Chongqing ist in erster Linie auf die Umsetzung von Sichuans proprietären Bahntechnologien zurückzuführen. Sichuan hat eine integrierte Industriekette aufgebaut, die Forschung und Entwicklung, Vermessung, Planung und Beratung, Projektbau, Betrieb und Wartung sowie die Herstellung von Anlagen umfasst. Der

5. China-Technologieaktien-ETF: China zu ignorieren wäre das größte Risiko

jährliche Produktionswert dieser Industriekette übersteigt 150 Milliarden Yuan.

Tausende Plattformen für technische Innovationen wurden geschaffen

XGIMI, ein in Chengdu ansässiger Hersteller von intelligenten Beamern für den Heimgebrauch, wurde am 3. März 2021 am Sci-Tech Innovation Board (auch »STAR Market« genannt) notiert. Es ist das sechste in Chengdu ansässige Tech-Unternehmen, das an Chinas Nasdaq-ähnlichem Tech-Board gelistet wurde. Die erfolgreiche Notierung der in Chengdu ansässigen Hardcore-Tech-Firmen am STAR Market ist für die visionäre Planung der Tech-Industrie in Chengdu unerlässlich. Chengdus Industriegebiet für elektronische Information, in dem XGIMI seinen Sitz hat, beherbergt weitere führende Technologieunternehmen wie LG Chem, den Hersteller von fotoelektrischen Produkten Luwei, den Anbieter von Display-Lösungen Tianma, den LCD-Substrathersteller Chengdu COE und TCL.

Sie haben gemeinsam eine umfassende Industriekette geschaffen, um aufkommende Technologien wie Big Data, das Internet der Dinge und Blockchain zu bedienen. Dank dieser Unternehmen wurde die elektronische Informationsindustrie zum ersten Sektor, dessen Produktionswerte in Chengdu 1 Billion Yuan überstiegen. Statistiken zeigen, dass sich mehr als 90 Prozent von Chengdus neuen Investitionsprojekten seit 2020 in den verschiedenen Industriezonen der Stadt angesiedelt haben.

Chengdu hätte diese bemerkenswerten Erfolge nicht ohne die starke Förderung technischer Innovationen durch die Provinzregierung von Sichuan erreicht. Während der 13. Fünf-Jahres-Planperiode (2016 bis 2020) investierte Sichuan viel Energie in den Aufbau einer Reihe von Demonstrationszonen für die Kommerzialisierung wissenschaftlicher und technologischer Forschungsergebnisse, unter anderem zu neuen Medikamenten und Künstlicher Intelligenz. Die Provinz schuf mehr als 1800 Plattformen für technische Innovationen.

Die Digitalindustrie ist längst das Rückgrat einer zukunftsfähigen Volkswirtschaft

Die Statistiken der Stadtverwaltung von Chongqing belegten zudem die große Bedeutung von technischen Innovationen für ein qualitativ hochwertiges Wirtschaftswachstum. Während der 13. Fünf-Jahres-Planperiode trugen Hightech-Industrien und strategische aufstrebende Industrien mit 37,9 Prozent beziehungsweise 55,7 Prozent zum industriellen Wachstum der Stadt bei. Der technische Fortschritt trug mit 58,6 Prozent zum Wachstum bei. Die Zahl der Hightech-Unternehmen stieg um das Dreieinhalbfache. 88 renommierte Innovationsinstitute und 64 staatliche Zentren für technische Innovation ließen sich in Chongqing nieder. Die Zahl der Forscher stieg um 64,4 Prozent. Die Anzahl der Patente pro 10 000 Personen stieg um 7. Forscher in der Stadt erhielten 29 nationale Wissenschafts- und Technologie-Auszeichnungen. Das Transaktionsvolumen durch Technologieverträge belief sich auf 100 Milliarden Yuan.

Heute produziert das Chengdu-Chongqing-Gebiet ein Drittel der Produkte und Dienstleistungen für die globale elektronische Informationsindustrie und hat sich im Bereich elektronische Information zu einem unentbehrlichen Verbindungsglied in den globalen Industrie- und Lieferketten entwickelt. Während der »zwei Sitzungen« für das Jahr 2021 erregten der Wirtschaftskreis Chengdu-Chongqing und der Aufbau einer Wissenschaftsstadt in Westchina durch die beiden Städte erneut landesweite Aufmerksamkeit. In Zukunft werden die beiden Städte ihre Zusammenarbeit verstärken, die Kapazitäten für unabhängige technische Innovationen erhöhen, gemeinsam an Durchbrüchen in zentralen Bereichen arbeiten und an der Schaffung eines starken Wachstumspols mitwirken, der die qualitätsorientierte Entwicklung des Landes vorantreibt.

Ich bin kein Politiker, sondern Analytiker. Deswegen stelle ich rational fest, dass die junge Digitalwirtschaft Chinas das »alte Europa« unter wirtschaftlicher Führung Deutschlands mittlerweile um Lichtjahre abgehängt hat. Auf Basis dieser Rahmenbedingungen sollten Sie jetzt in Chinas digitalen Zukunftsmarkt investieren.

5. China-Technologieaktien-ETF: China zu ignorieren wäre das größte Risiko

Die Planung der Digitalwirtschaft ist existenziell wichtig für die Zukunft einer Volkswirtschaft

In unserer schnelllebigen Welt, in der wir im Minutentakt auf Veränderungen von Börsenkursen blicken können, ist es ebenfalls sehr wichtig, die Ruhe und den Blick auf das große Ganze zu bewahren. Im Hinblick auf politische und wirtschaftliche Planungen in Deutschland habe ich häufig den Eindruck, dass Ziele überwiegend in Legislaturperioden oder Geschäftsjahren definiert werden. Langfristige Ziele mit großer strategischer Bedeutung für unsere Volkswirtschaft und den Wohlstand unserer Gesellschaft in der Zukunft werden dabei zu stark vernachlässigt.

Ich bin wahrlich kein großer Freund staatlicher Planwirtschaft und selbstverständlich schon gar kein Sozialist, dennoch bewerte ich die langfristigen strategischen Ziele, die Chinas kommunistische Zentralregierung verfolgt, als intelligent. Die chinesische Führung hat sich das ehrgeizige Ziel gesetzt, bis zum 100. Geburtstag der Volksrepublik China im Jahr 2049 zu einer Supermacht in Wissenschaft und technischer Innovation zu werden. Chinas Förderung der digitalen Plattformökonomie umfasst Initiativen wie »Internet Plus«, »Made in China 2025« und »China Standards 2035«, eine Strategie für die Entwicklung von Standards für die Künstliche Intelligenz und das Internet der Dinge.

Technische Innovationen sowie ein qualitativ hochwertiges Wachstum auf Basis einer starken Inlandsnachfrage waren die Themen in Chinas letztem Fünf-Jahres-Plan, der die Jahre 2021 bis 2025 umfasst. Das Streben nach Unabhängigkeit bei Innovation und Technologie wird, was die nationale Entwicklung betrifft, eines der strategischen Themen für die nächsten 15 Jahre sein. Dazu werden heute bereits massive Zukunftsinvestitionen in und von chinesischen Technologieunternehmen erfolgen. Beispielsweise in 5G-Netzwerke, die Blockchain-Technologie, Cloud-Anwendungen, die Digitalisierung des Geldwesens (Fintech), das Internet der Dinge (IoT), die Online-Sicherheit *(Cybersecurity)* oder die Künstliche Intelligenz *(Artificial Intelligence)*.

Der HSBC Hang Seng TECH UCITS ETF (ISIN: IE00BMWXKN31) umfasst Chinas 30 größte – in Hongkong gelistete – Technologieunternehmen und wird an diesen positiven Zukunftsaussichten Chinas im Bereich der Technologisierung und Digitalisierung partizipieren.

Der Blick auf die 31 Aktien des China-ETFs

Alle Technologieunternehmen sind grundlegend im Zukunftsmarkt der Digitalisierung tätig. Ich bin mir sicher, es geht Ihnen dabei mit Blick auf die nachfolgende Tabelle wie mir: Mit wenigen Ausnahmen, beispielsweise den bekannten Konzernen wie Alibaba oder Tencent, werden Sie viele Unternehmensnamen noch nie gehört haben.

Hua Hong Semiconductor	Tongcheng-Elong	Zhongan Online P&C Insurance	ZTE Corp.
Koolearn Technology	Q Technology	Maoyan Entertainment	X.D. Inc
Archosaur Games	FIT Hon Teng	Sunny Optical Technology	Meituan
Alibaba Group	Xiaomi Corp.	Semiconductor Manufacturing	Tencent
Kingsoft	Lenovo	Kingdee Int L Software	NetEase
AAC Technologies	Ming Yuan Cloud	ASM Pacific Technology	Weimob
BYD Electronic	China Literature	Ping An Healthcare and Technology	Yixin
JD Health International	JD.com	Alibaba Health Information Technology	

Anwender und ihre Daten sind der Treibstoff für die Plattform-Ökonomie

Wichtig ist bei den Technologieinvestments aus China der Blick auf das große Marktpotenzial. Der Begriff »E-Commerce« bezeichnet Ein- und Verkaufsvorgänge über das Internet. Alle 31 Unternehmen des China-ETFs sind grundlegend in diesem Bereich tätig oder profitieren durch entsprechende Produkte (zum Beispiel Software, Hardware, Microchips, *Cloud*-Services) von dem starken Wachstum in diesem Digitalsegment. Der E-Commerce-Markt in China ist heute bereits so groß, dass er selbst die USA in den Schatten stellt. Deswegen ist es wichtig, auch auf Technologieaktien aus China zu setzen, weil Anwender und ihre Daten der Treibstoff für die boomende Plattform-Ökonomie sind.

Fazit: Da China in den globalen Aktienindizes wie dem MSCI World nach wie vor stark unterrepräsentiert ist, ist der HSBC Hang Seng Tech UCITS ETF ein perfektes Investment, um an diesem großen Zukunftsmarkt zu partizipieren. Chinas Wachstum wird in den kommenden Jahren stärker sein als in den großen Volkswirtschaften. Gleichzeitig erzielen Sie wertvolle Diversifikationseffekte durch ein Investment in chinesische Aktien, da diese einen relativ geringen Gleichlauf (Korrelation) zu den anderen globalen Aktienmärkten aufweisen.

Die wichtigsten Kennzahlen des China-Technologie-ETFs

Name:	HSBC Hang Seng TECH UCITS ETF
ISIN:	IE00BMWXKN31
Gesamtkostenquote (TER):	0,5 % p.a.
Fondswährung:	Hongkong-Dollar (HKD)
Auflagedatum:	09.12.2020
Fondsvolumen:	175 Mio. Euro
Empfehlenswerte Handelsbörsen:	Xetra, Frankfurt, Stuttgart, London, Schweiz
Internet:	www.assetmanagement.hsbc.de

6. *Cloud-Computing*-ETF: Daten in der Wolke als Motor der Digitalisierung

Der Begriff »*Cloud Computing*« beschreibt die Verwendung von Netzwerkdatenbanken (*Remote*-Servern), auf die normalerweise über das Internet zugegriffen wird, um Daten zu speichern, zu verwalten und zu verarbeiten. Für Kunden bietet *Cloud Computing* Zugang zu zahlreichen Technologien und senkt gleichzeitig die Eintrittsbarrieren wie technisches Fachwissen oder Kosten. In der Regel ist der *Cloud-Service*-Markt in drei primäre Service-Modelle unterteilt, die Infrastruktur, Plattformen und Software umfassen.

Je nach Geschäftsanforderungen und Sicherheitsbedenken können Kunden auch zwischen privater, öffentlicher oder einer hybriden *Cloud*-Bereitstellung wählen. Als Teilbereich der IT-Services generiert *Cloud Computing* heute bereits einen jährlichen Umsatz von mehreren Milliarden US-Dollar. Bereits im letzten Jahr wurden mehr Daten über das Internet auf großen Serverfarmen in Form von *Cloud*-Anwendungen abgespeichert und online bereitgestellt als auf stationären Geräten und lokalen Servern, wie die nachfolgende Grafik belegt.

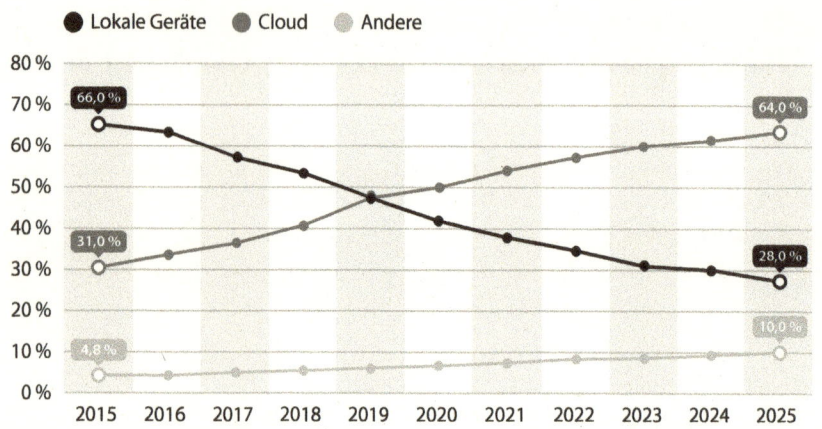

Quelle: Statista Digital Economy Compass 2019

Über 152 Milliarden Euro Umsatz werden laut »Statista Technology Market Outlook« 2021 in den USA mit *Public-Cloud*-Anwendungen umgesetzt – das ist ungefähr die Hälfte des weltweiten Marktvolumens. Über die Hälfte des Umsatzes entfallen auf das Segment »*Software-as-a-Service*«. Das ist ein Vertriebsmodell für die Bereitstellung von Software-Anwendungen über den Webbrowser. 33,7 Milliarden Euro entfallen auf den Bereich »*Infrastructure-as-a-Service*«. Ähnlich viel wird mit *Platform-as-a-Service*-Angeboten erwirtschaftet. Die größten Anbieter von *Cloud*-Diensten sind Amazon, Microsoft, Salesforce und Google. Der deutsche Markt hat mit 12,2 Milliarden Euro ein vergleichsweise bescheidenes Volumen – das reicht aber trotzdem für den fünften Platz im Ranking der größten *Public-Cloud*-Märkte.

6. Cloud-Computing-ETF: Daten in der Wolke als Motor der Digitalisierung

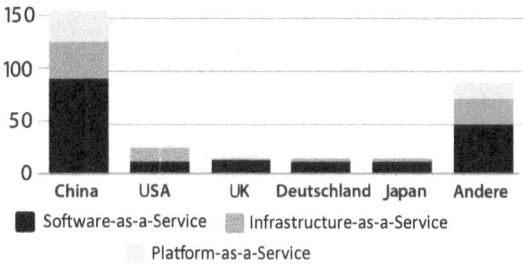

Quelle: Statista Technology Market Outlook

Blockchain-Technologien werden verstärkt für Cloud-Anwendungen zum Einsatz kommen.

Cloud Computing hat sich zu einer Kerntechnologie der Digitalisierung entwickelt. Die besonderen Herausforderungen der Coronavirus-Krise haben uns die Stärken ebenso wie das große Marktpotenzial des *Cloud Computing* vor Augen geführt. Cloud-Anwendungen werden sich zukünftig in allen Wirtschaftsbereichen durchsetzen. Datenschutz und Sicherheit sind dabei die grundlegenden Säulen. Auch hier werden Blockchain-Technologie und Kryptowährungen in naher Zukunft verstärkt zum Einsatz kommen.

Der WisdomTree Cloud Computing UCITS ETF (ISIN: DE000A2PQ364) bietet Ihnen einen einfachen, breit gestreuten und kostengünstigen Zugang zur Cloud-Branche über eine Direktanlage in börsennotierte Unternehmen, deren Kerngeschäft im Angebot von Cloud-Software und -Services besteht.

Top-Ten-Aktien des Cloud-Computing-ETFs

Aktie	ISIN	Gewichtung
Box	US10316T1043	2,65 %
Dropbox	US26210C1045	2,43 %
Qualys	US74758T3032	2,18 %
Adobe	US00724F1012	2,12 %
New Relic	US64829B1008	2,08 %
Paycom Software	US70432V1026	1,98 %
Proofpoint	US7434241037	1,95 %
Workday	US98138H1014	1,93 %
ServiceNow	US81762P1021	1,89 %
Zuora	US98983V1061	1,88 %

Die wichtigsten Kennzahlen des Cloud-Computing-ETFs

Name:	WisdomTree Cloud Computing UCITS ETF
ISIN:	DE000A2PQ364
Gesamtkostenquote (TER):	0,40 % p.a.
Fondswährung:	US-Dollar (USD)
Auflagedatum:	03.09.2019
Fondsvolumen:	525 Mio. Euro
Empfehlenswerte Handelsbörsen:	Xetra, Frankfurt, Stuttgart, London, Schweiz
Internet:	www.wisdomtree.eu

7. *Cybersecurity*-ETF: Die Internet-Kriminalität hat immer Hochkonjunktur

Aufgrund der weiter stark zunehmenden Digitalisierung explodiert parallel zum weltweit steigenden Datenverkehr die Online-Kriminalität. *Cybercrime* ist dabei ein weltweites Phänomen, das – wie ein biologisches Virus – weder an Landesgrenzen noch vor verschlossenen Türen haltmacht. Im Gegensatz zum Coronavirus werden uns Computerviren in der Zukunft dauerhaft bedrohen. Daten sind eine der wichtigsten Währungen unserer Zeit. Sie sind die Goldminen des 21. Jahrhunderts. Das Internet hat mittlerweile fast alle Bereiche Ihres Lebens erobert. Die mit hoher Dynamik weiter voranschreitende Digitalisierung führt dazu, dass Sie das Internet in Ihrem täglichen Leben immer stärker nutzen, ob Sie es wollen oder nicht. Das birgt letztlich auch erhebliche Risiken. Der Onlinesicherheit *(Cybersecurity)* kommt daher eine immer größer werdende Bedeutung zu. Auch hier haben wir es deshalb mit einem stabilen und zukunftsfähigen Wachstumsmarkt zu tun.

70 Prozent der Bürger haben Angst vor Cyberkriegen

Stark zunehmend wird »*Hacking*« zu einem eigenständigen – kriminellen – Wirtschaftszweig. Aktuell wird der nordkoreanischen Hackergruppe Lazarus beispielsweise die Verantwortung für massive Cyberangriffe und Diebstähle von Kryptowährungen gegeben. Offensichtlich finanziert der diktatorische Staat Nordkorea auf diese Art und Weise auch sein Atomprogramm. Die forensischen Spezialisten der Blockchain-Analysefirma Chainalysis und Experten der Vereinten Nationen ordnen Lazarus in diesem Zusammenhang den größten Kryptowährungsdiebstahl des Jahres 2020 zu.

Die Welt befindet sich in einem globalen Digitalkrieg!

Der einst als »Kalter Krieg« zwischen den Supermächten USA und Sowjetunion beschriebene Konflikt ist heute längst zu einem asymmetrischen, digitalen Weltkrieg mutiert, ohne klare Fronten. Stromausfall, Banken-Blackout, Behörden-Hack: All das droht bei sogenannten Cyberkriegen. Sieben von zehn Bundesbürgern (69 Prozent) fürchten sich davor. Darunter fallen 12 Prozent, die Angst haben, dass Cyberkriege zu handfesten militärischen

Eskalationen führen. Das ist das Ergebnis einer repräsentativen Umfrage im Auftrag des Digitalverbands Bitkom unter mehr als 1000 Bundesbürgern ab 16 Jahren in Deutschland.

Konflikte zwischen Staaten werden zunehmend in Form von Cyberattacken ausgetragen. Um die Energieversorgung, Transportwege oder Telekommunikationsnetze anderer Staaten zu schädigen, braucht es keine konventionellen Waffen mehr. Über die Sicherheit eines Landes wird künftig im Cyberraum entschieden.

43 Prozent befürworten digitale Gegenangriffe bei staatlichen Cyberattacken

Möglichen Gegenmaßnahmen steht die Bevölkerung geteilt gegenüber, sollte es zu digitalen Attacken auf Deutschlands kritische Infrastrukturen kommen. Zwei von fünf (43 Prozent) sagen: Im Falle eines Cyberangriffs sollte Deutschland selbst aktiv mit Cyberattacken zurückschlagen. Demgegenüber lehnen 48 Prozent solche Gegenangriffe ab. Ziel muss sein, Deutschlands Infrastrukturen bestmöglich gegen Cyberattacken zu schützen, so Bitkom. Dafür gelte es, die bereits vorhandene Digital-Expertise zu fördern und auszubauen.

Ein Leben ohne Internet wird zunehmend unmöglich

Mit der weiter fortschreitenden Digitalisierung unseres Lebens steigt auch für Sie die Gefahr, zum Opfer von Internet-Kriminellen zu werden. Selbst Bürger, die das Internet beziehungsweise die Digitalisierung kritisch sehen oder sogar ablehnen, kommen letztlich nicht darum herum, das Internet zum Beispiel via App zu nutzen. Gemeinsam mit der dank Smartphone fortschreitenden Mobilität führt dies dazu, dass die mobile Internetnutzung mit über 70 Prozent deutlich vor der Nutzung via Desktop-PC liegt.

Die damit einhergehende zunehmende Nutzung freier WLAN-Netze erhöht noch die Gefahr, dass Sie dabei zum Opfer eines Datenmissbrauchs werden. Kriminelle haben nie Urlaub, sie nutzen vor allem Reisezeiten, um beispielsweise gezielt unbedarfte Online-Nutzer anzugreifen. Eine beliebte Masche ist dabei, den Datenverkehr in nicht ausreichend abgesicherten WLAN-Netzen mitzulesen. Auch unzureichend abgesicherte mobile Endgeräte wie das Smartphone bieten gute Angriffspunkte.

7. Cybersecurity-ETF: Die Internet-Kriminalität hat immer Hochkonjunktur

Die Mehrzahl der Menschen in Deutschland glaubt dennoch, gut über die Gefahren informiert zu sein. Das ist ein großer Irrtum, sonst würde die Internetkriminalität nicht immer weiter zunehmen. Fast jeder Zweite hat in einer Umfrage des Digitalverbandes Bitkom angegeben, bereits Opfer von Internetkriminalität geworden zu sein. 54 Prozent der Betroffenen sind dabei auf einem finanziellen Schaden sitzen geblieben. Die Internetkriminalität macht dabei weder vor Landesgrenzen noch vor verschlossenen Türen halt.

Die Polizei erfasste 2020 7,9 Prozent mehr Cybercrime-Straftaten

Das Bundeskriminalamt (BKA) hat 2020 7,9 Prozent mehr Fälle von Internetkriminalität registriert als im Vorjahr. Damit setzt sich die Entwicklung der Vorjahre fort, wie der Blick auf die nachfolgende Grafik zeigt. Als Ursache sieht die Behörde eine stark voranschreitende Digitalisierung aller Lebensbereiche, die Corona-bedingt einen zusätzlichen Antrieb erhielt – dadurch entstehen mehr Tatgelegenheiten für Cyberkriminelle.

Als konkrete Beispiele für solche Tatgelegenheiten nennt der Bericht die Umstellung auf Homeoffice und Homeschooling. Den größten Teil der Fälle macht die Kategorie »Computerbetrug« (82 781 Fälle) aus. Besonders stark wuchsen indes die Bereiche »Fälschung beweiserheblicher Daten, Täuschung im Rechtsverkehr bei Datenverarbeitung« (plus 22,7 Prozent) und »Datenveränderung, Computersabotage« (plus 18,4 Prozent).

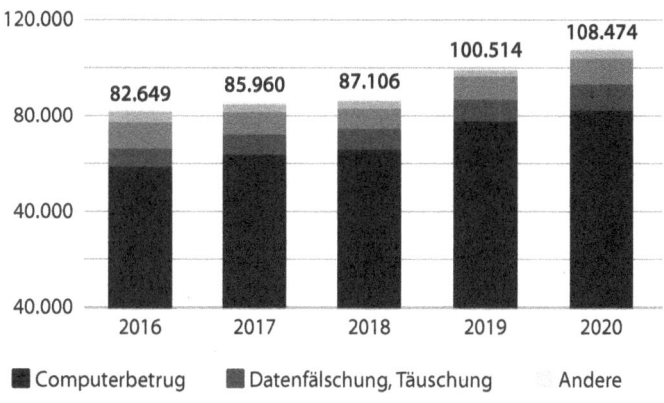

Quelle: statista, Bundeskriminalamt

Im Windschatten der Digitalisierung explodiert die Internetkriminalität!

Bedenklich ist dabei vor allem, dass rund ein Drittel der Internetanwender keine Sicherheitssoftware installiert hat beziehungsweise dass diese nicht auf dem aktuellsten Stand ist. Deutschlandweit meldet das Bundeskriminalamt Schäden in Höhe von 71,8 Millionen Euro – dabei dürfte es sich aber nur um einen Bruchteil der tatsächlichen finanziellen Folgen von Kriminalität im Netz handeln. Das häufigste Vergehen ist der sogenannte Computerbetrug – 64 Prozent der Fälle von Cybercrime fallen in diese Kategorie.

Cybercrime ist ein weltweites Phänomen, das weder an Landesgrenzen noch vor verschlossenen Türen haltmacht. Überall dort, wo Sie Computer, Smartphones und andere IT-Geräte nutzen, können Sie Opfer von Internetkriminalität werden – in Firmen, bei Behörden, in Universitäten, zu Hause oder unterwegs. Internetkriminelle haben immer Hochkonjunktur, weshalb Unternehmen, die sich auf Online-Sicherheitslösungen spezialisieren, von dieser aufgrund der zunehmenden Digitalisierung immer größer werdenden Bedrohung durch Cyberkriminelle stark profitieren.

Der Cybersecurity-Markt ist ein Multimilliardengeschäft

Eine große Herausforderung in Sachen Cybersecurity stellt auch die zunehmende Verbreitung des *Internet of Things* (IoT) dar. Beispielsweise wenn die elektronischen Zugangsschlüssel zu einem digitalisierten Haus *(Smart Home)* oder die Sicherheitsfunktionen eines Autos geknackt werden. Diese Gefahren wurden uns bereits im Jahr 2015 in erschreckender Art und Weise deutlich vor Augen geführt.

Ein moderner Jeep Cherokee konnte in den USA bei voller Fahrt gehackt werden. Die Angreifer konnten sämtliche digitalisierten Funktionen des Wagens – von der Scheibenwaschanlage über das Getriebe bis hin zu den Bremsen und der Lenkung – beeinflussen. Würden derartige Attacken auf Flugzeuge, Atomkraftwerke, Krankenhäuser oder Fabriken in böser Absicht durchgeführt, wären Katastrophen vorprogrammiert.

Die weltweiten Umsätze im Wachstumssegment *Cybersecurity* sollen sich auf Basis einer umfassenden Studie von 451 Research in den kommenden Jahren vervielfachen. Der Hauptgrund dafür ist die stark ansteigende Zahl von Hackerangriffen und Internetkriminalität. Die weltweiten Schäden durch *Cybercrime* werden sich bis zum Jahresende 2021 auf schätzungsweise 6 Billionen US-Dollar belaufen. Das bedeutet eine Verdopplung seit dem Jahr 2015, in dem *Cybercrime*-Schäden in Höhe von 3 Billionen US-Dollar zu beklagen waren.

Die Corona-Digitalisierungseffekte werden nachhaltig weiter wirken

Laut einer weiteren Studie des Marktbeobachters Cybersecurity Ventures haben sich die weltweiten Ausgaben für IT-Sicherheitsprodukte und -dienstleistungen im Zeitraum zwischen 2017 und 2021 auf mehr als 1 Billion US-Dollar belaufen. Die Corona-Effekte im Hinblick auf die boomende Digitalisierung und die damit verbundenen Online-Risiken werden hier in Zukunft nachhaltig weiterwirken. Die Aktien der in *Cybersecurity*-ETFs enthaltenen Unternehmen werden von diesen Rahmenbedingungen und Entwicklungen massiv profitieren. Der L&G Cyber Security UCITS ETF (ISIN: IE00BYPLS672) besteht aus Unternehmen, die aktiv an der Bereitstellung von Cybersicherheitstechnologien und -dienstleistungen beteiligt sind.

Die im Index enthaltenen Unternehmen sind entweder solche, die an der Entwicklung von Hardware und/oder Software arbeiten, welche den Zugang zu Dateien, Websites und Netzwerken sowohl lokal als auch von außen sichern (Infrastrukturanbieter), oder solche, die diese Instrumente nutzen, um Kunden Beratungs- und/oder Cyber-Sicherheitsdienste anzubieten (Dienstleistungsanbieter).

Top-Ten-Aktien des *Cybersecurity*-ETFs auf einen Blick

Aktie	ISIN	Gewichtung
Fingerprint Cards	SE0008374250	3,20 %
Blackberry	CA09228F1036	3,00 %
Fortinet	US34959E1091	3,00 %
Cisco Systems	US17275R1023	2,80 %

Juniper Networks	US48203R1041	2,70 %
VMware	US9285634021	2,60 %
Netscout Systems	US64115T1043	2,50 %
NortonLifeLock	US6687711084	2,40 %
Akamai Technologies	US00971T1016	2,30 %
Digital Arts	JP3549020000	2,30 %

Die wichtigsten Kennzahlen des *Cybersecurity*-ETFs

Name:	L&G Cyber Security UCITS ETF
ISIN:	IE00BYPLS672
Gesamtkostenquote (TER):	0,75 % p.a.
Fondswährung:	US-Dollar (USD)
Auflagedatum:	11.09.2015
Fondsvolumen:	2.700 Mio. US-Dollar
Empfehlenswerte Handelsbörsen:	Xetra, Frankfurt, Stuttgart, London, Schweiz
Internet	www.lgimetf.com

8. Digitalisierungs-ETF: Das Internet der Dinge ist DER Multimilliarden-Zukunftsmarkt

Die Digitalisierung hat nicht nur große Veränderungen in der Wirtschaft, der Gesellschaft oder der Politik, sondern auch in den Bereichen Bildung, Kultur oder Sport bewirkt. Im ursprünglichen Sinn bedeutet der Begriff der Digitalisierung das Umwandeln von analogen Werten in digitale Formate. Diese Daten lassen sich informationstechnisch verarbeiten. Häufig wird der Begriff der Digitalisierung aber auch für die sogenannte digitale Revolution verwendet.

8. Digitalisierungs-ETF: Das Internet der Dinge ist DER Multimilliarden-Zukunftsmarkt

Die Film- und Fotoindustrie ist ein Musterbeispiel der digitalen Revolution

Die Film- und Fotoindustrie ist ein hervorragendes Beispiel für die Macht der Digitalisierung, weil Sie diese Entwicklung in Ihrem Alltag mit Sicherheit miterleben konnten: Digitale Kameras haben analoge Kameras und Fotoapparate mittlerweile fast komplett ersetzt. Gleiches gilt für analoge Tonträger (LPs, Kassetten, CDs), die überwiegend durch digitale Geräte (MP3-Player) abgelöst wurden. Zahlreiche weitere Branchen werden diesen einschneidenden Entwicklungen bereits in naher Zukunft folgen.

Ganze Arbeits- und Wirtschaftsbereiche werden verschwinden und durch neue digitale Geschäftsfelder ersetzt werden. Am deutlichsten bewusst wird mir persönlich die fortschreitende Digitalisierung im Zusammenhang mit den zahlreichen Applikationen (Apps) für die unterschiedlichsten Bereiche, die ich mittlerweile wie selbstverständlich über mein Smartphone nutze.

Unser Leben wird immer mehr durch Algorithmen bestimmt

Die Digitalisierungsstufe, in der wir uns aktuell befinden, geht bereits weit über die bloße Umwandlung von analogen Werten in digitale Daten hinaus. Algorithmen bestimmen zunehmend unser Leben. Mittels Algorithmen kann ein Problem beziehungsweise eine Aufgabenstellung von einem Computer auf Grundlage mathematischer Strukturen in Einzelschritten gelöst werden. Wie weit diese Algorithmen bereits heute unser tägliches Leben bestimmen, dessen sind sich die meisten Bürger noch gar nicht bewusst.

Bei einer einfachen Google-Suche oder beim Online-Shopping schlagen Ihnen beispielsweise Algorithmen Angebote vor, die zu Ihnen passen könnten. Gebäudemanagement oder Verkehrsregelungssysteme werden ebenso durch Algorithmen gesteuert wie Wettervorhersagen, Versicherungsgebühren oder Strompreise. Auch Herzschrittmacher oder Hörgeräte folgen einem Algorithmus. Gleiches gilt für zahlreiche Funktionen Ihres Autos, vom Einparkassistenten bis hin zum Navigationssystem. In modernen Autos agieren derzeit bereits circa 100 Steuergeräte auf Basis von Algorithmen untereinander. Industriell gefertigte Produkte und Lebensmittel entstehen ebenfalls mithilfe von Maschinen, die Algorithmen nutzen.

Die Welt ist auf dem Weg zur totalen digitalen Vernetzung

Soweit es sich um körperliche Dinge handelt, sind immer mehr davon untereinander vernetzt. Zum Beispiel Maschinen, Ampeln, Wetterstationen, Beleuchtungssysteme und vieles mehr. Diese Vernetzung von Gegenständen über das Internet wird als »Internet der Dinge« (»IoT« = »*Internet of Things*«) bezeichnet. Da jegliche Gegenstände unseres täglichen Lebens zukünftig miteinander verbunden werden können – und auch werden –, spricht man auch vom »Internet von allem« (IoE = »*Internet of Everything*«). Aus einem kürzlich von McKinsey veröffentlichten Bericht geht hervor, dass sekündlich 127 neue Geräte mit dem Internet verbunden werden. Dennoch stehen wir hier erst ganz am Beginn!

Das mobile Internet ist der Wegbereiter für das Internet der Dinge. Die rasante technische Entwicklung der letzten Jahre hat dazu geführt, dass das Internet der Dinge den Massenmarkt erreicht hat. Auf Basis einer Studie des Statistischen Bundesamts zusammen mit Morgan Stanley werden bereits für das Jahr 2020 weltweit 70 Milliarden internetfähige Geräte, über drei Milliarden Smartphone-Nutzer und rund sieben Milliarden Internetnutzer prognostiziert. Der starke Anstieg der mobilen Internetgeschwindigkeit, die seit dem Jahr 2000 um jährlich rund 62 Prozent zunimmt, wird sich fortsetzen und zur explodierenden Akzeptanz von IoT-Diensten beitragen. Parallel dazu wird die NFC-Technologie als internationaler Übertragungsstandard zum kontaktlosen Austausch von Daten – beispielsweise für mobile, kontaktlose Bezahlvorgänge – mit 95 Prozent eine nahezu vollkommene Marktdurchdringung erfahren. Die IoT-Bühne steht bereits und wird in Zukunft weiter perfektioniert!

Die Digitalisierung wird als sechster Kondratjew-Zyklus weitere 30 bis 40 Jahre erhebliche Auswirkungen auf Wirtschaft und Gesellschaft haben. Davon können Sie als Investor profitieren, indem Sie sich kostengünstig und breit diversifiziert an ausgesuchten Unternehmen beteiligen, die im Bereich der Zukunftsentwicklungen rund um die Digitalisierung unserer Welt tätig sind. Der iShares Digitalisation UCITS ETF (ISIN: IE00BYZK4883) basiert auf einem Aktienindex, der sich aus innovativen Unternehmen aus Industrie- und Schwellenländern zusammensetzt, die überwiegend Erträge aus digital ausgerichteten Dienstleistungen und Produkten generieren.

8. Digitalisierungs-ETF: Das Internet der Dinge ist DER Multimilliarden-Zukunftsmarkt

Top-Ten-Aktien des ETFs auf einen Blick

Aktie	ISIN	Gewichtung
Square	US8522341036	2,73 %
Twitter	US90184L1026	2,38 %
FedEx	US31428X1063	2,02 %
MercadoLibre	US58733R1023	1,96 %
Etsy	US29786A1060	1,91 %
Kakao	XC000A0AEYD6	1,85 %
Pinterest	US72352L1061	1,81 %
Spotify	LU1778762911	1,76 %
Adyen	NL0012969182	1,74 %
PayPal	US70450Y1038	1,73 %

Die wichtigsten Kennzahlen des Digitalisierungs-ETFs

Name:	iShares Digitalisation UCITS ETF
ISIN:	IE00BYZK4883
Gesamtkostenquote (TER):	0,4 % p.a.
Fondswährung:	US-Dollar (USD)
Auflagedatum:	08.09.2016
Fondsvolumen:	1.343 Mio. Euro
Empfehlenswerte Handelsbörsen:	Xetra, Frankfurt, Stuttgart, London, Schweiz
Internet:	www.ishares.com/de

9. Fintech-ETF: Basis für das Digitalgeldsystem der Zukunft

Vom großen Goldrausch beziehungsweise Goldfieber des 19. Jahrhunderts in den USA, Australien oder Südafrika profitierten grundsätzlich die Goldsucher, die auf ein großes Vorkommen stießen und somit das Edelmetall gewinnbringend fördern konnten. Für viele der in großer Euphorie gestarteten Goldsucher blieb der große Reichtum dabei lediglich ein Traum. Händler, die sich auf den Verkauf von Ausrüstungsmaterial wie Proviant, Spitzhacken, Schaufeln oder Pfannen spezialisiert hatten, profitierten hingegen unabhängig davon, ob ihre Kunden fündig wurden oder nicht.

Diese Erkenntnis hat auch im heutigen Digitalzeitalter nichts an ihrer Gültigkeit verloren. Zahlreiche Cryptocoins und Start-up-Unternehmen werden scheitern. Daneben wird es einige Gewinner geben, die sich durchsetzen und gigantische Kursgewinne erzielen werden. Parallel dazu gibt es die digitalen Schaufelhersteller, die vom Aufbau der Infrastruktur der derzeit neu entstehenden Krypto-Ökonomie grundlegend profitieren werden. Hierzu zählen auch Unternehmen aus dem Fintech-Segment.

Der Begriff »Fintech« steht für »Finanz-Technologie«. Dahinter verbirgt sich wiederum ein Sammelbegriff für moderne Technologien im Bereich aller Finanzdienstleistungen. Im weiteren Sinne können somit auch Kryptowährungen als Fintechs bezeichnet werden. Das grundlegende Fazit des letzten »World FinTech Report« der Beratungsgesellschaft Capgemini ist: Traditionelle Banken befinden sich an einem kritischen Punkt. Sie müssen neue Finanztechnologien annehmen oder sie riskieren, irrelevant zu werden. Die Welt hat sich in den letzten Monaten insbesondere durch die Covid-19-Pandemie dramatisch verändert. Für traditionelle Banken wird dies in einem noch größeren Bedarf an digitalen Leistungsangeboten durch die verstärkte Zusammenarbeit mit Fintechs resultieren.

Banken müssen mit Fintechs kooperieren

Die Indexmitglieder des Invesco KBW NASDAQ Fintech ETF (ISIN: IE-00BYMS5W68), also die enthaltenen Aktien der Technologieunternehmen sind gleichgewichtet, so dass die Performance nicht ausschließlich von den größten Konzernen dominiert wird. Mit nur einem Investment erreichen Sie

9. Fintech-ETF: Basis für das Digitalgeldsystem der Zukunft

dadurch eine sehr breite Diversifikation in dem chancenreichen Zukunftsmarkt der Fintech- und Bigtech-Unternehmen!

Top-Ten-Aktien des Fintech-ETFs auf einen Blick

Aktie	ISIN	Gewichtung
Dish Network	US25470M1099	8,32 %
Laboratory	US50540R4092	7,08 %
Organogenesis	US68621F1021	5,99 %
TripAdvisor	US8969452015	5,02 %
Euronet Worldwide	US2987361092	4,63 %
NVR	US62944T1051	4,04 %
Commscope	US20337X1090	3,82 %
Mercury Systems	US5893781089	3,49 %
Encompass Health	US29261A1007	3,43 %
Twitter	US90184L1026	3,11 %

Die wichtigsten Kennzahlen des Fintech-ETFs

Name:	Invesco KBW NASDAQ FinTech ETF
ISIN:	IE00BYMS5W68
Gesamtkostenquote (TER):	0,49 % p.a.
Fondswährung:	US-Dollar (USD)
Auflagedatum:	08.03.2017
Fondsvolumen:	85 Mio. Euro
Empfehlenswerte Handelsbörsen:	Xetra, Frankfurt, Stuttgart, London, Schweiz
Internet:	www.de.invesco.com

10. Gaming- und eSports-ETF: Profitieren von der Digitalisierung bei Spiel und Sport

Kennen Sie *CS:GO*, *Dota 2* oder *League of Legends*? Hinter diesen Begriffen stehen die derzeit bekanntesten eSport-Spiele. Unter »eSports« (elektronischer Sport) versteht man im Allgemeinen das organisierte, wettkampfmäßige Spielen von Videospielen. Während die Corona-Pandemie die Zuschauerzahlen aller klassischen Sportarten negativ beeinflusst, erlebt der eSport einen regelrechten Boom. Mehr als ein Drittel der Deutschen weiß mittlerweile, was eSports ist, und 19 Prozent haben sich bereits ein eSports-Spiel angeschaut. In der Altersgruppe der 16- bis 24-Jährigen sind die Werte dabei mit 44 Prozent deutlich höher. Seit dem Jahr 2015 verzeichnet der eSports-Umsatz eine durchschnittliche Wachstumsrate von 28 Prozent.

Die Anzahl der weltweiten eSports-Zuschauer soll von 436 Millionen im Jahr 2020 auf rund 600 Millionen im Jahr 2024 weiter deutlich ansteigen. Marktforscher prognostizieren für das Jahr 2025 dabei ein globales Marktvolumen im Bereich des eSports von rund 1,5 Milliarden Euro. Weltweit wurden im Jahr 2020 mit Videospielen und Gaming-Netzwerken wie Xbox Live oder PlayStation Network bereits rund 120 Milliarden Euro erwirtschaftet. Bis zum Jahr 2025 ist zu erwarten, dass diese Werte auf rund 200 Milliarden Euro sehr stark anwachsen.

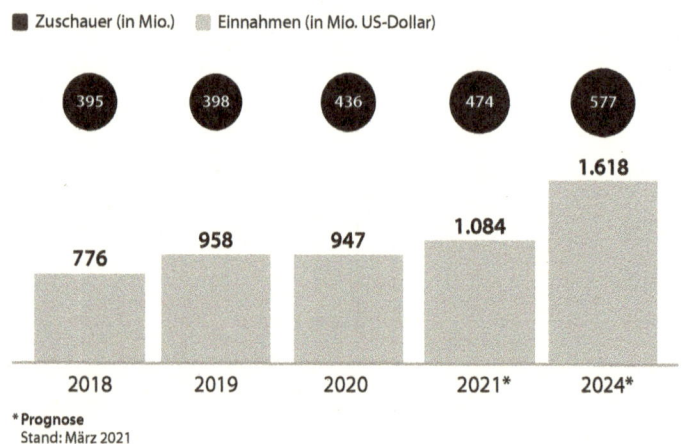

Quelle: statista, Newzoo

10. Gaming- und eSports-ETF: Profitieren von der Digitalisierung bei Spiel und Sport

Der Markt für Videospiele erlebt derzeit einen grundlegenden Paradigmenwechsel: Die Games-Branche tritt immer stärker in Konkurrenz zu herkömmlichen Medien- und Entertainment-Angeboten. Die Rechenleistung steigt kontinuierlich und Multiplayer-Streaming, soziale Medien und mobile Gaming-Apps erfreuen sich wachsender Beliebtheit. Der weltweite Trend zum eSport bringt neue und wachsende Einnahmequellen für die Spielehersteller mit sich. Das Geschäftsmodell verzeichnet ein exponentielles Wachstum als eigenständige Branche, beschleunigt aber gleichzeitig auch das Zusammenwachsen bereits etablierter Wirtschaftszweige wie der Freizeitindustrie, der Videospielhersteller, des Eventgeschäfts, des Sports im Allgemeinen, der Medienrechte oder der Werbe- und Sponsoring-Branche.

Einer der größten Profiteure der Corona-Pandemie ist die Games-Industrie. Bekannte Gaming-Netzwerke wie Xbox Live oder PlayStation Network konnten 2020 Umsatzzuwächse von rund 30 Prozent verbuchen. Weltweit wurden 2020 mit Videospielen und Gaming-Netzwerken rund 120 Milliarden Euro erwirtschaftet. Für die Zukunft wird ein weiter starkes Wachstum erwartet. Die nachfolgende Grafik aus dem »Statista Digital Market Outlook« zeigt den erwarteten Umsatz der globalen Games-Branche (in Milliarden Euro) bis 2025. In der Welt der virtuellen Spiele kommen digitale Werte und Währungen schon seit Jahren zum Einsatz.

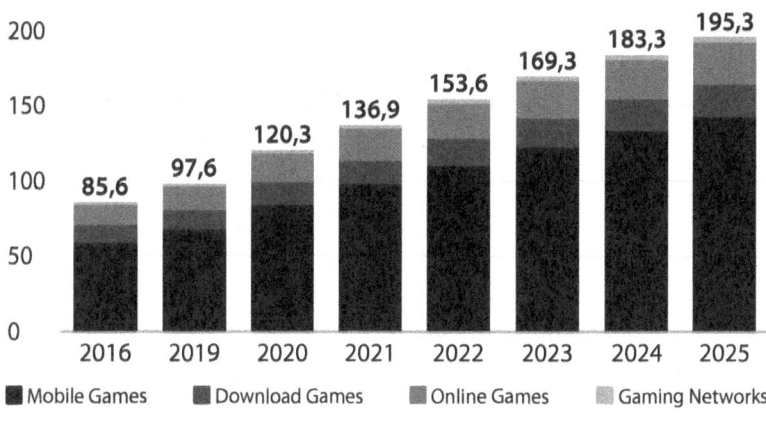

Stand: Dezember 2020

Quelle: statista Digital Market Outlook 2020

X. Zehn Zukunftsaktien und Megatrend-ETFs

Mit den *Non-Fungible Token* (NFTs) gibt es mittlerweile digitale Vermögenswerte in Form von Kryptowährungen. Diese repräsentieren Gegenstände, die sowohl in der virtuellen als auch in der realen Welt existieren. Eine weitere Gemeinsamkeit sind die Grafikkarten der großen Hersteller wie AMD und Nvidia. Diese sind wesentliche Bausteine für die Gaming-Industrie, ebenso für das Mining von Kryptowährungen. Durch Ihr Investment in den VanEck Vectors Video Gaming and eSports UCITS ETF (ISIN: IE00BYWQWR46) profitieren Sie von den positiven Zukunftsaussichten dieser Multimilliardenbranche.

Top-Ten-Aktien des Gaming-ETFs auf einen Blick

Aktie	ISIN	Gewichtung
Nvidia	US67066G1040	8,44 %
Tencent	KYG875721634	7,29 %
AMD	US0079031078	6,98 %
Sea Ltd.	US81141R1005	6,58 %
Nintendo	JP3756600007	6,08 %
Activision Blizzard	US00507V1098	5,52 %
NetEase	US64110W1027	4,81 %
Take 2 Interactive	US8740541094	4,75 %
Nexon	JP3758190007	4,62 %
Electronic Arts	US2855121099	4,61 %

Die wichtigsten Kennzahlen des Video-Gaming- und eSports-ETFs

Name:	VanEck Vectors Video Gaming and eSports UCITS ETF
ISIN:	IE00BYWQWR46
Gesamtkostenquote (TER):	0,55 % p.a.

Fondswährung:	US-Dollar (USD)
Auflagedatum:	24.06.2019
Fondsvolumen:	805 Mio. Euro
Handelsbörsen:	Xetra, Frankfurt, Stuttgart, München, Schweiz, London
Internet:	www.vaneck.com

11. Nutzen Sie den kostenlosen Röntgenbericht für Ihre Aktienfonds und ETFs

Kennen Sie bei all Ihren Investmentfonds- und ETF-Investments die genaue Länder- und Branchengewichtung oder gar die Einzeltitelverteilung? Ich zeige Ihnen eine kostenlose Möglichkeit, wie Sie ganz einfach und schnell einen einzigartig professionellen »Röntgenbericht« Ihrer Aktienfonds und ETFs mit wertvollen Erkenntnissen für Ihr Vermögensmanagement erhalten. Dadurch können Sie beispielsweise alle in diesem Buch vorgestellten ETFs perfekt analysieren.

Das X-Ray-Tool von Morningstar ist ein professionelles Analysewerkzeug für Ihr Vermögensmanagement

Das Finanzinformations- und Analyseunternehmen Morningstar wurde 1984 in Chicago gegründet. Die Aktie der Morningstar Inc. notiert heute an der US-Technologiebörse NASDAQ. Über seinen Internetauftritt liefert Morningstar Datenanalysen zu rund 500 000 Aktien, Investmentfonds und anderen Wertpapieren. Das Unternehmen stellt in Echtzeit Preise für rund vier Millionen Aktien, Anleihen, Indizes, Futures, Optionen, Rohstoffe, Edelmetalle, Staatsanleihen sowie Währungskurse zur Verfügung. Über Tochtergesellschaften bietet Morningstar außerdem Dienstleistungen im Bereich der Anlageberatung und Vermögensplanung an.

Der Begriff »X-Ray« stammt aus der Physik beziehungsweise aus der Medizintechnik. Wilhelm Conrad Röntgen ist weltbekannt als der Entdecker der

Röntgenstrahlung, die er selbst einst als »X-Strahlen« bezeichnete, weil er die Strahlen selbst nicht kannte. In der Mathematik steht das »X« für eine unbekannte Variable. Dieser Begriff wurde als »X-Ray« (»Ray« = »Strahl«) in das Englische übernommen.

Zahlreiche Analysekennzahlen werden auch Sie überraschen!

Mit dem X-Ray-Tool von Morningstar können Sie – angelehnt an die Funktionsweise eines Röntgengeräts – Ihr Portfolio an Investmentfonds und *Exchange-Traded Funds* (ETFs) einfach und professionell »durchleuchten«. Dadurch sehen Sie im Detail, was Sie wirklich an Inhalten besitzen. Sie können beispielsweise feststellen, wie hoch Ihr Investmentanteil an einer bestimmten Aktie ist, die sich in mehreren Ihrer Fonds- und ETF-Investments befindet, oder wie stark Sie in einem bestimmten Land oder einer Region investiert sind.

Die Ergebnisse liefern eine beträchtliche Menge an Informationen. Ich war beispielsweise bei der Analyse meines privaten Fonds- und ETF-Portfolios sehr überrascht, dass ich über 10 Prozent »Baranteil« habe. Das liegt daran, dass fast alle Aktienfonds und sogar Indexfonds einen gewissen Betrag in bar halten, um mit dieser Liquiditätsreserve Anleger auszuzahlen, die ihre Fondsanteile verkaufen. Dadurch werden die Fondsgesellschaften nicht umgehend gezwungen, bei Fondsrückgaben Aktien aus dem Fondsvermögen zu verkaufen. Ein anderer Aspekt, der mir bei der Analyse meines Fondsportfolios klar vor Augen geführt wurde: Ich bin beziehungsweise war zu über 70 Prozent in US-Aktien investiert, in chinesische Werte hingegen zu weit unter 5 Prozent.

Instant X-Ray gibt Ihnen einen Röntgen-Einblick in die Stärken und Schwächen Ihres Fonds- und ETF-Portfolios

Mit dem Tool (Werkzeug) Instant X-Ray erhalten Sie einen Einblick in die grundlegenden Merkmale Ihres Fonds- und ETF-Portfolios im Hinblick auf Ihre Vermögensverteilung *(Asset Allocation)*, Ihr Engagement in den unterschiedlichen Anlagestilen sowie Ihre Vermögensverteilungen in unterschiedlichen geografischen Regionen und Sektoren beziehungsweise Branchen. Dadurch können Sie ebenso einfach wie wirkungsvoll analysieren, wie sich

11. Nutzen Sie den kostenlosen Röntgenberichtfür Ihre Aktienfonds und ETFs

Ihre Investments gestalten beziehungsweise verhalten, um Ihre Risiken besser einordnen zu können und Ihre finanziellen Ziele zu erreichen.

Es gibt zwei Versionen der Röntgenfunktion: Instant X-Ray, das kostenlos ist, und ein umfassenderes Röntgen-Tool, für das eine kostenpflichtige Premium-Mitgliedschaft erforderlich ist. Für Sie als Privatanleger ist Instant X-Ray mehr als ausreichend. Ich kenne kaum eine Bank oder einen Vermögensverwalter, bei dem Kunden derart hochwertige Auswertungen zu ihren Wertpapierdepots und Vermögensverwaltungen erhalten. Ihr erstelltes Portfolio und die Ergebnisse können Sie darüber hinaus auch abspeichern, hierzu müssen Sie sich lediglich registrieren.

Die Datenerfassung ist ganz einfach. Sie müssen lediglich die ISIN oder WKN Ihrer Fonds und ETFs eingeben und den prozentualen Anteil der jeweiligen Position in Ihrem Gesamtportfolio oder den investierten Anlagebetrag.

Danach klicken Sie auf »X-Ray anzeigen« und Sie erhalten sofort Ihre Röntgenanalyse. Sie können darüber hinaus auch Simulationen erstellen, beispielsweise indem Sie zehn ETFs erfassen, die Sie interessieren. Anschließend klicken Sie auf »Gleichgewichtung« und wiederum auf »X-Ray anzeigen«, so können Sie nicht nur Ihr bestehendes Portfolio analysieren, sondern haben auch eine klare Analyseauswertung zur Verbesserung Ihrer Entscheidungsbasis für neue Investments zur Hand.

Informationen: www.tinyurl.com/x-ray-analyse

XI. Anlegerschutz und Kryptorecht: Vorsicht vor Online-Kriminellen

1. Krypto- und Bankenrecht: Was tun, wenn der Bitcoin-Gewinn blockiert wird?

Zuletzt hatten wir überwiegend mehr als positive Kursentwicklungen an den Kryptomärkten. Ich habe in meinen beiden Krypto-Depots in der letzten Zeit wiederholt hohe Teilgewinne von weit über 1000 Prozent mitgenommen, was auch zahlreiche Leser meines Blogs erfreulicherweise umsetzen konnten. Trotz gigantischer Gewinne ist aber die Welt nicht zwangsläufig heiter Sonnenschein. Ich erhalte annähernd täglich Zuschriften von Krypto-Anlegern, die mich auf den unterschiedlichsten Wegen kontaktieren, weil sie große Probleme haben. Nämlich Gelder von Kryptobörsen wieder abzuheben beziehungsweise auf Bankkonten zu transferieren. Nicht weil sie auf unseriöse Anbieter hereingefallen sind, die keine Auszahlungen leisten können oder wollen, sondern bei seriösen und empfehlenswerten Kryptobörsen wie beispielsweise *Bitpanda.com*. Auch außerordentlich viele Abonnenten von *Krypto-X* haben mir die gleichen Probleme geschildert und mich um Hilfe gebeten, was ich selbstverständlich für Sie sehr gerne mache. Genau dafür habe ich *Krypto-X* ins Leben gerufen: Ihnen als meinen Lesern eine persönliche und qualifizierte Unterstützung zu bieten, bei Ihren fachlichen oder technologischen Fragen, ebenso wie auch bei rechtlichen oder sonstigen Schwierigkeiten.

Beispielhaft für die erwähnten Probleme ein realer Fall: Ich habe einen Leser, der vor einigen Jahren 200 Bitcoin für rund 130 000 Euro gekauft hat. 100 Stück hat er jetzt von seinem Ledger auf Bitpanda übertragen und für einen Gegenwert von rund 5 Millionen Euro verkauft. Ab da begannen die Probleme, weil er die Mittelherkunft nicht zur Zufriedenheit der Compliance-Abteilung von Bitpanda nachweisen konnte, so dass sein Geld blockiert wurde. Mein Leser hat kein hohes Einkommen, keine Erbschaft gemacht und auch keine Immobilie oder Firma verkauft. Sondern nur einen gigantischen Kursgewinn erzielt.

Schöne Dinge wachsen häufig inmitten von Dornen. Das gilt auch für Bitcoin und Co.!

Was tun, wenn Konten gesperrt und Gelder oder Cryptocoins blockiert werden?

Ich selbst unterhalte Accounts bei rund 30 Kryptobörsen. Darüber hinaus habe ich sehr viele Konten bei internationalen Banken, Brokern und Fintech-Anbietern. Dadurch kann ich umfassende Praxiserfahrungen für meine Recherchen und Analysen sammeln. Bei Bitpanda habe ich schon seit vielen Jahren ein Konto. Vor Kurzem habe ich einige Kryptowährungen verkauft und eine Auszahlung auf mein Bankkonto veranlasst. Diese wurde nicht durchgeführt, bevor ich nicht einen Mittelherkunftsnachweis einreichte. Das habe ich gemacht in Form einer Steuererklärung und einer Bankbescheinigung. Anschließend wurde meine Auszahlung durchgeführt. Auch meine Bank hat dann nach Geldeingang umgehend nachgefragt, woher das Geld kommt. In den letzten Wochen und Monaten habe ich zahlreiche Zuschriften von Lesern erhalten, denen genau dasselbe widerfahren ist. Die Gründe liegen in der verschärften Regulierung, die Sie als Krypto-Investor eigentlich primär schützen sollte. Bitpanda hat beispielsweise seit März 2019 eine Lizenz als Zahlungsverkehrsinstitut und seit Februar 2021 eine Konzession als Wertpapierfirma.

Die Regulierung verschärft sich in letzter Zeit massiv, nicht nur für Kryptobörsen, sondern für Banken, Fintechs und Finanzdienstleister im Allgemeinen. Die deutsche Bundesregierung wird beispielsweise die Geldwäsche durch die Umsetzung von EU-Richtlinien härter und wirkungsvoller bekämpfen. Deswegen wurde das »Gesetz zur strafrechtlichen Bekämpfung der Geldwäsche« auf den Weg gebracht. Künftig werden dadurch weit häufiger Vorgänge als mögliche »Geldwäsche« definiert. Denn der Vortatenkatalog des §261 StGB entfällt. Banken, Broker, Kryptobörsen und Fintechs werden dadurch »gezwungen«, ihre Sorgfaltspflichtbestimmungen äußerst eng und restriktiv auszulegen. Deswegen werden Konflikte von Kunden mit ihren Anbietern in diesen Segmenten bei Überweisungen von Geldern und Übertragungen von Kryptowährungen in Zukunft weiter massiv zunehmen.

2. Krypto-Steuerrecht: Konflikte mit dem Finanzamt voraus

Im Zusammenhang mit der in Meilenstiefeln voranschreitenden Digitalisierung stehen bei vielen Krypto-Investoren überwiegend rein wirtschaftliche und vor allem technologische Aspekte im Vordergrund. Das Verständnis für neue Anwendungen und Technologien ist zweifelsohne sehr wichtig, gleichzeitig erfahren die globale Regulierung und somit die rechtlichen Aspekte eine stark zunehmende Bedeutung.

Hier ist mittlerweile das neue Rechtsgebiet »Kryptorecht« entstanden, auf das sich bislang nur sehr wenige Rechtsanwälte beziehungsweise Fachanwälte für Steuerrecht spezialisiert haben. Das Kryptorecht ist ein Querschnitt aus unterschiedlichen Rechtsgebieten wie etwa dem IT-Recht, dem Finanzaufsichtsrecht, dem Finanzanlagerecht, dem Vertragsrecht, dem Datenschutzrecht, dem Geldwäscherecht, dem Wettbewerbsrecht, dem Verbraucherrecht und dem Steuerrecht.

Kryptowährungen liegen nicht im toten Winkel der Finanzämter

Nach meiner Einschätzung – basierend auf Erfahrungen aus zahlreichen Praxisfällen – vernachlässigen viele Krypto-Investoren nach wie vor die steuerlichen Regelungen, die Kryptowährungen tangieren. Auf der einen Seite werden dadurch Chancen verschenkt, nämlich erlittene Kursverluste vor Ablauf der Spekulationsfrist von einem Jahr zu realisieren und in der Steuererklärung anzugeben. Dadurch werden steuerpflichtige Einkünfte reduziert oder Verlustvorträge können als Puffer für zukünftige steuerpflichtige Gewinne vorgetragen werden.

Auf der anderen Seite entstehen durch eine Vernachlässigung der steuerlichen Pflichten auch große Risiken. Mit Kryptowährungen sind gigantische Kursgewinne möglich, die in der Regel nach einem Jahr steuerfrei vereinnahmt werden können. Auch hier zeigt sich im Übrigen eine weitere Gemeinsamkeit zwischen Edelmetallen und Kryptowährungen, weil ein Investment in Goldbarren oder Goldmünzen nach einer Haltefrist von einem Jahr ebenfalls steuerfrei ist.

Verlassen Sie sich bitte für die Zukunft nicht darauf, dass Ihre Kryptowährungs-Transaktionen über Kryptobörsen und Walletanbieter im toten Winkel der Finanzämter liegen. Nutzen Sie im Bedarfsfall (bei zahlreichen Transaktionen innerhalb der Spekulationsfrist) spezialisierte Online-Steuerdienstleister für Kryptowährungen.

3. Unerlaubte Geschäfte: BaFin-Warnung vor Online-Plattformen

Der Bundesanstalt für Finanzdienstleistungsaufsicht (BaFin) werden nach wie vor Fälle bekannt, bei denen Verbraucher im Internet auf vorgeblich seriösen Online-Plattformen dazu veranlasst werden, zum Teil hohe Geldsummen in Geschäfte mit finanziellen Differenzkontrakten (*Contracts for Difference* – CFDs) auf Rohstoffe, Aktien, Indizes, Währungen (»Forex«) oder Kryptowährungen zu investieren. Die Verbraucher werden von Mitarbeitern der Online-Plattform angerufen und aggressiv dazu aufgefordert, immer höhere Summen zu investieren. Einmal investiert, versuchen die Verbraucher in der Folge vergeblich, das Geld wieder zurückzuerhalten.

Die BaFin warnt bereits seit 2018 gemeinsam mit dem Bundeskriminalamt und mehreren Landeskriminalämtern vor betrügerisch agierenden Online-Handelsplattformen. Auch zu den im Auftrag dieser Plattformen handelnden Geldsammelstellen wurde 2019 eine Warnung veröffentlicht. Die BaFin nimmt die erneuten Eingaben zum Anlass, nochmals auf diese Warnungen hinzuweisen.

BKA- und BaFin-Tipps: Was können Sie tun, um sich zu schützen?[11]

1. Seien Sie misstrauisch bei Angeboten, die eine sichere Anlage, eine garantierte Rendite, dazu hohe Gewinne und/oder ein nur sehr geringes Risiko versprechen! Misstrauen Sie Bonusversprechungen und Erfolgen auf Demo-Konten.
2. Bevor Sie Gelder investieren oder eine Anlage tätigen, ist zu empfehlen, sich umfassend zu informieren, gegebenenfalls auch bei unabhängigen Organisationen wie zum Beispiel der Verbraucherzentrale.

3. Achten Sie bei Anlageangeboten im Internet darauf, ob ein Impressum angegeben ist. Wer ist Ihr potenzieller Vertragspartner und wo hat er seinen Sitz?
4. Handelt es sich um ein von der BaFin oder einem anderen EWR-Land lizenziertes Unternehmen? Dies können Sie über die Unternehmensdatenbank der BaFin oder über entsprechende Seiten ausländischer Aufsichtsbehörden abfragen. Außerdem veröffentlicht die BaFin Unternehmen, denen das Geschäft bereits untersagt wurde, auf ihrer Internetseite.
5. Achten Sie bei Ihrer Internetrecherche zu der konkreten Handelsplattform auch auf Warnhinweise ausländischer Behörden. Misstrauen Sie unbedingt sehr positiven Erfahrungsberichten, insbesondere auch von prominenten Geldanlegern. Diese sind häufig von den Handelsplattformen selbst verfasst oder in Auftrag gegeben.
6. Seien Sie bei unaufgeforderten Anrufen im Zusammenhang mit Anlageangeboten skeptisch! Lassen Sie sich nicht auf Beratungsgespräche mit Unbekannten ein.
7. Vorsicht bei Hilfsangeboten! Häufig geben sich Betrüger, die Ihre Kundendaten erworben haben, als Samariter aus, die Sie dabei unterstützen wollen, Ihr verlorenes Geld zurückzuholen.
8. Seien Sie misstrauisch und kontaktieren Sie bei Verdacht die Polizei und/oder die BaFin!
Informationen: www.bafin.de; www.bka.de

4. FMA Österreich: Der Krypto-Betrug boomt

Die Finanzmarktaufsicht Österreich (FMA) hat in ihrer Rubrik »Neues aus der Verbraucherinformation« interessante Informationen veröffentlicht. Dabei weist die Behörde darauf hin, dass in letzter Zeit eine auffallend große Anzahl an Hinweisen auf Kryptobetrug einging. Geworben wird häufig in sozialen Netzwerken mit dem Versprechen auf sehr hohe Renditen. Das Geschäftsmodell, also womit hier Geld verdient werden soll, bleibt dabei meist völlig unklar.

Viele Anleger agieren aus der Angst heraus, eine Möglichkeit zu verpassen, viel Geld zu verdienen. In der Fachsprache hat sich dafür der Begriff

»FOMO« (»Fear of Missing out«) etabliert. In welchen Formen diese Art des Betrugs zu Tage treten kann und welche Modelle hier besonders häufig angewendet werden, erklärt die Finanzmarktaufsicht Österreich in ihrem »Finanz-ABC«:

Krypto-Betrug – Von Hackern, falschen Versprechen und utopischen Renditen[12]

»Immer häufiger wenden sich Anleger an die FMA Österreich, die ihr Geld in Krypto-Assets angelegt haben und befürchten, Opfer eines Betruges geworden zu sein. Im Zuge der Marktüberwachung der Finanzmarktaufsicht Österreich haben sich bestimmte besonders häufig benutzte Betrugsmodelle identifizieren lassen, die im Nachfolgenden kurz dargestellt werden sollen.

1. Ponzi Scheme

Bei dieser Betrugsform werden Kundengelder in Form von Bitcoin, Ripple, Ethereum und so weiter unter Versprechung utopisch hoher Renditen und geringem Risiko eingesammelt. Gewinne werden häufig anfangs auch tatsächlich ausbezahlt, allerdings werden diese nicht durch den Verkauf eines bestimmten Assets erzielt. Stattdessen erhalten frühere Kunden Gewinnzahlungen aus den Geldern neuer Kunden. Sobald allerdings ein größerer Teil der Anleger auf einmal eine Auszahlung der Gewinne verlangt oder keine neuen Kunden hinzukommen, bricht das System zusammen.

FMA-Beispiel für die Betrugsmasche »Ponzi Scheme«

Fabian F. stößt im Internet auf eine Plattform, auf der ihm folgendes Angebot gemacht wird: Er soll dem Unternehmen 10 Bitcoins zur Veranlagung überlassen. Dafür wird ihm eine monatliche Rendite von 35 Prozent sowie zusätzlich eine tägliche Rendite von 0,2 Prozent versprochen. Nach einiger Zeit können diese Gewinne nicht mehr ausbezahlt werden, der Kontakt zu dem Unternehmen bricht ab und Fabian F. hat sein Investment verloren.

2. Exit Fraud und Pretend Hacker

Unter »*Exit Fraud*« versteht man eine Betrugsmasche, bei der ein Unternehmen zunächst Gelder, zumeist über ein *Initial Coin Offering*, einsammelt und den Anschein eines bestehenden Geschäftsbetriebes erweckt. Nach einiger Zeit bricht allerdings jeglicher Kontakt ab, die Verantwortlichen sind zumeist nicht ausfindig zu machen und die Kundengelder verschwunden.

Bei »*Pretend Hacker*« wird den Kunden vorgespiegelt, dass ein Hackerangriff auf das Unternehmen stattgefunden habe und daher die Kundengelder/Krypto-Assets verloren seien. Daraufhin bricht zumeist auch jeglicher Kontakt zu dem Unternehmen ab und Anleger erleiden oft erhebliche Schäden.

FMA-Beispiel für die Betrugsmethode »Pretend Hacker«

Phillip R. hat von dem bevorstehenden *Initial Coin Offering* (ICO) eines Unternehmens erfahren, das eine neuartige virtuelle Währung auf dem Markt etablieren möchte. Die Gewinnversprechungen sind so hoch, dass Phillip R. investiert. Einige Zeit später informiert das Unternehmen Phillip R. über einen Hackerangriff, bei dem sämtliche Gelder verloren gegangen seien. Daraufhin bricht der Kontakt ab und Phillip R. hat all sein Geld verloren.

3. Vorgaukeln von Kursgewinnen mithilfe von Digitaltechnik

Über soziale Netzwerke werden Anleger auf Trading-Plattformen für außerbörsliche Produkte (CFDs, binäre Optionen, Krypto-Assets...) gelockt. Das Versprechen: minimales Risiko sowie eine Versicherung gegen einen Kapitalverlust, die ab einem gewissen Investment in Kraft tritt.

Die Plattformen werden mit einer eigens von den Betrügern entwickelten Software betrieben, die die Kurse beeinflusst und positiv darstellt. Sobald Anleger investieren, wächst ihr virtuelles Depot rasant an, »Renditen« werden aber nicht ausbezahlt. Investierte Gelder verschwinden häufig in einem Konstrukt aus Tarn- und Scheinfirmen. All dies führt zum Totalverlust des einbezahlten Kapitals!

FMA-Beispiel für das Betrugssystem Vorgaukeln von Kursgewinnen mithilfe von Digitaltechnik

Herr S. wird in die Facebook-Gruppe »Proffitt 7000« eingeladen, die schnelles Geld verspricht. Dort wird eine Online-Plattform beworben, die hohe Renditen bei minimalem Risiko verspricht. Und das Beste ist: Ab dem Investment von 7000 Euro ist man sogar gegen Kapitalverlust versichert! Herr S. wollte zwar ursprünglich nur 5000 Euro investieren, will aber nicht auf die Versicherung verzichten, also investiert er 7000 Euro.

Nach den ersten Transaktionen steigt der Wert seines virtuellen Depots rasant an. Als er sich sein Guthaben ausbezahlen lassen will, wird er telefonisch unter Druck gesetzt, dies nicht zu tun, sondern weiteres Geld zu investieren, was er dann auch macht.

Einige Wochen später liest er in den Medien von einem internationalen *Cyber-Trading*-Betrug. Eine der in den Medienberichten genannten Plattformen ist »Proffitt 7000«. Herr S. erleidet einen finanziellen Totalverlust. Seine Gelder sind in einem Geldwäscherei-Netzwerk aus Tarn- und Scheinfirmen verschwunden.

4. Pump and Dump

Eine Gruppe von Personen kauft große Mengen eines unbedeutenden Krypto-Assets auf. Danach werden durch gezielte Verbreitung von Falschinformationen über soziale Medien gutgläubige Investoren angelockt, woraufhin der Kurs steigt *(»Pump«)*. Darauf verkaufen die Betrüger alle ihre Coins und der Kurs bricht zusammen *(»Dump«)*. Die Mitglieder der Anfangsgruppe haben dadurch einen Gewinn erzielt, die gutgläubigen Investoren einen hohen Verlust.«

Hinweis: Die Finanzmarktaufsicht Österreich (FMA) veröffentlicht fortlaufend *Investorenwarnungen* auf ihrer Internetseite www.fma.gv.at. Informieren Sie sich vor Abschluss eines Investments, ob gegen ein bestimmtes »Anlagemodell« nicht bereits eine Warnmeldung der FMA Österreich vorliegt! Gleiches gilt für die Aufsichtsbehörden in Deutschland (BaFin), der Schweiz (FINMA) oder dem Fürstentum Liechtenstein (FMA).

5. Krypto-Betrug: FMA Österreich setzt auf Whistleblower[13]

Einer der weltweit bekanntesten sogenannten Whistleblower dürfte Edward Snowden sein. Die internationalen Finanzmarkt-Aufsichtsbehörden haben aufgrund von Whistleblowern Betrüger und Kriminelle immer stärker auf dem Radar. »Whistleblower, also meist anonyme Hinweisgeber, die Missstände bei beaufsichtigten Unternehmen, dubiose Anbieter oder Marktpraktiken melden, haben sich zu einer wichtigen Informationsquelle für die Finanzmarktaufsicht Österreich (FMA) entwickelt. So wurden im Jahr 2020 bereits 278 Hinweise über die Whistleblower-Plattform auf der Website der FMA eingebracht, ein neuer Rekordwert seit Einführung des Systems im Jahr 2014 und eine Steigerung um 57 Prozent allein in den vergangenen fünf Jahren.

Dabei erweisen sich etwa neun von zehn Hinweisen als aufsichtsrelevant. Von den 245 Hinweisen, die tatsächlich den Zuständigkeitsbereich der FMA betrafen, bezog sich rund die Hälfte auf Anlagebetrug (120) sowie auf unerlaubten Geschäftsbetrieb (9), also das Erbringen konzessionspflichtiger Finanzdienstleistungen ohne die dazu erforderliche Berechtigung. Fast ein Drittel (77 Hinweise) äußerten den Verdacht auf Verfehlungen bei Banken, lediglich vier betrafen Versicherungsunternehmen und Pensionskassen. 19 betrafen das Wertpapiergeschäft, 15 den Verdacht auf Geldwäscherei.

Starkes Vertrauen in das Hinweisgebersystem der FMA

Die webbasierte Whistleblower-Plattform der FMA Österreich garantiert den Hinweisgebern technisch absolute Anonymität. Die Informationen werden kryptografisch verschlüsselt, so ist es weder für die FMA noch für Strafverfolgungsbehörden möglich, den Informanten technisch zu identifizieren. Das schafft Vertrauen und Sicherheit und ist einer der wesentlichen Gründe, warum dieser Informationskanal immer mehr Zuspruch erfährt.

Gleichzeitig ermöglicht ein anonymisiertes, ebenso abgesichertes Postfach die Kommunikation zwischen der Behörde und dem Hinweisgeber, wenn dieser das ermöglicht. Die Whistleblower-Plattform ist so ein wichtiges – oft auch präventiv wirkendes – Instrument im Kampf gegen Anlagebetrug sowie unseriöse Marktpraktiken. Missstände können oft früh erkannt und Schaden dadurch begrenzt oder gänzlich verhindert werden. Das leistet einen wertvollen Beitrag zum Schutz der Konsumenten, Anleger und Gläubiger.

Zwei Drittel der Hinweise stehen im Zusammenhang mit Krypto-Assets

Zwei Drittel der Hinweise auf Anlagebetrug betreffen heute bereits Angebote im Zusammenhang mit Krypto-Assets und sogenannten virtuellen Währungen, wobei der Vertrieb über dubiose oder kriminelle Online-Trading-Plattformen im Internet erfolgt, geworben wird oft über *Social Media* wie Facebook, WhatsApp, TikTok oder Telegram. Neben dem Vertrieb betrügerischer Krypto-Assets nimmt der kriminelle Handel mit virtuellen Währungen weiter zu.

Auf den dubiosen Trading-Plattformen werden insbesondere finanzielle Differenzgeschäfte (CFDs), Fremdwährungshandel (Forex) oder binäre Optionen angeboten sowie angeblich automatisierter Handel mit derartigen vermeintlichen Anlageprodukten. Achtung: Das Angebot binärer Optionen an Kleinanleger ist in der EU verboten, das von CFDs regulatorisch stark eingeschränkt. Ein Drittel der Hinweise auf Anlagebetrug betraf betrügerische Angebote mit traditionellen Anlageprodukten wie Aktien oder Gold sowie verschiedene Formen von Vorschussbetrug.

Nutzen Sie die Möglichkeiten der Whistleblower-Plattform!

Whistleblower-Hinweise haben 2020 zu sieben Investorenwarnungen, 42 Anzeigen bei der Staatsanwaltschaft sowie einer Vielzahl behördlicher Verfahren der FMA sowie Straferkenntnissen geführt.« Mich freuen diese Entwicklungen sehr, weil ich selbst die Whistleblower-Plattform der FMA Österreich ebenso wie die der BaFin (Bundesanstalt für Finanzdienstleistungsaufsicht) mehr als aktiv nutze. Nach meiner Einschätzung dürfte ich mit die meisten Hinweise einer Einzelperson bei der FMA Österreich in den letzten Jahren eingereicht haben. Ich weiß ebenso, dass meine Eingaben bereits der Grund für mehrere Investorenwarnungen der FMA Österreich und von Strafanzeigen waren. Ich warne darüber hinaus auch öffentlich vor dubiosen und betrügerischen Anbietern, beispielsweise über meine *KRYPTO-X-Todesliste!*

Informationen: www.fma.gv.at – www.krypto-x.biz

6. Das müssen Sie über Hacker wissen[14]

Als erster europäischer Partner des Softwareunternehmens Check Point und führender deutscher Lösungsanbieter hat sich die Bristol Group im Bereich *IT-Security* einen anerkannten Namen gemacht. Durch den großen Erfahrungsschatz an *IT-Security*-Projekten konnte die Bristol Group ein umfassendes modulares Konzept und Angebot zum Thema Netzwerksicherheit mit einem breiten Spektrum an *Professional Services* entwickeln und hat aktuell eine sehr informative Medienpublikation im Zusammenhang mit der so wichtigen Thematik der »Hacker« veröffentlicht:

»Im Allgemeinen ist ein Hacker eine Person, die ihre technischen Fähigkeiten oder Programmierkenntnisse dafür nutzt, ein Problem zu überwinden und die Grenzen von Systemen zu erkunden. Zunächst einmal ist es also nicht unbedingt jemand, der kriminelle Handlungen begeht, sondern einfach ein erfahrener Programmierer, der sehr tief in der Computer- und Softwarekultur steckt und Hindernisse experimentierfreudig angeht.

Die Ethik der Hacker

Unter den Programmierkünstlern gibt es zwei Grundsätze: Zum einen die Überzeugung, dass der Austausch von Informationen ein positives Gut ist. Sie haben demnach eine ethische Pflicht, ihr Fachwissen zu teilen. Zum anderen die Überzeugung, dass das Hacking an sich ethisch in Ordnung ist, solange keine Verletzung der Vertraulichkeit begangen wird, unter welche auch Diebstahl und Vandalismus fallen. Beide Grundsätze sind zwar weitverbreitet, werden jedoch unterschiedlich ausgelegt.

Für die einen ist die ethische Pflicht, Informationen zu teilen, zum Beispiel damit realisiert, dass sie *Open-Source*-Software schreiben. Andere gehen noch weiter und behaupten, dass alle Informationen frei fließen sollten und jede proprietäre Kontrolle darüber schlecht sei. Das führt dazu, dass es solche gibt, die rein aus Spaß in ein System eindringen, und andere, die es nur aus triftigem Grund oder mit einem Verdacht tun würden.

Nicht alle Hacker sind gleich – welche verschiedenen Hackertypen gibt es?

Black Hats

Sollten Sie bei dem Wort »Hacker« gleich an einen Cyber-Kriminellen denken, der seine Programmierkenntnisse dafür nutzt, um in Firmen- und private Systeme einzubrechen und Daten zu stehlen oder zu vernichten, denken Sie wahrscheinlich an einen *»Black Hat«*. Dabei handelt es sich um Angreifer, die absichtlich die Integrität eines Computers aus verschiedenen Gründen verletzen. Diese Gründe könnten zum Beispiel Diebstahl, Betrug oder Unternehmensspionage sein, um einen finanziellen Nutzen zu erzielen. Jedoch agiert ein *Black Hat* teilweise auch einfach aus Boshaftigkeit oder mit dem Willen, dem Ruf eines Unternehmens oder einer Institution zu schaden.

White Hats

Es gibt jedoch auch Hacker, die aus anderen Gründen in die Systeme eines Unternehmens eindringen. Ein *»White Hat«* ist ein Computersicherheitsexperte oder Programmierer, der mit Organisationen oder ethischen *Hacking*-Gruppen zusammenarbeitet, um Schwachstellen in der IT-Sicherheit zu finden und diese zu beheben, anstatt seine Fähigkeiten für kriminelle Zwecke auszunutzen. Das Wort »Hacktivismus« und die dahinterstehenden »Hacktivisten« gehören auch zu der Sorte, die Technologie nutzen, um politische, soziale, ideologische oder religiöse Botschaften zu verbreiten.

Grey Hats

Darüber hinaus gibt es auch *»Grey Hats«*, deren Ziele irgendwo dazwischen liegen. Viele von ihnen sind Freiberufler, die versuchen, Profit zu machen, indem sie Schwachstellen in der Sicherheitsstruktur einer Organisation aufdecken und anbieten, diese für eine finanzielle Gegenleistung nicht zu veröffentlichen oder gar zu beheben.

Formen von Hacks und Hacking Tools

Allgemein ist die Reihe an *Hacking Tools*, die Cyber-Kriminelle verwenden können, endlos. Jedoch gehören die folgenden Taktiken zu den am meisten verbreiteten:

Ransomware

Bei einer *Ransomware*-Attacke verschlüsselt ein Schadprogramm einen Server, einen Computer oder die sich darauf befindlichen Daten. Die Angreifer verlangen dann ein »*Ransom*«, auf Deutsch »Lösegeld«, als Gegenleistung dafür, dass die Daten wieder entschlüsselt und zugänglich gemacht werden. Eines der bekanntesten Beispiele für eine *Ransomware*-Infektionswelle ist die WannaCry-Attacke im Mai 2017.

Ein interner Server von Telefónica, wozu auch O_2 und E-Plus gehören, wurde mit der *Ransomware* infiziert, wodurch alle Daten der infizierten Computer verschlüsselt wurden. Die Angreifer verlangten eine Bitcoin-Zahlung. Es hat einige Tage gedauert, bis Microsoft ein *Patch* rausgebracht hat und eine *Kill-switch* entdeckt wurde.

Distributed-Denial-of-Service-Angriff

Bei einem *Distributed-Denial-of-Service*-Angriff sorgt das *Hacking* für die Nichtverfügbarkeit eines Internetdienstes durch die gezielte Überlastung des Datennetzes. Oft werden hierfür vom Angreifer sogenannte »Botnetze« verwendet, die aus vorher infizierten Rechnern bestehen. Diese infizierten Rechner werden dann vom Angreifer gesteuert, um einen Internetzugang, ein Betriebssystem oder einen Dienst wie beispielsweise eine Website mit Anfragen zu überfluten. Das Datennetz ist dann überlastet und Anfragen können nur sehr langsam oder gar nicht wahrgenommen werden. So wurden Systeme schon für längere Zeiträume lahmgelegt.

Spionage

Über Schwachstellen in Anwendungen und Betriebssystemen verschaffen sich Cyber-Kriminelle Zugriff auf das gewünschte System und können so an interne Informationen eines Unternehmens und an sensible Daten gelangen. Dabei kommen verschiedenste Methoden zum Einsatz, wie *Phishing*-E-Mails, *Malware* und Trojaner.

Trojaner

Trojaner werden verwendet, um Zugang zu den Systemen eines Benutzers zu erlangen. Es handelt sich um eine Art von *Malware*, die sich oft als legitime und bekannte Software ausgibt, so dass man sie nicht erkennt. Mit Trojanern kann der Angreifer ausspionieren, Daten stehlen, löschen, ändern und blockieren.

Wie verschaffen sich Hacker Zugriff auf fremde Daten?

Der Angreifer verschafft sich über eine oder mehrere Schwachstellen Zugriff auf das System. Hierfür werden diverse *Hacking*-Methoden genutzt, um an Passwörter und Informationen heranzukommen. Einige Beispiele sind:

Brute-Force-Angriffe

Beim *Brute-Force*-Angriff werden schlichtweg Passwörter und Kombinationen von einer ausgeklügelten *Hacking*-Software ausgetestet.

Phishing

Eine andere Möglichkeit ist *Phishing*. Dabei werden E-Mails verschickt, die zu nachgebauten Fake-Websites leiten, auf denen Nutzer dann ihre Zugangsdaten wie ihr Passwort eingeben, weil sie denken, dass die Website legitim ist.

Man-in-the-Middle-Attacken

Der Angreifer versucht sich hierbei zwischen zwei Geräte zu schalten, die miteinander kommunizieren, und fängt dann die gesendeten Daten ab.

So schützen Sie sich vor Cyberattacken

Mit geeigneten Schutzmaßnahmen und der richtigen Verhaltensweise kann eine Cyberattacke verhindert werden. Die folgenden Schutzmaßnahmen sollten mindestens vorhanden sein, um die IT-Sicherheit in einem Unternehmen zu verbessern und Hacks zu vermeiden.

Sichere Hardware

Zunächst ist die physische IT-Sicherheit der Hardware, die im Unternehmen genutzt wird, wichtig. Diese sollte in jedem Fall passwortgeschützt sein und durch eine Zwei-Faktor-Autorisierung abgesichert werden.

Regelmäßige Updates und Patches

Malware-, Viren- und Spamschutz muss immer aktuell sein, denn das *Hacking* und die erschaffenen Bedrohungen entwickeln sich stetig weiter. Das passiert oftmals sogar schneller, als Sicherheitslösungen mithalten können. Es ist daher wichtig, *Updates* und *Patches* ernst zu nehmen und sie so schnell wie möglich einzuspielen, sobald es Aktualisierungen gibt.

Sichere Passwörter

In einem Unternehmen sollte es immer eine strikte Passwortrichtlinie geben. Gerade deshalb, weil Mitarbeiter oftmals einfache Passwörter wählen, die sie sich leicht merken können, die aber auch einfach zu erraten oder zu knacken sind. Sichere Passwörter enthalten verschiedenste und unvorhersehbare Zeichenkombinationen und eine bestimmte Mindestanzahl an Zeichen, je länger, desto besser. Es sollte Mitarbeitern nicht möglich sein, alte Passwörter wiederzuverwenden, und im Allgemeinen sollten regelmäßige Änderungen eines Passworts, beispielsweise alle drei Monate, vorgesehen sein.

Internetsicherheit

Eine große Schwachstelle kann die Internetverbindung sein, was sich mit einfachen Maßnahmen verhindern lässt. Betriebssysteme und Router sollten regelmäßige Sicherheitsupdates erhalten. Über Verfahren wie WPA und WPA2 kann die Internetverbindung verschlüsselt werden, so dass Dritte diese nicht sehen können. Außerdem sollte auch das Router- und WLAN-Passwort regelmäßig geändert werden.

Verschlüsselung von Daten

Für Betriebssysteme stehen heutzutage praktische Verschlüsselungstools zur Verfügung, um sensible Daten wie Kundendaten, Bankverbindungen, Geschäftspläne und so weiter zu schützen. Hierfür kann zum Beispiel auch Blockchain verwendet werden. Zumindest sollte jedoch eine Ende-zu-Ende-Verschlüsselung für die E-Mail-Kommunikation sowie die Kommunikation auf Mobilgeräten im Unternehmen sichergestellt werden.

Firewalls und Antivirenschutz

Auf dem Markt gibt es zahlreiche Lösungen, die Cyberangriffe abwehren können und schädliche Programme und Viren blockieren. Bei der Wahl der richtigen Software sollte man auf vertrauenswürdige Anbieter achten. Der Einsatz von Firewalls ist ebenfalls wichtig, um verdächtige Aktivitäten im Internet zu blocken. Diese sollten auch im Router selbst vorhanden sein, um Angriffe auf das komplette Netzwerk verhindern zu können.

Frühzeitige Erkennung von Phishing

Phishing-E-Mails werden immer professioneller und sehen den E-Mails von seriösen Absendern wie Versandhäusern, Banken oder sogar eigenen Mitarbeitern immer ähnlicher. Betrüger versuchen, über *Phishing*-E-Mails an Bankdaten, Passwörter, PINs, TANs oder andere Informationen zu gelangen. In manchen Fällen versuchen sie sogar, sich als Mitarbeiter oder Geschäftsführer auszugeben und andere Mitarbeiter zu einer Handlung aufzufordern.

Viele *Phishing*-E-Mails enthalten auch bedrohliche Links oder Links zu täuschend echten Fake-Webseiten, auf denen zur Eingabe sensibler Daten aufgefordert wird. Es ist wichtig, sich mit dem Thema auseinanderzusetzen und die Anzeichen von *Phishing* frühzeitig zu erkennen. Ein geeigneter *Spam*-Filter und Blocker von Anhängen kann hier hilfreich sein.

Sensibilisierung

Die Einführung von verantwortungsvollen Sicherheitsrichtlinien, an die sich jede Person im Unternehmen halten muss, kann so einige nicht durchdachte Handlungen vermeiden. Gerade Datenschutzverletzungen passieren oftmals dadurch, dass gestohlene Geräte in die Hände von bösartigen Angreifern gelangen. Beispielsweise wenn ein Mitarbeiter nicht aufpasst und seinen Laptop verliert. Bringt man allen Mitarbeitern bei, wie mit Geräten, E-Mail-Anhängen, Updates, Passwörtern und so weiter umgegangen werden soll, ist die Wahrscheinlichkeit leichtsinniger Fehler, die zur ernsthaften Schwachstelle eines Unternehmens werden können, geringer.

Regelmäßige Backups

Damit es bei einem Cyberangriff nicht zu der Situation kommt, dass kein Zugriff mehr auf wichtige Daten besteht, sollten diese auf einen anderen, sicheren Speicherort kopiert werden. Firmendaten können zum Beispiel in der *Cloud* abgespeichert werden, um immer Zugriff auf diese zu haben. Besonders wichtig ist dabei, dass auch die *Cloud* durch mehrere Sicherheitsebenen geschützt werden muss. Das *Backup* sollte dann in regelmäßigen Abständen vorgenommen werden, so dass die Daten am zweiten Speicherort immer aktualisiert abliegen.

Notfallplan

Sogar mit den strengsten Sicherheitskonzepten kann es zu einem Cyberangriff kommen. Falls das passiert, sollte ein Notfall- und Reaktionsplan bereitliegen, um effektiv und ohne Panik auf den Angriff reagieren zu können.«

Mein Fazit: Nutzen Sie die Entwicklungen zu Ihren Vorteilen!

Schützen Sie sich vor Hackern. Nutzen Sie *Cybersecurity*-Anwendungen und investieren Sie in *Cybersecurity*-Aktien!

7. Cybercrime und Betrug: Digitalkompetenz bei Polizei und Staatsanwaltschaft

Fortlaufend publiziere ich Warnungen vor dubiosen beziehungsweise mutmaßlich betrügerischen Anbietern von Börsen-, Krypto-, *Trading-* oder ganz allgemein Kapitalanlage- und Finanz-Dienstleistungen. Diese sind häufig als *Network-Marketing-* und MLM-Systeme *(Multi Level Marketing)* konzipiert und getarnt. Zuletzt beispielsweise meine vielbeachteten Warnungen vor den dubiosen Systemen OneCoin, PlusToken, Top10Coins, Bitclub Network oder EXW Wallet. Daher ist es nicht verwunderlich, dass ich auch stark zunehmend Zuschriften von bereits mutmaßlich geschädigten Investoren erhalte. Meine *KRYPTO-X-*Todesliste wächst fortlaufend.

Meine grundlegende Empfehlung ist dabei stets, umgehend eine Strafanzeige bei einer Polizeidienststelle zu stellen. Nicht selten bekomme ich dann die Antwort von Geschädigten, dass das doch nichts bringe, weil die Polizei sich damit gar nicht auskenne. Das ist ein großer Trugschluss, den ich Ihnen nachfolgend anhand der Möglichkeiten in Bayern erläutern will. Das bayerische Beispiel gilt auch für andere Bundesländer beziehungsweise Nachbarländer wie Österreich oder die Schweiz.

Seit dem Jahr 2015 gibt es die Zentralstelle Cybercrime Bayern (ZCB)

Bereits seit dem 1. *Januar 2015* besteht bei der Generalstaatsanwaltschaft Bamberg die Zentralstelle *Cybercrime* Bayern (ZCB). Diese Zentralstelle ist bayernweit zuständig für die Bearbeitung herausgehobener Ermittlungsverfahren im Bereich der Cyberkriminalität. Sie ermittelt in Zusammenarbeit mit den entsprechenden Spezialisten der bayerischen Polizei oder des Bundeskriminalamts und mit internationalen Partnern zum Beispiel bei Angriffen auf bedeutende Wirtschaftszweige oder bei Verfahren aus dem Bereich der organisierten Cyberkriminalität.

Auch dann, wenn bei Verfahren der Allgemeinkriminalität ein hoher Ermittlungsaufwand im Bereich der Computer- und Informationstechnik abzuarbeiten ist, werden die Staatsanwälte der Zentralstelle tätig. Die bearbeiteten Fälle sind vielfältig: Sie reichen von Hackerangriffen über Fälle des Vorkassebetrugs im Internet, zum Beispiel durch professionelle sogenannte

Fake-Shops, und Fälle von *Ransomware* (Schadsoftware) – zu denen ich mehrere Berichte und Empfehlungen publiziert habe – bis hin zum Handel mit Waffen, Drogen und Kinderpornografie im Darknet. Seit dem 1. *August 2018* ist die Zentralstelle *Cybercrime* Bayern zudem für herausgehobene Fälle der Wirtschaftscyberkriminalität zuständig.

Die Zahl der Ermittlungsverfahren wegen Cybercrime explodiert!

Die hohe Zahl der Ermittlungsverfahren, die die ZCB gegen bekannte und unbekannte Beschuldigte führt, zeigt die große Bedeutung dieser Einrichtung. Allein im Jahr 2017 leitete die ZCB insgesamt 2081 Ermittlungsverfahren ein. Für das Jahr 2018 wurden bereits über 5000 Ermittlungsverfahren verzeichnet, Tendenz weiter steigend.

In Abstimmung mit dem Bayerischen Staatsministerium der Justiz ist die Zentralstelle für verfahrensunabhängige Fragestellungen aus dem Bereich der Cyberkriminalität zuständig. Sie arbeitet hierzu mit den Zentralstellen anderer Bundesländer zusammen und wirkt in fachlichen Gremien im In- und Ausland mit. Sie analysiert neue technische und soziale Strukturen, um aktuelle Entwicklungen der Cyberkriminalität frühzeitig zu erkennen und nachhaltig bekämpfen zu können.

Fokus auf Aus- und Fortbildung im Bereich der Cyberkriminalität

Schließlich unterstützen die Mitarbeiterinnen und Mitarbeiter der Zentralstelle die bayerische Justiz bei der Aus- und Fortbildung im Bereich der Cyberkriminalität. Die Zentralstelle besteht aus vier Oberstaatsanwältinnen/Oberstaatsanwälten, fünf Staatsanwältinnen/Staatsanwälten als Gruppenleiter sowie zwei weiteren Staatsanwältinnen/Staatsanwälten. Geleitet wird die Zentralstelle *Cybercrime* vom Leitenden Oberstaatsanwalt Lukas Knorr.

Mein Fazit: Stellen Sie – im Schadensfall und Verdachtsfall – Strafanzeigen bei der Polizei

Nutzen Sie diese Möglichkeiten und Kompetenzen. Stellen Sie im Bedarfsfall, das heißt im Schadens-, aber auch im Verdachtsfall, unbedingt eine Strafanzeige bei der Polizei. Das ist vollkommen kostenlos und risikolos. Anzeigen tragen dazu bei, die Internetkriminalität zu bekämpfen, im Erfolgsfall Geld zurückzuerhalten und andere Menschen vor Schäden zu bewahren.

Ich persönlich habe in den letzten Jahren eine dreistellige Zahl von Anzeigen erstattet. Nicht weil ich geschädigt wurde, sondern weil ich aufgrund meiner Arbeit und auf Basis von Zuschriften zu der Erkenntnis gelangte, es mit Betrügern zu tun zu haben. In fast allen Bundesländern können Anzeigen bei den zuständigen Behörden auch online erstattet werden.

8. Silkroad und PlusToken: Behörden und Staaten werden zu Bitcoin-Walen

Am 9. Februar 2011, also vor gut 10 Jahren, hat der Bitcoin erstmals die Marke von 1 US-Dollar (1 USD) überschritten, bevor er anschließend wieder auf rund 80 USD-Cents und in späterer Folge kurzfristig sogar bis in den einstelligen Centbereich regelrecht zusammengebrochen ist. Diese Zahlen und Entwicklungen müssen wir uns immer wieder einmal vor Augen führen, wenn wir auf die aktuellen Kursschwankungen der Kryptowährungen rund um Bitcoin, Ethereum und Co. blicken.

Wer hätte es zum damaligen Zeitpunkt für möglich gehalten, dass sich lediglich ein Jahrzehnt später Regierungen, Zentralbanken, Geschäftsbanken, Vermögensverwalter, Fondsgesellschaften, Unternehmen und zahlreiche Bürger stark zunehmend mit dem Bitcoin und weiteren Kryptowährungen als neuer digitaler Anlageklasse befassen?

Bitcoin-Eigentümer durch Silkroad-Kriminalität und PlusToken-Betrug

Für kontroverse Diskussionen sorgten dabei zuletzt auch zwei Staaten, die zu Bitcoin-Walen aufgestiegen sind. Ein Bitcoin-Wal ist nach klassischer Definition der Besitzer eines Zugangsschlüssels *(Private Key)* zu einer Bitcoin-Blockchain, auf der mehr als 10 000 Bitcoin liegen. Die US-Justizbehörde hat rund 70 000 Bitcoin aus dem Besitz der kriminellen Darknet-Plattform Silkroad beschlagnahmt. Chinesische Behörden haben rund 195 000 Bitcoin, 833 000

Ethereum, 487 Millionen Ripple und 1,4 Millionen Litecoin im Gesamtwert von rund 4,2 Milliarden US-Dollar aus dem PlusToken-Betrug beschlagnahmt.

Zum Scam-System PlusToken habe ich als einer der ersten Analysten beziehungsweise Journalisten umfassende Berichte und Warnungen publiziert, die einst noch bei den dubiosen MLM-Vermittlern – Stichwortsatz: Finanzielle Freiheit durch passives Einkommen mittels *Network Marketing* – auf massive Kritik und Anfeindungen gegenüber meiner Person gestoßen sind, heute höre ich von diesen Subjekten in diesem Kontext jedoch nichts mehr, nachdem das PlusToken-Schneeballsystem zusammengebrochen ist. Dafür vermarkten zahlreiche PlusToken-Vermittler heute neue Ponzi- und Scam-Systeme, mit denselben blödsinnigen Aussagen und Versprechungen.

Ich begrüße grundlegend die Behördeneingriffe

Ganz grundlegend begrüße ich daher die Eingriffe der Behörden. Leider agieren diese bei vielen Betrugssystemen allerdings nach wie vor viel zu lethargisch. Die Betrugsbekämpfung ist richtig und wichtig. Ebenso ist es weit besser, wenn diese großen Bestände an Kryptowährungen im Zugriff von Behörden liegen, die verantwortlich damit umgehen werden, als in den Händen von Betrügern, die sie unkontrolliert auf den Markt werfen und dadurch für große Kursverwerfungen sorgen, wie das in der Vergangenheit bereits häufig zu beobachten war. Im Fall des PlusToken-Betrugssystems wäre es natürlich wünschenswert, wenn die beschlagnahmten Werte und Gelder wieder an die geschädigten Anleger zurückbezahlt werden.

Das bewerte ich aufgrund der hohen Komplexität und der Intransparenz der Abläufe jedoch als äußerst unwahrscheinlich, so dass diese bei Anlegern weltweit veruntreuten Gelder letztendlich in den Staatsbesitz Chinas übergehen dürften. Geschädigten Anlegern empfehle ich hier dennoch, eine Strafanzeige zu stellen und über eine spezialisierte Rechtsanwaltskanzlei zu prüfen, ob der Sponsor (MLM-Vermittler), der einem diesen Dreck gegen eine hohe Provisionsausschüttung aufgeschwatzt hat, in die Verantwortung und Haftung genommen werden kann.

9. Bitcoin Superstar: Betrug mit dem Namen Dieter Bohlen

In letzter Zeit erhielt ich wieder verstärkt Anfragen zu einer bereits bekannten Bitcoin-Betrugsmasche, für die jetzt der Name eines weiteren Prominenten missbraucht wird. Dabei wird behauptet, dass der medial äußerst bekannte – wie auch wirtschaftlich sehr bewanderte und erfolgreiche – Musikproduzent Dieter Bohlen angeblich die RTL-Fernsehsendung *Deutschland sucht den Superstar (DSDS)* demnächst verlassen würde, um seine fantastische Finanzplattform der Öffentlichkeit vorzustellen.

Dabei würde es sich um das *Trading*-System »Bitcoin Superstar« handeln, in das Dieter Bohlen angeblich investiert. In weiteren gefälschten Online-Werbeanzeigen wird darüber hinaus sogar behauptet, dass Dieter Bohlen der Besitzer von »CryptoRevolt« sei. Bitcoin Superstar würde angeblich über das System eines superschnellen Computers verfügen, der jeden Tag Millionen von *Trades* verarbeitet. Werfen wir also einfach einmal einen Blick auf die äußerst unprofessionell und mit zahlreichen Rechtschreibfehlern gespickte Internetseite *bitcoinsuperstar.site* (inzwischen nicht mehr online erreichbar).

Der Faktencheck zu Bitcoin Superstar

1. *Die Internetseite verfügt über kein Impressum!*
   Faktencheck: Ein Online-Angebot ohne rechtskonformes Impressum mit entsprechenden Angaben zu der Rechtsform des Anbieters und den handelnden Personen ist nicht nur ein Warnsignal, sondern schlicht bereits das erste K.-o.-Kriterium, niemals in ein derartiges Angebot zu investieren. Gehostet ist die Website über eine Adresse in Panama.

2. *Behauptung:* »Treten Sie uns bei und werden Sie reich mit Bitcoin Superstar. Bitcoin Superstar ist eine Gruppe, die ausschließlich aus Leuten besteht, die auf die verrückten Renditen, die Bitcoin gewährt, angesprungen sind und dabei in aller Stille ein Vermögen angesammelt haben. Unsere Mitglieder genießen jeden Monat Retreats (Entspannung, Urlaub) auf der ganzen Welt, während sie mit nur wenigen Minuten ›Arbeit‹ täglich Geld durch ihren Laptop verdienen.«
   Faktencheck: Diese Aussagen sind reines Marketing- und Vertriebs-Bla-

bla ohne jegliche Aussagekraft oder gar eine sachlich fundierte Belastbarkeit.

3. *Behauptung:* »Lasergenaue Leistung: Es gibt keine andere Handelsanwendung auf der Welt, die mit einer Genauigkeit von 99,4 Prozent arbeitet, die Bitcoin Superstar erreichen kann. Deshalb vertrauen unsere Mitglieder aus der ganzen Welt darauf, dass wir ihr hart verdientes Geld verdoppeln und vervielfachen.«
Faktencheck: Jeder Analytiker, der sich mit mathematischer Statistik beziehungsweise Stochastik befasst, muss bei einer derartig pauschalen und unqualifizierten Behauptung selbstverständlich laut lachen. Eine auch nur annähernd prognostizierbare oder gar garantierte Wahrscheinlichkeit von 99,4 Prozent in diesem Kontext zu erzielen, ist schlicht vollkommener Nonsens.

4. *Behauptung:* »Überlegene Technologie: Bitcoin Superstar Software wurde mit der fortschrittlichsten Programmierung entwickelt, die die Handelswelt je gesehen hat. Die Software ist den Märkten um 0,01 Sekunden voraus. Dieser ›Zeitsprung‹ macht die Software zur konsistentesten Handelsanwendung der Welt.«
Faktencheck: Eine Handelssoftware kann auf Basis vergangenheitsbezogener Daten für die Zukunft systematisch Annahmen treffen und automatisiert Handlungen durchführen. Sie kann und wird aber niemals einem Markt voraus sein. Mathematik ist keine Hellseherei. Es gibt keine Zeitmaschinen. Auch diese Behauptung ist somit blanker Unsinn.

5. *Wie soll der Bitcoin Superstar eigentlich funktionieren?*
Behauptung: »Um den Bitcoin Superstar zu verwenden, beginnen Sie mit dem Öffnen eines Kontos bei einem Binäroptions-Broker und der Hinterlegung von 250 Euro in Ihrem Konto. Sie verbinden dann den Bitcoin Superstar mit Ihrem Konto, indem Sie die Anweisungen im Bereich Bitcoin Superstar-Mitglied befolgen. Bitcoin Superstar macht dann Trades für Sie.«
Faktencheck: Wenn Sie wirklich Geld an »Bitcoin Superstar« überweisen, ist das Einzige, was mit an Sicherheit grenzender Wahrscheinlichkeit eintritt, dass Ihr Geld weg ist und Ihr Konto auf null (0) fällt!

Fazit: Finger weg, das sind reine Falschmeldungen, Lug und Trug – Fake News!
Dieter Bohlen hat sich mittlerweile selbst über ein Video, das auf seinem In-

stagram-Profil veröffentlicht wurde, von diesen Betrugssystemen distanziert. Leider hat er das in einer – für ihn typischen – sehr pauschalen und undifferenzierten Art und Weise gemacht, indem er ganz pauschal sagt:

Dieter Bohlen: »Ich habe keine Bitcoins, ich werde nie Bitcoins haben, kauft diese Scheiße nicht!«

Leider vermischt Dieter Bohlen mit dieser unqualifizierten Aussage die angesprochenen Bitcoin-Betrugssysteme – vor denen er vollkommen zu Recht warnt – mit einer vollkommen legitimen und absolut seriösen Direktinvestition in den Bitcoin als führende Kryptowährung. Das ist sehr schade, aber wer weiß, ob nicht irgendwann der Tag kommt, an dem auch Dieter Bohlen diese Behauptung relativiert und doch noch in »echte« Bitcoins investiert.

10. Krypto-*Trading*: Der Betrug mit dem Namen »Die Höhle der Löwen«

Wie schön wäre es – bei den nervenaufreibenden Schwankungen an den Kryptomärkten – auf einen Krypto-Roboter zu setzen, der automatisch für Sie investiert, wenn die Kurse steigen, und rechtzeitig aussteigt, bevor die Kurse fallen? Vor allem wenn zusätzlich aus der beliebten TV-Sendung *Die Höhle der Löwen* bekannte Investoren wie Frank Thelen, Carsten Maschmeyer, Judith Williams oder Georg Kofler selbst darin investieren und diese Möglichkeiten aktiv empfehlen.

Stellvertretend für zahlreiche Zuschriften nachfolgend drei ausgesuchte Anfragen:

1. In der VOX-Sendung *Höhle der Löwen* wurde ein Trading-Programm empfohlen, in das auch die Investoren einsteigen. Der Bitcoin-Trader. Was halten Sie davon?
2. Wie ist Ihre Einschätzung zu Krypto Genius? Kam in der TV-Sendung *Höhle der Löwen.*
3. In Bezugnahme auf die TV-Sendung Die Höhle der Löwen befinden sich auf vielen Internetseiten, die sich mit Kryptowährungen beschäftigen, Angebote von Krypto-Roboter-Systemen wie Crypto-Soft, Bitcoin-Profit, Crypto-Code, Bitcoin-Code und einige mehr. Können Sie das empfehlen?

Die Anzeigen für Trading-Systeme mit Bezug zu *Die Höhle der Löwen* sind Fake News!
Leider verbirgt sich hinter all den positiven Berichten ganz offensichtlich ein sehr weitreichender Betrugsfall, zumindest aber ein vollkommen unseriöser Täuschungsversuch. In zahlreichen Anzeigen und Berichten wird unter anderem behauptet, dass Carsten Maschmeyer im Rahmen der TV-Sendung 2,5 Millionen Euro für einen Anteil am Bitcoin-Trader in Höhe von 25 Prozent investiert hat. Eine derartige Folge von *Die Höhle der Löwen* gab es allerdings nie.

Alle Behauptungen, alle angeblichen Empfehlungen für Krypto-*Trading*-Programme und Fotos, ja sogar ein Video mit Frank Thelen, sind gefälscht! Die Betrüger schalten schlicht Werbeanzeigen im Internet, die wie Nachrichten *(Fake News)* wirken. Auch die Logos von seriösen Medien wie *Zeit Online* wurden kopiert. Gelockt werden vor allem Menschen mit wenig Investitions- oder Technologieerfahrung. Sehr wahrscheinlich findet darüber hinaus überhaupt kein *Trading* statt. Gutgläubige Investoren werden so um ihr Geld betrogen. Augen auf, Finger weg!

11. Krypto-Jacking: Vorsicht vor den digitalen Piraten und Parasiten!

Sie kennen vermutlich den Begriff des »*Hijacking*«. Darunter verstand man ursprünglich eine Flugzeugentführung unter Androhung von Gewalt. Analog dazu etablierte sich in weiterer Folge der Begriff »*Carjacking*« für die Entwendung eines Fahrzeugs unter Gewaltandrohung gegen den Fahrer.

Flugzeugentführungen gibt es – vor allem aufgrund der strengen Sicherheitskontrollen – erfreulicherweise kaum noch. Heute wird vor allem im Zusammenhang mit kriminellen Handlungen im Internet von »*Hijacking*« gesprochen. Beispielsweise wenn eine Internetadresse gekapert oder ein Benutzerkonto gehackt wird.

Digitale Piraten und Parasiten gefährden Ihre Hardware und Ihre digitalen Werte

Beim *Krypto-Jacking* oder *Cryptojacking* wird im übertragenen Sinne Ihr Computer, Ihr Laptop oder Ihr Smartphone gekapert. Nicht durch einen physischen Diebstahl des Gerätes, sondern durch einen Missbrauch Ihrer Strom- und Rechenleistung für das Schürfen *(Mining)* von Kryptowährungen. Das wird möglich, indem eine Schadsoftware in das Betriebssystem Ihres Smartphones oder Computers eindringt. Also ein digitaler Parasit.

Krypto-Jacking ist derzeit stark verbreitet. Selbst in Computersysteme großer Firmen wurden Schadsoftwareprogramme eingeschleust, zu Lasten und zum Schaden der Prozessorleistungen der betroffenen Unternehmen. Sollte also Ihr Smartphone oder Ihr Computer auf einmal sehr langsam werden, kann es sein, dass Sie unbewusst Kryptowährungen für andere schürfen.

Halten Sie Ihre Anti-Viren-Software stets aktuell

Im Gegensatz zum Bitcoin ist die Cryptocoin Monero derzeit noch relativ einfach zu minen. Zahlreiche Schadprogramme zielen daher auf das *Mining* von Monero ab. Halten Sie deswegen Ihre Anti-Viren-Software stets aktuell. Die neuesten Virenprogramme erkennen in der Regel *Krypto-Jacking*-Schadsoftware.

Der Missbrauch Ihrer Rechenleistung ist noch ein relativ kleines Übel. Ist dieses Eintrittstor einmal offen, können zukünftig natürlich auch Daten, Passwörter oder digitale Werte entwendet werden. Auf meinem Blog zeige ich Ihnen regelmäßig, wie Sie Ihre digitalen Vermögenswerte strukturieren und sichern können.

12. Ponzi und Scam: Acht Punkte, wie Sie Betrugssysteme erkennen

Neben meinen fundierten Empfehlungen befasse ich mich auch fortlaufend sehr intensiv mit schwarzen Schafen und unseriösen Krypto-, Mining- oder Trading-Anbietern. Diese missbrauchen den Krypto-Boom, um ihre – meist in betrügerischer Absicht konzipierten – Shitcoins oder angebliche Krypto-Investment- (Scam) beziehungsweise Schneeball-Systeme (Ponzi) gezielt und bewusst an unbedarfte Anleger zu verkaufen. Ich warne Sie regelmäßig vor dubiosen Anbietern und aktuellen Betrugsmaschen.

Nachfolgend meine wichtigsten Empfehlungen, die Sie prüfen sollten, bevor Sie eine Investition in einen Krypto-Anbieter beziehungsweise in ein Krypto-, Trading- oder generell Online-Investment-System tätigen.

1. Impressum?

Ist ein rechtskonformes Impressum auf der Internetseite vorhanden, mit entsprechender Datenschutzerklärung (DSGVO) und Allgemeinen Geschäftsbedingungen (AGB)?

2. Zulassungen?

Sind bei Trading-, Brokerage- und Investment-Systemen entsprechende Zulassungen der Finanzaufsichtsbehörden (BaFin, FMA, FINMA) vorhanden?

3. Handelsregister?

Ist das entsprechende Unternehmen mit seinem Gewerbe überhaupt im Handelsregister eingetragen und der Gerichtsstand somit korrekt angegeben, ebenso wie verantwortliche Personen? Ist ein Firmensitz im Ausland – beispielsweise in Übersee – plausibel (Haftung, Regulierung, Steuern) oder verbirgt sich dahinter lediglich ein Briefkasten?

4. Team-Zusammensetzung?

Gibt es ein Team, das auf der Internetseite transparent dargestellt ist, und haben die Mitglieder auch die Kompetenz, das beschriebene Geschäftsmodell umzusetzen? Sind die angegebenen Teammitglieder überhaupt reale Personen? Hier hilft eine Suche nach den Namen bei Business-Plattformen wie LinkedIn oder XING, oder auch bei Twitter.

5. Google-Recherche?

Gibt es bereits Warnungen zum jeweiligen Anbieter im Internet, sei es von Aufsichtsbehörden, über Erfahrungsberichte von Kunden oder aufgrund journalistischer Recherchen? Sind die handelnden Personen bereits einmal negativ in Erscheinung getreten?

Beispielsweise mache ich stets die Erfahrung, dass bei jüngeren MLM-Systemen wie BitClub Network, WeGoCrypto WGC, Arbitracoin, Aequatorcoin, Infinity Economics (XIN), Smart Trade Coin, Pulse Empire, Top10Coins, PlusToken, Karatbank Coin, Kryptogold, Lopoca, Cloud Token oder EXW Wallet zahlreiche MLM-Provisions-Vertriebler in der Vergangenheit bereits mutmaßliche Mega-Betrugsprogramme wie OneCoin, Cryp Trade Capital, Optioment, USI-Tech oder Questra vermittelt haben.

6. Geschäftsmodell?

Ist das Business-Konzept des Anbieters überhaupt plausibel? Ist bei einer beworbenen Kryptowährung beziehungsweise einem Token überhaupt eine dezentrale, einsehbare Blockchain vorhanden? Ist das nicht der Fall, ist die Wahrscheinlichkeit eines Shitcoin- beziehungsweise Scam-Investments annähernd 100 Prozent.

7. Renditeversprechen?

Sind Gewinnprognosen überhaupt realistisch und gibt es eventuell sogar Renditeversprechen? *Meine Empfehlung:* Sobald im Krypto- oder Trading-Bereich Renditen versprochen oder garantiert werden (zum Beispiel Bitclub Network, PlusToken) gilt: *Finger weg!*

8. Basiert das Angebot auf einem MLM-System?

Sobald ein Krypto-Angebot oder eine Kryptowährung auf einem MLM-System (*Multi Level Marketing, Network-Marketing*, NM) basiert und Provisionen für eine Vermittlung an Sponsoren bezahlt werden gilt: *Finger weg!*

Im bereits eingetretenen Schadensfall

Sollte das Kind bereits in den Brunnen gefallen sein, sind die nachfolgenden Punkte ratsam:

1. Anzeige bei der Polizei erstatten.
2. Nationale Aufsichtsbehörden informieren (BaFin, FMA, FINMA).
3. Beschreitung des Rechtsweges über einen spezialisierten Anwalt – hier steht Ihnen unser Experten-Netzwerk zur Verfügung!

Meine Empfehlung: Nehmen Sie Ihren Vermittler/Sponsor in Haftung. Prüfen Sie rechtliche Schritte und verklagen Sie ihn bei entsprechenden Erfolgsaussichten!

13. Krypto-Arbitrage: Sind 10,8 bis 45 Prozent pro Jahr mit ArbiSmart empfehlenswert?

Tag für Tag erreichen mich viele interessante Zuschriften. Nachfolgend gehe ich auf die mit großem Abstand häufigste Frage ein, die ich Ende des Jahres 2020 erhalten habe und nach wie vor immer wieder einmal erhalte. Dabei geht es um den Krypto-Anbieter ArbiSmart OÜ aus Estland, der das Geschäftsmodell des *Arbitrage*-Handels offeriert und über seine Internetseite Arbismart.com auch deutschsprachige Krypto-Investoren anspricht.

Als »Arbitrage« wird die Ausnutzung von Kurs- oder Preisunterschieden an verschiedenen Börsen beziehungsweise Märkten bezeichnet, die im Optimalfall risikolos erfolgt. Gibt es beispielsweise auf zwei Kryptobörsen einen Preisunterschied beim Bitcoin und der Ankaufskurs *(Bid)* ist auf der Kryptobörse Nummer eins höher als der Verkaufskurs *(Ask)* auf der Kryptobörse Nummer zwei, kann ein risikoloser An- und Verkauf mit entsprechendem Kursgewinn erzielt werden. Zu ArbiSmart habe ich deswegen so viele Fragen erhalten, weil das Unternehmen zahlreiche Werbebanner auf seriösen Internetseiten schaltet und auch *Advertorials* verbreitet. Ein *Advertorial* ist ein Beitrag, der wie ein journalistischer Bericht wirkt, aber eine bezahlte Anzeige darstellt. Derartiges muss dementsprechend auch als Werbung gekennzeichnet werden.

Achtung: Die angeblichen Empfehlungen zu ArbiSmart sind bezahlte Werbung!

ArbiSmart wirbt auf seiner Internetseite, in Werbebannern auf Online-Portalen sowie über bezahlte Pressemitteilungen und *Advertorials* für seine ArbiSmart-Wallet mit Renditen von 10,8 bis 45 Prozent pro Jahr. Positive Berichte zu ArbiSmart finden sich beispielsweise auf den beliebten Internetseiten *www.finanznachrichten.de*, *www.boersennews.de* oder *www.wallstreet-online.de*. Die vielen Fragen zu ArbiSmart, die ich durch Sie erhalten habe, resultieren überwiegend daher, dass ArbiSmart auf der bekannten Krypto-Website *www.btc-echo.de* Werbebanner schaltet und dort – ebenso wie auf den anderen Portalen – auch sehr positive Berichte zu ArbiSmart zu finden sind. Die Berichte sind allerdings keine unabhängigen redaktionellen Empfehlungen, sondern bezahlte Werbung. Auf *BTC-Echo* sind diese als – kostenpflichtige – »*Press Releases*« (Pressemitteilungen) und Werbung ordnungsgemäß gekennzeichnet.

Fazit: Achten Sie bitte immer darauf, ob Internet-Berichte wirklich auch journalistische Empfehlungen sind oder einfach nur bezahlte Werbung. Grundlegend gilt in Bezug auf den *Arbitrage*-Handel, dass ich davon überzeugt bin, dass derartige *Arbitrage*-Systeme im großen Stil – also bei hohen Volumen im Krypto-Bereich – nicht funktionieren. Im besten Fall dürften *Arbitrage*-Systeme daher ineffizient und unprofitabel sein und nach Kosten verlustreich. Im schlimmsten Fall stellen sie sich als Betrugssystem *(Scam)* heraus. Deswegen empfehle ich Ihnen derartige Krypto-Anbieter nicht, was auch für ArbiSmart gilt!

14. Cybercrime: Warnung vor der Abzocke mit dem Steuertrick

Meine KRYPTO-X-Todesliste wächst fortlaufend durch Warnungen vor dubiosen beziehungsweise mutmaßlich betrügerischen Anbietern. Stellvertretend hier vier Leserzuschriften zu aktuellen Betrugsmethoden wie dem »Steuertrick« sowie meine Empfehlungen im bereits eingetretenen Schadensfall:

1. »Ich bekam einen Link von ANONYMOS mit dem Tipp BTC-Profit – Spiegel-Online-Berichterstattung mit Gewinnen in Höhe von durchschnittlich 450 Euro pro Monat. Was halten Sie davon?«

2. »Gibt es eine Empfehlung seitens KRYPTO-X zum gegenwärtigen ›Modetrend‹ automatisches Trading auf den Bitcoin durch die Firma The News Spy? Die neue Werbung vom 16.07.2019 wurde durch Dieter Bohlen auf der Seite T-online.de veröffentlicht. Dieter Bohlen hat angeblich eine Beteiligung an The News Spy.«
3. »Ich bin scheinbar leider einem Plattformbetreiber auf den Leim gegangen, auf den ich durch Werbeanzeigen auf seriösen Seiten im Internet aufmerksam wurde, und habe jeweils hohe Beträge dorthin überwiesen, um traden zu lassen. Es handelt sich um Tradovest, hier habe ich immer wieder eingezahlt, bis der Druck von meinem ›Kontomanager‹ zu groß wurde. Mittlerweile liegen dort über 250 000 Euro. Jetzt möchte ich eine Summe ausbezahlt bekommen, aber es kommen plötzlich keine Antworten mehr auf meine Fragen und Auszahlungswünsche. Mein Kontomanager ist nicht mehr erreichbar. Was soll ich tun?«
4. »Herr Miller, bitte helfen Sie mir! Ich habe beim Bitcoin-Trader Geld einbezahlt und hohe Gewinne gemacht. Jetzt erhalte ich aber mein Geld nicht zurück, sondern muss vor Auszahlung Steuern auf meine Gewinne an das englische Finanzamt bezahlen. Soll ich das tun?«

Meine grundlegenden Empfehlungen:

1. Schließen Sie bitte nicht aufgrund seriös wirkender Werbeanzeigen oder Berichte im Nachrichten-Layout oder durch Bezug auf Prominente auf Portalen wie *Spiegel Online* oder *T-Online* auf die Zuverlässigkeit der dahinterstehenden Anbieter. Diese sind zu 99 Prozent Lug und Betrug!
2. Sollte das Kind schon in den Brunnen gefallen sein, lassen Sie sich auf keinen Fall dazu verleiten, weiteres Geld nachzuschießen. Den »Steuertrick« mit der angeblichen Zahlungsaufforderung der Steuern vor Auszahlung habe ich mehrfach gesehen. Die Betrüger nutzen hier bewusst die Angst der Menschen vor dem Finanzamt und kassieren doppelt. Das bereits einbezahlte Geld ist weg und zusätzlich geht die angebliche Steuerzahlung nicht an das Finanzamt, sondern in die Taschen der Abzocker!
3. Stellen Sie im eingetretenen Verdachts- beziehungsweise Schadensfall sofort eine Strafanzeige bei der Polizei!
4. Als Leser von *KRYPTO-X* haben Sie die Möglichkeit – vor einer Geldüber-

weisung oder im bereits eingetretenen Schadensfall –, meine fachliche Einschätzung einzuholen.

15. Achtung: Werden Sie nicht zum Krypto-Geldesel

Das Bundeskriminalamt und die Finanzmarktaufsicht in Österreich warnten zuletzt auch vor einer neuen Form der Geldwäsche, die auch in Deutschland weitverbreitet ist. Professionelle Geldwäscher werben dabei verstärkt Jobsuchende unter Vorspiegelung falscher Tatsachen als Finanzagenten an, um über deren Bankkonto Gelder aus krimineller Herkunft zu transferieren und so zu waschen. Damit macht sich auch der angeworbene Finanzagent strafbar, es drohen hohe Freiheits- oder Geldstrafen. Seit einigen Monaten versuchen professionelle Geldwäscher ihr Finanzagenten-Netzwerk zu vergrößern, indem sie im Internet und meist mittels Spam-E-Mails Personen mit dem Versprechen guter Verdienstmöglichkeiten anwerben.

Die Täter locken Personen auf der Suche nach lukrativen Jobs oder Nebenbeschäftigungen mit falschen Arbeitsverträgen als Finanzagenten. Sie versprechen eine gute Entlohnung sowie die Entrichtung der Sozialabgaben und der anfallenden Steuern durch den »Arbeitgeber«. Der Finanzagent muss als »Junior-Trader« auf seinem Konto eingelangte Gelder abzüglich ihrer Provision (circa 5 Prozent) in verschiedene Kryptowährungen, meist Bitcoins, wechseln oder sie direkt weitertransferieren. Solche Finanzagenten werden im Geldwäscher-Jargon auch »*money mule*«, also Geldtransportesel, genannt. Die Erklärungsversuche der Täter über die Herkunft dieser Gelder variieren und werden laufend an aktuelle Geschehnisse angepasst.

Die Gelder und Provisionen stammen aus Straftaten

In Wirklichkeit stammen die zu transferierenden Beträge aus Straftaten (Drogenhandel, Betrug, Steuervergehen et cetera). Das Weiterüberweisen von Geldern unbekannter Herkunft hat mit seriösem *Trading* nichts zu tun. Personen, die auf derartige Arbeitsangebote eingehen und Gelder weiterüberweisen oder in andere Währungen umtauschen, sind als »Finanzagenten«

strafbar! Zudem verwenden die Täter die vom Finanzagenten mitgesendeten Legitimationsdokumente (Personalausweis, Meldezettel, Reisepass und so weiter), ohne deren Wissen oder explizite Einverständniserklärung, für die Eröffnung weiterer krimineller Konten, welche der weiteren Geldwäsche dienen.

Analysen der Geldwäschemeldestelle zeigen, dass die Anwerbung von Finanzagenten aufgrund der Corona-Pandemie stark zugenommen hat. Überdies gehen die Tätergruppen immer professioneller vor und übermitteln täuschend echt aussehende Arbeitsverträge. Aufgrund der starken Zunahme dieses Phänomens rufen das Bundeskriminalamt und die Finanzmarktaufsicht Österreich dazu auf, nicht auf derartige Angebote einzugehen! Finanzagenten machen sich durch ihre Tätigkeit strafbar: Sie können wegen Geldwäscherei mit bis zu zehn Jahren Freiheitsstrafe oder wegen finanzmarktrechtlicher Verwaltungsübertretung mit bis zu 60 000 Euro bestraft werden!

Fazit: Werden Sie weder Finanzagent noch Krypto-Geldesel!

16. Krypto-Betrug: Senden Sie 0,5 Bitcoin und Sie erhalten 1 Bitcoin zurück

Wie mittlerweile weitreichend bekannt, befasse ich mich sehr intensiv mit den Themen *Scam* (Betrug) und *Ponzi* (Schneeballsysteme) im Zusammenhang mit Kryptowährungen und entsprechend dubiosen Anbietern in diesen Bereichen, beispielsweise sogenannten MLM-Vertriebssystemen, die auch als *Network Marketing* bezeichnet werden und auf einer pyramidenartigen Vertriebsstruktur basieren. Hier noch einmal ein aktueller Fall, mit dem ich Sie für die wichtige Thematik der *Cybersecurity* weiter sensibilisieren möchte.

Die nachfolgenden Fälle wurden erhoben durch die QGroup, die regelmäßig ihre »Best of Hacks« präsentiert. Die QGroup GmbH entwickelt (Hoch-)Sicherheitsprodukte wie beispielsweise Multifaktor-Authentifizierungslösungen mit Biometrie-Anwendungen, erstellt ganzheitliche Sicherheitskonzepte und führt Penetrationstests durch. Indem ein Unternehmen einen externen Dienstleister gezielt damit beauftragt, seine eigenen Systeme anzugreifen, kann in der Praxis festgestellt werden, ob es gravierende Sicherheitslücken gibt. Zuletzt wurden wieder zahlreiche Fälle gravierender Sicherheitslücken bekannt, leider nicht auf Basis von Tests, sondern aufgrund von Hacker-Angriffen.

Der Datenleck-Sammler Data Viper wurde selbst Opfer eines Cyberangriffs

Der Datenleck-Sammler Data Viper wurde beispielsweise Opfer eines Cyberangriffs. Eine Hackergruppe erbeutete mindestens 2 Milliarden Datensätze, die anschließend im Darknet zum Kauf angeboten wurden. Die Firma Data Viper sammelt Zugangsdaten aus Datenlecks und verkauft den Zugang zu einer Datenbank mit rund 15 Milliarden Benutzernamen, Passwörtern und weiteren Informationen an Organisationen und Strafverfolgungsbehörden.

386 Millionen Nutzerdatensätze wurden in einem Untergrundforum von einem unbekannten Cyberkriminellen zum Download angeboten. Die Datensätze stammten aus verschiedenen Leaks, wovon einige bereits bekannt waren und zu denen die betroffenen Unternehmen sich schon geäußert hatten. Andere Datensätze stammten von Leaks, die bisher noch nicht bekannt waren. Insgesamt umfasst der Download 18 Datenleaks. Neun davon waren bisher nicht bekannt. Die angebotenen Nutzerdatensätze teilen sich wie folgt auf: 5,9 Millionen Datensätze von *Appen.com*, 2,4 Millionen von *Drizly.com*, 1,3 Millionen von *Havenly.com*, 475 000 von *Indabamusic.com*, 127 000 von *Ivoy.mx*, 444 000 von *Proctoru.com*, drei Millionen von *Rewards1.com*, 5,8 Millionen von *Scentbird.com* und 4,8 Millionen von *Vakinha.com.br*.

Auch *Garmin.com* und Garmin Connect (ein Anbieter unter anderem von Fitness-Uhren) wurden Ziel einer Attacke mit der *Ransomware* »WastedLocker«. Der Ausfall betraf die Connect-Apps und auch die Garmin-Express-Dienste. Benutzer konnten zum Beispiel ihr Fitnessband, die Sportuhr oder den Radcomputer nicht mehr mit der hauseigenen Datencloud von Garmin synchronisieren. Das Abrufen von E-Mails und der Online-Chat waren ebenfalls betroffen.

Der Angriff auf Twitter hatte das Ziel, Bitcoins zu erbeuten

Im vergangenen Juli rückte Twitter in den Fokus der Berichterstattung, nachdem Konten bekannter Persönlichkeiten für die Betrugskampagne »Crypto for Health« missbraucht wurden. Darüber hinaus kam es wieder zu zahlreichen Zugriffen auf persönliche Daten von Internetnutzern. Der US-amerikanische Mikroblogging-Dienst Twitter rückte dabei – wieder einmal – in den Fokus von Cyberkriminellen. Mehrere Twitter-Konten wurden von unbekannten Hackern gekapert. Zahlreiche der betroffenen Konten gehören bekannten Persönlichkeiten wie Elon Musk oder Barack Obama oder auch Unternehmen wie Apple oder verschiedenen Bitcoin-Börsen.

Die grundlegende Betrugsmasche: Übertragen Sie 0,5 Bitcoin und erhalten Sie 1 Bitcoin zurück!

Auf den Twitter-Konten der Kryptobörsen wurden nicht autorisierte Tweets abgesetzt, in denen versprochen wurde, den doppelten Betrag übertragener Bitcoins an den Sender zurückzuschicken. Also senden Sie beispielsweise 0,5 Bitcoin an die Wallet XY, dann erhalten Sie 1 Bitcoin zurück, verkauft als eine Art »Werbemaßnahme« oder ein »Gewinnspiel«. Derartige Meldungen sind gerade in Internetforen und den Sozialen Medien wie Facebook tausendfach zu finden.

Die Angreifer konnten so allein im Zusammenhang mit den gehackten Twitter-Konten rund 118 000 US-Dollar in Bitcoins erbeuten. Mehrere Bitcoin-Börsen setzten umgehend die Bitcoin-Adresse dieser Bitcoin-Betrugswelle namens »Crypto for Health« auf eine schwarze Liste und verhinderten so nach eigenen Angaben mehr als 1100 weitere Bitcoin-Transfers. Das zeigt die Dramatik dieser Betrugsmasche.

Fazit: Lassen Sie sich niemals zu unüberlegten Coin-Überträgen verleiten!

Übertragen Sie niemals Bitcoin, Ethereum oder andere Kryptowährungen an fremde Adressen, nur weil Ihnen versprochen wird, dass Sie zusätzliche Kryptowährungen zurückerhalten! Auch nicht, oder gerade nicht, falls die Postings von seriösen Anbietern kommen. Das sind stets gezielte Fälschungen, kein seriöser Krypto-Anbieter würde Derartiges anbieten oder verlangen. Diese Empfehlung oder besser gesagt Warnung mag sich lapidar anhören, aber nach wie vor erhalte ich zahlreiche Zuschriften von Geschädigten oder werde über Schadensfälle informiert, in denen genau das passiert ist. Ich kann es häufig selbst kaum glauben, wie unbedarft, naiv und gutgläubig hier gehandelt wird. Deswegen muss fortlaufend vor – alten wie neuen – Krypto-Betrugsmaschen gewarnt werden.

17. Der Erste-Hilfe-Service aus unserem Experten-Netzwerk bei Kapitalanlagebetrug

Mittlerweile verbringe ich jede Woche mehrere Stunden mit lehrreichen Anwaltsgesprächen. Das hat vor allem zwei Gründe: Aufgrund meiner klaren Warnungen vor mutmaßlichen Betrugs- und Schneeballsystemen – im Sinne der Meinungs- und Pressefreiheit – werde ich immer wieder von dubiosen Anbietern juristisch belangt. Daneben landen jede Woche mehrere neue Fälle auf meinem virtuellen Schreibtisch, bei denen das Kind bereits in den Brunnen gefallen ist. Das heißt, Anleger sind dubiose Investments eingegangen, haben mutmaßlich betrügerischen Anbietern Geld überwiesen und stehen jetzt vor der Frage, was sie tun können.

Aufsichtsbehörden warnen verstärkt vor betrügerischen Anbietern

Der Bundesanstalt für Finanzdienstleistungsaufsicht (BaFin) werden derzeit zahlreiche Fälle bekannt, bei denen Verbraucher im Internet auf angeblich seriösen Online-Plattformen dazu veranlasst werden, zum Teil hohe Geldsummen in Geschäfte mit *Arbitrage-* und *Trading*-Systemen auf Aktien, Indizes, Rohstoffe, Währungen (Forex) oder Kryptowährungen zu investieren. Dabei werden Verbraucher häufig von Mitarbeitern der Online-Plattform oder Vermittlern angerufen und aggressiv dazu aufgefordert, immer höhere Summen zu investieren. Gelockt werden sie meist mit gigantischen Scheingewinnen auf kleine Testeinzahlungen.

Auf Basis dieser scheinbaren Erfolge stocken Investoren dann ihre Einlagen mit großen Beträgen auf. Teilweise wird sogar die gesamte Altersvorsorge überwiesen. Einmal investiert, versuchen die Anleger in der Folge vergeblich, sich Gewinne auszahlen zu lassen und ihr Geld wieder zurückzuhalten. Teilweise werden die geschädigten Verbraucher dann sogar ein zweites Mal betrogen, indem sie dazu aufgefordert werden, vor einer Auszahlung zunächst die Steuern auf ihre angeblichen Gewinne zu überweisen. In der Hoffnung, dann das Geld zurückzuerhalten, gehen nicht wenige Kunden leider darauf ein und schießen nochmals Geld nach. Die Beachtung einiger Grundregeln hilft, Sie zu schützen, bevor ein Schaden eintritt.

Kapitalanlagebetrug: Was können Sie tun, um sich zu schützen?

1. Bei Angeboten, die eine sichere Anlage, eine garantierte Rendite, dazu hohe Gewinne und ein nur sehr geringes Risiko versprechen, sollten Sie immer misstrauisch sein und derartige Offerten genauestens prüfen. Vertrauen Sie keinen Bonusversprechungen und angeblichen Erfolgen auf Demokonten. Prüfen Sie bei Online-Investments das Impressum der jeweiligen Internetseite und achten Sie darauf, wer Ihr Vertragspartner ist und wo er seinen Sitz hat.

2. Handelt es sich um ein von der BaFin oder einer Aufsichtsbehörde aus einem anderen EWR-Land lizenziertes Unternehmen? Über die Unternehmensdatenbank der BaFin oder über entsprechende Seiten ausländischer Aufsichtsbehörden können Sie abfragen, ob es sich um einen lizenzierten Anbieter handelt. Außerdem finden Sie hier Meldungen bezüglich dubioser Anbieter, vor denen die Aufsichtsbehörden bereits warnen.

3. Informieren Sie sich umfassend, bevor Sie Gelder investieren, beispielsweise bei unabhängigen Organisationen wie den Verbraucherschutzzentralen. Als Leser von Kapitalschutz vertraulich oder KRYPTO-X haben Sie zudem exklusiv die Möglichkeit, unser Investor-Fragen-Tool zu nutzen, um eine fachliche Einschätzung in Bezug auf einen Ihnen unbekannten Anbieter oder ein bestimmtes Investment-Angebot zu erhalten.

4. Prüfen Sie, ob es bereits negative Erfahrungsberichte im Internet gibt (Google). Positive Erfahrungsberichte im Internet sollten Sie ebenfalls hinterfragen und einer Prüfung unterziehen – diese werden häufig von den Anbietern selbst in Auftrag gegeben oder von Vermittlern ins Netz gestellt, die dafür hohe Provisionen erhalten. Behauptungen über an-

geblich Empfehlungen von prominenten Personen (Thomas Gottschalk, Dieter Bohlen, Carsten Maschmeyer, TV-Sendung Die Höhle der Löwen) entsprechen in der Regel nicht der Wahrheit.

5. Unaufgeforderte Anrufe im Zusammenhang mit Investmentangeboten sind unseriös und illegal. Lassen Sie sich auf keine Beratungsgespräche mit Ihnen unbekannten Personen ein.

6. Immer häufiger werden bereits geschädigte Anleger ein weiteres Mal betrogen, indem sie Unterstützungsangebote erhalten, um verlorenes Geld zurückzubekommen. Dahinter stehen meist die gleichen Betrüger, oder ihre Daten wurden weiterverkauft.

Digitalisierung und Internet-Betrug boomen

Ich habe mittlerweile zahlreiche Fälle gesehen, in denen geschädigte Kapitalanleger durch selbsternannte »Anlegerschutzanwälte« in aussichtslose Prozesse getrieben wurden, so dass schlechtem Geld zusätzlich noch gutes Geld hinterhergeworfen wurde, nämlich zur Finanzierung unnötiger Anwalts-, Prozess- und Gerichtskosten. Deswegen ist mir die Empfehlung von Anwaltskanzleien, die diesen Aspekt im Blick haben, sehr wichtig. Die Rechtsanwälte für Bank- und Kapitalanlagerecht, die ich Ihnen empfehle, kenne ich aus eigener Erfahrung oder aus zahlreichen Leserrückmeldungen.

Sie informieren Sie als Mandant realistisch über alle Schritte, Kosten und natürlich auch die Erfolgsaussichten. Sollten Sie über eine Rechtsschutzversicherung verfügen, kümmern sich die Anwälte um die Einholung einer Deckungszusage, so dass Sie – frei von Sorgen um die Anwalts- und Prozesskosten – eine Klage in Angriff nehmen können, falls diese auf Basis einer kostenlosen Ersteinschätzung als aussichtsreich bewertet wird.

17. Der Erste-Hilfe-Service aus unserem Experten-Netzwerk bei Kapitalanlagebetrug

Lassen Sie Betrüger nicht einfach davonkommen: Informieren Sie in jedem Fall die Polizei

Unabhängig davon sollten Sie in jedem Fall, in dem Sie mit einem Betrugsbeziehungsweise Schadensfall konfrontiert werden, eine Strafanzeige bei der Polizei stellen, was bei jeder Polizeidienststelle möglich ist. Sie können das mittlerweile auch online erledigen, nämlich über das Portal *www.onlinestrafanzeige.de*. Gleiches gilt für Österreich; hier finden Sie weiterführende Informationen auf der Internetseite *www.polizei.gv.at*. Parallel dazu sollten Sie die entsprechende Aufsichtsbehörde für Finanzdienstleistungen (zum Beispiel BaFin, FMA, FINMA) in Ihrem Wohnsitzland informieren.

Erste-Hilfe-Formular: Holen Sie sich jetzt eine professionelle und kostenlose Ersteinschätzung!

Die Kanzlei Resch Rechtsanwälte aus Berlin ist eine hochspezialisierte Anlegerschutzkanzlei, die bereits zahlreichen Lesern weiterhelfen konnte. Die Anlegerschutzkanzlei mit rund 40 Mitarbeitern arbeitet nach meiner Erfahrung – auf Basis mir bekannter Praxisfälle – nicht nur äußerst wirkungsvoll, sondern auch sehr transparent und fair. Das Team um den Kanzleigründer Jochen Resch bietet betroffenen Anlegern in allen Fällen von Kapitalanlagen in Schieflage eine unverbindliche und kostenlose Vorabprüfung ihres Konflikt- beziehungsweise Schadensfalls.

Dadurch stellt die Kanzlei sicher, dass nur Fälle mit hinreichender Erfolgsaussicht weiterverfolgt werden. Durch diesen »Aufnahmetest« der Kanzlei Resch werden bereits geschädigte Anleger vor zusätzlichen Anwalts- und Gerichtskosten geschützt. Nach Auskunft von Jochen Resch werden rund 30 Prozent aller zur Vorabprüfung eingereichten Fälle abgelehnt. Im Umkehrschluss bedeutet das, dass Sie sehr gute Aussichten auf Erfolg haben, sollte Ihr Fall angenommen werden. Auf jeden Fall aber haben Sie Klarheit darüber, ob es Sinn macht, Ihren Schadensfall zivilrechtlich weiterzuverfolgen, auch wenn das selbstverständlich keine Erfolgsgarantie ist.

Für die kostenlose Ersteinschätzung finden Sie ganz bequem auf der Internetseite *www.resch-rechtsanwaelte.de* ein entsprechendes Online-Formular mit einem Fragebogen. Da ich stets auch zahlreiche Anfragen zu Betrugsund Schadensfällen von Lesern aus Österreich erhalte, ist es erfreulich, dass die Kanzlei Resch Rechtsanwälte neben ihrem Hauptsitz in Berlin auch mit Ansprechpartnern und Partnerkanzleien in München und Wien vertreten ist.

Auch für die Schweiz und Liechtenstein bestehen Anwaltskooperationen. Grundsätzlich vertritt die Kanzlei Resch geschädigte Anleger auf der ganzen Welt.

Informationen: *www.resch-rechtsanwaelte.de*

18. Kryptorecht: Geld zurück bei Verlusten aus Initial Coin Offerings

Ein Initial Coin Offering (ICO) wird meist von Start-ups aus dem Technologiesektor zur Finanzierung genutzt. Ein Initial Coin Offering ist eine Art Crowdfunding von Firmen, die mit Kryptowährung wie etwa Bitcoin oder Ethereum arbeiten. Durch ein ICO können diese Unternehmen Geld einsammeln, ohne sich dem üblichen schweren Prozess der Finanzierung unterwerfen zu müssen. Sie stellen ihr Projekt einfach der Öffentlichkeit vor und bieten Tokens – digitale Münzen einer Kryptowährung – zum Kauf an.

Mit diesen Tokens erhalten Unterstützer dann zum Beispiel eine gewisse Anzahl der zukünftigen Kryptowährung. Gerade im Krypto-Boom Jahr 2017 kam es allerdings auch zu massiven Fehlentwicklungen in diesem Segment, bis hin zu großen Schadens- und Betrugsfällen. Aber auch hier gibt es für geschädigte Investoren Handlungsoptionen, weil die Kryptowelt erstens kein rechtsfreier Raum und zweitens eine Vielzahl an Überschneidungen zu anderen Rechtsgebieten aufweist, wie beispielsweise dem Prospektrecht.

Hierzu nachfolgend sehr interessante Ausführungen von *SBS LEGAL*, der Rechtsanwaltskanzlei meines Vertrauens.

Schadensersatzanspruch wegen falscher Prospektangaben beim Initial Coin Offering

Die Prospekthaftung ist eines der aktuell wichtigsten Themen im Bereich Kapitalmarktrecht. Prospekte stellen eine wesentliche Grundlage für Anlageentscheidungen dar. Sie enthalten Informationen zu der angebotenen Kapitalanlage und den damit verbundenen Risiken. Die Anleger sollen auf die Richtigkeit und Vollständigkeit dieser Prospekte vertrauen können. Für fehlerhafte und unvollständige Angaben haftet der Verantwortliche den Anlegern auf Schadensersatz. Doch wer ist verantwortlich und welche Voraussetzungen sind an den Schadensersatzanspruch zu stellen?

Zum Sachverhalt

Die Klägerin klagte gegen die Beklagte auf Schadensersatz wegen des Erwerbs von sogenannten Tokens. Diese hatte die Beklagte im Rahmen eines Initial Coin Offering *(ICO)* an diverse Anleger veräußert. Die Klägerin erwarb gegen eine Zahlung in Kryptowährung (Bitcoin und Ether) insgesamt 304 095,75 Token im Wert von 188 486,47 US-Dollar.

Im Vorfeld des ICO gab die Beklagte den Anlegern Informationen in Form eines Prospekts und einem sogenannten Whitepaper heraus. Im Anschluss schlossen die Parteien ein »Subscription Agreement« (Zeichnung) ab. Unter dem Begriff Zeichnen versteht man die Verpflichtung zur Übernahme eines bestimmten Betrags neu ausgegebener Wertpapiere beziehungsweise Tokens.

Zur Entscheidung des LG Berlin

Das LG Berlin hat entschieden, dass die Klage zulässig und begründet ist. Die Beklagte sei nach den Grundsätzen der Prospekthaftung gegenüber der Klägerin zum Schadensersatz verpflichtet.

Anwendbares Recht richtet sich nach Rom-II-Verordnung

Die Beklagte hat ihren Sitz in der Schweiz, während die Klägerin in Deutschland ansässig ist. Problematisch war daher zunächst die Frage, welches Recht anzuwenden ist.

Dies richtet sich nach der Rom-II-Verordnung. Die Rom-II-Verordnung regelt unter anderem, welches nationale Recht im Bereich der außervertraglichen Schuldverhältnisse angewendet wird. Die Grundsätze der Prospekthaftung stellen hier ein solches außervertragliches Schuldverhältnis dar, weshalb sich die Frage nach dem anzuwendenden Recht nach der Rom-Verordnung richtet. Nach der Auffassung des LG Berlin ist nach Art. 4 Absatz 3 und Art. 12 Absatz 2 lit. c Rom- II-Verordnung das deutsche Recht anwendbar.

Da die Klägerin und die Beklagte zur Zeit des Schadeneintritts nicht im selben Staat ihren gewöhnlichen Aufenthaltsort hatten, kommt es laut Art. 4 Absatz 3, Art. 12 Absatz 2 lit. c darauf an, zu welchem Staat die Handlung, also die Prospektbegebung, die engste Beziehung aufweist. Dies ist laut dem LG Berlin das deutsche Recht. Dafür spricht unter anderem, dass zwischen Kläger und Beklagten im Subscription Agreement eine ausschließliche Zuständigkeit deutscher Gerichte vereinbart wurde, wo naturgemäß deutsches Recht angewendet wird.

Schadensersatzanspruch nach den Grundsätzen der Prospekthaftung

Durch die Anwendung deutschen Rechts kommt eine Haftung der Beklagten nach den Grundsätzen der Prospekthaftung im engeren Sinne in Betracht.

Voraussetzung für eine solche Haftung ist, dass es sich bei den Informationen und dem Whitepaper um ein Prospekt handelt, dass die Beklagte tauglicher Haftungsadressat ist, dass ein Produktfehler vorliegt, den die Beklagte zu vertreten hat und dass der Klägerin dadurch ein kausaler Schaden entstanden ist.

Das Prospekt

Ein Prospekt ist eine marktbezogene schriftliche Erklärung, die für die Beurteilung der angebotenen Anlage erhebliche Angaben enthält oder den Anschein eines solchen Inhalts erweckt.

Die von der Beklagten bereitgestellten Informationen und das Whitepaper sollen potentielle Anleger umfassend über die Begebung der Token und die damit verbundenen Rechte und Pflichten aufklären. Es handelt sich daher unzweifelhaft um ein Prospekt.

Wer ist verantwortlich?

Die Beklagte selbst war nicht Herausgeberin des Prospekts. Jedoch haften nach der Rechtsprechung des BGH neben dem Herausgeber des Prospekts auch die Initiatoren, Gründer und Gestalter der Gesellschaft für fehlerhafte oder unvollständige Angaben, soweit sie das Management der Gesellschaft bilden oder es beherrschen.

Die Beklagte hatte nach Auffassung des Landgerichts eine solche Schlüsselposition inne. Die Beklagte war Mitgründerin des Unternehmens. Die operative Umsetzung des Token-Projekts erfolgte ausschließlich durch die Unternehmensgründer. Die Beklagte hatte daher erhebliche Einfluss- und Gestaltungsmöglichkeiten, sodass eine Haftung für fehlerhafte Prospektangaben in Betracht kommt.

Fehlerhaftigkeit des Prospekts

Das Prospekt müsste überhaupt fehlerhafte Angaben enthalten. Die Klägerin rügt, dass das Prospekt keine Angaben über die Hintermänner enthielt, die eine steuernde und tragende Rolle bei der Abwicklung des Geschäfts gespielt hätten. In dem Prospekt wurde die Beklagte, bei der die Federführung der Umsetzung lag, gar nicht erwähnt. Das Gericht stimmte den Ausführungen des Klägers zu. Die Anleger hätten darüber aufgeklärt werden müssen, dass die Beklagte wesentliche Aspekte des Geschäfts steuere. Es handle sich dabei um einen wesentlichen Umstand, der die Anlageentscheidung potentiell beeinflussen könnte.

Weiter sei das Prospekt unvollständig, da die Anleger nur unzureichend über ein anhängiges Patent informiert wurden. In dem Prospekt wurde lediglich darauf hingewiesen, dass ein Patent angemeldet worden war. Die Anleger hätten zudem unter anderem über die Rechte an dem Patent und mögliche Risiken informiert werden müssen. Des Weiteren fehlt in dem Prospekt ein Hinweis, dass entgegen der Vereinbarung in dem Subscription Agreement keine Rückzahlung des Anlagebetrags vorgesehen war. Insgesamt ist das Prospekt daher als unvollständig und fehlerhaft zu beurteilen. Die Beklagte ist verpflichtet an die Klägerin den gezahlten Betrag in Kryptowährungseinheiten zu ersetzen. Die Klagepartei hat die erworbenen Tokens Zug um- Zug herauszugeben.

Informationen: www.sbs-legal.de

X. Schlusswort

Bildung ist das beste Investment – Lebensqualität die höchste Rendite!

Zum Abschluss die Brücke zur Einleitung: Mir war es ein großer Anspruch, mit *Kryptonomics* kein kurzlebiges Werk zu verfassen, das in wenigen Wochen bereits nicht mehr aktuell ist, was für viele Bücher und Krypto-Publikationen, die ich gesehen und gelesen habe, gilt. Ebenso ist *Kryptonomics* keine Gebrauchsanleitung für das schnelle Reichwerden, wie es so viele im *Krypto-Space* geradezu grotesk versprechen.

X. Schlusswort

Kryptowährungen entwickeln sich wie ein Bambus!

Die Digitalisierung, die Tokenisierung und die damit verbundene Evolution, Revolution und Transformation werden gigantische Chancen in der Zukunft mit sich bringen. Davon können Sie profitieren. Die Grundlagen dafür müssen Sie allerdings selbst legen. Erstens, indem Sie Ihre Digitalbildung stärken und zweitens, indem Sie das einfach auch tun! Das heißt: Haben Sie den Mut, Teile Ihrer Vermögenswerte gezielt in die Segmente, die ich Ihnen in *Kryptonomics* vorgestellt habe, zu investieren. Verfallen Sie dabei bitte nicht in Gier, aber auch nicht in Angst. Bleiben Sie stets rational, ruhig, geduldig und diszipliniert.

Ross Stevens, der Chef des US-Vermögensverwalters Stone Ridge, verglich den Bitcoin auf einer Kryptokonferenz zu Jahresbeginn 2021 mit einem Bambus. Er sagte, ein Bambus verbringe fünf Jahre damit, seine Wurzeln auszubilden und zu festigen, um dann innerhalb weniger Wochen steil aus dem Boden in die Höhe zu schießen. Dieser Vergleich trifft auch auf Kryptowährungen wie den Bitcoin und zahlreiche Altcoins und eine Vielzahl digitaler Innovationen zu.

Stärken Sie Ihre Fähigkeiten für die digitale Welt!

Unterschiedliche voneinander unabhängige Studien belegen, dass sich rund 70 Prozent der Bürger unsicher im Umgang mit digitalen Technologien fühlen. Die meisten Deutschen sind jedoch lernbereit: 76 Prozent wollen sich bei grundlegenden Fähigkeiten für die digitale Welt weiterbilden, besonders bei allgemeinen Kompetenzen wie Problemlösefähigkeiten und digitalen Grundfähigkeiten wie Internetrecherchen. Die meisten Menschen – 64 Prozent der Lernbereiten – versuchen dabei, ihre Digitalkompetenz selbstständig auszubauen, zum Beispiel mit Lernvideos oder Büchern.

Da Sie *Kryptonomics* gelesen haben, bin ich mir sicher, dass ich einen Teil zum für die Zukunft so wichtigen Ausbau Ihrer Digitalbildung beisteuern konnte. Wenn Sie davon zusätzlich finanziell profitieren können, umso besser. Geld, Vermögen, Einkommen oder positive Renditen sind ebenso wichtige wie wertvolle Attribute in unserem Leben. Dennoch sind Geld und Performance nicht alles. Vergessen Sie nicht, dass Lebensqualität die höchste Rendite ist, die Sie erzielen können. Nach meiner festen Überzeugung ist ein Investment in Bildung dafür eine der wichtigsten Grundlagen.

Beides versuche ich auch privat in die Tat umzusetzen. Gemeinsam mit meiner Frau Julia und meinen beiden Kindern Jasmina und Marc, unserem Hund Charly und unserer Katze Mietzi bin ich glücklich und auch dankbar über unser Leben unter der Sonne Mallorcas und die damit verbundene Lebensqualität. Ich freue mich, meine beiden Kinder auf hervorragende internationale Schulen schicken zu können, um ihnen eine wichtige Grundlage für die Zukunft an die Hand zu geben: Bildung!

Kryptonomics zu schreiben hat mir sehr viel Freude bereitet und ich habe aufgrund meiner damit verbundenen Recherchen und Analysen enorm viel selbst gelernt. Gleichzeitig habe ich sehr viel Zeit eingebüßt.

Über den Autor Markus Miller

Markus Miller ist Gründer von *KRYPTO-X.BIZ* (www.krypto-x.biz) und Chefanalyst und Geschäftsführer des spanischen Medien- und Beratungsunternehmens GEOPOLITICAL.BIZ S.L.U. mit Sitz auf der Baleareninsel Mallorca, dem Betreiber der Informations-, Kommunikations- und Consultingplattform *www.geopolitical.biz*.

Er koordiniert als Geschäftsführender Gesellschafter ein internationales Informations- und Kommunikations-Netzwerk von Steuerberatern, Rechtsanwälten, Wirtschafts- und Finanzexperten. Miller ist langjähriges Mitglied des Deutschen Fachjournalisten-Verbands DFJV und steht neben seiner Funktion als Medienunternehmer für freiheitlichen, unabhängigen und investigativen Journalismus in Form fundierter Recherchen und Analysen. Als Chefanalyst und Chefredakteur schreibt Markus Miller für einen der größten Finanzverlage im deutschsprachigen Raum und verantwortet die beiden renommierten Wirtschaftsdienste *Kapitalschutz vertraulich* und *KRYPTO-X*.

Für Börse Stuttgart TV ist Markus Miller regelmäßiger Interviewpartner im Rahmen des *Krypto Update*, das mittlerweile Hunderttausende Zuschauer verfolgen. Darüber hinaus fungiert der diplomierte Vermögensmanager als Verwaltungsrat der Estably Vermögensverwaltung AG mit Sitz in Vaduz, der Hauptstadt des Fürstentums Liechtenstein. Estably ist ein digitaler Vermögensverwalter *(Robo Advisor)*, über den Sie per Smartphone, Tablet oder PC jederzeit und von überall aus ein Depot eröffnen, Geld ein- und auszahlen und Performance sowie Kosten überwachen können.

Als offizieller Markenbotschafter *(Ambassador)* und Branchen-Insider für Geopolitik, Ökonomie und Geld der NEW WORK SE (Business-Network XING) ist Markus Miller ein gefragter und renommierter *Social-Media*-Experte. Mit über 115 000 Followern ist Markus Miller die Nummer eins auf XING. Weitreichende Bekanntheit erlangte er durch seinen Live-Auftritt bei *Aktenzeichen XY-Spezial: Vorsicht, Betrug!* zum Thema »Bitcoin«. Sein Buch *Die Welt vor dem Geldinfarkt* aus dem Jahr 2017 ist ein *Manager Magazin*-Bestseller. 2019 folgte sein Praxis-Handbuch *Finanzielle Selbstverteidigung*, das ebenfalls auf ein großes Interesse traf. Mit *Kryptonomics* schlägt Markus Miller die ökonomische und technologische Brücke ins Zeitalter der Digitalisierung und der neu entstehenden Plattform- und *Token*-Ökonomie.

Anmerkungen

1. Im Folgenden wird zitiert aus: Pressemitteilung der Deutschen Bundesbank vom 24.03.2021. Quelle: https://www.bundesbank.de/de/presse/pressenotizen/abwicklung-von-dlt-basierten-wertpapieren-in-zentralbankgeld-erfolgreich-getestet-861438
2. Im Folgenden wird zitiert aus: Pressemitteilung ti&m vom 27.04.21. Quelle: https://www.pressebox.de/inaktiv/tim-ag-zrich/Studie-Digitale-Identitaet-wird-fuer-Banken-zum-Geschaeftsmodell-der-Zukunft/boxid/1056154
3. Im Folgenden wird zitiert aus: Senacor Pressemitteilung vom 04.05.2021. Quelle: https://www.presseportal.de/pm/143292/4905761
4. Im Folgenden wird zitiert aus: Pressemitteilung Crypto Finance AG vom 15.02.21. Quelle: https://www.presseportal.de/pm/152787/4838065
5. Im Folgenden wird zitiert aus: Pressemitteilung Crypto Finance AG vom 15.02.21. Quelle: Hier teile ich die Ausführungen und Einschätzungen von Rupertus Rothenhäuser, dem Geschäftsführer der Crypto Broker AG, die zur Gruppe der Crypto Finance AG gehört.
6. Im Folgenden wird zitiert aus: Pressemitteilung Eurapco vom 26.01.21. Quelle: https://www.presseportal.de/pm/152475/4821600
7. Im Folgenden wird zitiert aus: Pressemittilung Clark vom 21.04.21. Quelle: https://www.presseportal.de/pm/139186/4894583
8. Im Folgenden wird zitiert aus: Pressemitteilung "Digitaltag" vom 27.05.21. Quelle: https://digitaltag.eu/news/die-haelfte-der-deutschen-hat-noch-nie-von-der-blockchain-gehoert.
9. Im Folgenden wird zitiert aus: Pressemitteilung PwC vom 04.06.21. Quelle: https://www.pwc.de/de/pressemitteilungen/2021/digitale-zahlungssysteme-loesen-bargeld-weltweit-schneller-ab.html
10. Quelle: Maximilian Harmsen, Digital Payments Lead bei PwC Deutschland. Quelle: https://www.dashoefer.de/newsletter/artikel/digitale-zahlungssysteme-loesen-bargeld-weltweit-schneller-ab.html
11. Im Folgenden wird zitiert aus: Pressemitteilung des BKA vom 04.12.18. Quelle: https://www.bka.de/SharedDocs/Kurzmeldungen/DE/Warnhinweise/181204_OnlineGeldanalage.html
12. Im Folgenden wird zitiert aus: Veröffentlichung der FMA Österreich. Quelle: https://www.fma.gv.at/finanzbetrueger-erkennen/kryptobetrug-von-hackern-falschen-versprechen-und-utopischen-renditen/
13. Im Folgenden wird zitiert aus: Pressemitteilung der FMA Österreich. Quelle: https://www.fma.gv.at/hinweise-von-whistleblowern-nehmen-stark-zu-mehr-als-die-haelfte-betreffen-anlagebetrug-insbesondere-mit-krypto-assets/
14. Im Folgenden wird zitiert aus: Pressemitteilung Bristol Group. Quelle: https://www.pressebox.de/pressemitteilung/the-bristol-group-deutschland-gmbh/Was-Sie-schon-immer-ueber-Hacker-wissen-wollten/boxid/1053301

Finanzielle Selbstverteidigung

Markus Miller

Was tun wenn es wirklich zum Crash an den Finanzmärkten kommt? Wie handeln, wenn man sich auf bisher scheinbar sichere Institutionen wie Banken und staatliche Einrichtungen nicht mehr verlassen kann? Und was, wenn sich der Staat selbst immer stärker in das Leben seiner Bürger einmischt, sei es durch immer höhere Abgaben, neue Steuern oder grundsätzlich restriktivere Rahmenbedingungen? Was, wenn all das urplötzlich zutrifft und kaum Zeit bleibt sich vorzubereiten? Die Antwort lautet: Finanzielle Selbstverteidigung. Markus Miller gibt dem Leser 90 Sofortstrategien an die Hand, die größtmögliche Sicherheit vor dem Hintergrund stark zunehmender geopolitischer, innenpolitischer, steuerlicher, wirtschaftlicher, technologischer und rechtlicher Risiken bieten.

336 Seiten | Hardcover | 19,99 € (D) | 20,60 € (A) | ISBN 978-3-95972-269-8

Kryptowährungen

Julian Hosp

Unglaubliche 1000 Prozent Rendite und mehr – das haben zahlreiche Menschen in den vergangenen Jahren durch Investieren in sogenannte Kryptowährungen erwirtschaftet Für die meisten noch unbekanntes Terrain, erklärt dieses Buch die neue Welt des Geldes auf einfachste Art und Weise: Was sind Kryptowährungen und Blockchain überhaupt, wie wählt man die »richtige« Kryptowährung aus und wie funktioniert das Investieren? Egal, ob du ein Kryptoexperte werden möchtest oder nur die Grundlagen einer einmaligen Geschichte, die man nicht mehr ignorieren kann, verstehen möchtest, dieses Buch ist ein Muss.

208 Seiten | Softcover | 14,99 € (D) | 15,50 € (A) | ISBN 978-3-95972-137-0